Alex Taylor
Journaliste et producteur européen

anglais

COLLÈGE

COLLECTION CRÉÉE PAR
Bernard Lecherbonnier,
agrégé des lettres, docteur ès lettres

RÉDACTION
Sophie Delaborderie (professeur agrégé d'anglais),
Sandra Boussageon (professeur d'anglais), Ariane Hudelet
(professeur agrégé, ENS), Danielle Loire (professeur certifié d'anglais),
Danielle Menu (professeur certifié d'anglais), Nordine Sabi
(professeur d'anglais, interprète), Patrick Santoro (professeur d'anglais, traducteur)

ÉDITION
Première édition : Ghislaine Santoro (professeur certifié d'anglais)
en collaboration avec Catherine de Bernis
Deuxième édition : Anne-Sophie Bourg

CORRECTION
Bernard Lehembre, Isabelle Orgias-Manzoni, Frédéric Perroud.

CONCEPTION DE LA COUVERTURE
Yannick Lebourg

ICONOGRAPHIE
Emmanuelle de Villedary ; Colette Laporte, Céline Colinet

CARTOGRAPHIE
Graffito

DESSINS
Valérie Gibert

CONCEPTION GRAPHIQUE
ELSE

MAQUETTE
Anna Klykova,
assistée par Sophie Guihaire, Séverine Poulain, Carlos Sanchez

RÉALISATION ÉDITORIALE
ATE

anglais

COLLÈGE

© Éditions de la Cité-Bordas/SEJER, 2004
© Éditions de la Cité, 1998
ISBN : 2-84410-059-7

Manuel +, mode d'emploi

Le collège vous invite à une nouvelle vie. Vous avez des professeurs différents. Vous découvrez des disciplines inconnues. De la 6e à la 3e, vous aurez à parcourir un itinéraire riche en découvertes passionnantes.

Comment profiter pleinement de ces quatre années d'apprentissage et de formation ? Deux conditions sont indispensables : premièrement, vous devez comprendre l'esprit et les objectifs des programmes, discipline par discipline ; deuxièmement, il vous faut maîtriser les méthodes, les règles, le vocabulaire, tout ce qui sert à réussir les exercices et les contrôles.

Manuel + est conçu pour remplir ces deux fonctions en même temps. Dans les premières pages de l'ouvrage, les **Bases** résument tout ce que vous devez savoir avant d'entrer en 6e. Le programme est ensuite présenté dans le **Fil rouge**, qui explique tout ce que vous apprendrez de la 6e à la 3e ; puis le cours est détaillé, sujet par sujet dans les **Points clés**. Les **Fiches pratiques** vous orientent parmi les livres documentaires, les films et le multimédia pour compléter vos connaissances et préparer des exposés. Enfin, le **Dico** vous indique le sens de tous les mots spécialisés et notions difficiles.

Vous réussirez vos études si vous en possédez bien la règle du jeu. Les auteurs, de grandes personnalités, ont mis toute leur science et leur enthousiasme pour vous y aider.

Le secret de Manuel +, qui réunit en un seul livre toutes les classes du collège, c'est que chacun puisse progresser à son rythme, revenir en arrière, pousser plus loin un raisonnement ou un questionnement. Car nous sommes tous différents dans nos manières d'apprendre, de mémoriser et de nous passionner.

Bernard Lecherbonnier

Avant-propos

Branchez votre téléviseur, écoutez un disque, regardez une vidéo, surfez sur l'Internet – l'anglais est déjà indispensable pour comprendre, pour découvrir notre planète.

Dans quelques années, quand vous aurez un métier et que vous aurez tout simplement envie d'aller passer un week-end à Londres ou plus loin à New York, l'anglais que vous apprenez aujourd'hui vous ouvrira les portes du monde anglo-saxon.

Finies les vieilles méthodes de langue, avec récitation des verbes irréguliers – l'anglais est beaucoup plus facile que vous ne le pensez –, et surtout c'est une langue, qui vit, qui bouge. C'est une langue parlée par des millions de personnes qui emploient tous ces verbes, ces adjectifs et ces substantifs pour se parler, pour faire des affaires et pour rire.

Dans ce premier livre, nous allons commencer par la culture anglophone la plus proche, celle qui n'est qu'à quelques heures de train de chez vous, celle que vous allez connaître probablement avant toutes les autres, et celle qui se trouve être la mienne.

Si vous voulez vraiment communiquer avec un(e) Anglais(e) – en anglais!, il faut savoir ce qu'est *Coronation Street*, il faut avoir mangé des *bangers and mash*, il faut savoir qui sont les chanteurs à la mode. Dans ce livre, à travers son abécédaire, j'ai essayé de vous donner un petit goût non seulement de l'anglais, mais surtout des gens qui passent leur vie à le parler, et qui ne rêvent que d'une chose, le parler avec vous! Good luck!

Alex Taylor

Sommaire

■ Bases *Ce qu'il faut savoir à l'entrée en 6ᵉ*

Les pays anglophones	14
Les îles Britanniques	15
Les États-Unis	16
Les sons anglais	17
L'alphabet et les couleurs	18
Les nombres	19
La date	20
Le temps qu'il fait, les prix et les distances	21
L'heure	22
L'anglais de la classe	23
Les salutations et les souhaits	24
Les premiers échanges	25
Les mots anglais utilisés en français	26
Les mots transparents	27
Les grands personnages anglais	28
Les grands personnages américains	29

■ Fil rouge *Pour comprendre la civilisation anglo-saxonne*

A for Accent	32
B for British	37
C for Coronation Street	41
D for Dime	46
E for Education	48
F for Fridge	52
G for Grr !	54
H for History	58
I for Ill	60
J for Jelly	63
K for Kiosk	65
L for London	69
M for Maggie	72
N for New York	74
O for Order Order !	76
P for Poppy	78
Q for Queen	79
R for Rail	81
S for Shakespeare	82
T for Tea	83
U for Union Jack	84
V for Vets	86
W for Weather	87
X for Xmas	88
Y for You	90
Z for Zilch	93

Sommaire

■ Points clés *Pour maîtriser les sujets de cours*

grammaire et langue

Les noms dénombrables	96
Les noms indénombrables	98
L'article défini	100
L'article indéfini et l'absence d'article	102
Les démonstratifs	104
« Several », « many », « a few » et « few »	106
Les quantifieurs indéfinis : « much », « little », « a lot of », « plenty of », « enough » et « too »	108
Les quantifieurs indéfinis : « some » et « any »	110
Les quantifieurs indéfinis : « both », « either » et « neither »	112
Les quantifieurs indéfinis : « each », « every », « all » et « whole »	114
Le comparatif	116
Les comparatifs d'égalité et d'infériorité	118
Le superlatif	120
L'adjectif simple et l'adjectif composé	122
Les adjectifs et les pronoms possessifs	124
Le cas possessif	126
Les pronoms personnels sujets et compléments	128
Les pronoms réfléchis et réciproques	130
Les pronoms indéfinis composés de « some », « any » et « no »	132
Les prépositions de temps	134
Les prépositions de lieu	136
Les adverbes de manière et les adverbes de fréquence	138
Le gérondif	140
Infinitif ou gérondif ?	142
La conjugaison de « to be »	144
La conjugaison de « to have »	146
La conjugaison de « to do »	148
La conjugaison d'un verbe lexical	150
L'impératif	152
Le présent simple	154
Le présent progressif	156
Présent simple ou présent progressif ?	158
Le prétérit simple	160
Le prétérit progressif	162
Prétérit simple ou progressif ?	164
Le parfait simple	166
Le parfait progressif	168
Le parfait avec « since » et « for »	170
Prétérit ou parfait ?	172
Le plus-que-parfait	174
L'expression « used to »	176
L'expression du futur	178
« Would » et l'expression de la condition	180

Sommaire

Évaluation groupe verbal (1)	182
Évaluation groupe verbal (2)	184
Les auxiliaires de modalité : introduction	186
Les formes grammaticales des modaux	188
Verbes, adjectifs et adverbes équivalents aux auxiliaires modaux	190
Exprimer la capacité et l'incapacité : « can »	192
Exprimer la permission et l'absence de permission : « can » et « may »	194
Exprimer l'obligation : « must », « have to », « ought to »	196
Exprimer l'interdiction : « must not » et « ought not to »	198
Exprimer l'absence d'obligation : « need not » et « do not have to »	200
Exprimer le conseil et le reproche : « should »	202
Exprimer la contrainte et la volonté : « shall » et « will »	204
Le degré de certitude au présent	206
Le degré de certitude au passé	208
Le prétérit modal	210
La modalité : évaluation de fin de troisième	212
La phrase affirmative et la phrase négative	214
Les contractions	216
La phrase interrogative : les « yes/no questions »	218
La phrase interrogative : les « Wh questions »	220
Les « questions-tags »	222
Les « tags » non interrogatifs	224
Les exclamatives	226
« There is » et « there are »	228
La phrase passive (1)	230
La phrase passive (2)	232
La proposition relative	234
La proposition à sens futur	236
La proposition hypothétique	238
Exprimer la cause, le but et la conséquence	240
La proposition infinitive	242
Les énoncés causatifs	244
Le discours indirect (1)	246
Le discours indirect (2)	248
Les subordonnées de concession, de contradiction et d'opposition	250
Quelques règles d'orthographe et de prononciation	252
Les sons inattendus et les lettres silencieuses	254
Les homonymes	256
Les mots composés	258
Les mots dérivés	260
Les mots de liaison	262
Traduire « encore »	264
Traduire « déjà »	266
Traduire « pendant »	268
Traduire « il y a »	270
« Say » ou « tell » ?	272
« Do » ou « make » ?	274
Traduire « à » avec « at », « to » ou « in »	276
Quelques faux amis	278
« British » ou « American » ?	280
Registres et niveaux de langue	282

Sommaire

civilisation et histoire

Grande-Bretagne ou Royaume-Uni ?	284
Le Commonwealth	286
Les institutions politiques britanniques et américaines	288
Chronologie du Royaume-Uni, de la France et des États-Unis (1)	290
Chronologie du Royaume-Uni, de la France et des États-Unis (2)	292
Les Indiens d'Amérique aux États-Unis	294
Le problème des Noirs aux États-Unis	296
Les grandes villes américaines et les minorités	298
Une grande ville américaine : Denver	300
La musique des États-Unis	302
Les fêtes traditionnelles anglo-saxonnes	304
Le système éducatif en Grande-Bretagne et aux États-Unis	306
Les grands noms de la littérature anglo-saxonne	308
Charles Dickens	310
Mark Twain	312

Sommaire

■ Fiches pratiques *Pour se documenter*

Utiliser un dictionnaire	317
Comprendre le vocabulaire des consignes	319
Écrire une lettre en anglais	321
Jouer avec les mots en anglais	323
La presse anglaise	325
La presse américaine	327
La presse scolaire en anglais	329
Comment accéder à la littérature anglo-saxonne ?	331
La littérature anglo-saxonne à l'écran	333
Les librairies spécialisées en anglais	335
L'anglais par Internet	337
L'anglais par la télévision	339
L'anglais par le cinéma et la vidéo	341
Les classes européennes	343
L'anglais en lycée professionnel	345
Quel type de séjour linguistique choisir ?	347
Comment préparer un séjour linguistique ?	349
Téléphoner au Royaume-Uni et aux États-Unis	351
Comprendre les sports anglo-saxons	353
Les repas en Grande-Bretagne	355
Les *must* d'une visite à Londres	357
Les *must* d'une visite à New York	359

■ Dico *Pour enrichir son vocabulaire*

Dictionnaire anglais-français	362
Activities	362
Animals	365
City	372
Clothes	374
Food	382
House	387
Jobs	390
School	402
Travels	410
Dictionnaire français-anglais	415
Les faux amis	447
Les verbes composés	454
Les verbes irréguliers	455
Index	459

BASES

Ce qu'il faut savoir à l'entrée en 6ᵉ

Les premières notions d'anglais pour être prêt à suivre les cours d'anglais au collège.

Bases

Les pays anglophones

L'anglais est la deuxième langue la plus parlée dans le monde : environ 500 millions de personnes l'utilisent couramment. Près de cinquante États répartis sur les cinq continents ont fait de l'anglais leur langue officielle. Ces pays anglophones ne sont pas tous anglo-saxons.

Sur tous les continents

La diffusion de l'anglais sur tous les continents date de la colonisation de l'Amérique du Nord par des puritains anglais au XVIIe siècle. Elle s'est étendue en Asie par le mouvement de conquêtes coloniales, un siècle plus tard, avec la prédominance sur les Indes arrachées à la France en 1763, ainsi que grâce aux voyages du capitaine James Cook dans l'océan Pacifique à la fin du XVIIIe siècle (découverte de l'Australie et de la Nouvelle-Zélande). Elle s'est enfin poursuivie tout au long du XIXe siècle en Afrique, de l'Égypte, au nord au Cap, au sud du continent noir.

La première langue d'échanges

L'anglais est de nos jours la langue maternelle de 320 millions de personnes. Elle est en plus la langue officielle de plusieurs dizaines de pays regroupant plus d'un milliard d'habitants, dont les plus peuplés sont les États-Unis, le Nigeria, le Pakistan et le Royaume-Uni. C'est également la langue la plus étudiée dans le monde, comme première langue étrangère.

▼ *L'anglais est la langue officielle d'environ une cinquantaine de pays.*

Les îles Britanniques

Bases

Ce que l'on appelle les îles Britanniques est formé de deux grandes îles, l'Irlande et la Grande-Bretagne et de nombreuses autres îles isolées ou d'archipels.

L'Angleterre

Le royaume le plus important de la Grande-Bretagne qui, au cours des siècles a conquis l'ensemble des îles britanniques s'appelle l'Angleterre (*England* en anglais). Il occupe le centre et tout le sud de la Grande-Bretagne. Sa capitale est Londres. C'est la région la plus étendue (130 400 km²) et la plus peuplée des îles (49 millions d'habitants).

Le pays de Galles

À l'ouest de l'Angleterre, le pays de Galles est une région de plateaux qui a été conquise par le roi d'Angleterre Édouard Ier en 1284. Traditionnellement, le titre de prince de Galles est donné à l'héritier du trône d'Angleterre. La population parle une langue celtique, le gallois. Pays de Galles se dit *Wales*. Sa capitale est Cardiff.

L'Écosse

Occupant tout le nord de la Grande-Bretagne, l'Écosse est un pays montagneux aux fortes traditions locales. Les deux grandes villes sont Glasgow et Édimbourg. L'Écosse se dit *Scotland*, le pays des Scots. La population (plus de 5,2 millions) est concentrée dans les basses terres du Sud (les Lowlands).

▲ *Les îles Britanniques sont formées de vieux massifs montagneux et de plaines alluviales.*

L'Irlande

La deuxième plus grande île (84 000 km²) est formée d'une vaste cuvette centrale entourée de massifs montagneux peu élevés. Elle est divisée entre l'Eire (république d'Irlande) et l'Ulster.

Bases

Les États-Unis

La première puissance mondiale est également le pays anglophone le plus peuplé. Les États-Unis sont une fédération regroupant 50 États (avec l'Alaska et les îles Hawaii).

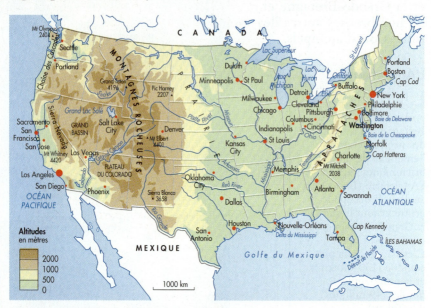

Un pays aussi divers qu'un continent

Les États-Unis s'étendent sur plus de 4 000 kilomètres de l'est (côtes de l'océan Atlantique) à l'ouest (côtes de l'océan Pacifique) et de 2 500 kilomètres du nord au sud depuis la frontière avec le Canada jusqu'à l'embouchure du Rio Grande (frontière avec le Mexique).
Les massifs montagneux les plus importants sont les Appalaches, à l'est, qui culminent à plus de 2 000 mètres et surtout les montagnes Rocheuses, à l'ouest, qui s'étendent sur plusieurs centaines de kilomètres formant une véritable barrière entre les grandes plaines du centre et la façade pacifique.
Les États-Unis sont traversés par le deuxième plus grand fleuve du monde : l'ensemble for-

▲ *La partie continentale est formée de 48 États. Ne sont pas représentés sur cette carte l'Alaska, au nord, et les îles Hawaii, au large de la Californie en plein océan Pacifique.*

mé par le Missouri et le Mississippi fait 6 210 kilomètres de long.
Les États-Unis offrent une diversité de climat exeptionnelle : arctique (Alaska), désertique (Arizona), continental, tempéré, tropical, etc.

16

Les sons anglais

Pour bien distinguer les différents sons anglais, il faut connaître les symboles phonétiques. Dans un second temps, il faut également maîtriser l'intonation et l'accentuation que l'on applique aux mots et aux phrases.

L'alphabet phonétique

• Les voyelles	[ə] banana	• Les consonnes
[ɑː] car	[əʊ] phone	
[ɔː] ball	[e] bed	
[ai] child	[uː] moon	[ʒ] measure
[ɒ] wash	[ɔi] toy	[θ] think
[ei] baker	[iː] meat	[ð] this
[ʌ] cut	[ʊ] foot	[ŋ] sing
[ɜː] bird	[iə] beer	[ʃ] shut
[aʊ] mouse	[i] mickey	[tʃ] watch
[ae] hat	[ɛə] parents	[j] yet, cure

▲ *Les installations d'un laboratoire de langue.*

Les cas particuliers

Certains sons peuvent s'orthographier différemment. Ainsi, le son ʌ peut s'écrire « u » comme dans *bus*, « o » comme dans *colour* ou *recover* ou encore « ou » comme dans *double*. De même, certaines lettres peuvent avoir différentes prononciations.

• « A »	• « E »	• « O »
[æ] fat	[e] red	[ɒ] body
[ɔː] tall	[i] before	[əʊ] bone
[ei] baby	[ə] pepper	[ɔː] born
[ɑː] car	[ɜː] person	[ʌ] colour
[e] many	[i] recede	
[i] language		• « U »
[ə] machine	• « I »	[ʌ] dust
[ɛə] care	[ai] time	[ɜː] burst
[ɒ] what	[i] biscuit	[ə] culture
	[ɜː] bird	[juː] cube

L'accentuation et l'intonation

L'accentuation porte sur :
• Les mots. Ils contiennent toujours une syllabe plus accentuée que les autres.
➥ *Teacher.*
• Les phrases. Les mots les plus importants sont souvent plus accentués.
• Ces deux accentuations font le rythme de l'anglais.
➥ *Do you live with your parents?*
• L'intonation d'une phrase est soit :
• montante en cas de :
– Yes-No questions.
➥ *Are you English?*
– Énumération inachevée.
➥ *I bought books, pens…*
• descendante en cas de :
– Phrases déclaratives ou exclamatives.
➥ *What a pretty girl!*
– Wh-questions.
➥ *How old are you?*
– Phrases impératives.
➥ *Close the door!*

Bases   # L'alphabet et les couleurs

Dès votre arrivée en 6e, vous apprendrez l'alphabet anglais mais au lieu de le réciter, vous le chanterez sur un air très entraînant. Quant aux couleurs, êtes-vous sûr de déjà les connaître ?

L'alphabet

A comme *apple* (pomme).
B comme *baby* (bébé).
C comme *cucumber* (concombre).
D comme *dog* (chien).
E comme *elephant* (éléphant).
F comme *flower* (fleur).
G comme *girl* (fille).
H comme *house* (maison).
I comme *ivory* (ivoire).
J comme *joy* (joie).
K comme *koala* (koala).
L comme *light* (lumière).
M comme *mouse* (souris).
N comme *number* (nombre).
O comme *oyster* (huître).
P comme *pig* (cochon).
Q comme *queen* (reine).
R comme *recognize* (reconnaître).
S comme *snake* (serpent).
T comme *turtle* (tortue).
U comme *us* (nous).
V comme *vinegar* (vinaigre).
W comme *wine* (vin).
X comme *xylophone* (xylophone).
Y comme *yes* (oui).
Z comme *zoo* (zoo).

Les couleurs

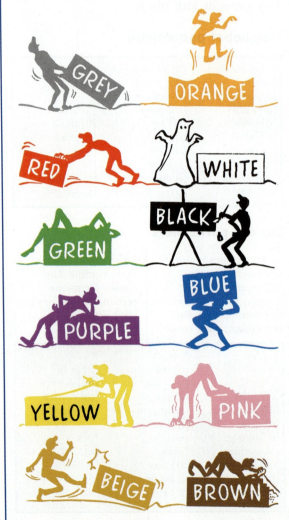

Les nombres

Bases

Comme pour l'alphabet, vous chanterez les nombres : *One, two, three, four, five/Once I caught a fish alive* (Un, deux, trois, quatre, cinq/Une fois j'ai attrapé un poisson vivant).

De 1 à 20

1 *one*	11 *eleven*
2 *two*	12 *twelve*
3 *three*	13 *thirteen*
4 *four*	14 *fourteen*
5 *five*	15 *fifteen*
6 *six*	16 *sixteen*
7 *seven*	17 *seventeen*
8 *eight*	18 *eighteen*
9 *nine*	19 *nineteen*
10 *ten*	20 *twenty*

• On ne met jamais de barre sur le 1 et le 7 ni de courbe au 9.
• De 13 à 19, on ajoute *-teen* au chiffre.
➥ *six* = *sixteen*.

Attention !
On assiste à certaines modifications orthographiques.
➥ *Five* → *fifteen*.
Cinq → quinze.
➥ *Three* → *thirteen*.
Trois → treize.

Les nombres anglais obéissent à un certain nombre de règles (notamment au niveau de la virgule) qu'il faut connaître, sous peine de donner lieu à des confusions.

De 20 à 100

20 *twenty*	60 *sixty*
30 *thirty*	70 *seventy*
40 *forty*	80 *eighty*
50 *fifty*	90 *ninety*
100 *one hundred*	

• *Fourteen* (quatorze) est différent de *forty* (quarante).
• De même, à l'oral, il ne faut pas confondre les suffixes *-teen* et *-ty*. *Teen* est un « i » long, tandis que *ty* est un « i » court.

• Les éléments du nombre sont reliés par un trait d'union.
➥ 24 = *twenty-four*.
➥ 66 = *sixty-six*.

À partir de 100

Le nombre *hundred* (cent) est invariable.
➥ 100 = *one hundred*.
➥ 200 = *two hundred*.
➥ 452 = *four hundred and fifty-two*.

• Les centaines et les dizaines sont séparées par *and*.
➥ 248 = *two hundred and forty-eight*.

• *Thousand* et *million* sont aussi invariables.
➥ 2,000 = *two thousand*.
➥ 2,000,000 = *two million*.
Mais on dit *hundreds of* (des centaines de) et *thousands of* (des milliers de).

• En anglais la virgule se traduit par un point. Par contre, on met une virgule pour les milliers, alors qu'on ne met rien en français. Ainsi, 2,845 est égale à *two thousand eight hundred and forty-five*, c'est-à-dire 2 845. Ce n'est pas un nombre décimal. Le nombre décimal serait 2.845 (soit 2,845 en français).

19

Bases — La date

Contrairement au français, l'anglais dispose de différents moyens pour donner la date avec les jours, les mois, l'année.

La date, « the date »

Quel jour est-on aujourd'hui ? *What's the day today?* Nous sommes le 1er septembre. *Today is Monday, September 1st (the first)* ou *It's Monday, the first of September.*

- Il existe plusieurs façons de dire la date :
- le 1er mai : *May 1st, May the first* ou *the first of May.*
- le 2 septembre : *September 2nd, September the second* ou *the second of September.*
- le 3 juillet : *July 3rd, July the third* ou *the third of July.*
- le 4 janvier : *January 4th, January the fourth* ou *the fourth of January.*
- le 22 juin : *June 22nd, June the twenty-second* ou *the twenty-second of June.*
- Quand es-tu né ? *When were you born?*

Les jours, « the days »

Les sept jours de la semaine. *The seven days of the week.*
- Lundi. *Monday.*
- Mardi. *Tuesday.*
- Mercredi. *Wednesday.*
- Jeudi. *Thursday.*
- Vendredi. *Friday.*
- Samedi. *Saturday.*
- Dimanche. *Sunday.*

Les mois, « the months »

Les douze mois de l'année. *The twelve months of the year.*
- Janvier. *January.*
- Février. *February.*
- Mars. *March.*
- Avril. *April.*
- Mai. *May.*
- Juin. *June.*
- Juillet. *July.*
- Août. *August.*
- Septembre. *September.*
- Octobre. *October.*
- Novembre. *November.*
- Décembre. *December.*

Les saisons, « the seasons »

Le printemps commence le 21 mars. *Spring starts on March 21st.*
- L'été commence le 21 juin. *Summer starts on June 21st.*
- L'automne commence le 21 septembre. *Autumn starts on September 21st.*
- L'hiver commence le 21 décembre. *Winter starts on December 21st.*

Un peu de vocabulaire

Aujourd'hui. *Today.*
- L'année/la semaine dernière. *Last year/week.*
- Hier. *Yesterday.*
- Avant-hier. *The day before yesterday.*
- L'année/la semaine prochaine. *Next year/week.*
- Demain. *Tomorrow.*

▼ *Spring, summer, autumn and winter are the four seasons.*

Le temps qu'il fait, les prix et les distances

Comme les Britanniques vivent sur des îles, ils ont conservé un certain nombre de particularismes, notamment au niveau du système métrique.

Le temps, « the weather »

Quel temps fait-il ? *What's the weather like ?*
- Il fait soleil. *It's sunny.*
- Il fait très chaud. *It's hot.*
- Il y a du vent. *It's windy.*
- Il fait bon. *It's warm.*
- Il pleut. *It's raining.*
- Il fait froid. *It's cold.*
- Il neige. *It's snowing.*
- Il gèle. *It's freezing.*

- Le printemps est une saison pluvieuse mais il y a parfois du soleil. *Spring is a rainy season but sometimes it's sunny.*
- En été, le temps est souvent chaud. Il y a de nombreuses périodes de soleil. *In summer the weather is often hot. There are many sunny periods.*
- L'automne est une saison humide. Il commence à faire frais, il pleut souvent. *Autumn is a damp season. It starts to be cool, it often rains.*
- L'hiver est généralement froid. Il neige parfois et les matinées sont glacées. *Winter is generally cold. It sometimes snows and mornings are freezing.*

- Après la pluie, le beau temps. *Cloudy mornings turn to clear evenings.*
- Il pleut à verse. *It's raining cats and dogs.*

▲ La plupart des pays anglophones utilisent les distances anglaises.

Les prix, « the prices »

L'unité de base de la monnaie anglaise est la livre (100 pence). *British currency : one pound (£) is 100 pence.* La monnaie américaine est le dollar qui vaut 100 cents. *American currency : one dollar ($) is 100 cents.*

- Combien ça coûte ? *How much is this ?* Ça coûte deux livres. *It's two pounds (£ 2).* Combien coûtent ces cartes postales ? *How much are these postcards ?* Elles coûtent trente pence chacune. *They're thirty pence (30 p) each.*

- Bon marché *(cheap)* est l'opposé de cher *(expensive)*.

Les distances, « the distances »

Quelle distance y a t-il de ta maison à l'école ? *How far is it from your house to the school ?*
- Ce n'est pas si loin. C'est même assez près. Pas plus d'1,6 km. *It isn't that far. It's quite near. Not more than one mile.*

- 1 mile = 1,6 km.
1 yard = 0,90 m.
Far (loin) est l'opposé de *near* (près).

Bases

L'heure

À quelques kilomètres de Londres, se dresse l'observatoire de Greenwich. C'est à partir de l'heure G. M. T. (*Greenwich Meridian Time*, c'est-à-dire l'heure du méridien de Greenwich) que l'on calcule l'heure du monde entier.

Quelle heure est-il ?

What time is it?
➥ 6:05. *It's five past six.*
➥ 9:15. *It's quarter past nine.*
➥ 11:30. *It's half past eleven.*
➥ 1:35. *It's twenty five to two.*
➥ 12:45. *It's quarter to one.*
➥ 6:50. *It's ten to seven.*
➥ 4:00. *It's four o'clock.*
➥ 12:00. *It's noon* (il est midi) ou *it's midnight* (il est minuit).

▲ Savoir dire l'heure en anglais est essentiel.

• *(At) what time do you go to sleep?* À quelle heure te couches-tu ?
➥ *I go to sleep at half past ten.* Je me couche à dix heures et demie. *At* est obligatoire dans la réponse, alors qu'il peut être supprimé dans la question.

• *What time does the train leave?* À quelle heure part le train ?
➥ *The train leaves at 11:42* (*eleven fourty-two* ou bien *eighteen minutes to twelve*). Le train part à onze heures quarante deux.

• *P.m.* signifie *post meridiem* : après-midi. *A.m.* signifie *ante meridiem* : avant-midi.
➥ *There is a meeting at 8 p.m.* Il y a une réunion à 8 h du soir.
➥ *I'll see you at 8 a.m.* Je te verrai à 8 h du matin.

La division du temps

Un peu de vocabulaire :
• *An hour.* Une heure.
• *A minute.* Une minute.
• *A second.* Une seconde.
• *Half an hour.* Une demi-heure.
• *A quarter of an hour.* Un quart d'heure.
• *An hour and a half.* Une heure et demie.
• *It's (broad) daylight.* Il fait (grand) jour.
• *Today.* Aujourd'hui.
• *Yesterday.* Hier.
• *Tomorrow.* Demain.
• *To be late.* Être en retard.

English spoken

Wake up! Morning will finish at noon and our schedule is very busy. After lunch, we'll meet some friends. It's the early bird that catches the worm.

Debout ! La matinée se termine à midi et notre emploi du temps est très chargé. Après le déjeuner nous verrons des amis. L'avenir appartient à ceux qui se lèvent tôt.

L'anglais de la classe

Plongez dans le monde anglophone dès que vous franchissez la porte de la salle d'anglais. Essayez d'oublier complètement votre langue maternelle et prenez l'habitude de profiter du cours d'anglais pour ne parler que la langue de Shakespeare.

Les salutations

Pour saluer votre professeur le matin/ l'après-midi : *Good morning/afternoon, miss (sir)*. Bonjour madame (monsieur). On dit toujours *miss*, même à un professeur marié.

• Pour accueillir un camarade : *Welcome to our class. Come and sit next to me.* Bienvenue dans notre classe. Viens t'asseoir à côté de moi.

• En quittant la salle : *Good bye, miss (sir). Have a nice weekend.* Au revoir madame (monsieur). Bon week-end.

Les questions

Vous ne comprenez pas ce que dit le professeur : *I don't understand.*

• Vous souhaitez qu'il répète ou épèle un mot : *Can you repeat/spell this word, please?*

• Vous souhaitez qu'il parle plus fort : *Can you speak up, please?*

• Vous aimeriez poser une question à propos de… : *I'd like to ask a question about…*

▼ *En classe, ne perdez pas une occasion de vous exprimer en anglais.*

Parlez de vous

Vous voulez raconter ce que vous avez fait la veille : *I went to the cinema, I saw a great film. I read an article about…* Je suis allé au cinéma, j'ai vu un très bon film. J'ai lu un article sur…

• Vous avez oublié votre livre : *I'm sorry, miss (sir), I've forgotten my book.*

• Vous voulez donner votre avis : *I think that… In my opinion.* Je pense que. À mon avis.

• Vous êtes d'accord : *I agree with you. You're right. I have the same point of view.* Je suis d'accord avec vous. Vous avez raison. Je suis du même avis.

• Vous n'êtes pas d'accord : *I don't agree with you. You are wrong. It's not true.* Je ne suis pas d'accord avec vous. Vous avez tort. Ce n'est pas vrai.

23

Les salutations et les souhaits

Bases

Les salutations et les souhaits s'expriment à travers une série d'expressions qui vous permettront d'établir un contact rapide avec les gens que vous rencontrerez ou bien avec qui vous vivez.

Hello! = Bonjour! (à un copain).
Hi! = Salut! (à un copain).
Nice to meet you = Enchanté de vous rencontrer.
How are you? = Comment vas-tu/Comment allez-vous?

See you later = À plus tard.
See you tomorrow = À demain.
See you soon = À bientôt.
See you on Monday = À lundi.
Thank you = Merci.
Thanks a lot/Thank you very much = Merci beaucoup.

Voici des expressions toutes faites pour exprimer des souhaits :
Good morning = Bonjour (le matin).
Good afternoon = Bonjour (dans l'après-midi).
Good evening = Bonsoir.
Good night = Bonne nuit.

Sleep well = Dors bien/dormez bien.
Have a good meal = Bon appétit.
Have a nice day = Bonne journée.
Bless you! = À vos souhaits!
Cheers = À la vôtre.

Happy Birthday! = Joyeux anniversaire!
Merry Christmas! = Joyeux Noël!
Happy New Year! = Bonne année!
Best Wishes! = Meilleurs vœux!
Congratulations! = Félicitations!
Good Luck! = Bonne chance!
Have a good time =
Have fun = } Amusez-vous bien.
Enjoy yourself =

▲ « *En vous souhaitant une délicieuse journée.* »

Les Beatles chantent :

Hello, hello! I don't know why you say good-bye, I say hello!
Bonjour, bonjour! Je ne sais pas pourquoi tu dis au revoir, je dis bonjour!

Ils chantent aussi :
Good night, sleep tight.
Dream sweet dreams for me
Dream sweet dreams for you.
Bonne nuit, dors bien.
Fais de beaux rêves pour moi
Fais de beaux rêves pour toi.

Les premiers échanges

Rebecca est venue rendre visite à sa cousine, Nancy. Cette dernière la présente alors à sa meilleure amie, qui s'appelle Angie.

Nancy : Hi, Angie! Meet my cousin Rebecca.
Angie : Hi! I'm glad to meet you. How are you?
Rebecca : I'm fine, thanks.
Angie : You're not American, are you?
Rebecca : No, I'm Canadian.
Angie : Where do you live?
Rebecca : I live in Toronto.
Angie : Were you born in Canada?
Rebecca : No, I wasn't. I was born in Michigan but I moved there because my father got a job there.
Angie : What's his job?
Rebecca : He's a cook.
Angie : How old are you?
Rebecca : I'm 13.
Angie : Have you got any brothers and sisters?
Rebecca : No, I'm an only child. But I have two dogs.
Angie : You're lucky! I've got two brothers. They always watch matches on T.V. and I can't see my favourite series.
Rebecca : Which series do you like watching?
Angie : I love Dawson and Friends.
Rebecca : Oh, I collect posters of the actors.

Comment faire connais- ▶
sance avec quelqu'un?

Nancy : Hey, let's go to the shops. Maybe we'll find one.

Nancy : Salut Angie ! Voici ma cousine Rebecca.
Angie : Salut ! Je suis contente de te connaître. Comment vas-tu?
Rebecca : Bien, merci.
Angie : Tu n'es pas américaine, n'est-ce pas ?
Rebecca : Non. Je suis canadienne.
Angie : Mais où vis-tu?
Rebecca : Je vis à Toronto
Angie : Es-tu née au Canada?
Rebecca : Non. Je suis née dans le Michigan mais j'ai déménagé parce que mon père a trouvé du travail.
Angie : Qu'est-ce qu'il fait?
Rebecca : Il est cuisinier

Angie : Quel âge as-tu?
Rebecca : J'ai 13 ans.
Angie : Est-ce que tu as des frères et sœurs ?
Rebecca : Non, je suis fille unique. Mais j'ai deux chiens.
Angie : Tu en as de la chance ! Moi j'ai deux frères. Ils regardent tout le temps des matchs à la télé et je ne peux pas voir mes séries favorites.
Rebecca : Quelles séries télévisées aimes-tu?
Angie : J'adore *Beverly Hills 90 210* et *Friends*.
Rebecca : Oh oui je collectionne les posters des acteurs.
Nancy : Hé, si on allait faire les magasins. Nous en trouverons peut-être un.

Les mots anglais utilisés en français

Bases

Il existe de nombreux mots anglais que la langue française a adoptés et que l'on utilise couramment. Mais l'inverse est également vrai.

Pierre prend le *ferry* pour l'Angleterre. Vêtu d'un *jean*, d'un *T-shirt*, d'un *sweat-shirt* et de *boots*, il a un *look* très *in*. Ni *gentleman* ni *skin*, il ressemble aux jeunes d'aujourd'hui. Un peu de *stretching*, de *fitness*, de *body-building* et de *jogging* le *week-end* lui permettent de ressembler aux *stars* du *tennis* et du *football* que tous les *fans* admirent sur les *posters*. Dans son sac à dos se trouvent un *sandwich*, un *hamburger*, un *hot-dog*, des *CD*, son *walkman* et quelques *chewing-gums light*.

Il trouvera bien un petit *job* à Londres et y fera son *shopping*.

Ce n'est pas un *scoop* : les *cookies* y sont meilleurs qu'en France. Quand il sera arrivé, Pierre ira au cinéma car il adore les *westerns* qui se passent dans les *ranchs*. Il trouve ces films vraiment très *cool*. Par contre, les *sitcoms* ne le branchent pas du tout car il déteste les histoires de snobs aux *brushings* impeccables.

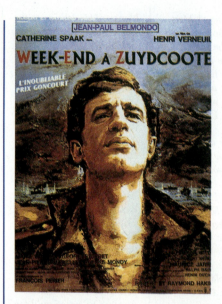

◀ Un certain nombre de mots anglais sont désormais passés dans la langue française, comme par exemple le mot **week-end**, qui signifie littéralement « fin de semaine ».

Pierre rêve de devenir *reporter* : il désire en effet s'introduire dans le *star-system*. Il rêve de passer aux *news* et d'être chargé d'un *flash* spécial. Ce serait vraiment super !

Maintenant, voyons quelques mots français que l'anglais nous a empruntés :

Pierre is in a café *now. He's got a* rendez-vous *with his* fiancée. *She likes* perfume *and she is a* connaisseur *so Pierre has bought her a bottle of* « air du temps » *which stands for the* prestige *of France.*

Pierre est dans un café. Il a rendez-vous avec sa fiancée. Elle aime les parfums et est une connaisseuse, c'est pourquoi Pierre lui a acheté un flacon d'« air du temps », qui représente le prestige de la France.

Les mots transparents

Bases

Il existe de nombreux mots anglais qui ressemblent au français et qui ont le même sens. D'autres se devinent aisément.

In 2003, some friends organized a canoe trip. They were an international group because three nationalities were represented. There were Americans, French and Canadians. As they were forty-six of them, a lot of tents and caravans were necessary. They arrived at the camping-site, put up their tents, prepared dinner and went to rent their canoes. The river was very long, but not too dangerous. They returned to the camp, had dinner and played cards and music. The following day, they took possession of their canoes. There were two persons in each canoe. They brought a picnic because they had to row 40 kilometers. Only five or six persons knew how to row correctly. Many people fell into the river. The photographer of the group took some very funny photos. At twelve, they stopped and had their picnic: potatoes, tomatoes and bananas. It was a pleasant lunch in the open air. They were very excited.

They visited exotic places. When they arrived at the meeting-point, they decided to go to a restaurant.

En 2003, des amis ont organisé une excursion en canoë. Ils formaient un groupe international, car trois nationalités étaient représentées. Il y avait des Américains, des Français et des Canadiens. Comme ils étaient quarante-six, un grand nombre de tentes et de caravanes étaient nécessaires. Ils sont arrivés au terrain de camping, ont monté leurs tentes, préparé le dîner et sont partis louer leurs canoës. La rivière était très longue mais n'était pas trop dangereuse. Ils sont retournés au camp, ont dîné et joué aux cartes en faisant de la musique. Le lendemain, ils ont pris possession de leurs canoës. Il y avait deux personnes par canoë. Ils ont apporté un pique-nique parce qu'ils avaient 40 kilomètres à faire. Seules cinq ou six personnes savaient pagayer correctement. De nombreuses personnes sont tombées à l'eau. Le photographe du groupe a fait des photos très drôles.
À midi, ils se sont arrêtés et ont pique-niqué : des pommes de terre, des tomates et des bananes. C'était un déjeuner agréable en pleine nature. Ils étaient très enthousiastes. Ils ont visité des endroits exotiques. Lorsqu'ils sont arrivés au lieu de rendez-vous, ils ont décidé d'aller au restaurant.

Camper au bord ▶ de l'eau, quel plaisir !

Les grands personnages anglais

Bases

Les Anglo-Saxons ne discutent pas, ils agissent. Ce sont des ambitieux, des vainqueurs caractérisés par leur sens pratique. Les personnages dont il est question ci-dessous ont eu en commun une volonté de réussir qui fait de la Grande-Bretagne un pays bien à part.

Isaac Newton (1643-1727)

Les albums de bande dessinée de Gotlib ont popularisé le personnage de Newton. C'est grâce à une pomme que l'illustre savant aurait découvert l'attraction universelle en 1687. Newton est l'un des fondateurs de la science moderne et compte, à ce titre, parmi les génies de l'humanité.

▲ *Une vision peu orthodoxe de Newton par Gotlib.*

William Turner (1775-1851)

Considéré comme le précurseur de l'impressionisme, ce peintre paysagiste influença Claude Monet et Henri Matisse. Après des voyages en Italie, en France et en Suisse, il développa dans ses tableaux les pouvoirs de la couleur et exploita l'harmonie de la lumière entre le ciel, la terre et l'eau.

La reine Victoria (1818-1901)

Reine d'Angleterre de 1837 à 1901, mais également impératrice des Indes à partir de 1876, Victoria est la figure emblématique d'un pays puissant et solide. Modèle de dignité et d'austérité, d'une popularité considérable, elle régna au XIXe siècle sur le plus grand empire du monde : l'Empire britannique, sur lequel le soleil ne se couchait jamais.

Alexander Fleming (1881-1955)

C'est grâce à ce médecin bactériologiste que l'on a enfin pu soigner des infections auparavant mortelles. En 1929, Fleming remarque qu'une moisissure tue les bactéries. Il extrait un « jus » de ce champignon microscopique du genre *penicillium*. La pénicilline est inventée. Fleming reçut le prix Nobel de médecine en 1945.

Les Beatles

Un phénomène d'adoration collective, la « beatlemania » naît en 1964 après les premiers disques de ce groupe vocal de pop music. Paul MacCartney, John Lennon, George Harrison et Ringo Starr révolutionnent la musique de l'époque avec leurs compositions musicales, leurs cheveux longs et leurs vêtements. Citons quelques titres : *Michelle, Let it Be, Help.*

Les grands personnages américains

Bases

Dans un pays à la dimension d'un continent, les espoirs ont toujours été gigantesques. Des personnages de tout milieu et de toute origine sont devenus emblématiques du «rêve américain», qui perdure encore aujourd'hui.

George Washington (1732-1799)

Ce fut le premier président américain. Il signa la Constitution des États-Unis en 1787 et fut élu à la présidence en 1789 puis en 1792. La capitale des États-Unis et l'un des États de la côte pacifique portent son nom (*Washington City* et *Washington State*).

Andy Warhol (1929-1987)

S'inspirant de bouteilles de Coca Cola, du portrait de Marilyn Monroe ou d'images de la chaise électrique, Andy Warhol est l'un des représentants du pop art. Artiste novateur, il étale sur ses toiles les produits de la société de consommation. En tant qu'artiste et cinéaste, il fut l'un des chefs de file de la contre-culture.

Andrew Carnegie (1835-1919)

Symbole du *self-made man* américain, Carnegie vécut à l'époque du capitalisme triomphant. Il fonda une compagnie qui domina le marché du fer et de l'acier aux États-Unis. Il se consacra ensuite à des fondations charitables et à des instituts scientifiques. La première grande salle de concerts de New York porte le nom de ce milliardaire (le Carnegie Hall).

Frank Lloyd Wright (1867-1959)

Personnalité de l'architecture moderne, l'Américain Wright révolutionna cet art en utilisant de nouveaux matériaux et en ouvrant les espaces sur l'extérieur. Il édifia en 1922 l'un des rares immeubles qui résista au tremblement de terre de 1923 au Japon.

Elvis Presley (1935-1977)

Surnommé le King, il est considéré comme le roi du rock'n'roll. Né à Memphis, dans le Tennessee, il symbolise lui aussi le rêve américain : issu d'une famille pauvre, il devint très populaire et fut une idole de la jeunesse du monde entier. De nos jours encore, des milliers de visiteurs se rendent dans sa maison de Memphis, Graceland.

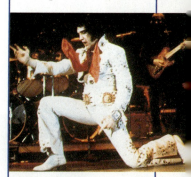

▲ *Elvis Presley est à l'origine du rock'n'roll, un genre qui plaît toujours aux foules.*

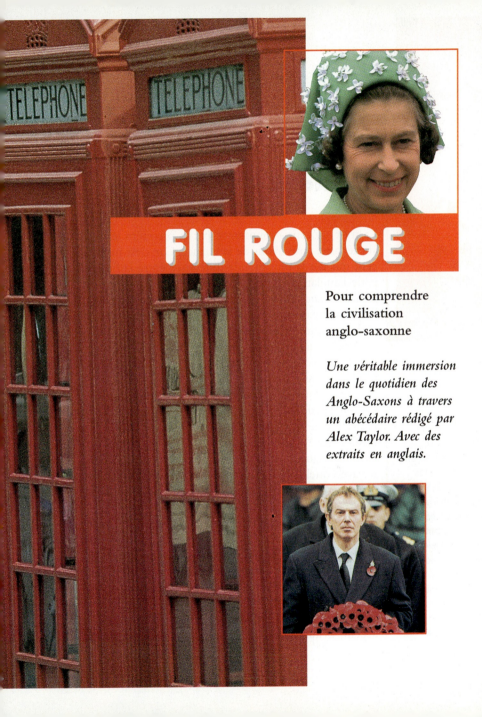

FIL ROUGE

Pour comprendre la civilisation anglo-saxonne

Une véritable immersion dans le quotidien des Anglo-Saxons à travers un abécédaire rédigé par Alex Taylor. Avec des extraits en anglais.

Abécédaire

■ A for Accent

Le mot «accent» commence par la première lettre de notre abécédaire, nous avons de la chance. Car c'est justement l'accent qui fait la plus grande différence entre la façon dont on parle l'anglais de chaque côté de ce qu'on appelle affectueusement *The Big Pond* (la grande mare), j'ai nommé l'Atlantique. On dit de manière sympathique que les Anglais parlent comme s'ils avaient une prune dans la bouche et que les Américains parlent comme s'ils avaient une prune dans le nez. Sans avoir recours à cette méthode, vous allez constater facilement, si vous vous rendez aux États-Unis, que l'accent américain est «nasal». En tout cas nettement plus que la version originale que l'on entend de l'autre côté de la Manche. Il suffit pour s'en persuader de monter dans n'importe quel bus à New York et d'écouter discrètement toutes les conversations autour de vous. Faites-le, vous serez étonné de constater avec quelle facilité vous allez entendre, voire comprendre tout ce qui s'y dit.

Mais l'accent ne permet pas seulement de différencier un Britannique d'un Américain, car même outre-Atlantique il y a toutes sortes de façons de parler l'anglais. Aux États-Unis, les différences sont en général davantage régionales et ethniques. En Grande-Bretagne, elles sont également régionales et locales, mais aussi nettement plus sociales. En gros, il y a moins de différences entre les divers accents américains qu'entre les accents britanniques. Après tout, cela ne fait guère qu'un peu

It was only some three hundred years ago that Americans officially adopted Shakespeare's tongue as their official language, whereas the inhabitants of the British Isles have had some two thousand years to create all sorts of mutually incomprehensible ways of talking to each other.

A for Accent — Fil rouge

plus de trois cents ans que le continent américain a choisi la langue de Shakespeare comme langue officielle et nationale, tandis que les habitants des îles Britanniques ont eu deux millénaires pour créer différents accents, souvent mutuellement incompréhensibles. En tant qu'Anglais, je n'ai jamais rencontré un Américain que je ne comprenne pas, mais en tant qu'habitant de Cornouailles (voir la suite pour savoir où cela se trouve), il y a des Écossais, notamment ceux de la banlieue de Glasgow, dont je ne comprends pas un traître mot. Si, en revanche, vous avez du mal à distinguer un accent du Texas d'un accent du Bronx (la banlieue nord de New York), ce qui est fort possible, consolez-vous en vous disant qu'un Britannique a souvent du mal lui aussi. Il croit globalement que tous les Américains parlent du nez et que cela s'arrête là.

De chaque côté de l'Atlantique l'accent fait, donc, la différence. À l'origine, l'accent américain dépend principalement de l'endroit où l'on vit ainsi que de ses origines ethniques. Ainsi, les Italiens, les juifs, les Hispano-Américains ont tous leur propre accent. Les Noirs ont même créé récemment une langue, l'ebonics, qui est la version « black » de l'anglais américain avec sa propre orthographe. En revanche, la façon dont on prononce les sons a une tout autre fonction en Grande-Bretagne : permettre à tout Britannique de savoir immédiatement à quelle classe sociale appartient la personne à qui il a affaire. Car si la France est le pays aux 300 variétés de fromages, l'Angleterre est bien celui aux 300 variétés d'accents.

En France, les gens sont plutôt jugés sur la façon dont ils s'habillent. En Grande-Bretagne, on « classe » tout de suite quelqu'un en fonction de son accent. Car, et on va s'en rendre

---

Il y a fort à parier que cet appariteur du Christ Church College d'Oxford s'exprime avec un accent de l'*upper class* et non pas avec celui de la *working class*.

Fil rouge — A for Accent

> We have the upper class, the middle class and the working class. But things are nowhere that simple – far from it! I have a friend who is proud to define herself as "belonging to the lower middle class" – which is the level at the bottom of the middle level without being part of the lower level – the working one (which in itself is an absurd term because people from all the classes have to work or are even happy to do it!).

compte de plus en plus dans ce manuel, plus que toute autre société (à l'exception toutefois de l'Inde des castes et des intouchables!), la société britannique est fondée sur la notion de classe. Nous avons l'*upper class* (la classe supérieure), la *middle class* (la classe moyenne) et la *working class* (littéralement, la classe «travailleuse»). Mais les choses ne sont pas aussi simples et le système de classification des individus et leur statut ne s'arrêtent pas là – loin s'en faut! Figurez-vous qu'une de mes amies se dit fière d'appartenir à la *lower middle class.* Elle est donc originaire de la partie inférieure de la *middle class* sans pour autant appartenir à la *working class* située juste en dessous – le tout étant bien entendu ridicule, car à quelque classe que l'on appartienne, on est parfois obligé et même content de travailler!

L'accent de base en Grande-Bretagne, avec son côté un peu vieillot, est indifféremment appelé *the Queen's English* (l'anglais de la reine), *BBC English* ou même, de manière un peu ridicule et prétentieuse, *Received Pronunciation* (littéralement, la prononciation reçue, sans préciser pour autant d'où on la reçoit, à moins que ce ne soit de ses parents et donc, tout logiquement, de sa classe sociale). Lorsqu'un Britannique entend un autre Britannique parler, il sait tout de suite, en l'espace de quelques secondes, non seulement quelles sont ses origines régionales, mais aussi de quel milieu social il vient.

Prenez par exemple la prononciation du mot *bad* (mauvais) – qui est pourtant simple. Prononcez la voyelle du milieu: si vous la prononcez comme le «e» de *bed* (lit), de façon que ces deux mots aient exactement le même son, on vous placera tout de suite dans l'*upper class.* Dieu sait comment ces gens sont censés se faire comprendre s'ils veulent se plaindre d'un mauvais lit, *a bad bed.* Mais je suppose que ce n'est pas le genre de choses qui préoccupe souvent nos classes aisées.

Inutile de vous dire, hélas ! qu'il ne suffit pas de faire cette petite modification de prononciation pour passer pour un vrai snob auprès de vos amis anglais. Il existe un nombre impressionnant d'autres indices. Donc, à moins que votre conversation ne se limite à ces deux mots, ce qui ne fera pas de vous un interlocuteur franchement très intéressant, ce n'est pas la peine de vous imaginer que vous allez faire illusion longtemps.

J'étais une fois dans une épicerie où l'on demandait à une dame assez mal habillée une pièce d'identité pour garantir le chèque qu'elle venait de faire. Il a suffi qu'elle dise les quelques mots : « *I'll go back and get it in my car* » (je vais retourner la chercher dans ma voiture), en prononçant comme veut l'accent *upper class* non pas *back* mais *beck* et en exagérant autant que possible la longueur du « a » de *caaaaaaaaar*, pour qu'on comprenne tout de suite à qui l'on avait affaire et pour que l'épicier lui réplique : « Madame, n'y songez pas une seule seconde ! » Alors, me demanderez-vous, pourquoi mes compatriotes ne changent-ils pas d'accent ou n'imitent-ils pas l'accent de la classe à laquelle ils voudraient appartenir ? Je vous répondrai par l'argument britannique par excellence (ce qui va vous énerver, comme cela a énervé nombre d'étrangers dans le passé, qui restèrent perplexes devant les règles impénétrables de la société britannique) : *It's just not done*, cela ne se fait

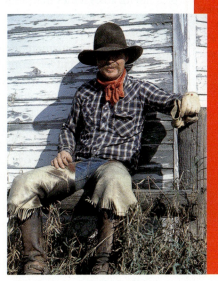

Aux États-Unis, l'accent d'une personne dépend de son origine ethnique et géographique.

Fil rouge — A for Accent

> So, you might be wondering why my compatriots don't change their accents or try to imitate accents from other social classes – and the reply is quintessentially British – and I'm sure this will annoy you as much as it has annoyed foreigners in the past faced with the impenetrable rules and regulations of british society – "it's just not done", or as they used to say in order to annoy foreigners all the more – "it's not cricket!"

pas. Ou comme on disait autrefois pour énerver bien davantage les étrangers : *It's not cricket*, ce n'est pas du cricket !

Puisqu'on en est à l'anglais et à l'américain, sachez qu'il y a très peu de différence entre les mots utilisés dans les deux formes les plus courantes de l'anglais dans le monde. Il existe nettement moins de divergences, par exemple, qu'entre le français de France et celui du Québec. Il y a néanmoins de petits malentendus possibles dans les restaurants car *the check* signifie « le chèque » pour un Anglais, mais « l'addition » pour un Américain (« l'addition » pour l'Anglais étant plutôt *the bill*, ce qui pour l'Américain représente un billet de banque). De même, *a rubber* est une gomme en Angleterre et il vous faudra attendre la version lycée de ce livre pour que je vous explique sa signification pour un Américain.

Il existe également de petites différences d'orthographe. Les Américains écrivent *center*, tandis que les Britanniques restent plus fidèles aux racines françaises du mot en l'écrivant *centre*. De même, beaucoup de mots se terminant en *-our*, comme *colour*, *flavour* ou *fervour*, perdent leur « u » quelque part au-dessus de l'Atlantique. De manière générale, les Américains et on les comprend ! s'énervent et se rebiffent de plus en plus contre l'écriture grotesque de mots comme *through* ou *night* qu'ils transcrivent plus fidèlement en *thru* et *nite*. Mais ce n'est pas toujours le cas et tout cela reste bien modeste. Sinon rien de bien spectaculaire et pour le moment passons à la lettre B. Cela tombe bien, car je suis sûr que vous vous demandez depuis un petit moment pourquoi on dit parfois Anglais et parfois Britannique, ce qui est justement la traduction en français de *British*.

B for British

Si vous imaginez les îles Britanniques comme le conducteur d'une voiture, c'est très simple : l'Écosse est à la place de la tête, le pays de Galles occupe celle des bras et l'Angleterre constitue le reste du corps. Si en tant que Cornique (c'est-à-dire originaire de Cornouailles ; *Cornishman* en VO, ce qui m'a évidemment valu en France de nombreuses plaisanteries idiotes portant vaguement sur les cornichons), je vous disais que ma partie de l'île, c'est le pied, vous verrez plus facilement d'où je viens.

Si vous voulez avoir de bonnes notes à vos examens d'anglais et surtout ne pas froisser vos examinateurs et assistants d'origine écossaise ou galloise, dites toujours britannique et jamais anglais, à moins d'avoir une raison de le faire ! Vous ferez déjà nettement mieux que la plupart des présentateurs français de journaux télévisés.

Étant donné que les Britanniques sont des gens un peu compliqués et que la vie n'est jamais simple, sachez que vous allez parfois entendre parler non seulement de *Great Britain* (soit la Grande-Bretagne), mais également de *the United Kingdom* (le Royaume-Uni). C'est notamment le cas pendant l'attribution

Les fish and chips désignent à la fois un plat (du poisson frit accompagné de pommes de terre frites) et les magasins où on les vend (ici à Londres). Bien qu'ils comportent généralement une teneur élevée en huile, les Britanniques en raffolent.

Fil rouge — **B for British**

> The UK is not the same as great Britain – and on top of this you have to say the United Kingdom but Great Britain without the definite article (I told you we were complicated).

des votes lors du Concours Eurovision de la chanson, où le représentant de *the United Kingdom*, justement, décroche invariablement la deuxième place. *U.K.*, donc, n'est pas la même chose que *G.B.* Notez en plus qu'il faut dire *THE United Kingdom* mais *Great Britain* sans *the* au début, désolé ! En effet, *the United Kingdom* comprend aussi l'Irlande du Nord, laquelle depuis 1920 est séparée du reste de la République d'Irlande au sud (également connue sous le nom de Eire sans *the* – ouf!). Ce n'est donc pas la même chose que la Grande-Bretagne, qui ne fait référence qu'au chauffeur de voiture.

En tout cas, ce qui est important dans tout cela, c'est de savoir que vous marchez sur des œufs et qu'un Écossais est un Britannique mais nullement et surtout pas un Anglais, de même qu'un Gallois et, encore plus, un Irlandais du Nord, qui se définira souvent comme un Ulsterman. Il va falloir attendre la version lycée de ce livre pour un compte rendu un peu plus détaillé de l'histoire de l'Irlande. Comme c'est très compliqué, estimez-vous heureux pour le moment.

Mais cela ne s'arrête pas là, car si l'on gratte un peu, on trouvera toutes sortes de rivalités entre les différentes parties de chaque pays à l'intérieur même de la Grande-Bretagne. Déjà dans ma petite partie, la belle Cornouailles *(Cornwall)*, il y a un mouvement nationaliste. Tout comme les Bretons chez vous, les Corniques avaient leur propre langue, hélas ! morte il y a deux cent cinquante ans. Mais il y a vingt ans à peine, on a essayé de rétablir un parlement cornique et il existe désormais un véritable mouvement pour l'indépendance vis-à-vis de Londres.

Prenez deux comtés (les *counties* étant vaguement l'équivalent de vos départements, mais en un peu moins officiel), Yorkshire et Lancashire, tous deux situés dans le nord de l'Angleterre. Ne pensez pas que les habitants s'entendent bien pour autant. Ils s'entretuèrent pendant les longues et terribles années de la guerre des Roses et cela a laissé des traces jusqu'à nos jours. En conclusion de tout cela, prenez garde quand vous qualifiez quelqu'un ou quelque chose d'*English*. Contentez-vous de *British*, c'est beaucoup plus sûr, sinon vous allez terminer avec *nul point* à vos examens, tout comme la Norvège au Concours Eurovision de la chanson.

Quant à l'Écosse, sachez qu'il y existe un important mouvement indépendantiste, *the Scottish Nationalist Party* ; certains Écossais ne comprennent pas pourquoi leurs affaires doivent être gérées depuis Londres, capitale de ce que nombre d'entre eux désignent toujours comme le Vieil Ennemi (*The Old Enemy*). Certains Écossais sont même nostalgiques de l'époque de la Vieille Alliance, *the Auld Alliance* (*auld* étant l'orthographe écossaise pour *old* – je vous le disais, ils tiennent coûte que coûte à se différencier des Anglais). Cette alliance fut conclue entre l'Écosse et la France. Saviez-vous, par exemple, qu'une loi qui existe toujours vous permet, en tant que Français, d'obtenir la nationalité écossaise ? Cela a été décidé au XIIIe siècle par un pacte conclu entre les deux pays et surtout contre l'Angleterre. Les documents sont toujours aux Archives nationales de France car personne n'a jamais eu l'idée de révoquer cette loi. Je vous souhaite bon courage, en revanche, si jamais vous vous mettez en tête de devenir ainsi *Scottish*.

En 2002, la BBC a organisé un vaste sondage national pour désigner « The Greatest Britons », les plus *grands* britanniques de tous les temps. Pendant quelques mois, tout le pays a été mobilisé pour établir une première liste de 100 noms ensuite réduite à une simple dizaine. Des personnalités médiatiques sont venues ensuite défendre en direct chacun des 10 finalistes lors d'émissions télévisées spéciales destinées à rappeler au téléspectateur parfois un peu ignorant les principaux exploits de ces personnages souvent historiques. Lors d'une grande émission en direct, le pays entier a ensuite exprimé son choix par téléphone, SMS ou Internet.

> As a conclusion, be very careful when you call someone "English" – you should stay with "British", which is much safer, otherwise you too will be getting "nul point" at your exams, just like Norway always does at the Eurovision Song Contest.

Fil rouge — B for British

> Only 13 women are on the list, what would have particularly disappointed the "suffragette" Emmeline Pankhurst, who was a figurehead for women's rights at the beginning of the 20th century. Among the other women, the unavoidable Mrs (subsequently Baroness) Thatcher, who always stressed the fact that she was not the first female Prime Minister of the UK, but the first Prime Minister to have a science degree (her male predecessors all had degrees in Law, History or the Arts).

Le gagnant (prévisible) fut Winston Churchill, le premier ministre qui a dirigé le pays pendant la Deuxième Guerre mondiale, suivi en 2ᵉ place par Isambard Kingdom Brunel, auquel l'on doit un bon nombre de réalisations architecturales aussi impressionnantes que son nom. Choix également sans surprise pour la 3ᵉ place, même si le public était sans doute davantage mû par la grande affection provoquée par sa mort récente que par des critères plus objectifs sur un plan plus historique : la princesse Diana, suivie par le scientifique Darwin, dont la théorie de l'évolution a révolutionné au XIXᵉ siècle notre conception des origines de l'espèce. Shakespeare n'est arrivé qu'en 5ᵉ position. Les sujets britanniques ont plébiscité quelques membres de la famille royale, préférant en revanche les défunts aux actuels occupants de Buckingham Palace. Ainsi Elizabeth Iʳᵉ est arrivée en 7ᵉ position, sa lointaine cousine Elizabeth II étant exclue du peloton de tête.

Parmi les autres candidats un peu pittoresques parmi la centaine de noms, citons Johnny Rotten – chanteur des Sex Pistols qui, avec des épingles à nourrice dans le tee-shirt et les oreilles, faisait sa propre version punk et quelque peu obscène de *God Save The Queen* dans les années 1970. Sans oublier l'omniprésent David Beckham, idole des jeunes, époux d'une Spice Girl (Victoria) mannequin, star des plateaux de télévision, écrivain et accessoirement joueur de foot.

Seules 13 femmes figuraient dans la liste, ce qui aurait fortement déplu à la « suffragette » Emmeline Pankhurst qui, au début du XXᵉ siècle, fut la figure de proue du militantisme féminin et fut emprisonnée 12 fois pour que les femmes britanniques puissent avoir le droit au vote. Ce droit a été acquis en 1918 seulement au Royaume-Uni (pour les femmes de plus de 30 ans), 2 ans avant l'octroi du droit au suffrage pour les Américaines – et pour les Françaises bien plus tard en 1945 ! Parmi les autres femmes citées, l'incontournable Mrs (devenue ensuite baronne) Thatcher, laquelle se targuait non pas d'avoir été le *premier* premier ministre féminin, mais d'avoir été le *premier* premier ministre britannique avec un diplôme scientifique (ses prédécesseurs masculins ayant étudié plutôt le droit, l'histoire et les lettres). Enfin, le vote des adolescents a sans doute beaucoup contribué à la présence sur la liste de J.K. Rowling, créatrice de Harry Potter.

C for Coronation Street

Coronation Street est le *soap* le plus connu de la télévision britannique. Il faut remonter dans le temps et traverser à nouveau *The Great Pond*, pour se retrouver aux États-Unis dans les années 1950, époque à laquelle les feuilletons télévisés ont vu le jour. Ces séries racontent, jour après jour, semaine après semaine, année après année, les péripéties d'une famille ou d'un groupe d'individus. Ce genre d'émission a toujours eu beaucoup de succès sur les chaînes anglo-saxonnes et il s'exporte plus difficilement en France. Il ne faut surtout pas confondre avec un tout autre genre, le *sitcom* – autrement dit *situation comedy*, comédie de situation –, dont le but est de faire rire.

Certains *soaps* n'ont jamais changé depuis l'époque de Procter and Gamble, une grande société améri-

Dans les années 1980, la série télévisée *Dynastie* a rencontré un énorme succès, que ce soit en Grande-Bretagne ou en France. Succès en grande partie dû aux costumes et aux coiffures pour le moins surchargés qui permettaient de reconnaître les acteurs au premier coup d'œil.

| **Fil rouge** | **C for Coronation Street** |

caine qui fabriquait des lessives. Il existe même quelques acteurs qui sont là depuis les années 1950 et qui ont donc vécu leur vie à travers un personnage totalement fictif. En général, ces *soaps* diffusés l'après-midi aux États-Unis sont un peu mièvres, c'est le moins qu'on puisse dire. Les intrigues tournent presque exclusivement autour de beaux jeunes hommes qui tombent sous le charme de belles jeunes filles avec, de temps en temps, pour effrayer la *Middle America* (l'Amérique bourgeoise qui regarde jour après jour, semaine après semaine, etc.), un bon meurtre ou un crime crapuleux. Les plus célèbres du genre sont *General Hospital* et *The Way the World Turns* (Comment tourne le monde), dont j'ai vu une fois une parodie intitulée *The Way the Stomach Turns* (Comment tourne l'estomac). Certains *soaps* ont même été vendus dans le monde entier. Vous êtes peut-être trop jeune pour vous souvenir de *Santa Barbara* qui longtemps fascina le public de TF1 en fin d'après-midi. Estimez-vous heureux !

La série *Urgences,* à base d'interventions médicales et d'intrigues sentimentalo-psychologiques, fait le bonheur de millions de téléspectateurs.

Les *soaps* du soir sont généralement nettement meilleurs, en grande partie parce qu'ils ont coûté plus cher et que les scénarios et les acteurs sont meilleurs. Un bon exemple est la série *Urgences* (*E.R.* en VO), que vous avez peut-être vue sur France 2. Demandez à vos parents de vous parler, les larmes aux yeux, de *Dallas* et de *Dynastie*, qui, dans les années 1980 ont fasciné le monde entier, tellement les personnages étaient riches et les intrigues totalement farfelues. En voici un exemple (un de ceux grâce auxquels j'ai été moi-même totalement accro) : le héros de *Dallas* est assassiné à la fin d'un épisode. Il est alors resté dans sa tombe pendant toute l'année qui a suivi, mais lorsque l'acteur a décidé qu'il voulait rejoindre la série, les auteurs nous ont gentiment expliqué qu'en fait son meurtre n'était que le fruit de l'imagination de son épouse.

Ask your parents to tell you – doubtless they'll do it with tears in their eyes – about Dallas and Dynasty both of which fascinated the entire planet in the eighties, with their incredible story-lines and incredible people.

Et puis nous avons également adoré *Dynastie* : une année, tous ses principaux personnages ont été assassinés par une bande de terroristes internationaux, avant qu'on ne les voie, dans l'épisode suivant, se relever miraculeusement comme si de rien n'était. Et je vous épargne l'épisode où l'une des filles de la famille Carrington a été tout simplement enlevée devant nos yeux par des extraterrestres qui la jetèrent dans une soucoupe volante. Ces fins d'épisodes et de séries s'expliquent par le concept de *cliffhanger* (littéralement, quelqu'un qui est suspendu en haut de la falaise). Chaque épisode se termine sur un suspense, pour que les gens aient envie de regarder la suite le lendemain et accessoirement de revoir la même pub pour les produits de lavage. Lavage de cerveaux en anglais commence d'ailleurs par « b » et se dit *brain-washing*.

Si les *soaps* américains se passent dans des milieux de milliardaires et proposent des scénarios assez peu vraisemblables, c'est tout le contraire à la télévision britannique. Les producteurs de *soap operas*, comme on les appelle aussi, se targuent de faire des choses plus réalistes et plus *nitty-gritty*, c'est-à-dire plus terre à terre. Ainsi, *Coronation Street* est diffusé trois fois

Fil rouge — C for Coronation Street

> **Coronation Street** has been shown three times a week for the last forty years on the private Channel ITV. It takes place in the same street in an industrial town in the North of England, the inhabitants of which meet up for gossip and general chit-chat in the Rover's Return, the street's famous pub.

par semaine et ceci, tenez-vous bien, depuis quarante ans par la chaîne privée ITV *(Independent Television)*. L'action se déroule dans une rue d'une ville industrielle du nord de l'Angleterre. Ses habitants se retrouvent au *Rover's Return*, le pub placé au centre de la série, pour se raconter les derniers commérages *(gossip)*. Rien que le fait de regarder le générique de *Coronation Street*, avec sa musique un peu triste et ses vues panoramiques sur des maisons gentiment rangées les unes à côté des autres, vous montrera à quel point nous avons quitté l'univers impitoyablement riche de *Dallas* et de *Dynastie*.

Un pub figure également au centre du feuilleton le plus réussi de la BBC, la chaîne britannique publique. Le pub s'appelle *The Vic* et la série, *Eastenders* (elle tient son nom du *East End*, le quartier pauvre de Londres). Cette série est plus jeune et nettement plus branchée, ou *trendy*, que *Coronation Street* qui fait franchement un peu ringard (*naff*, si vous voulez impressionner vos profs). *Eastenders* a ce qu'on appelle en anglais moderne une *street credibility* (souvent abrégé en *street cred*), littéralement une crédibilité dans la rue, c'est-à-dire que les gens branchés dans la rue y croient (voilà qui impressionnera encore bien davantage vos profs !).

En effet, devançant régulièrement son rival *Coronation Street*, *Eastenders* propose des scénarios sur des thèmes assez contemporains comme le racisme, le sida ou la pauvreté dans les communautés démunies de Londres. Mais ils sont généralement très bien écrits et l'auteur de cet abécédaire mentirait s'il vous disait qu'il ne les regarde pas fidèlement trois fois par semaine sur *BBC Prime*.

On ne peut imaginer l'importance de ces *soaps* dans la vie quotidienne du téléspectateur lambda d'outre-Manche. *Coronation Street* et *Eastenders*, diffusées en *prime-time* – c'est-à-dire vers 19 heures en Grande-Bretagne (il n'y a pas la grande messe des journaux télévisés de 20 heures à la télévision britannique puisque les gens sortent du travail plus tôt) – atteignent régulièrement des audimats de 18 millions de téléspectateurs. Les Britanniques se ruent sur leur télévision pour suivre les derniers rebondissements de ces séries dont les intrigues ont recours, il faut bien le dire, à des scénarios de plus en plus invraisemblables pour retenir le public. *Coronation Street* a tenu la nation en haleine pendant 18 mois avec le meurtrier en série, *serial-killer*, Richard, un époux modèle, mais qui avait la fâcheuse habitude d'assassiner ses voisines à coup de hache. Même *Eastenders*, qui se targue d'un réalisme plus *gritty* (terre à terre) que son concurrent de la chaîne commerciale, n'y est pas allé de main morte en ressuscitant son principal personnage *Dirty Den*, Den le malfrat, qui avait pourtant été tué et noyé dans un canal de la banlieue londonienne vingt ans plus tôt. Audimat garanti – *a ratings winner* !

Vous aurez également tout intérêt à regarder au moins un ou deux épisodes du feuilleton australien *Neighbours*. À part le fait de proposer un regard sur la vie dans la banlieue de Sydney, cette série présente la caractéristique de commencer par le générique le plus kitsch qui soit, sur le thème « *That's why good neighbours become good friends* » (« Voilà pourquoi les bons voisins font de bons amis »). À regarder de préférence avec beaucoup de sucre dans le thé, autour du *five o'clock*.

Sachez pour finir qu'il existe même des feuilletons destinés aux enfants. Ainsi, *Grange Hill* est diffusé depuis une quinzaine d'années sur la BBC. L'action se situe dans une école secondaire de la banlieue de Londres, ce qui tombe à nouveau admirablement bien puisque nous arriverons dans quelques pages à la lettre E comme Education, le temps de faire un petit détour par la lettre D comme Dime.

You could also glance at one or to episodes of the Australian series "Neighbours" which, apart from giving a revealing glimpse of life in the suburbs of Sydney, has the kitchest opening sequences based on a horrible song about "That's why good neighbours become good friends" – best to watch it with a big lump of sugar in your traditional five o'clock cup of afternoon tea.

Fil rouge — **D for Dime**

D for Dime

"Buddy can you spare a dime?" One of the most famous questions in the history of America has its origins in the Great Depression of the 1930's when the Stock Exchange at Wall Street crashed, leaving millions of people penniless. This whole era marked the American collective soul.

« *Buddy can you spare a dime ?* » Voilà l'une des phrases les plus connues de la mythologie américaine – plus ou moins l'équivalent de « T'as pas cent balles ? ». Elle remonte à la grande dépression des années 1930, lorsque la Bourse de Wall Street s'est effondrée, ruinant des millions de personnes. Cette époque marqua définitivement l'imaginaire collectif américain.

Vous n'irez pas très loin aux États-Unis si vous ne maîtrisez pas la monnaie américaine, pis, vous allez vous faire avoir ! *A dollar* est souvent appelé *a buck* et *a dime* représente une pièce de dix cents. *A nickel*, qui se fait de plus en plus rare, est la pièce de un cent, que les Américains persistent à appeler aussi *a penny*, qui est plutôt une pièce britannique, mais nous y reviendrons.

Les Américains ont un rapport privilégié, presque physique avec l'argent. Il suffit de regarder la façon dont les gens comptent les billets et les égrènent lorsqu'ils vous rendent la monnaie. Le *cash*, ou liquide, est très répandu aux États-Unis, alors que nous préférons de plus en plus l'argent « plastique » que représentent les cartes de crédit.

En Grande-Bretagne, la livre sterling est affectueusement connue sous le nom de *quid*. « *That's three quid, please, mate* » (« Ça fait trois livres, mon pote »). Voilà le genre de phrase que vous entendrez tous les jours dans les magasins britanniques. Le mot *mate*, placé à la fin, est également, la plupart du temps, affectueux.

Autrement, sachez la chance que vous avez. Lorsque j'étais jeune, la Grande-Bretagne avait un système monétaire épouvantable, où chaque livre, ou *pound*, était composée de vingt *shillings*, lesquels à leur tour n'avaient pas trouvé mieux que d'être composés de douze *pennies*. Vous ne pourrez jamais vous imaginer les horribles cours de maths où l'on nous demandait de soustraire de 20 livres la somme de 15 livres 17 shillings et 11 pence, soit £5/17sh/11d (*pence* étant abrégé par un «d», car pourquoi faire simple quand on peut faire encore plus compliqué?). Fort heureusement, tout cela fut rationalisé en 1972 avec l'introduction du système décimal. La livre ne se composa plus de 240 pennies comme auparavant, mais de 100 pence tout ronds, avec en prime la seule pièce à sept côtés existant dans le monde (celle de 50 pence), puisque comme je vous le disais les Britanniques cherchent tous les prétextes pour se différencier des autres. Il existe encore quelques Britanniques qui parlent en vieilles livres. Si vous entendez parler de *five bob*, sachez que cela correspond hélas! à cinq anciens shillings, donc 60 anciens pennies, donc 25 nouveaux pence. Suis-je clair?

Pour le plus grand bonheur des étrangers, les Britanniques ont décidé, il y a à peine 25 ans, d'appliquer le système décimal à leur devise.

Les Britanniques tiennent beaucoup à leur devise nationale, perçue comme un rempart contre l'intégration européenne à laquelle ils restent résolument hostiles. Même le très europhile premier ministre Tony Blair a longtemps refusé de trop prôner l'adoption de l'euro, tant le sentiment national, orchestré, il faut le dire, par une presse particulièrement antieuropéenne, remonte ses concitoyens et, surtout, ses électeurs contre ce symbole de l'Europe jugée trop fédéraliste.

Fil rouge — E for Education

E for Education

Yet another attempt by the British to be different, and this I admit attains the realms of sheer perversity, because what we call a "public school" has nothing whatsoever public about it at all, being for reasons totally incomprehensible to anyone, a private school – and what you, the French call an "école publique" becomes in English a «state school».

Encore une tentative britannique de se différencier des autres, et cette fois cela relève de la pure perversité, j'en conviens. En effet, ce qu'on appelle *a public school* n'a rien de public, car il s'agit pour des raisons totalement incompréhensibles d'une école privée. Et ce que vous appelez une école publique trouve son équivalent dans le terme anglais *state school*, c'est-à-dire une école de l'État. Entre les deux, nous avons des écoles à moitié privées, les *grant maintained schools*, ainsi nommées parce qu'elles reçoivent de l'argent ou une subvention *(a grant)* des coffres de l'État.

Commençons avec les premières, les *public schools.* Bien plus qu'en France encore, elles fournissent l'élite dirigeante du pays, car elles ont toujours été et restent très chères. Les deux plus célèbres sont Eton et Harrow. Même aujourd'hui, après l'arrivée au pouvoir du *Labour* (le parti de gauche censé être plus équitable), ces écoles continuent à procurer au pays un grand nombre de dirigeants et de hauts fonctionnaires. Les ministres travaillistes eux-mêmes y envoient parfois leurs enfants car ces écoles, qui sont riches, attirent les meilleurs professeurs en les payant bien plus que les écoles d'État.

Le tout fonctionne donc selon un système appelé *the old school tie* («la vieille cravate d'école»), ce qui revient plus ou moins à dire qu'on est pistonné. Je trouve toujours cela très énervant lorsqu'un Anglais me demande, question courante, du moins parmi les anciens des *public schools*: « *What school did you go to ?* » («À quelle école étiez-vous ?»)

Ceux qui ne vont pas dans les écoles privées vont dans des écoles d'État. Mais là encore le système est un peu compliqué, car certaines régions ont conservé l'ancien programme, où il

E for Education **Fil rouge**

fallait passer un examen à l'âge de onze ans – examen intitulé *the eleven plus*. Ceux qui réussissaient, c'est-à-dire un tiers des élèves seulement, allaient dans les *grammar schools*, les autres dans des *secondary modern schools*. Je me rappellerai toute ma vie le jour où nous devions nous rassembler pour entendre notre professeur nous dire à voix haute et devant tout le monde qui avait réussi et qui avait échoué. Ce fut un moment horrible pour le garçon de onze ans que j'étais alors. Plusieurs de mes amis en étaient réduits aux larmes – de joie, de colère ou de tristesse – après l'annonce en direct donc en public de leur résultat. En plus, il n'y avait aucune possibilité de repasser l'examen en cas d'échec !

Ces écoliers ne semblent guère affectés par l'esthétique quelque peu discutable de leur uniforme, auquel les Britanniques sont restés très attachés.

Dans les années 1970, les travaillistes ont essayé d'abolir ce système jugé cruel et élitiste en établissant des écoles dites de tronc commun, ou *comprehensive schools*. Mais avant de réussir à abolir toutes les *grammar schools*, manque de pot, ils ont perdu les élections. Revoici donc les conservateurs en 1979, avec une Mrs. Thatcher occupant le poste de Premier ministre. Or cette dernière, en tant que porte-parole du parti sur les questions d'éducation, s'était violemment opposée à l'abolition des *grammar schools*. Résultat : la zizanie règne entre les régions, dont certaines ont conservé jusqu'à ce jour le nouveau système, tandis que d'autres sont revenues à l'ancien.

Fil rouge — E for Education

All this brings students to the age of 16 where they have their GSCE levels. It's not really like in France, with one single exam, in Britain each exam is separate and has nothing to do with the other subjects. You can take ten or so GSCE's in the subjects you choose, and you can, for example, pass in English, but fail in Maths. At 16 you get, say, five GSCE's. The same thing happens two years later when pupils do their A-Levels.

Toujours est-il qu'on en arrive à la première épreuve de la vie : les examens que l'on passe à l'âge de seize ans. Ce n'est pas vraiment comme en France. Il ne s'agit pas d'un seul examen mais de plusieurs épreuves bien distinctes et indépendantes. On peut passer, par exemple, jusqu'à une dizaine d'examens individuels, ou *GCSE*, dans les matières que l'on choisit. On peut donc très bien réussir son *GCSE* en anglais, tout en échouant à l'épreuve de maths. À seize ans, on peut avoir par exemple cinq *GCSE's*. Même chose deux ans plus tard. Les élèves qui ont poursuivi leurs études passent des *A-levels* (A comme *advanced*). D'habitude, cela concerne deux ou trois matières. Ce sont les résultats à ces examens qui vous aident – ou non le cas échéant ! – à trouver une place à l'université.

Le système universitaire est, en revanche, nettement plus égalitaire en Grande-Bretagne qu'en France ou aux États-Unis. Il n'existe pas, par exemple, d'universités privées. De même, on obtient une place sur la seule base de ses résultats aux *A-levels*. Si l'université vous accorde une place, le gouvernement vous donne ce qu'on appelle *a grant*. Tous les élèves

Le collège d'Eton fait partie des établissements les plus huppés de Grande-Bretagne.

reçoivent la même somme, qui est donc censée couvrir le coût de l'enseignement et du logement. Une partie de cette *grant* est directement versée depuis leurs impôts – qu'ils le veuillent ou non ! – par les parents, le montant exact étant déterminé en fonction de leurs revenus.

Oxford et Cambridge, désignés collectivement sous le nom d'Oxbridge, sont les seules universités à faire passer un concours ; le niveau est en général assez élevé. Il y a de quoi, car c'est une vie de rêve une fois qu'on est accepté. On est véritablement dorloté, logé dans des collèges superbes, dînant tous les soirs dans des halls vieux de quelques siècles où tout le monde est habillé en toge et où tous les repas commencent par une prière en latin.

Dans toutes les universités, on travaille pour réussir son examen final *(finals)*. Lorsqu'on l'a réussi, on est en général mieux armé pour trouver un travail, même si les matières enseignées dans les universités anglaises sont souvent nettement plus académiques qu'en France. Prenez mon exemple : lorsque j'étudiais le français, je passais le plus clair de mon temps à rédiger des dissertations sur les pièces de Molière ou sur la *Chanson de Roland*, non pas en français mais en anglais ! Rien d'étonnant donc, si lorsque je suis arrivé en France muni de mon seul diplôme d'Oxford, j'étais totalement incapable de demander à quelle heure arrivait le prochain bus et si je passais la plupart de mon temps à dire « Plaît-il ? » aux gens dont j'avais le plus grand mal à saisir ce qu'ils venaient de me dire. Bref, je n'avais aucune *street credibility* dans les rues de Paris.

> *Oxford and Cambridge, which are collectively known as "Oxbridge" are the only universities to have an Entrance Exam, and the level is high. Competition is very intense because the lifestyle in the universities is very agreeable and they both have a worldwide reputation.*

Fil rouge — F for Fridge

F for Fridge

Nothing is better for understanding the soul of a family, and by extension, of their country than to take a look in their fridge. This is especially the case with the American fridge. First of all just by its sheer size! The American fridge is of necessity imposing – for it is an undeniable status symbol, i. e. a symbol of wealth.

Pour saisir l'âme d'une famille et, par extension, celle de tout un pays, rien ne vaut mieux que de jeter un coup d'œil dans son frigo. Cela est particulièrement vrai pour le frigo de la famille typiquement américaine, ne serait-ce que pour sa taille impressionnante ! Le frigo américain est forcément imposant, car il constitue un incontestable *status symbol* (symbole de statut, ce qui veut dire en fait signe de richesse), bien plus important aux États-Unis que la *street cred*. Une fois que vous aurez ouvert l'immense porte, vous vous apercevrez que tout à l'intérieur est dénaturé d'une façon ou d'une autre – que ce soit par des ajouts en vitamines (le lait à la vitamine D, par exemple), par un allègement en cholestérol, en sodium ou surtout (c'est obligatoire !) en matières grasses. Tout est donc *low fat*, des vinaigrettes allégées en matières grasses jusqu'à la glace 98 % *fat free*. Les États-Unis sont bien le seul pays où l'on puisse trouver de la *fat free fudge chocolate ice cream*, c'est-à-dire de la glace au chocolat et au caramel sans matières grasses *(It's not very good)* !

À part cela, entre les tubes de mayonnaise et de ketchup et les pots de *full fat*, *medium fat*, *reduced fat* ou *no fat yoghurts* (c'est-à-dire des yaourts dont les matières grasses ont été respectivement laissées telles quelles, diminuées de moitié, réduites encore plus ou même carrément éliminées), entre les jus de toutes les sortes de fruits imaginables (*cranberry*, *blueberry* et autres *gooseberry juices*), vous tomberez le plus souvent dans la partie viande sur des tranches de dinde. Il y aura également – hélas ! – quelque part dans le bac à boissons, juste à côté du Coca (*light of course*, mais cela se dit plutôt *diet Coke* en anglo-américain), du thé glacé *(iced tea)*, que les Américains adorent pour la simple raison qu'ils ne savent pas faire du vrai thé. En effet, tout individu civilisé sait que le thé se boit chaud.

F for Fridge **Fil rouge**

Quant au frigo britannique, il est plutôt rempli de restes de boîtes de conserve (*tins* pour un Anglais, *cans* pour un Américain), car les Britanniques apprennent dès leur plus jeune âge, et fort justement, qu'il ne faut pas laisser le contenu dans la boîte une fois que celle-ci est ouverte. Vous y trouverez très certainement une dose de *baked beans* (les haricots blancs en sauce tomate) et toutes sortes de confitures (dites *preserves* si vous voulez faire snob), avec, selon la mode, des parfums des plus extravagants, genre pétale de rose ou confiture de thé à la bergamote. Vous pourrez y ajouter une sélection de soupes fraîches tout aussi remarquables – carotte, coriandre et gingembre, par exemple – qu'on trouve de plus en plus dans les supermarchés les plus novateurs.

Un frigo de taille respectable, une bouteille de Coca-Cola, le drapeau des États-Unis : trois des symboles américains les plus forts.

Fil rouge   G for Grr!

G for Grr!

If you manage to eliminate from your English these ten or so basic mistakes, the typical mistakes French speakers make in English, you will not annoy your English teacher, which in itself will give you at least three extra points out of twenty in your exams.

Lorsque j'enseignais l'anglais, je consacrais toujours mon premier cours à ce que j'appelais «la Chambre des Horreurs» *(The Chamber of Horrors!)*. En effet, pour le professeur d'anglais que j'ai été pendant dix ans, ce fut une véritable torture de subir de cours en cours, de jour en jour, d'année en année, les mêmes horribles opérations de massacre à l'encontre de ma langue maternelle. Si vous arrivez déjà à éliminer de votre anglais les dix fautes qui suivent, qui sont celles que font les francophones, vous n'agacerez plus votre professeur d'anglais, ce qui vous vaudra au moins trois points de plus à vos examens.

La première faute, ignoble, atroce, exécrable, déplorable, épouvantable, infâme et monstrueuse!!! – le péché n° 1 des francophones qui parlent anglais –, l'horreur de toutes les horreurs mais que commettent même les gens qui parlent couramment anglais – la faute à absolument éviter et à ne jamais commettre – vous êtes prêts? c'est simple: mettez des «s» à la fin des mots qui en ont besoin – et surtout, SURTOUT – prononcez-les!

Combien de fois ai-je entendu: *He come from*. C'est tout comme si je disons que – vous voyez à quel point ce que vous venez de lire vous a choqué? Eh bien, cela choque tout autant lorsqu'on dit en anglais: *He think that*. J'étais même allé jusqu'à apporter dans ma classe un pistolet à eau, dont j'aspergeais les élèves récalcitrants lorsqu'ils oubliaient le maudit «s». Cela a eu un impact pendant quelque temps… mais plutôt hélas! celui de me faire passer pour un farfelu que d'obtenir une amélioration dans la récitation des conjugaisons.

Ne vous inquiétez pas, il existe un remède qui marche à tous les coups et qui en plus est très amusant. Il s'agit simple-

G for Grr! **Fil rouge**

ment de répéter chaque matin sous sa douche pendant quelques minutes des conjugaisons simples de verbes. Prenez n'importe quel verbe en anglais comme *think, sing, come, go, want*, etc., et dites *I want, you want, he wantsssss* en exagérant le «s» comme si un serpent sifflait sur le pommeau de votre douche. Prenez-y plaisir! Si vous le faites tous les jours pendant, disons, un bon mois, cela deviendra un réflexe magique et cela augmentera du coup votre note d'au moins deux points. Cela vaut également, bien sûr, pour les pluriels: *one dog, two dogsssss, one cat, two catsssss, one sssssstupid mistake, no more stupid mistakesssssss* (plus de fautes stupides!)

Parmi les autres fautes à éviter, ne confondez pas *person* et *people*: *one person, but two people*. Évitez le mot *persons* au pluriel. Cela existe mais cela sonne presque toujours de manière bizarre. *People* est beaucoup plus naturel au

Même si vous évoquez plusieurs de ses représentants, vous emploierez toujours *the police* comme un mot singulier. Attention donc au verbe qui suit!

55

Fil rouge G for Grr!

One cat, two catsssssss, three catssssss, four catsssssss. N'hésitez pas à bien prononcer la lettre «s», marque du pluriel, mais aussi de la troisième personne du singulier au présent simple.

pluriel: *there are three people in the room*. Dire *three persons* donne l'impression que l'on a affaire à un snob et sonne très bizarrement à l'oreille d'un anglophone.

Passez ensuite deux minutes à apprendre la règle très simple concernant tout ce qui tourne autour du mot «depuis», car rares sont les francophones qui ne tombent pas dans ce piège. Chaque fois que vous rencontrez le mot «depuis» dans une phrase en français, une petite sonnette d'alarme doit retentir dans votre cerveau. «J'apprends l'anglais depuis deux ans» se dit *«I have been learning English for two years»*, car il s'agit d'une durée. Mais «J'apprends l'anglais depuis 1998» se traduit par *«I have been learning English since 1998»*. En gros, *since* s'emploie avec une date, *for* avec une durée – c'est simple, non? Pourtant, cela vous permettra d'obtenir un point de plus à votre note finale – vous voyez comme elle remonte vite.

Autrement, il ne faut pas oublier que les mots *million* et *thousand* ne s'emploient pas du tout comme en français. Trois millions d'étoiles est beaucoup plus simple et logique en anglais, car on dit *three million stars* (sans *of*, car après tout c'est le français qui n'est pas très logique – on ne dit pas quatre de chiens!) Mais, juste histoire de rétablir un peu le côté pervers de l'anglais, s'il n'y a pas de chiffre devant *million* ou *thousand*, là vous pouvez mettre un «s» et ajouter un *of* derrière, ce qui donne *millions of stars, thousands of socks*. Et qu'allez vous faire avec tous ses «s» du coup? Bien évidemment tous les prononcer!!

Sachez également que le mot *law* (loi) rime en anglais avec le mot *door* (porte). J'ai rarement rencontré un Français qui veuille bien me croire, mais c'est comme ça. Il existe un autre mot *low* (bas), qui lui rime avec *go*. Donc entraînez-vous en répétant *go*, *low*, puis *door*, *law*. Vous serez probablement le seul francophone à prononcer *law* correctement.

Autres petites astuces, mais qui font toute la différence. Dites : « *the police are here* » et non pas « *is* ». Et puis apprenez bien la règle de « when » : ne mettez pas le futur après ce mot, excepté dans une question directe. Ainsi, « je te verrai quand tu viendras » (ce qui n'est pas une question directe), se dit en anglais : « *I'll see you when you come* » (et jamais « *when you will come* »). Une question directe serait plutôt « quand te verrai-je ? » (« *when will I see you ?* »). Et là, vous pouvez mettre le futur. C'est idiot, mais cela « classe » tout de suite ceux qui parlent bien et ceux qui se débrouillent.

Ah oui, prononcez bien le « h ». Prenez-y même du plaisir. Dites : « *I'm happy* » et respirez le bonheur au début du mot. Sachez qu'il n'existe que trois mots en anglais où le « h » ne se prononce pas : *hour* (heure), *heir* (héritier) et *honest* (honnête). Autrement, vous pouvez aspirer au plus grand bonheur avec tous les « h » de la langue.

Et puis surtout amusez-vous en parlant anglais, c'est une langue facile (mise à part son invraisemblable orthographe). Et puisque vous avez été sage dans ce chapitre très grammatical, je vous donne une petite phrase de récompense pour vous amuser : « Je vous verrai à deux heures moins deux moi aussi », ce qui se traduit par « *I'll meet you at two to two too* ». Dites-le tout haut pour voir pourquoi.

Another thing: the word "law" rhymes in English with the word "door" – yet I have hardly ever met a French speaker who is willing to believe me on this one. That's the way it is. There is another word: "low" which rhymes with "go". So practise saying "go, low" and "door, law", and this will make you the only French speaker in the world to pronounce this word in the correct fashion.

Fil rouge — **H for History**

H for History

Everything began, if you ask any English schoolchild, in 1066. This was the date of the Norman Conquest, i. e. the French conquest, but don't call it that if you are keen to keep your new British friends, as we're all rather touchy about it. It is indeed the only time that the British Isles have been invaded, nobody has ever conquered our shores since because, as the rather feeble French joke puts it, nobody in their right mind would want to spend a Sunday there.

Si vous demandez à n'importe quel écolier britannique, il vous dira que tout a commencé en 1066. C'est la date de la *Norman Conquest*, l'invasion normande (autrement dit française, mais évitez de le dire si vous voulez conserver vos nouveaux amis britanniques, c'est un point sensible de notre histoire). C'est en effet la seule fois où les *British Isles* ont été ainsi envahies. Personne n'est jamais venu depuis occuper à nouveau l'Angleterre, comme dit une plaisanterie idiote en France, de peur d'avoir à y passer un dimanche. Bref, il y a beaucoup de légendes attachées à cette invasion, la plus célèbre étant celle du roi Arthur qui a brûlé ses cakes avant d'aller à la bataille de Hastings où il reçut hélas ! une flèche en plein œil. Tout cela est allègrement détaillé sur la tapisserie de Bayeux, plus connue, car plus douloureuse, en Grande-Bretagne qu'en France.

On saute ensuite quelques décennies, car il ne s'y passa pas grand-chose et on arrive aux *Middle Ages*, le Moyen Âge, époque où les dames portaient des chapeaux coniques sur la tête, où les messieurs allaient à la chasse au faucon et où tout le monde mangeait beaucoup d'épices car, hélas ! personne n'avait encore inventé le dentifrice *(toothpaste)*.

Ensuite vient une incontournable figure de l'histoire anglaise, Henry VIII et ses six malheureuses femmes, qu'il fit tour à tour décapiter, pendre ou enfermer dans la tour de sa prison. Mais il faut savoir que l'Église anglicane a été fondée par ce roi après un mouvement de colère lorsque le pape de Rome lui refusa le droit de divorcer.

Autre date incontournable, le 5 novembre 1606. Cette date est connue de tous les écoliers britanniques, car c'est le jour où un certain Guy Fawkes a tenté de faire sauter le Parlement.

H for History **Fil rouge**

Il a d'ailleurs été pris en flagrant délit, juste au moment où il allumait la mèche dans les caves du Parlement. Depuis, les Britanniques se rappellent de cette infamie le 5 novembre de chaque année. Tout le monde connaît d'ailleurs le fameux dicton : *« Remember remember the fifth of November, gunpowder, treason and plot »* (« Souvenez-vous, souvenez-vous du 5 novembre, poudre à canon, trahison et complot ! »). Chaque année, pour nous venger, nous brûlons carrément des effigies du traître. Pendant toute une semaine, les enfants font le tour du voisinage en demandant à tout un chacun *a penny for the guy* (un penny pour Guy), avant d'immoler son effigie sur un bûcher le 5 au soir. Tout le monde mange alors des pommes de terre en robe de chambre autour du feu et maudit l'effronterie du malfrat.

La tapisserie de Bayeux, qui fait presque 70 m de long sur 50 cm de large, raconte la conquête de l'Angleterre par les Normands.

Passons maintenant à l'époque victorienne que tous les écoliers connaissent bien en Grande-Bretagne, car ce fut l'époque de la grande révolution industrielle, en particulier dans le nord du pays. À part cela, on ne sait pas énormément de choses sur la reine Victoria, si ce n'est qu'elle occupa le trône fort longtemps, qu'elle s'est mariée avec Albert et qu'elle n'avait pas l'air de rigoler beaucoup. Pour l'imiter il suffit de dire : *« We are not amused »* (« Cela ne nous amuse guère »).

Fil rouge   **I for III**

Ce fut vers la fin de son règne, à la fin du XIXe siècle donc, que l'Empire britannique connut son apogée. On nous enseigne à l'école de manière un peu nostalgique que le soleil ne se couchait jamais sur l'Empire britannique *(the sun never set on the British Empire)*. On sait ensuite qu'il y a eu la Première Guerre mondiale, puis la Seconde (on y reviendra tout à l'heure à la lettre P comme *poppies*), ensuite les Beatles dans les années 1960 et plus récemment les Spice Girls.

It was at the end of Queen Victoria's reign, at the end of the 19th century, that the British Empire reached its high point, and we are taught at school in rather nostalgic mood that the sun never set on the British Empire. Then there were the First World War and the Second World War (we'll come back to them under "P for poppies") – then came the Beatles and the sixties, and more recently the Spice Girls.

I for III

D'abord un petit conseil pratique : si vous faites mal à un anglophone, sa réaction ne sera pas la même que si vous tapez sur votre camarade de classe en France. Celui-ci criera : « Aiiiiie ! », tandis que la réaction automatique du premier sera plutôt : *« Owwwww ! »*, mot que l'on prononce comme *now* mais sans le « n » du début. L'anglophone en question risque également par la suite de proférer toutes sortes de mots qui sont peut-être un peu difficiles à comprendre pour le moment. Mais ceux-ci pourraient tourner autour du concept de *frog* (grenouille) – ce qui est vaguement l'équivalent de ros-bif – qu'un Anglais utilise lorsqu'il veut insulter un individu originaire de l'autre côté de la Manche.

Plus sérieusement, si on tombe malade en Grande-Bretagne, on peut aller gratuitement chez le médecin. C'est le principe de base du système de santé britannique introduit après la Seconde Guerre mondiale : le *National Health Service*, plus ou moins l'équivalent de la Sécurité sociale (faites attention car *Social Security* en Grande-Bretagne et aux États-Unis est un faux ami, puisque ce mot désigne les allocations chômage).

I for III **Fil rouge**

Le principe est simple : chacun paie ce service médical lorsqu'il règle ses impôts, ce qui rend les visites chez le médecin totalement gratuites, car celui-ci est considéré comme un fonctionnaire de l'État. Autre avantage du système : lorsque le médecin vous donne une ordonnance *(prescription)*, tous les médicaments sont, à quelques exceptions près, au même prix, contrairement à ce qui se passe en France. Mais ce système a également de nombreux inconvénients, comme le soulignent souvent les médecins français lorsque l'on propose d'introduire ce système, apparemment plutôt sympathique, dans l'Hexagone. Premier grand désavantage : on n'a pas le droit de choisir son médecin. On est tenu d'aller chez celui qui travaille le plus près de l'endroit où l'on habite. Et puis – et c'est le grand inconvénient du *National Health Service* – une fois qu'on s'y rend, on se retrouve la plupart du temps devant une file d'attente très longue. La nature humaine veut en effet que l'on ait plus facilement recours à ce qui est gratuit qu'à ce qui est payant.

Le système médical anglais est tout à fait différent de celui en vigueur en France. On ne paye pas les consultations directement au médecin, puisque celui-ci est un fonctionnaire rémunéré sur les deniers de l'État. En revanche, on ne peut pas le choisir !

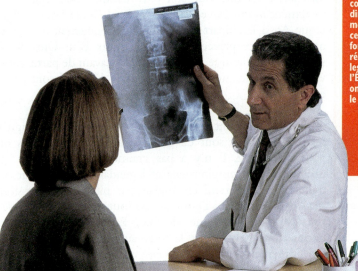

61

Fil rouge | I for III

Dans les années 1980, les gens ont été si mécontents que Mrs. Thatcher et son gouvernement conservateur ont encouragé le secteur privé – en essayant de persuader les gens de souscrire une assurance maladie privée. Il s'en est suivi l'instauration d'un système à deux vitesses : plus de queue et moins de moyens financiers pour la médecine d'État et, à côté, une médecine privée chère mais efficace et plus facile d'accès car il n'y a pas la queue. En effet, la réforme n'a pas été menée jusqu'au bout du fait de l'alternance politique au gouvernement.

Mrs. Thatcher s'était largement inspirée du système de santé des États-Unis, où, comme dans tous les domaines, les choses sont la plupart du temps gérées par le secteur privé. Un des clichés générés par ce système (mais qui n'est pas toujours totalement dénué de fondement) est celui d'un malade agonisant arrivant à l'hôpital et à qui l'on demande d'abord le numéro de sa carte de crédit avant de procéder à l'opération. Il existe aux États-Unis l'équivalent du secteur public : *Medicare*. C'est une aide aux plus démunis, mais celle-ci est nettement moins élevée que le *National Health Service* britannique. Aussi, la plupart des Américains bénéficient d'un système d'assurance privée. Si vous allez aux États-Unis, il faut vraiment prendre une assurance maladie avant de partir, car s'il vous arrive quelque chose, les factures d'hôpital sont parfois énormes !

Il faut également savoir que les maladies dont se plaignent les Anglo-Saxons sont en général différentes de celles que vous connaissez. Il n'y a pas vraiment de traduction, par exemple, de la sempiternelle et légendaire crise de foie à la française. On la rend en anglais par plusieurs expressions : *stomach ache* (le mal à l'estomac) ou tout simplement *to be liverish* (avoir des problèmes de foie). En revanche, nous attribuons tous les maux de la terre au fait d'avoir un *chill* (un refroidissement). La phrase : « *He's caught a chill* » (« Il a attrapé froid ») déclenche une panique généralisée et un passage par

> Mrs. Thatcher did much to emulate the health system in the United States, where as in all fields, things are much more controlled by the private sector. The cliché, which is not totally without some foundations, is that of the dying person arriving at a hospital and being asked for his credit card number before being operated on.

l'armoire à pharmacie où l'on proposera à l'infortuné malade d'avaler de l'huile de foie de morue *(cod liver oil)*. Je ne saurais vous conseiller ce liquide, car il n'a aucun effet bénéfique, à part celui de persuader le patient qu'il y a encore pire que la maladie dont il souffre.

J for Jelly

Puisque nous parlons d'affaires de goût, voilà le sujet le plus sensible de tout ce manuel, car nous arrivons à l'épineuse question de la nourriture anglo-saxonne. Sachez que tout ce qu'on vous dit sur ce sujet est faux!

Voici un repas typiquement anglais : en bas à droite, des *pies* au jambon (une sorte de pâté en croûte), en bas à gauche des petits sandwichs au concombre et du *Welsh rarebit* (du pain doré au fromage), au milieu à droite de la *trifle* (un mélange de crème et de fruits) et sur le plateau un cake aux carottes. Le tout étant bien sûr arrosé de bière ou de thé.

Fil rouge — J for Jelly

> *Let's start with the morning and breakfast – the British don't eat huge breakfasts, with fried eggs, fried bread, fried sausages, fried mushrooms, fried tomatoes, and last but not least bacon which is also of course fried, the whole thing garnished with baked beans, the only element which is not fried, but which swims around in a gooey tomato sauce.*

Commençons par la matinée et le petit-déjeuner. Les Anglais ne mangent pas de copieux petit déjeuner, à savoir : œufs frits, pain frit, saucisses frites, champignons frits, tomates frites, boudin frit, sans oublier le bacon (frit bien sûr), le tout accompagné de haricots blancs, le seul élément à ne pas être frit, mais baignant dans une visqueuse sauce à la tomate (les fameux *baked beans*).

Ce petit-déjeuner complet, que l'on appelle *the full monty* (d'où le nom du célèbre film anglais), est également désigné, à juste titre, sous le terme de « crise cardiaque sur une assiette » (*« heart attack on a plate »*), tant son niveau en cholestérol est élevé. Très peu de Britanniques consomment ce petit déjeuner tous les jours, sauf peut-être les routiers qui s'arrêtent régulièrement dans les cafétérias d'autoroute que l'on appelle de façon générique et plutôt sympathique : *« greasy spoon caffs »* (« les cafés aux petites cuillères graisseuses »).

Les seuls autres consommateurs de cette énorme somme de graisse matutinale sont les touristes étrangers résidant à l'hôtel. Ces derniers désirent en effet manger ce qu'ils considèrent à tort comme *a typically British breakfast*. Pendant ce temps-là, la plupart des Britanniques mangent des céréales ou des toasts recouverts de marmelade (confiture d'oranges). L'hiver, certains d'entre eux continuent de préparer le porridge (des flocons d'avoine dans du lait chaud). L'homme en kilt qui figure sur les emballages vous rappellera inévitablement les origines écossaises de cette préparation. Quant à nos amis américains, ils prennent des petits déjeuners de toute sorte, car c'est après tout chez eux que Kellogg's a créé les premiers *cornflakes*. Le tout est le plus souvent arrosé de café (voir plus haut mes commentaires très partisans sur la qualité du thé nord-américain).

Autrement dit, et en deux mots, tous les clichés que vous entendez sur la cuisine anglaise sont faux ! Certes, mes compatriotes proposent parfois des plats dont le moins qu'on puisse dire est que l'appellation est peu ragoûtante. *Toad in the hole*, par exemple, c'est-à-dire le crapaud dans le trou, désigne des saucisses enrobées de pâte à crêpe. Dans notre monde de plus en plus cosmopolite et ouvert aux produits du monde entier, vous trouverez de plus en plus les mêmes produits dans les rayons des supermarchés Sainsbury's, Tesco's voire chez Monoprix ou Auchan. Plus ou moins. À l'exception de la gelée *(jelly)*, qui a au moins le mérite d'avoir donné naissance à un verbe plaisant (à défaut d'un goût me direz-vous), *to wobble*, c'est-à-dire trembloter à la façon de ce mets.

K for Kiosk

Autrement dit, petit chapitre sur les journaux. Le marché de la presse britannique est l'un des plus féroces au monde. Il suffit d'aller dans un kiosque pour s'en persuader ou chez le *newsagents* (petit magasin où l'on vend des journaux et parfois des produits alimentaires). Les Britanniques achètent quelque 13 millions de journaux par jour, tandis que les Français, par exemple, en achètent un peu plus de 3 millions. Pourquoi ?

Les journaux britanniques se divisent en *quality press* (la presse de qualité), *middle brow papers* (la presse « du milieu », *brow* faisant référence aux sourcils que l'on fronce ou non selon

The Times est l'un des principaux représentants de la *quality press*. C'est également l'un des journaux les plus anciens, puisqu'il a été fondé en 1785, à l'origine sous le nom de *Daily Universal Register*.

Fil rouge — K for Kiosk

The British press is divided into the quality press, middle brow papers (brow refering presumably to the eyebrows which are raised or not according to the intellectual elevation of the newspaper in question) and, by far the biggest sales, the tabloids, or popular press.

le niveau intellectuel correspondant au contenu des différents médias) et puis, ce qui représente de loin le plus fort tirage, les tabloïds (appelés en France la presse populaire), qui comptent un très grand nombre de lecteurs. Prenons quelques exemples par catégorie : *The Times* et *The Guardian* pour la première, *The Mail* et *Express* pour la deuxième et enfin *The Sun* et *The Mirror*, dont nul ne contestera qu'ils sont des tabloïds. Et si le chiffre des ventes est si spectaculairement élevé en Grande-Bretagne, c'est justement en raison des performances de ces tabloïds : *The Sun* tirant à 4 millions d'exemplaires par jour et son principal rival *The Mirror* à 3 millions.

Il faut également signaler que même les journaux de qualité sont nettement plus « aguichants » que leurs équivalents en France. Il suffit de regarder la première page de n'importe quelle édition du *Times* pour constater que ce journal est nettement plus coloré et « accrocheur » que *Le Monde* par exemple. Vous allez aussi constater un intérêt nettement plus prononcé pour les histoires légères et amusantes, ce que les rédactions anglaises appellent *human interest stories* et que l'on retrouve pratiquement tous les jours, par exemple en bas de la première page du *Times*.

Puisqu'on en est aux médias, voici quelques renseignements sur la télévision, car j'ai déjà un autre mot pour la lettre T et ce serait dommage de ne pas vous en parler, tant *the telly*, *the box* ou *the tube* joue un rôle essentiel, voire disproportionné dans la vie de mes compatriotes. Il faut dire sans chauvinisme aucun que si la nourriture laisse parfois à désirer outre-Manche, la télévision britannique jouit d'une excellente réputation mondiale, qui est souvent justifiée.

La principale différence avec la télévision française porte sur les formats. Les Britanniques ont vite compris ce que d'autres n'ont pas toujours saisi : l'écran de télévision n'est pas aussi grand que l'écran de cinéma et donc nécessite d'autres formats. La télévision américaine fut la première à définir la durée type des émissions à 26 minutes, afin de passer quatre minutes de publicité chaque demi-heure.

Deuxième caractéristique : contrairement à ce qui s'est passé dans d'autres pays, les personnes les plus douées ont quitté le cinéma britannique dans les années 1960 (avec beaucoup de dégâts pour les films d'ailleurs), afin de se consacrer à la télévision, qui est par conséquent devenue un véritable vivier de talents. Je me souviens de quelques excellentes émissions de l'époque, notamment *Chapeau melon et bottes de cuir* (*The Avengers* en anglais, littéralement, « Ceux qui se vengent »). C'est un véritable joyau au niveau des scénarios et de la réalisation. Si vous ne les avez pas vus, ne manquez pas les épisodes avec l'actrice Diana Rigg dans le rôle de Mrs. Peel.

Le couple incarné par John Steed (Patrick MacNee) et Emma Peel (Diana Rigg) a fait les beaux jours de la télévision britannique grâce à leur incomparable distinction teintée de fantaisie.

La BBC était, depuis sa création dans les années 1930, la seule télévision britannique jusqu'à la naissance dans les années 1950 de ITV (Independent Television). La BBC s'est scindée en 2 dans les années 1960, avec BBC 1 (qui était plus commerciale afin de concurrencer la nou-

Fil rouge   **K for Kiosk**

For a long time there were three, then four, channels on British TV: BBC 1 and BBC 2 – BBC 1 being a little more popular than its cultural sister – ITV, the first independant channel, which is quite popular, then at the beginning of the eighties Channel Four, more or less the equivalent of ARTE in France but a lot more "trendy".

velle chaîne populiste) puis BBC 2, nettement plus culturelle. Au début des années 1980 apparaît Channel 4 : cette chaîne, d'abord assez *trendy* (« tendance »), comme Arte en France mais plus jeune et branchée, est devenue récemment nettement plus commerciale et diffuse *Big Brother*, l'équivalent de *Loft Story* en France. Au milieu des années 1990 naît la cinquième chaîne terrestre Channel 5, originalement très populaire mais qui, paradoxalement, est devenue plus culturelle depuis. Voilà pour les chaînes hertziennes.

Il suffit pourtant de se promener dans les rues de n'importe quelle ville britannique pour constater l'importance des chaînes par satellite. D'innombrables petites paraboles ovales ornent les toits de plus de 7 millions de foyers abonnés au réseau Sky, un bouquet de chaînes thématiques entièrement consacrées, par exemple, à la cuisine, la santé, la décoration, l'histoire, la religion, la moto, au golf, aux voyages, aux vedettes, aux animaux, aux courses hippiques et bien sûr au football (une chaîne est notamment entièrement consacrée à l'équipe de Chelsea dont elle rediffuse à longueur de journée les meilleurs matchs). Sans parler des quarante et quelques chaînes où l'on vend aux téléspectateurs toutes sortes de mixers, de bijoux, et d'outils destinés au bricolage. Bricolage en anglais ? – *do-it-yourself*, ou D.I.Y. (littéralement « Faites-le vous même »).

L for London

«Quand on est fatigué de Londres, on est fatigué de la vie», disait l'écrivain anglais Samuel Johnson. Lorsqu'on sait que ce monsieur consommait régulièrement une cinquantaine de tasses de thé par jour, on peut aisément imaginer qu'il était assez souvent dans un état hyperactif.

À seulement deux heures et quelques de train de Paris, il n'y a aucune raison de ne pas aller passer un week-end à Londres de temps en temps. Dès votre arrivée à la gare de Waterloo International, vous allez voir que tout est différent. Avant même que le train ne s'arrête, si vous regardez à votre gauche par la fenêtre, vous verrez Battersea Power Station, une monstruosité qui serait inimaginable au cœur de Paris. Il s'agit d'une centrale électrique datant de l'époque victorienne, énorme, ressemblant un peu à une table renversée avec ses quatre pieds en l'air, le tout situé sur les rives de la Tamise. Imaginez une telle chose sur l'île de la Cité, au beau milieu de Paris! Mais justement, dans toute sa magnifique et inimitable laideur,

Battersea Power Station, une centrale électrique située en plein centre de Londres, n'est pas vraiment son plus beau monument!

Fil rouge — L for London

Battersea Power Station est pour moi le symbole de l'esprit de Londres, un mélange incontestable de splendeur, de laideur et d'excentricité.

Another thing to remember when you're walking around London is that a good third of the city was destroyed during the Second World War by the Luftwaffe, the German bombers which night after night in 1941 dropped their bombs on the capital in an operation which is still remembered by its German name: the Blitz.

Il faut également se souvenir, lorsqu'on se promène dans Londres, qu'un bon tiers de la ville a été détruit par la Luftwaffe pendant la Seconde Guerre mondiale. En 1941, durant des nuits, les avions allemands ont largué des bombes sur la capitale britannique, lors d'une opération connue en anglais sous le nom de *Blitz*, mot venant de « Blitzkrieg » qui signifie « guerre éclair » en allemand. Les Londoniens de l'époque conservent le souvenir des nuits qu'ils ont passées dans les stations de métro (*the underground* ou, plus affectueusement, *the tube*), seul abri contre les flammes et le chaos qui régnaient à la surface. Il existe une photo très connue de cette période d'attaques aériennes nocturnes de Londres, où l'on voit le dôme de la cathédrale Saint-Paul résister fièrement, pendant que tout s'écroule autour d'elle et que le ciel est illuminé par les éclairs des bombes incendiaires. Ces attaques, ordonnées par Hitler dans l'espoir de faire fléchir le moral des citoyens britanniques, ont eu l'effet contraire. Elles ont engendré ce qu'on appelle toujours en anglais *the Dunkirk Spirit*, un esprit de défiance et de débrouille généralisé face à un ennemi commun. Tous les Britanniques peuvent vous imiter la voix de Churchill qui, pendant cette période sombre de l'histoire britannique, prononçait des discours vibrants sur le thème : « Nous nous battrons sur les plages, nous nous battrons dans les villages et les rues de notre vaste capitale engloutiront les forces de l'adversaire » (« *We will fight them on the beaches* », etc.).

Visitez le quartier de Londres qui porte le nom d'Elephant and Castle (l'Éléphant et le Château) et vous comprendrez mieux le caractère des Londoniens. En effet, vous y chercherez longtemps et en vain un château et encore plus un éléphant dans les environs. Alors, au fait pourquoi ce nom ? C'est tout simplement parce qu'au XVIe siècle le roi de l'époque

L for London — **Fil rouge**

voulut se marier avec l'infante de Castille, issue de la famille royale espagnole. Il décréta alors que ce quartier de Londres devait désormais porter le nom de sa bien-aimée. Mais il se trouve que les habitants du quartier avaient le plus grand mal à prononcer *The Infanta of Castille*. Il ne fallut pas attendre longtemps avant que cette phrase ne soit transformée dans leur bouche en «Elephant and Castle», les mots anglais les plus proches de l'original. D'où le nom de ce quartier de Londres. Cette histoire en dit long sur l'esprit des indigènes, mais également sur l'attitude chauvine et isolationniste des Britanniques, qui s'est souvent exprimée, dans un passé plus récent, dans l'attitude des journaux populaires à l'encontre de tout ce qui vient de l'autre côté de la Manche, c'est-à-dire de l'Europe. Vous avez peut-être entendu parler de ce fameux titre du journal *The Times* annonçant à sa une en 1918 : «Brouillard sur la Manche – le continent est isolé!» (*«Fog over the Channel – the continent is cut off!»*). C'est un tantinet nombriliste me direz-vous.

Je pourrais vous raconter plein d'autres anecdotes sur Londres, mais mieux vaut tout simplement prendre un billet d'avion ou de train et découvrir par soi-même cette ville. Achetez un bon guide et si vous voulez savoir ce qui se passe du côté des cinémas et des discothèques, procurez-vous *Time Out*, le magazine hebdomadaire le plus fréquemment consulté par les Londoniens eux-mêmes.

Winston Churchill dirigea la Grande-Bretagne durant la Seconde Guerre mondiale.

Fil rouge — M for Maggie

M for Maggie

Margaret Thatcher fut surnommée la « Dame de fer » en raison de sa ténacité et de son opiniâtreté, notamment lors des négociations européennes et des conflits sociaux.

Plus fréquemment (mais pas toujours) affectueusement connue sous le nom de Maggie, Margaret Thatcher marqua toute une époque de la vie politique récente de la Grande-Bretagne. Il est tout à fait impossible de comprendre l'évolution de ce pays, sans évoquer le premier Premier ministre femme de Grande-Bretagne, personnage qui est devenu l'une des figures les plus incontournables de l'histoire de son pays.

C'est le 10 mai 1979 qu'elle franchit pour la première fois le seuil du *10 Downing Street*, la « demeure » officielle où réside et travaille le Premier ministre britannique. Pour des gens qui ont quarante ans comme moi, elle s'était déjà distinguée en tant que ministre de l'Éducation dans les années 1970 en nous privant des bouteilles de lait gratuites auxquelles tout écolier britannique avait droit chaque jour. C'est ainsi que, dès 1972, on l'appela *Milk-Snatcher Thatcher* (Thatcher, la voleuse de lait), ce qui prédisposa déjà beaucoup de gens un peu négativement à son égard, il faut bien le reconnaître.

Mais après un « hiver de mécontentement » (« *The Winter of Discontent* », pour reprendre une citation de Shakespeare), en 1978, où sous le gouvernement travailliste de James Callaghan, pratiquement tout le monde était en grève, Mrs. Thatcher et son parti conservateur gagnèrent les élections législatives de 1979. Suivirent onze années de règne sans partage, durant lesquelles elle transforma le pays.

Parmi les étapes les plus mémorables, citons l'année 1982 où elle envoya la flotte défendre des petites îles au large de l'Amérique du Sud – les Malouines ou Falklands – envahies par l'armée argentine. Comment oublier l'instant où elle annonça la victoire et où, face aux questions parfois très critiques des journalistes, elle se contenta de conseiller à tout le monde de «se réjouir! se réjouir!» (*«Rejoice! Rejoice!»*). Par la suite, elle se battit bec et ongles contre les syndicats de mineurs qui firent grève durant toute l'année 1983 pour protester contre les effets les plus impitoyables de sa politique économique. Elle eut gain de cause mais laissa d'amers souvenirs, et pas seulement dans les régions ainsi décimées. Suivirent les années des *yuppies* (les jeunes tigres de la Bourse pour qui l'argent était facile), avant sa chute, précipitée par des membres de son propre parti qui voulaient sa place. Elle est notamment tombée sur deux questions : l'Europe, à l'encontre de laquelle elle ressentait toujours une grande hostilité, et son entêtement à instaurer une nouvelle taxe locale, *The Poll Tax*. Chaque habitant d'une localité devait alors payer la même somme pour les services locaux, indépendamment de ses moyens financiers. Ce qui heurtait considérablement le sens du *fairplay* britannique, et nombre de ses supporters même trouvaient son attitude incompréhensible et intransigeante. C'est ainsi qu'en novembre 1990 elle fut remplacée par John Major, un Premier ministre nettement moins charismatique. Mais c'est peut-être de cela dont tout le monde avait besoin après ces onze années particulièrement houleuses.

Afterwards, Mrs. Thatcher fought tooth and nail against the miners' trade union in 1983, when they went on strike the whole year to protest against the most ruthless effects of her economic policy. She won out, but left a very bitter impression and not only in the regions that had been decimated.

Fil rouge N for New York

N for New York

New York, the Big Apple, one of the most spectacular towns in the world. Don't for example miss taking the Staten Island Ferry which goes to one of the five boroughs and look at the view over the skyscrapers, a truly moving spectacle and tribute to the way man has conquered space upwards towards the sky.

New York, dite la « Grosse Pomme » *(The Big Apple)*, est l'une des villes les plus spectaculaires du monde. Surtout prenez le ferry qui va vers l'une des cinq municipalités (ou *boroughs*) et retournez-vous pour admirer la scène qu'offrent ses gratte-ciel *(skyscrapers)*. C'est un spectacle émouvant que de voir la manière dont l'homme a vaincu l'espace pour monter vers le ciel. Visitez la statue de la Liberté et lisez ces quelques lignes, émouvantes elles aussi, qui accueillaient les personnes arrivant dans la zone frontière d'Ellis Island pour commencer une nouvelle vie sur ce nouveau continent : *« Bring me your tired, your weary, give me your huddled masses, yearning to be free »* («Amenez-moi tous ces gens fatigués, épuisés, ces masses opprimées, assoiffées de liberté »).

New York avait autrefois la réputation d'être une ville violente et dangereuse. Même si ce n'est vraiment pas une bonne idée de se promener seul dans certains quartiers, comme le Bronx, les rues de la Grosse Pomme sont en général beaucoup plus sûres qu'auparavant, après une politique autoritaire appelée *Zero Tolerance* (aucune tolérance pour quelque délit que ce soit). Et tellement facile à parcourir à cause du *grid system*, cher à la plupart des villes américaines. On numérote tout simplement les grands boulevards horizontaux *(First Avenue, Second Avenue...)* et les rues verticales *(1st Street, 2nd Street...).* Restent quelques rues qui échappent à cette logique implacable, comme Broadway (la rue des théâtres), qui se faufile à travers les autres avenues.

New York est un vaste et fascinant *melting-pot.* On parle trente langues dans les écoles de Brighton Beach par exemple. Rendez-vous à Chinatown et, de l'autre côté de la rue, vous serez à Little Italy, même si ce quartier ne propose plus grand-chose d'italien à part les restaurants. Selon le *New York Times Magazine*, chaque année durant les années 1990, plus de 100 000 personnes originaires de 187 pays différents sont arrivées à New York, ce qui a complètement changé la répartition des différentes ethnies de la ville. Il y a quelques nouveaux îlots, autour de la 32e rue, un nouveau Koreatown, ou Little Odessa à la pointe de Brooklyn, devenu le repère des émigrés russes. Sur 7,3 millions d'habitants de New York, les Blancs non hispaniques sont minoritaires et, en 2000, ils ne représentaient plus qu'un tiers de la population.

L'ambiance et la mentalité new-yorkaises ont été totalement ébranlées lors de l'attaque terroriste du 11 septembre 2001 contre les Twin Towers du World Trade Center (alors les tours les plus hautes de la ville). 2 752 personnes ont été tuées, et d'innombrables familles traumatisées. New York a mis du temps à s'en remettre, mais l'énergie de la Big Apple est telle qu'on prévoit déjà la construction de plusieurs immeubles de verre et d'acier et d'une flèche s'élevant à plus de 541 mètres.

La vue sur la ligne des gratte-ciel de Manhattan est toujours très impressionnante pour un Européen.

O for Order Order!

Le Parlement britannique est une institution un peu spéciale pour un pays qui se définit comme la mère de la démocratie. En effet, les débats dans ce cœur de la vie politique britannique sont fréquemment entourés de rites et de traditions souvent, disons-le, franchement bizarres. Ainsi, normalement, lorsqu'un député veut exprimer son mécontentement sur la façon dont les débats sont dirigés, il doit selon la tradition s'affubler d'un chapeau haut-de-forme, dont on ne trouve que deux exemplaires dans la salle.

Ce bâtiment à l'architecture classique abrite le Parlement anglais, dont le fonctionnement est régi par des règles à la fois ancestrales et fort étonnantes.

Il est également formellement interdit de nommer directement un député. Au lieu de dire Mr. Smith, il faut donc donner le nom de la circonscription qu'il représente : par exemple *the Member for Kensington*. Comme si cela ne suffisait pas, les députés ont l'habitude d'ajouter des qualificatifs pour préciser s'il s'agit de quelqu'un de leur propre bord ou pas. *My Right Honorable Friend, the Member for Leeds-South* (mon ami particulièrement honorable, élu de la circonscription du sud de Leeds) indique qu'il s'agit d'un membre de mon parti. Mais *the Right Honorable*

O for Order Order! **Fil rouge**

Gentleman (ou *Lady*), *the Member for Plymouth East* indique que le très honorable membre représentant les quartiers à l'est de Plymouth n'est pas du même bord politique que moi (et donc n'est pas mon ami/e). C'est un peu ridicule, mais il y a pis !

Les députés, vénérables, très honorables ou pas, ne votent en général pas « oui » ou « non » dans les débats. Lorsqu'un parti émet une consigne de vote, des personnes connues sous le nom de *whips* (les fouets) dirigent les députés vers deux portes et annoncent, non pas le nombre de *Yes* et de *No's*, mais le nombre de *Ayes* et de *No's*. *Aye* est une variante écossaise du mot *yes* mais se prononce comme *eye*, le mot voulant dire œil. Ainsi, la phrase *the aye's and the no's* (les oui et les non) se prononcent donc comme si on disait les yeux et les nez. C'est une plaisanterie qui amusa certes les victoriens, mais qui ne fait plus grand effet de nos jours.

Lorsque quelqu'un enfreint l'une de ces nombreuses règles plutôt idiotes, un terrifiant personnage appelé *Black Rod* (la Perche noire) et habillé de manière ridicule, le menace avec quelque chose qui s'appelle *the Mace* (la masse), qui fut entre parenthèses brandie de manière dangereuse dans les années 1970 par un député conservateur furieux et qui porte depuis le surnom de Tarzan. Comme je vous le disais, tout cela se passe dans la Mère de tous les parlements *(the Mother of Parliaments)* !

Dès son arrivée au pouvoir en 1997, le gouvernement travailliste de Tony Blair fit beaucoup pour supprimer le côté désuet de ces institutions et éjecta de la Chambre des Lords bon nombre des derniers pairs héréditaires. Néanmoins, la tradition l'emporte encore comme vous pourrez le constater si vous assistez, comme c'est le droit de tout passant (disposé, il faut le dire, à faire la queue longtemps), aux Prime Minister's Question Time, séance hebdomadaire toujours assez houleuse où les députés de l'opposition et souvent aussi de son propre parti « grillent » en direct le premier ministre.

> When there is a forced vote, people known as the "whips" conduct members to one of the two doors, and don't announce the number of Yes and No votes, as simplicity would have it, but the number of "Aye" and "No's" – Aye being a Scottish variation of the word Yes.

Fil rouge P for Poppy

P for Poppy

Le Premier ministre Tony Blair, lors de la cérémonie du 11-Novembre, porte une couronne de coquelicots (les *poppies*).

Si vous allez en Grande-Bretagne autour du 11 novembre, ou même si vous regardez des chaînes britanniques sur le câble, vous ne manquerez pas de voir des gens porter sur leurs épaulettes des fleurs artificielles en papier rouge. Ce sont des *poppies* (ou coquelicots). En effet, ces fleurs poussaient dans les champs de bataille des Flandres en Belgique pendant la Première Guerre mondiale. C'est là que des milliers et des milliers de soldats de toutes nationalités périrent dans les tranchées. La guerre se termina en 1918, mais l'année suivante ce furent les premières fleurs à revoir le jour sur les champs de bataille. Du coup, elles sont devenues en Grande-Bretagne le symbole de la renaissance de l'espoir après les horreurs de cette guerre particulièrement meurtrière.

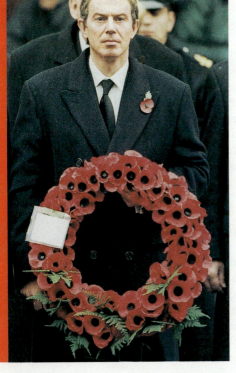

Depuis cette date, donc, ces fleurs sont vendues pendant les deux premières semaines de novembre à tous les coins de rue par des représentants de la *Royal British Legion*, organisation qui s'occupe des vétérans des guerres, non seulement des deux Guerres mondiales, mais aussi par exemple de la guerre des Malouines du début des années 1980. Les passants donnent de l'argent qui permet d'aider à mieux soigner les anciens combattants.

Le dimanche qui précède le 11-Novembre a lieu une cérémonie impressionnante et unique en Europe. Tous les représentants politiques du pays se rassemblent autour du Cénotaphe, un grand monument de Londres. D'habitude il pleut, ce qui rend la cérémonie d'autant plus poignante. Après que la reine et tous les responsables politiques, ainsi que les représentants des pays du Commonwealth, ont déposé une gerbe autour du monument, a lieu le traditionnel défilé (*the march-past*, littéralement le fait de passer devant le Cénotaphe). C'est un spectacle particulièrement émouvant avec des milliers de personnes ayant participé aux guerres qui défilent, en déposant tour à tour des gerbes et en tournant la tête au moment où ils passent devant le mémorial. Il y a un moment encore plus émouvant où ceux qui ont perdu la vue dans les différents conflits passent, eux aussi, devant le monument et tournent néanmoins la tête en mémoire des disparus.

On the Sunday just before the 11th November there is a very impressive ceremony, quite unique in Europe where representatives of all the political parties gather round the Cenotaph, a big monument in the middle of London.

Q for Queen

Quoi de mieux en effet que la reine pour illustrer cette lettre autrement un peu difficile. J'avais cependant hésité avec faire la queue, par exemple, une activité qui atteint parfois en Grande-Bretagne des proportions de sport collectif.

Ainsi, la reine Élisabeth est reine depuis son couronnement en 1952. Pourquoi la Grande-Bretagne a-t-elle conservé sa monarchie et n'a-t-elle pas été tentée par la fibre révolutionnaire comme d'autres pays ? D'abord, dans un pays dont Napoléon lui-même disait que ce n'était qu'un rassemblement d'épiciers, il existe incontestablement un argument financier. Allez devant Buckingham Palace n'importe quel

Fil rouge   **Q for Queen**

La reine d'Angleterre est connue dans le monde entier pour ses tenues aux couleurs voyantes et plus particulièrement pour ses chapeaux.

matin, allez dans la Tour de Londres regarder les joyaux de la couronne et vous constaterez à quel point cette tradition attire de nombreux touristes. Viendraient-ils si le palais était inoccupé ? Seraient-ils aussi émerveillés devant une couronne qui n'est pas celle d'un souverain vivant ? Cela n'est pas sûr.

Mais davantage que les millions de livres que l'industrie royale rapporte à l'économie du pays, la reine a un rôle constitutionnel à jouer. Elle est le chef de l'État et c'est elle qui reçoit tous ceux qui sont en visite officielle en Grande-Bretagne. À part le côté fastueux des carrosses, cela permet de maintenir à la tête du pays une institution qui n'est pas politique. La reine est également à la tête de l'armée, ce qui la rend également, nous dit-on, plus indépendante du pouvoir politique. Mais bien plus que tout cela, la reine a un rôle affectif. Elle est là, comme incarnation du pays, et elle est là depuis longtemps. Dans un pays où les gouvernements et les majorités changent plus souvent qu'ailleurs, cela produit une grande impression de continuité.

L'institution de la famille royale a été sérieusement contestée ces dernières années, surtout après la mort de Diana en 1997, et il faut bien dire que la presse ne lui est pas toujours très favorable. Mais chaque fois qu'on interroge les Britanniques, même s'ils expriment quelques réserves sur la façon dont elle joue son rôle, la majorité semble vouloir conserver cette institution à la tête de leur pays.

R for Rail

Ne prenez jamais le train en Grande-Bretagne, à moins que vous ne vouliez, par exemple, prendre tout votre temps pour admirer les jolis paysages vallonnés et les moutons qui font le charme irrésistible de la campagne anglaise. Je ne plaisante hélas ! qu'à moitié, tant les chemins de fer britanniques ont manqué d'investissements dans le passé, au point que l'ancienne société *British Rail* était devenue la risée nationale. Longtemps lorsqu'on prenait l'Eurostar, par exemple, ce n'était pas seulement de pays que l'on changeait en émergeant du tunnel mais surtout d'époque, du moins en ce qui concerne le confort ! Il aura fallu une dizaine d'années pour que les britanniques refassent leur partie du rail, ce qui a permis aux trains de rouler aussi vite de leur côté de la Manche qu'en France.

C'est bien dommage pour les milliers de *commuters* qui habitent autour des grandes villes, tous ces gens qui passent leur journée à aller d'une ville à l'autre ou à quitter la grande (et elle est beaucoup plus étendue qu'à Paris !) banlieue de Londres pour se rendre sur leur lieu de travail. En plus, pour couronner le tout, les billets coûtent parfois horriblement cher et il faut faire la queue. Lorsque vous ajoutez à tous ces inconvénients les fameux sandwichs proposés dans les trains et le thé bouillant dans des gobelets en polystyrène, le rail n'est peut-être pas ce que mon pays a fait de mieux. Donc passons…

Bien que la Grande-Bretagne ait été le berceau de la révolution industrielle et qu'elle ait été très tôt équipée d'un réseau ferroviaire, celui-ci souffre depuis plusieurs années d'un manque d'investissements.

Fil rouge — S for Shakespeare

S for Shakespeare

On dit souvent que la disposition mentale des Britanniques dépend de la pièce de Shakespeare qu'on leur a imposée dès l'enfance pour les épreuves d'anglais au niveau GCSE. Il est en effet impossible de sortir du système éducatif britannique sans passer par l'inévitable étude d'une pièce due à la plume du barde. Ce que l'on dit moins, c'est que le système est totalement injuste. Imaginez la chance qu'ont les élèves auxquels on « impose » des pièces plutôt joyeuses comme *Le Songe d'une nuit d'été (Midsummer Night's Dream)*, au lieu de pièces à caractère plus sombre comme *Le Roi Lear* ou *Hamlet*.

Pour être bien vu dans les pays anglo-saxons, il serait bien que vous connaissiez les intrigues des pièces les plus connues de Shakespeare. *Le Roi Lear*, par exemple, raconte l'histoire d'un roi rejeté par ses deux méchantes filles, mais aimé par sa troisième fille plus gentille et qui passe toute la pièce à hurler contre l'injustice. Roméo et Juliette sont deux enfants issus de familles de Vérone qui se détestent. Eux s'aiment quand même et se tuent plutôt que de céder à la haine de leurs parents. Il n'existe pas un Britannique qui ne connaisse pas la scène du balcon avec Roméo déclarant, depuis le jardin, son amour à Juliette perchée sur son balcon. La citation la plus connue est : *« Romeo Romeo wherefore are thou Romeo ? A rose by any other name would smell as sweet »* (« Roméo, Roméo pourquoi t'appelles-tu Roméo ? Une rose, quel que soit son nom, aurait un parfum aussi doux »).

Chacun peut déclamer les deux premiers vers du plus célèbre des monologues (dites « soliloque », ainsi vous impressionnerez davantage vos profs) du théâtre mondial, c'est-à-dire celui de Hamlet : *« To be or not to be, that is the question »* (« Être ou ne pas être, telle est la question »).

Roméo et Juliette est l'une des pièces les plus connues de William Shakespeare et continue à donner lieu à de multiples adaptations et mises en scène.

De vous à moi, il est franchement un peu difficile de comprendre Shakespeare, même pour un anglophone. Lorsque j'étais écolier, j'avais le plus grand mal à saisir le sens des vers, jusqu'au jour où mon professeur d'anglais nous a emmenés voir *Roméo et Juliette* du cinéaste Zefirelli. Je vous le conseille, c'est passionnant, et depuis ce jour je lis cette pièce mais aussi le reste des œuvres du barde, non seulement en les comprenant, mais même avec beaucoup de plaisir.

T for Tea

Lorsque j'étais à l'école, je me rappelle que l'on nous a fait visiter un musée du thé. Je me souviens, notamment, de la phrase inscrite en gros au-dessus de la porte : « Quand vous avez froid, le thé vous réchauffe ; quand vous avez chaud, le thé vous rafraîchit ». Voilà donc la philosophie du thé. Il faut tout d'abord dire que, pour des raisons impénétrables, le thé a effectivement un meilleur goût en Grande-Bretagne. Serait-ce l'eau ? Serait-ce donc le « nuage » de lait qu'on y verse (et qui ne se traduit pas par *cloud* mais reste nuage, comme en français, pour faire snob) ?

Non pas que la plupart des Britanniques soient aussi snobs sur le thé qu'on l'imagine. Rares sont même ceux qui le font dans des théières. La plupart achètent en supermarchés d'excellents sachets qui ne coûtent pas cher et qui proposent tous les avantages concevables, jusqu'au sachet pyramidal pour une meilleure pénétration de l'eau. Les thés qu'on vend en France avec leurs publicités sur des familles *typically British* n'ont pas grand-chose à voir avec la réalité et les marques que l'on vend ici sont rarement connues en Grande-Bretagne.

Le *high tea*, que l'on prend l'après-midi est accompagné d'une multitude de petits gâteaux et de sandwichs, de quoi caler l'estomac le plus affamé qui soit jusqu'au dîner.

Fil rouge — **U for Union Jack**

> *The majority of state companies like the BBC in Great Britain have their tea-lady, a woman who comes round in the middle of the afternoon, dispensing tea from enormous urns. [...] I would like to think that in Heaven, while we're all analysing the true meaning of the lives we led down here, that our conversations should be interrupted a while when the tea-lady arrives with her urns of Darjeeling.*
>
> *The Americans and the British have an obsession with their flags – the former even more so than the latter. Look at the strenght of feeling the Stars and Stripes occasions at any major sporting event. Pride goes with the gesture, which is uniquely American, of putting your hand on your heart when you start to sing* The Stars Spangled Banner.

Rien de mieux que ce qu'on appelle *a cuppa*, une tasse de thé, que l'on peut consommer jusqu'à une quinzaine de fois par jour. Il ne reste plus aux touristes qu'à prendre le *five o'clock* et le *traditional afternoon tea*, généralement dans des grands magasins un peu chic ou dans les *tea-rooms* de petites villes peuplées de vieilles dames. Le *high-tea*, qui est un véritable repas en soi, se compose de minuscules et délicats sandwichs, au concombre si possible, suivi de petits gâteaux enrobés dans du papier ainsi que de l'incontournable *scone*, une sorte de petit pain sucré, qu'il faut trancher horizontalement en deux, avant d'y mettre du beurre, de la confiture de fraises et au-dessus de la *clotted cream* que mon dictionnaire traduit de manière peu gracieuse par «crème avec des grumeaux». En tout cas, c'est délicieux.

Il faut savoir que la plupart des grandes entreprises publiques britanniques, comme la *BBC* par exemple, avaient leur *tea-lady,* une dame qui faisait la ronde au milieu de l'après-midi, servant du thé tiré d'énormes urnes chaudes. Cette tradition disparaît et c'est l'un des grands torts de la modernisation. J'aime à penser qu'au paradis, pendant que nous analyserons tous ensemble le vrai sens de la vie que nous menions ici-bas, nos discussions seront interrompues par l'arrivée de la *tea-lady* avec son *Darjeeling*.

U for Union Jack

Les Américains et les Britanniques sont obsédés par leurs drapeaux, les premiers bien davantage encore que les seconds. Regardez l'émotion suscitée par la seule présence dans n'importe quel événement sportif des *Stars and Stripes*, la bannière étoilée (littéralement les étoiles et les rayures). La fierté va de pair avec le geste, uniquement américain, de se mettre la main sur le cœur dès qu'on entend l'hymne national intitulé à son tour the *Star Spangled Banner*, la bannière brillante d'étoiles.

Le drapeau américain est partout présent en tant que symbole de la fédération des États. Il a une valeur émotive forte peut-être justement parce que les Amé-ricains n'ont ni roi ni reine. Il est partout présent donc, sur les bâtiments publics, les écoles, les voitures et dans les jardins de nombreuses maisons. L'une des pires infamies qu'on puisse commettre aux États-Unis est d'offenser le drapeau et, encore pire, le brûler, comme ce fut le cas, par exemple, pendant les manifestations contre la guerre du Viêt-nam.

Le drapeau américain compte autant d'étoiles que d'États, soit 50 à ce jour.

Le drapeau britannique joue un rôle nettement moins prestigieux et on le voit dans des endroits inimaginables pour son équivalent américain. Pendant la mode de Carnaby Street – rue de Londres qui était le cœur de la mode sixties des mini-jupes – dans les années 1960 on voyait le drapeau partout. J'avais moi-même une poubelle avec le drapeau dessus – inconcevable, *unthinkable* outre-Atlantique. Quant à sa composition, il faut savoir que le drapeau britannique, qu'on appelle *the Union Jack*, est composé des drapeaux des différents pays de l'Union justement : la croix rouge au centre représente l'Angleterre, la croix rouge en X au milieu est celle de l'Écosse et tous les petits bouts en bleu sont censés renvoyer au drapeau du pays de Galles. Une chose que les gens ignorent c'est que ce drapeau a un sens. En effet, dans le coin supérieur gauche, la croix de St. Andrew (celle de l'Écosse donc) doit longer le côté supérieur et non pas le côté latitudinal – suis-je clair ? – sinon cela porte malheur !

Fil rouge — V for Vets

V for Vets

Autre obsession nationale en Grande-Bretagne et aux États-Unis : les animaux et les visites chez le *vet*, le vétérinaire. Les Américains dépensent en moyenne 10 milliards d'euros par an pour soigner leurs animaux domestiques *(pets)*. C'est du moins le chiffre annoncé pour le « traitement thérapeutique des chiens, des chats, des oiseaux et des autres compagnons plus exotiques », comme le révèle l'Association médicale et vétérinaire américaine. Parmi les prestations, autrefois réservées aux seuls humains, mais maintenant proposées aux animaux malades, la chirurgie à cœur ouvert pour les chiens et les greffes d'organes pour les chats.

Aux États-Unis, six maisons sur dix abritent des animaux domestiques. Il y a en tout et pour tout dans le pays 52 millions de chiens et 60 millions de chats. Comme nous l'avons vu plus haut, le système médical américain repose sur l'assurance privée et les compagnies d'assurances ne sont nullement timides lorsqu'il s'agit de proposer des contrats portant sur la santé de tel ou tel animal. L'entreprise *Veterinary Pet Insurance* compte plus de 75 000 clients, chacun devant acquitter l'équivalent de 159 euros par an pour couvrir toute éventualité.

Sachez également que les Américains dépensent en moyenne 3 milliards de dollars par an pour offrir des animaux domestiques comme cadeaux de Noël. Et sachez, puisqu'on y est, que 79 % des maîtres d'animaux disent donner à leurs *pets* des cadeaux de Noël. J'ai même vu des souris en plastique contrôlables par télécommande.

Lorsque l'on voit ce caniche teint en rose, on peut se demander où s'arrêtera la folie des Américains pour leurs animaux de compagnie.

Les Britanniques se sont toujours targués d'être «une nation non pas d'épiciers mais de gens qui aiment les animaux» *(a nation of animal lovers)*. Il faut savoir que les mouvements de protestation contre le traitement barbare des animaux dans les abattoirs ou dans les camions les transportant ont nettement plus d'impact en Grande-Bretagne que, par exemple, dans le reste du continent. Regardez également les émissions de télévision sur les animaux, à commencer par celles qui ont fait le tour du monde et qui sont proposées par David Attenborough. Il n'est pas rare de voir ce genre d'émissions diffusées en *prime time* à la télévision britannique, tout comme un autre énorme succès de la BBC: *Animal Hospital* (l'hôpital des animaux), où l'on suit de semaine en semaine le dossier de nombreux animaux malades. J'y ai vu de tout, d'un chihuahua ayant une crise de foie jusqu'à un boa dont je ne me souviens pas du problème exact, mais qui était en tout cas particulièrement mal en point. Regardez aussi le nombre d'expressions de la langue courante où figurent des animaux, la plus célèbre étant qu'il pleut des chats et des chiens *(it's raining cats and dogs)*, alors qu'en France tombent des hallebardes.

W for Weather

D'abord les clichés: il ne pleut pas tant que cela en Grande-Bretagne et il n'y a pas énormément plus de brouillard qu'ailleurs. Bon, peut-être un tout petit plus en effet car les îles Britanniques sont justement des îles et, du coup, beaucoup plus exposées que le continent «aux rigueurs des vents marins». Si vous avez un instant, écoutez la météo marine de la BBC, c'est un vrai régal (les îles Britanniques couvrant toutes les zones de la baie de Biscaye jusqu'aux îles Orkney au large du nord de l'Écosse).

Another national obsession in Britain and the States: animals and visits to the vet. Americans spend the equivalent of 66 billion francs a year looking after their pets [...]. Along with other services offered, which formerly were reserved for humans, are open heart surgery for dogs and organ transplants for cats.

First of all the clichés – it doesn't rain that much in Britain and there isn't that much fog either – well, perhaps a little because after all the British Isles are islands and as such much more exposed to the rigours of the sea winds. If you have a moment to listen to the Shipping Forecast on the BBC, it's a real treat, going from the Bay of Biscay to the Orkneys up in the north of Scotland.

87

Fil rouge **X for Xmas**

L'avantage c'est qu'il fait généralement un peu plus chaud et un peu plus humide qu'en France. Mais j'ai rarement vu le genre d'épais brouillard dont on aime tant parler en France chaque fois que l'on pense à Londres. Dans le temps, c'est-à-dire jusque dans les années 1950, la capitale était recouverte de smog (un mélange de *fog*, brouillard, et de *smoke*, fumée). Mais grâce à des lois antipollution appliquées dans les grandes métropoles, l'air est franchement aussi respirable qu'à Paris, ce qui n'est peut-être pas une référence.

Restent néanmoins des clichés sur le temps et quelques jolis dictons, puisque le temps est censé être l'un des sujets de conversation de prédilection de mes compatriotes. Par exemple : « Mieux vaut du mauvais temps que pas de temps du tout » (« *it's better to have bad weather than no weather at all* »), ce qui en soi est incontestable.

Bien que le climat de la Grande-Bretagne soit de type océanique froid, le temps qu'il y fait est loin d'être aussi mauvais que ne le veut la tradition.

X for Xmas

Le mot *Christmas* vient de *Cross* pour la Croix et, de ce fait, est souvent abrégé en *Xmas*, ce qui arrange tout le monde et surtout moi, qui aurais eu du mal sans ce mot à trouver un autre chapitre pour la lettre X. Il faut, au moins une fois dans sa vie, passer Noël en Grande-Bretagne, ne serait-ce que pour le nombre impressionnant de traditions associées à cette fête dans l'esprit britannique. Mais assurez-vous de le faire en compagnie d'une famille britannique car pendant au moins trois ou quatre jours – en tout cas beaucoup plus qu'en France –, le pays est

« fermé ». D'abord, nous avons la veille de Noël, *Christmas Eve*, puis le jour de Noël même, *Christmas Day*, et enfin le lendemain de Noël, également férié, *Boxing Day* (ce qui ne signifie pas le jour où l'on va voir de la boxe, mais où l'on mettait les étrennes dans des cartons ou des boîtes, *boxes*, pour les domestiques).

Beaucoup de traditions donc, vous disais-je. À commencer par les coutumes alimentaires, ne serait-ce que les omniprésents *mince-pies*, de petites tartelettes aux fruits confits, à consommer avec du *brandy-butter* (du beurre au goût de brandy). Le repas de Noël se compose généralement d'une dinde farcie aux marrons accompagnée des légumes les plus incroyables, avant l'arrivée de la pièce de résistance : le *Christmas Pudding*. Celui-ci, qu'un journaliste français a qualifié un jour (et à juste titre) de « pudding sérieux » est, selon la tradition, fabriqué quelques mois à l'avance. Il contient une quantité industrielle de fruits secs macérés dans du whisky, du sucre et du beurre, le tout mélangé à de la graisse de moelle de bœuf. Il faut trois heures pour le réchauffer (ou six minutes en fait si l'on triche en achetant la version « micro-ondable » au supermarché) et ce délicieux spécimen doit être servi avec une branche de houx. Après l'avoir arrosé d'un peu d'alcool, on le fait flamber devant les convives. De quoi mettre un peu de vie, même dans le repas familial le plus ennuyeux.

Après qu'ils ont consommé le pudding, la tradition veut que les convives aillent dans la salle de télévision pour y regarder, à 15 heures, *The Queen's Speech to the Peoples of the Commonwealth* (l'allocution de la reine aux peuples du Commonwealth). C'est la seule fois de l'année où la reine s'adresse aux téléspectateurs. Elle ne dit rien d'extraordinaire, ce qui n'est pas vraiment grave, vu l'état d'acuité mentale de la majorité de ses sujets à ce moment ; ils ne sont alors capables que de faire des critiques du genre : « Elle a vieilli depuis l'année dernière » ou « Ce n'est pas le même discours que la dernière fois ? ».

Cela peut également être le moment où l'on ouvre les cadeaux. En effet *Santa Claus* – c'est ainsi qu'on appelle le père

---

You must spend at least one Christmas in Britain, if only for the impressive number of traditions associated with it, but make sure you do it in the home of a British family because, for at least three or four days, more so anyway than in France, the whole country "closes down".

All this not forgetting the mountains of cards for Christmas and the New Year which are sent and received – all the national mail is logjammed for ten days or so on account of the mere volume of letters to be handled.

Fil rouge   **Y for You**

Noël dans les pays anglo-saxons –, après être passé par la cheminée, dépose les cadeaux des enfants sages *(good children)* dans les oreillers que ceux-ci auront préalablement suspendus au bout de leur lit. Il existe encore mille et une traditions, notamment celle du gui *(mistletoe)* en dessous duquel on est censé embrasser même les gens qu'on n'aime pas. Ensuite, toute la nation se repose le soir en regardant la télé. Il faut dire que les chaînes britanniques investissent beaucoup d'argent dans la programmation des fêtes de fin d'année.

Ingérer un *Christmas Pudding*, cette pâtisserie qu'on peut aisément qualifier de redoutable, fait partie des traditions associées aux fêtes de Noël outre-Manche.

Tout cela sans oublier la montagne de cartes que chacun envoie. Le courrier est distribué au ralenti pendant une dizaine de jours chaque année, du fait du volume de cartes à traiter. Et puis, autre tradition, le *Christmas cracker*. Il s'agit de papillotes en papier que deux personnes tirent chacune à un bout : un petit pétard placé à l'intérieur explose lorsque le *cracker* se déchire. Celui qui remporte le gros morceau gagne un chapeau en papier, un jouet et une énigme généralement incompréhensible, hélas ! car, pour des raisons d'économie, la plupart des *crackers* sont maintenant fabriqués en Chine et l'humour se perd parfois un petit peu dans la traduction.

Y for You

Vous êtes français ou au moins francophone. Voilà qui évoque chez l'anglophone pas mal de clichés, qu'il est intéressant au moins de connaître afin de mieux les démentir. Commençons par la dénomination générale. Sachez que vous risquez d'entendre parler de vous comme d'une *frog*, une grenouille, surnom dû à la prédilection de certains de vos compatriotes à se délecter de ce batracien. C'est tout aussi répandu, et aussi désuet que « rosbif » le devient fort heureusement en France.

Combien de fois, vu mon nom de famille, j'ai entendu la phrase idiote : « *My taylor is rich* », phrase élémentaire dans l'apprentissage de l'anglais et tirée de la méthode Assimil. Figurez-vous que la phrase typique des méthodes de français, du moins outre-Manche, est « La plume de ma tante est sur la table ». Cette phrase n'est pas très utile, mais plus facile à caser, convenez-en, que celle extraite d'une méthode d'anglais datant du siècle dernier et destinée aux Portugais : « *My postilion has been struck by lightning* » (« Mon carrosse a été frappé par un éclair »).

Que savent les Britanniques sur la France ? Pas énormément de choses. Les clichés sont bien sûr fondés sur la gastronomie. On sait qu'on mange bien en France, mais demandez à un Britannique de citer plus de deux des 300 fromages de l'Hexagone et il serait bien embarrassé. Parmi les plus connus figurent le camembert et le brie mais cela s'arrête là. Les hommes politiques ne s'en sortent guère mieux. Je me souviens d'un sondage de la BBC effectué dans la rue où l'on demandait aux gens qui était Valéry Giscard d'Estaing – à l'époque où celui-ci était tout de même président de la République. L'une des personnes interrogées croyait qu'il s'agissait d'une ballerine (Valery est uniquement un prénom féminin en anglais) et quelqu'un d'autre a répondu qu'il s'agissait de l'épouse de Sacha Distel.

Parmi les personnages connus, citons Charles Aznavour, Sacha Distel, Édith Piaf et même Maurice Chevalier. Les plus jeunes connaissent éventuellement Vanessa Paradis. Mais le Français le plus connu – grâce à sa présentation de l'émission *Eurotrash* et ses publicités pour l'Eurostar – est sans aucun doute Antoine de Caunes, qui en fait beaucoup avec son accent *typically French*.

> Can you imagine that the typical sentence for learning French in Britain is: La plume de ma tante est sur la table.

Fil rouge **Y for You**

Pour les autres, c'est le monde du foot qui a fait connaître et surtout fait aimer les Français dans l'imaginaire collectif britannique – ils sont assez nombreux à avoir convaincu les fans grand-bretons des vertus du football gaulois. Éric Cantona et Fabien Barthez de Manchester United, ou encore des managers comme Gérard Houllier, l'entraîneur de Liverpool y ont largement contribué et sont devenus de véritables vedettes. Leur présence, ainsi que celle (inouïe !) d'un suédois, Sven Goran Eriksson, comme entraîneur de l'équipe nationale d'Angleterre, a fait plus que des années de discours politique pour enrayer la xénophobie et la méfiance un peu insulaire de mes compatriotes à l'égard de tout ce qui vient « du continent ».

Reste à aborder le sujet de l'accent. L'accent de base a certes du charme ; *a French accent* étant même considéré comme romantique, voire sexy. Mais il ne faut point abuser des bonnes choses. Si vous tenez à vous faire des amis, ou dans l'avenir à faire des affaires avec des Britanniques, mieux vaut éliminer les fautes les plus fréquentes. À commencer par le « th », pour lequel il faut mettre la langue juste en dessous des dents. Entraînez-vous sur la phrase : *« They thought that the thug threw the thick thing there through the third thingamajig »* (« Ils pensaient que le loubard avait jeté la chose épaisse à travers le troisième machin »). Ce n'est pas une phrase évidente à placer, mais elle fera des miracles si vous vous entraînez à la prononcer correctement. Puisqu'on y est, sachez qu'il existe trois mots en anglais où le « th » se prononce comme un « t » normal. Il s'agit de *Thames*, la Tamise, de *thyme*, le thym, et de *Thomas*, le prénom masculin. Autrement mettez la langue en bas des dents et soufflez !

And while we're on the subject, there are three words in English – and only three! – where the "th" is pronounced as a simple "t": Thames, thyme and Thomas, the male name. Otherwise get that tongue underneath your teeth and blow!

Z for Zilch

Quel mot magnifique pour terminer, qui démontre en outre combien l'anglais américain est souvent plus dynamique et créatif que sa version anglaise. Les Américains adorent emprunter des mots aux langues des groupes ethniques du *melting-pot*. *Zilch* vient du yiddisch et signifie « rien », mais est beaucoup plus amusant que « zero ». Qu'a-t-on à la fin de ce jeu bidon ? *« What do you get at the end of this dumb game ? » « Zilch ! Nix ! Nada ! »*, respectivement « rien » en yiddish, en allemand et en espagnol.

Il existe encore d'autres emprunts faits au yiddish. Par exemple, le *chutzpah* est l'équivalent du culot en français mais comporte un côté un peu plus admiratif. *« She got the job through sheer chutzpah »* (« Elle y est allée au culot et a eu le poste »). De même, *to schlep* est un verbe très expressif qui signifie « se traîner quand on n'en a pas envie ». *« We had to schlep all our baggage up to the fifth floor when the elevator broke down »* (« Il a fallu traîner nos bagages jusqu'au cinquième étage quand l'ascenseur est tombé en panne »). Notez une autre différence entre l'anglais américain et britannique car outre-Manche l'ascenseur se dit *lift*.

Ainsi, nous sommes arrivés au bout de notre premier abécédaire anglais. On se retrouvera, je l'espère, pour une version lycée, version un peu plus américaine car votre première étape dans un pays anglophone sera probablement de l'autre côté de la Manche, mais un peu plus tard vous songerez sans doute à aller croquer vous-même la Grosse Pomme. C'est avec plaisir que je vous y accompagnerai. ∎

La population des États-Unis est composée d'un mélange unique de races et de pays : c'est le « melting-pot ». C'est pourquoi, même si la langue officielle en est l'anglais, cette dernière s'est enrichie de très nombreux mots étrangers pour donner naissance à l'américain.

POINTS CLÉS

Pour maîtriser
les sujets de cours

*Le cours et ses difficultés
dans le détail, sujet
par sujet. Le renvoi à
l'Index permet de retrouver
les thèmes abordés.*

Points clés — # Les noms dénombrables

Les noms dénombrables désignent ceux que l'on peut compter. Ils décrivent des objets, des personnes physiques, des métiers, etc. Ils peuvent donc se mettre aussi bien au singulier qu'au pluriel.

Le singulier et le pluriel des dénombrables

Au singulier, les noms dénombrables sont précédés de l'article *a/an* lorsqu'ils sont indéfinis et de l'article *the* lorsqu'ils sont définis. Ils ne peuvent jamais être précédés de l'article zéro (symbolisé par Ø).

➥ *He is writing a letter.* Il est en train d'écrire une lettre.

➥ *She is eating an apple.* Elle est en train de manger une pomme.

➥ *The film was very interesting.* Le film était très intéressant.

• Au pluriel, les noms dénombrables sont précédés de l'article *the* lorsqu'ils sont définis et de l'article zéro lorsqu'ils sont indéfinis. En revanche, ils ne peuvent jamais être précédés de l'article indéfini *a/an*.

• Le pluriel régulier se termine toujours en « s », mais cette lettre ne rend pas toujours le même son, qui se prononce soit :
• [S], comme dans :
➥ *Hats.* Chapeaux.
➥ *Books.* Livres.
• [Z], comme dans :
➥ *Tables.* Tables.
➥ *Chairs.* Chaises.
• [IZ], comme dans :
➥ *Boxes.* Boîtes.
➥ *Buses.* Bus. ■

Les marques du pluriel

• après S, Z, X, CH, SH, et IS, pluriel en ES.

• après O (sauf noms d'origine étrangère), pluriel en ES.

• après une consonne suivie d'un Y, pluriel en IES.

Exercice

Mettez tous les mots des phrases suivantes au pluriel.

1. The woman was wearing a red scarf.
2. The baby has already got one tooth.
3. The taxi driver was very busy because the number 8 bus was on strike.
4. The mouse was eaten by the cat.
5. I put my book on the shelf.
6. The child is afraid of the wolf.

Corrigé

1. The women were wearing red scarves.
2. The babies have already got two teeth.
3. The taxi drivers were very busy because the number 8 buses were on strike.
4. The mice were eaten by the cats.
5. I put my books on the shelves.
6. The children were afraid of the wolves.

Points clés

Les particularités du pluriel régulier

La terminaison du pluriel régulier subit parfois des modifications.

• Les noms qui se terminent en S, Z, X, CH, SH et IS ont un pluriel en ES.
➡ *A class. Classes.* Classe(s).
➡ *A buzz. Buzzes.* Bourdonnement(s).
➡ *A box. Boxes.* Boîte(s).
➡ *A watch. Watches.* Montre(s).
➡ *A brush. Brushes.* Brosse(s).
➡ *An analysis. Analyses.* Analyse(s).

• Certains noms qui se terminent en O, ont un pluriel en ES.
➡ *A potato. Potatoes.* Pomme(s) de terre.
➡ *A tomato. Tomatoes.* Tomate(s).

• En revanche, ces mots se terminant en O, lorsqu'ils sont d'origine étrangère, ont un pluriel normal en S.
➡ *A photo. Photos.* Photo(s).
➡ *A piano. Pianos.* Piano(s).

• Certains noms qui se terminent en F ou en FE ont un pluriel en VES.

➡ *A shelf. Shelves.* Étagère(s).
➡ *A scarf. Scarves.* Écharpe(s).
➡ *A wolf. Wolves.* Loup(s).
➡ *A knife. Knives.* Couteau(x).
➡ *A wife. Wives.* Épouse(s).

• Les noms qui se terminent par une consonne suivie de Y, ont un pluriel en IES.
➡ *A party. Parties.* Fête(s).
➡ *A baby. Babies.* Bébé(s).

• Dans les noms composés, le premier élément reste invariable. C'est le deuxième élément qui prend la forme S du pluriel.
➡ *Taxi drivers.* Des chauffeurs de taxi.
➡ *Television sets.* Des postes de télévision.
➡ *Football-players.* Des joueurs de football.
➡ *Shop-owners.* Des propriétaires de magasin.

• Les noms de famille obéissent à la règle des noms communs.
➡ *Mr Baker. The Bakers.* Les Baker.
➡ *Mrs Watson. The Watsons.* Les Watson.

Le pluriel irrégulier

Il existe un certain nombre de noms qui ont un pluriel irrégulier. En voici une liste non exhaustive :

➡ *A child. Children.* Enfant(s).
➡ *A foot. Feet.* Pied(s).
➡ *A man. Men.* Homme(s).
➡ *A woman. Women.* Femme(s).
➡ *A mouse. Mice.* Souris.
➡ *A penny. Pence.* Penny(ies).
➡ *A sheep. Sheep.* Mouton(s).
➡ *A deer. Deer.* Cerf(s).
➡ *A salmon. Salmon.* Saumon(s).
➡ *A tooth. Teeth.* Dent(s).

Attention !

Certains noms n'existent qu'à la forme plurielle, notamment :
– *Cattle*. Bétail.
– *People*. Gens.
– *Police*. Police.

– *Clothes*. Vêtements.
– *Jeans*. Jeans.
– *Pyjamas*. Pyjamas.
– *Scissors*. Ciseaux.
– *Shorts*. Shorts.
– *Trousers*. Pantalons.

Index ➡ absence d'article • noms

Points clés — # Les noms indénombrables

Comme en français, les noms indénombrables ne prennent jamais la forme S du pluriel. Ils sont précédés de l'article *the* lorsqu'ils sont définis et d'aucun article lorsqu'ils sont indéfinis. Cette absence d'article est symbolisée par Ø. Ils ne sont jamais précédés de l'article indéfini *a* ou *an* et pourtant ils sont toujours accompagnés d'un verbe au singulier.

Nature et emploi des indénombrables

Les noms indénombrables désignent tout ce que l'on ne peut pas compter :

• des noms d'aliments comme par exemple :
➜ *Bread*. Pain.
➜ *Meat*. Viande.

• des noms de liquides comme par exemple :
➜ *Petrol*. Essence.
➜ *Wine*. Vin.

• des noms de matériaux comme par exemple :
➜ *Gold*. Or.
➜ *Wood*. Bois.

• des noms abstraits comme *advice, knowledge, progress…* (conseil, connaissance, progrès).

• Certains noms sont dénombrables en français, mais indénombrables en anglais.
➜ *Advice*. Des conseils.
➜ *Hair*. Des cheveux.
➜ *Fruit*. Des fruits.

➜ *Information*.
Des renseignements.
➜ *Furniture*.
Des meubles.
➜ *Luggage*.
Des bagages.
➜ *News*.
Des informations.

• Pour pouvoir dénombrer ces noms il faut les faire précéder de l'expression *a piece of*.
➜ *A piece of furniture*.
Un meuble.
➜ *Two pieces of furniture*. Deux meubles.

• Certains noms indénombrables sont cependant employés dans un sens dénombrable.
➜ *May we have two coffees, please?*
Pourrions-nous avoir deux cafés, s'il vous plaît ?
Ici, il est sous-entendu *two cups of coffee* (deux tasses de café).
Ce sont donc les tasses qui sont dénombrées et non pas le café. ■

English spoken

I was sitting on a bench in a railway station when a man and a woman asked the station-master for information. The gentleman and the lady got on the train and left their luggage behind me. I was scared. I opened a suit-case and discovered a knife, a dress, and a tooth-brush. Then I opened a basket and found some fruit, some butter and a loaf of bread. Were they going to picnic in a hotel? I left the luggage at the information-desk and went home.

J'étais assis sur un banc dans une gare lorsqu'un homme et une femme ont demandé des renseignements au chef de gare. Ensuite, le monsieur et la dame sont montés dans le train et ont abandonné leurs bagages derrière moi. J'ai eu peur. J'ai ouvert une valise et j'ai découvert un couteau, une robe, et une brosse à dents. Ensuite, j'ai ouvert un panier et j'ai découvert des fruits, du beurre et du pain. Allaient-ils faire un pique-nique à l'hôtel ? J'ai laissé les bagages au bureau de renseignements et je suis rentré chez moi.

I WOULD PREFER ONE PIECE OF LUGGAGE

BUT I PREFER TWO PIECES OF LUGGAGE

Points clés

Exercice

Relevez tous les noms du texte *English spoken*, classez-les en deux colonnes (dénombrables et indénombrables) et donnez le pluriel des noms dénombrables.

Corrigé

Noms dénombrables :
— a bench (benches)
— a railway-station (railway-stations)
— a man (men)
— a woman (women)
— a station-master (station-masters)
— a gentleman (gentlemen)
— a lady (ladies)
— a train (trains)
— a suit-case (suit-cases)
— a knife (knives)
— a dress (dresses)
— a tooth-brush (tooth-brushes)
— a basket (baskets)
— a loaf of bread (loaves of bread)
— a hotel (hotels)
— an information-desk (information-desks)

Noms indénombrables :
— hair   — fish
— information — milk
— luggage   — butter
— fruit

Index ➡ articles • noms

Points clés — L'article défini

Contrairement au français, il n'existe qu'un seul article défini en anglais. Il s'agit de *the* qui se traduit par le, la, les ou l'. En effet, cet article peut s'employer avec tous les noms, qu'ils soient singuliers ou pluriels, dénombrables ou indénombrables. L'article *the* est donc invariable.

L'emploi de « the »

On utilise obligatoirement l'article défini *the* lorsqu'il est placé devant :

• Les noms de rivières ou de fleuves.
➥ *The Thames.* La Tamise.
➥ *The Mississippi.* Le Mississippi.

• Les noms de mers et d'océans.
➥ *The Red Sea.* La mer Rouge.
➥ *The Pacific Ocean.* L'océan Pacifique.

• Les noms de famille ainsi que les noms de pays et les noms de nationalité, mais uniquement lorsqu'ils sont employés à la forme plurielle.
➥ *The Taylors.* Les Taylor.
➥ *The United States.* Les États-Unis.
➥ *The Nertherlands.* Les Pays-Bas.
➥ *The English, the French.* Les Anglais, les Français.
On sous-entend alors *The Englishmen, the Frenchmen.*

• Les titres employés sans préciser le nom de la personne.
➥ *The doctor hasn't come yet.* Le médecin n'est pas encore arrivé.
➥ *The Queen will visit the USA next week.* La reine visitera les États-Unis la semaine prochaine.

• Les instruments de musique.
➥ *He plays the violin very well.* Il joue très bien du violon.

• Les superlatifs de supériorité et d'infériorité.
➥ *It's the most* (ou *the least*) *interesting film I've ever seen.* C'est le film le plus (ou le moins intéressant) que j'aie jamais vu. ■

THE QUEEN WILL VISIT THE USA NEXT WEEK

Attention !

Comparez :
➥ *Cows like grass.* Les vaches aiment l'herbe.
➥ *The cows she has don't like the grass in this meadow.* Les vaches qu'elle a n'aiment pas l'herbe de cette prairie.
Dans la première phrase, on parle des vaches en général.
Dans la seconde phrase, il s'agit des vaches que possède une personne et de l'herbe d'une certaine prairie.

Points clés

L'omission de « the »

On n'emploie jamais l'article *the* devant :

• Les noms de famille ou de pays lorsqu'ils sont au singulier.
➥ *Taylor.*
➥ *Great Britain.*
Grande-Bretagne.

• Les noms de langues.
➥ *French.* Le français.
➥ *English.* L'anglais.

• Les titres suivis d'un nom.
➥ *Doctor William hasn't come yet.*
Le docteur William n'est pas encore arrivé.
➥ *Queen Elizabeth will visit the USA next week.*
La reine Élisabeth visitera les États-Unis la semaine prochaine.

• Les noms à valeur générique.
➥ *Dogs like meat.* Les chiens aiment la viande. *Dogs* et *meat* désignent des notions générales, c'est-à-dire l'ensemble des chiens et la viande en tant qu'aliment.

• Les noms de lieu lorsque c'est la fonction de ce lieu qui est visée.
➥ *My sister isn't at home. She is still at school.*
Ma sœur n'est pas à la maison. Elle est encore à l'école.
(Il est sous-entendu qu'elle étudie encore.)
➥ *Mark is still in hospital.*
Mark est encore à l'hôpital.
(Il est sous-entendu qu'il est malade.)

• Lorsque c'est le lieu qui est visé et non pas la fonction, on doit mettre l'article *the*.
➥ *I am looking for the school.*
Je cherche l'école.
➥ *I haven't found the hospital.*
Je ne trouve pas l'hôpital. ■

• *The* se prononce [ðə] devant :
• une consonne.
➥ *the pen.*
• la lettre « u » lorsqu'elle se prononce [juː].
➥ *the university.*

• *The* se prononce [ðiː] devant :
• une voyelle.
➥ *the army.*
• un « h » muet.
➥ *the hour.*
• les initiales ou les abréviations lorsque le premier son est une voyelle.
➥ *the M.P.,* puisque l'on prononce ce mot [empi].

DOGS LIKE MEAT

Index ➡ articles

Points clés : L'article indéfini et l'absence d'article

L'article indéfini *a/an* s'emploie devant un nom dénombrable singulier. L'absence d'article (symbolisée par le signe Ø) s'emploie devant un nom indénombrable ou un nom dénombrable pluriel.
Il correspond à une forme d'article doté d'un sens, même s'il est invisible.

L'article indéfini « a/an »

L'article indéfini anglais possède deux formes : *a* et *an*. On emploie :

- *a* devant :
- une consonne,
➥ *A teacher.*
Un professeur.
- la lettre « u » quand elle se prononce [ju:].
➥ *A university.*
Une université.

- *an* devant :
- une voyelle,
➥ *An apple.*
Une pomme.
- un « h » muet,
➥ *An hour.* Une heure.
- des initiales lorsque le premier son est une voyelle.
➥ *An M.P.* (puisque cela se prononce [em'pi:]). Membre du Parlement.

- L'article indéfini s'emploie :
- devant un nom de métier au singulier,
➥ *She is a nurse.*
Elle est infirmière.

- dans les expressions traduisant une notion de temps.
➥ *Five days a week.*
Cinq jours par semaine.
- dans les expressions de mesure, de poids, etc.
➥ *The fish is £ 2 a kilo.* Le poisson est à 2 £ le kilo.

- dans les phrases exclamatives.
➥ *What a pretty girl !*
Quelle jolie fille !
➥ *What a nice day !*
Quelle belle journée !
Il est à noter que dans tous ces cas, on ne traduit pas l'article indéfini en français.

Exercice

Complétez avec l'article défini *the*, l'article indéfini *a/an* ou l'absence d'article Ø.

1. ... Prince Charles and... President Chirac met last summer in... United Kingdom.
2. My uncle is... pilot. He goes four times... month to... Australia.
3. ... cows eat... grass, ... lions eat... meat and... dolphins eat... fish.
4. « Where are your brothers ? »
« Jimmy is at... home and Mike is at... school. »
5. « Can you show me... way to... hospital, please ? »
« You follow... bus over there. »

Corrigé

1. Ø, Ø, the
2. a, a, Ø
3. Ø, Ø, Ø, Ø, Ø, Ø
4. Ø
5. the, the, the

Points clés

L'absence d'article Ø

L'absence d'article qui s'écrit également Ø s'emploie :

- Devant une quantité indéfinie avec des noms indénombrables.
➜ *He bought Ø meat and Ø bread.* Il a acheté de la viande et du pain.

- Devant un nombre indéfini avec des noms dénombrables pluriels.
➜ *He ate Ø eggs and Ø apples.* Il a mangé des œufs et des pommes.

- Devant une généralité avec des noms dénombrables ou indénombrables à valeur générique.
➜ *Ø Rabbits like Ø grass and Ø carrots.* Les lapins aiment l'herbe et les carottes.

- Devant les noms de pays au singulier.
➜ *Ø England is my favourite country.* L'Angleterre est mon pays préféré.

- Devant les titres lorsqu'ils sont suivis de noms propres.
➜ *Ø Queen Elizabeth governs Great Britain.* La reine Élisabeth gouverne la Grande-Bretagne.

English spoken

The Robinsons are very musical. Mrs Robinson is a famous pianist. She has visited lots of Ø countries where she has given Ø concerts : the United States, Ø Germany, Ø South Africa, Ø Japan… Peter loves Ø music too. He plays the guitar and the flute. He'd like to become a musician. Mr Robinson is an architect. He works a lot, ten hours a day and six days a week ; but he often plays the saxophone on Sundays.

Les Robinson sont doués pour la musique. Madame Robinson est une célèbre pianiste. Elle a visité beaucoup de pays où elle donne des concerts : les États-Unis, l'Allemagne, l'Afrique du Sud, le Japon… Peter adore également la musique. Il joue de la guitare et de la flûte. Il aimerait devenir musicien. Monsieur Robinson est architecte. Il est très occupé. Il travaille dix heures par jour et six jours par semaine ; mais il joue souvent du saxophone le dimanche.

A SUNDAY MORNING AT ROBINSONS' NEIGHBOURS' FLAT

Index ➜ articles • absence d'article

Points clés — # Les démonstratifs

Il existe quatre adjectifs démonstratifs en anglais : *this*, *these*, *that* et *those*. On en choisit un selon le nombre et le sens que l'on souhaite lui donner. En outre, ils peuvent avoir des fonctions différentes.

« This » et « these »

Ces deux démonstratifs (*these* étant le pluriel de *this*) désignent ce qui est proche sur le plan spatial, temporel ou affectif.

➥ *Give this book and these pencils to Jany, please!* Donne ce livre(-ci) et ces crayons(-ci) à Jany, s'il te plaît !

➥ *I will visit London this week.* Je visiterai Londres cette semaine(-ci).

➥ *These days life is getting more and more difficult.* La vie devient de plus en plus difficile de nos jours. ∎

« That » et « those »

Ces deux démonstratifs (*those* étant le pluriel de *that*) désignent ce qui est éloigné sur le plan spatial, temporel ou affectif.

➥ *Look at that girl! She's those boys' sister.* Regarde cette fille(-là), elle est la sœur de ces garçons(-là).

➥ *I still remember those days we spent in Italy.* Je me rappelle encore de ces jours(-là) que nous avons passés en Italie.

➥ *That party was the most wonderful for everybody.* Cette fête(-là) fut la plus belle pour tout le monde. ∎

This (pluriel these)
proximité spatiale, temporelle ou affective

That (pluriel those)
éloignement spatial, temporel ou affectif

I STILL REMEMBER THOSE DAYS WE SPENT IN ITALY

English spoken

Vanessa is showing her photos to Jennifer.
Vanessa : « Look at this photo! I like it very much. »
Jennifer : « I prefer that one. The colours are so beautiful. »
Vanessa : « Look Jennifer! These are my favourite pictures. I still remember those wonderful holidays I spent in Paris. This is the Eiffel Tower and that's le Quartier Latin. These two gentlemen are French policemen. »

Vanessa est en train de montrer ses photos à Jennifer.
Vanessa : « Regarde cette photo ! Je l'aime beaucoup. »
Jennifer : « Je préfère celle-là. Les couleurs sont si belles. »
Vanessa : « Regarde Jennifer ! Celles-ci sont mes photos préférées. Je me rappelle encore ces merveilleuses vacances que j'ai passées à Paris. Voici la tour Eiffel et voilà le Quartier Latin. Ces deux messieurs sont des policiers français. »

Points clés

La nature des démonstratifs

Un démonstratif peut être :

- Adjectif.
➡ *Who is this boy?* Qui est ce garçon ?
➡ *That car is Mr. Simon's.* Cette voiture appartient à M. Simon.
➡ *Give me those glasses, please!* Donne-moi ces verres, s'il te plaît !
➡ *Put these books in the cupboard.* Mets ces livres dans l'armoire.

- Pronom.
➡ *What's this?* Qu'est-ce que ceci ?
➡ *Who's that?* Qui est-ce ?

➡ *Give these to Peter and leave those on the table.* Donne ceux-ci à Peter et laisse ceux-là sur la table. ■

Attention !

- *This* et *that* peuvent être suivis de *one*.
➡ *I don't like this car, I prefer that one.* Je n'aime pas cette voiture, je préfère celle-là.

- *This* et *that* permettent de présenter quelqu'un.
➡ *Phil, this is Mike and that's Liz.* Phil, je te présente Mike et Liz.

Exercice

Repérez tous les démonstratifs du texte *English spoken* et classez-les dans le tableau ci-dessous.

	Près	Loin
Singulier		
Pluriel		

Corrigé

	Près	Loin
Singulier	- Look at this photo - This is the Eiffel Tower	- That's le Quartier Latin.
Pluriel	- These are my favourite pictures. - These two gentlemen are French policemen.	- I still remember those wonderful holidays.

WHO'S THAT?

Index ➡ adjectifs

Points clés : « Several », « many », « a few » et « few »

Several, *many*, *a few* et *few* font partie des quantifieurs indéfinis (mots indiquant une quantité non définie). Ils s'emploient uniquement avec des noms dénombrables pluriels.

« Several »

Le quantifieur indéfini *several* désigne toujours un grand nombre.
En français, on le traduit par « plusieurs ».
➥ *I have several records and books.* J'ai plusieurs disques et livres. ■

« Many »

Le quantifieur indéfini *many* désigne également un grand nombre. On le traduit par « beaucoup de ».
➥ *She hasn't got many books.* Elle n'a pas beaucoup de livres.
➥ *Have you visited many countries?* As-tu visité beaucoup de pays ?

• Comme *much* (que l'on utilise avec des noms indénombrables), *many* s'emploie rarement à la forme affirmative. On lui préfère alors *a lot of* (ou *lots of*).
➥ *She has seen a lot of (lots of) films.* Elle a vu beaucoup de films. ■

« A few »

Le quantifieur indéfini *few* désigne un petit nombre. On le traduit par « quelques ».
➥ *He only had a few friends when he was a student.* Il n'avait que quelques amis lorsqu'il était étudiant.
➥ *It's good work. You have only made a few mistakes.* C'est un bon travail. Tu n'as fait que quelques erreurs. ■

« Few »

Le quantifieur indéfini *few* désigne un nombre encore plus réduit que *a few*. C'est pourquoi, on le traduit par « peu de » ou « presque aucun(e) ».
➥ *The hospital was on strike yesterday. Few doctors and nurses went to work.* L'hôpital était en grève hier. Peu de médecins et d'infirmières sont allés travailler. ■

IT'S GOOD WORK. YOU HAVE ONLY MADE A FEW MISTAKES.

English spoken

Jerry and Bob are sitting in Jerry's room.
Bob: « You've got a lot of CDs and several videos. You're really lucky! »
Jerry: « Yes, but I haven't got many jazz CDs. I've only got a few of them. Look, there are only four. »
Bob: « Have you read all of these books? »
Jerry: « No, I have only read a few of them, because I haven't got much free time. I have very little time to spend on reading. I hope I will have a little more next summer holidays. »

Jerry et Bob sont dans la chambre de Jerry.
Bob: « Tu as beaucoup de CD et plusieurs cassettes-vidéo.
Tu as de la chance! »
Jerry: « Oui, mais je n'ai pas beaucoup de CD de jazz. Je n'en ai que quelques-uns. Regarde, il n'y en a que quatre. »
Bob: « As-tu lu tous ces livres? »
Jerry: « Non, j'en ai lu peu parce que je n'ai pas beaucoup de temps libre. J'ai très peu de temps à consacrer à la lecture. J'espère en avoir un peu plus durant les prochaines vacances d'été. »

Points clés

Several — Une grande quantité. Se traduit par « plusieurs ».

Many — Un grand nombre. Se traduit par « beaucoup de ».
À l'affirmatif :
A lot of.
Lots of. } beaucoup de

A few — Un petit nombre. Se traduit par « quelques ».

Few — Un nombre encore plus petit. Se traduit par « peu de » ou « presque aucun(e) ».

Exercices

1) Complétez par un quantifieur.
1. Look! There are... people waiting for the Queen.
2. ... people have been on the moon.
3. How... are these shoes, please?
4. How... pens can I have for £ 10?
5. I like this book very.... I've read it... times.
6 ... minutes left. Hurry up!

2) Repérez les erreurs et corrigez.
1. Much people have already visited Disneyland.
2. « How much do you need? »
« Just a few. »
3. The exercise was too difficult. Much students did it.

Corrigés

Exercice 1
1. A lot of (lots of)
2. Few
3. Much
4. Many
5. Much, a few
6. A few

Exercice 2
1. Il faut mettre many, a lot of ou lots of, car people est un nom pluriel.
2. Il faut écrire a little, car l'expression how much indique que l'on parle d'une notion indénombrable.
3. Il faut mettre few, car le contexte (l'exercice était trop difficile) indique que peu d'étudiants ont réussi.

Index ➡ quantifieurs indéfinis

Points clés

Les quantifieurs indéfinis « much », « little », « a lot of », « plenty of », « enough » et « too »

Much, *a little* et *little* s'emploient avec des noms indénombrables singuliers. *A lot of*, *lots of*, *plenty of*, *enough* et *too* s'emploient avec des noms dénombrables ou indénombrables.

« Much »

Le quantifieur indéfini *much*, qui se traduit par « beaucoup », désigne une grande quantité.
➤ *How much is this shirt ?* Combien coûte cette chemise ? (Sous-entendu : *How much money is this shirt ?*)

• *Much* s'emploie assez rarement à la forme affirmative, où on lui préfère les quantifieurs *a lot of* ou bien *lots of*.
➤ *She has got a lot of (lots of) money.* Elle a beaucoup d'argent.

• *Much* peut également s'employer en qualité d'adverbe.
➤ *She likes England very much.* Elle aime beaucoup l'Angleterre.
➤ *It doesn't interest me much.* Ça ne m'intéresse pas beaucoup. On l'utilise d'ailleurs dans l'expression : *Thank you very much.* Merci beaucoup. ∎

« A little » et « little »

Ces deux quantifieurs indéfinis désignent des petites quantités, mais avec des nuances de sens.

• *A little* se traduit par « un peu de ».
➤ *I have a little cheese left in the fridge.* Il me reste un peu de fromage dans le frigo.

• *Little* désigne une quantité encore plus petite et a un sens négatif. Observez la différence :
➤ *I've got a little money left. Let's go to the cinema !* Il me reste un peu d'argent. Allons au cinéma !
➤ *I've got little money left. I can't even buy a newspaper.* Il me reste peu d'argent. Je ne peux même pas acheter un journal. ∎

Exercice

Complétez avec *enough* ou *too*.

1. This skirt is £ 65. You've got only £ 60. It isn't... £ 65 ! That's... expensive.
2. I've had... of your music. I'm... tired. I've worked... much today.
3. ... many mistakes have been made.
4. You aren't old... You are... young. Children under 18 aren't admitted.
5. If you work hard..., you will succeed.

Corrigé
1. enough, too
2. enough, too
3. too
4. enough, too
5. enough

Points clés

« A lot of », « lots of » et « plenty of »

• Les deux quantifieurs indéfinis *a lot of* et *lots of* désignent une grande quantité lorsqu'ils sont suivis d'un nom indénombrable et un grand nombre lorsqu'ils sont suivis d'un nom dénombrable.
➡ *He has eaten a lot of (lots of) chocolate.* Il a mangé beaucoup de chocolat.
➡ *He has visited a lot of (lots of) towns in the USA.* Il a visité beaucoup de villes aux États-Unis.

• Le quantifieur indéfini *plenty of* désigne une certaine abondance, c'est-à-dire une quantité abondante avec les noms indénombrables et un nombre abondant avec les noms dénombrables. Comme *a lot of* et *lots of*, il se traduit par « beaucoup de ».
➡ *They visited plenty of monuments when they were in London.* Ils ont visité beaucoup de monuments lorsqu'ils étaient à Londres.
➡ *Helen has lost her wallet. She has spent plenty of time looking for it.* Helen a perdu son porte-monnaie. Elle a passé beaucoup de temps à le rechercher. ■

« Enough »

Le quantifieur indéfini *enough*, qui se traduit par « assez de » ou « suffisamment de », se place :

• devant un nom,
➡ *He's read enough books.* Il a lu suffisamment de livres (*books* est un nom dénombrable).
➡ *I haven't got enough money.* Je n'ai pas assez d'argent (*money* est un nom indénombrable).

• après un adjectif,
➡ *You are old enough to do it by yourself.* Tu es assez grand pour le faire tout seul.

• après un verbe,
➡ *I didn't sleep enough last night.* Je n'ai pas suffisamment dormi cette nuit.

• dans l'expression *en avoir assez*.
➡ *I've had enough of this town.* J'en ai assez de cette ville.
➡ *You can never have enough of reading.* Tu ne te lasseras jamais de lire. ■

« Too »

Le quantifieur indéfini *too* qui se traduit par « trop » s'emploie avec :

• des noms dénombrables. Il est alors suivi de *many*.
➡ *He's eaten too many cakes.* Il a mangé trop de gâteaux.

• des noms indénombrables. Il est alors suivi de *much*.
➡ *You eat too much chocolate.* Tu manges trop de chocolat.

• des adjectifs.
➡ *You are too young to drive.* Tu es trop jeune pour conduire.

• *much* tout seul. Il a alors une fonction d'adverbe.
➡ *He eats too much.* Il mange trop. ■

Attention !

Too a le sens de « aussi » ou « également » lorsqu'il est placé :
• en fin de phrase,
➡ *I'm tired too.* Je suis fatigué moi aussi.
• devant le verbe,
➡ *You too can become an actor.* Toi aussi tu peux devenir acteur.

Index ➡ quantifieurs indéfinis • noms

Points clés

Les quantifieurs indéfinis : « some » et « any »

Ces quantifieurs indéfinis s'emploient à la fois avec des noms dénombrables et des noms indénombrables. Avec les premiers, ils désignent un nombre indéfini. Avec les seconds, ils désignent une quantité indéfinie.

Les phrases affirmatives

À l'affirmatif, on emploie toujours *some* et jamais *any*.
➥ *Some butter has been left on the table.* Du beurre a été laissé sur la table.
➥ *There are some children who are playing in the playground.* Il y a des enfants qui jouent dans la cour. ■

Les phrases négatives

Dans les phrases négatives, on emploie obligatoirement *any* et jamais *some*.
➥ *There isn't any water left in the fridge.* Il ne reste plus d'eau dans le réfrigérateur.
➥ *My cousin hasn't got any brothers or sisters.* Ma cousine n'a ni frère ni sœur. ■

• À la forme négative, *any* peut être remplacé par *no.*
➥ *There is no water left in the fridge.* Il ne reste plus d'eau dans le réfrigérateur.
➥ *There are no children in the playground.* Il n'y a pas d'enfants dans la cour.

Les phrases interrogatives

Dans les questions, on emploie parfois *some*, parfois *any*.

• *Some* s'emploie lorsqu'on souhaite obtenir une réponse positive, notamment dans le cadre d'une proposition ou bien d'une offre de courtoisie.
➥ *Would you like some more tea?* Voudriez-vous reprendre du thé ?
➥ *Can I have some sugar please?* Puis-je avoir du sucre, s'il vous plaît ?

• *Any* s'emploie lorsque l'on ignore si la réponse sera positive ou négative. Il s'agit uniquement d'une demande de renseignements. On n'a donc aucune idée de la réponse qui sera donnée.
➥ *Is there any water left in the fridge?* Est-ce qu'il reste de l'eau au frigo ?
➥ *Have you got any books left on the shelf?* Est-ce qu'il vous reste des livres sur l'étagère ? ■

Points clés
English spoken

*At the restaurant
The customer: « Have you got any chips or any salad left? »
The waiter: « I am sorry, we haven't got any chips and we have got no salad. Would you like some French beans instead? »
The customer: « Well, I'll take some French beans and some wine and... don't tell me there's no wine. »
The waiter: « Hum... I'm afraid we haven't got any wine today. »
The customer: « So some tap water, maybe!! »*

Au restaurant
Le client : « Est-ce qu'il vous reste des frites ou de la salade ? »
Le serveur : « Je suis désolé, nous n'avons pas de frites et nous n'avons pas de salade. Voudriez-vous prendre des haricots verts à la place ? »
Le client : « Bon, je prendrai des haricots verts et du vin et... ne me dites pas qu'il n'y a pas de vin. »
Le serveur : « Hum... J'ai bien peur que nous n'ayons pas de vin aujourd'hui. »
Le client : « Alors de l'eau du robinet, peut-être !! »

Exercice

Complétez ces phrases avec *some*, *any* ou *no*.

1. Can I have... salt and... pepper, please ?
2. Here is the salt, but we have got... pepper left, I'm sorry.
3. Excuse me sir, are there... chairs left in your classroom ?
4. Oh yes ! There are... over there.
5. Are there... tables left ?
6. I am sorry, we haven't got... tables left.

Corrigé

1. some, some
2. no
3. any
4. some
5. any
6. any

Index ➡ quantifieurs indéfinis

Points clés

Les quantifieurs indéfinis : « both », « either » et « neither »

Ces trois quantifieurs indéfinis servent à mettre en relation deux éléments d'un même ensemble. *Both* désigne l'un et l'autre (c'est-à-dire les deux), *either* désigne l'un ou l'autre, tandis que *neither* ne désigne ni l'un ni l'autre.

« Both »

Le quantifieur indéfini *both* accompagne des noms ou des pronoms qui ont fonction de :

• Sujet.
➥ *Both Peter and David live in London.* Peter et David habitent tous deux à Londres.

➥ *Both of them live in London.* Ils habitent tous les deux à Londres.

• Complément.
➥ *I read both the books.* J'ai lu les deux livres.
➥ *I read both of them.* Je les ai lus tous les deux. ■

« Either »

Le quantifieur indéfini *either* peut s'employer devant un nom ou tout seul. Ce quantifieur possède des sens différents bien que très proches. Selon l'utilisation qu'on en fait, il se traduit par :

• Ou… ou *(either… or).*
➥ *You take either the television or the videorecorder.* Vous prenez soit la télévision soit le magnétoscope.

• L'un ou l'autre.
➥ *« Which book would you like to read ? »* *« Either. »* « Quel livre voudriez-vous lire ? » « L'un ou l'autre. » (Dans le sens n'importe lequel.)

• Chaque.
➥ *There are a lot of trees on either side of the road.* Il y a de nombreux arbres de chaque côté de la route.

• Non plus.
➥ *« I haven't seen that film yet. » « I haven't either. »* « Je n'ai pas encore vu ce film. » « Moi non plus. » ■

Both
– tous
– toutes

Either
– l'un ou l'autre
– chaque
– non plus
– ou… ou *(either… or)*

Neither
– non plus
– ni… ni
(neither… nor)

Points clés

« Neither »

De même, le quantifieur indéfini *neither* peut se traduire de différentes manières, c'est-à-dire par :

- Non plus.
➥ *« I am not tired. »* *« Neither am I. »*
« Je ne suis pas fatigué. »
« Moi non plus. »

- Ni… ni
(*neither… nor*).
Il accompagne alors :
- le sujet (qu'il soit nom ou pronom).
➥ *Neither Paul nor David came to the party.*
Ni Paul ni David ne sont venus à la fête.
➥ *Neither of them came.* Ils ne sont venus ni l'un ni l'autre.
- l'adjectif attribut.
➥ *The film is neither good nor interesting.*
Le film n'est ni bon ni intéressant.
- le complément.
➥ *She can speak neither German nor Spanish.*
Elle ne sait parler ni allemand ni espagnol.
➥ *She can speak neither of them.* Elle ne sait parler ni l'un ni l'autre.
➥ *« Which one do you prefer ? »* *« Neither. »*
« Lequel des deux préfères-tu ? »
« Ni l'un ni l'autre. » ■

English spoken

Mike and his brother Andy have just been given two tickets. Andy wants both of them.
Mike : You have to choose either the cinema or the theatre. You can't see both the film and the play.
Andy : Please, Mike ! I haven't seen that film yet.
Mike : Neither have I. I haven't seen the play either. Hurry-up Andy ! Otherwise you will see neither the film nor the play. Which one do you prefer ?
Andy : I don't know. Either.

On vient d'offrir deux billets à Mike et à son frère Andy. Andy veut prendre les deux.
Mike : Tu dois choisir soit le cinéma, soit le théâtre. Tu ne peux pas voir et le film et la pièce.
Andy : S'il te plaît, Mike ! Je n'ai pas encore vu ce film.
Mike : Moi non plus. Je n'ai pas vu la pièce non plus. Dépêche-toi Andy, sinon tu ne verras ni le film ni la pièce. Lequel préfères-tu ?
Andy : Je ne sais pas. L'un ou l'autre.

Exercice

Traduisez.

1. Il ne sait jouer ni de la flûte ni de la guitare.
2. Tu n'as pas le droit de prendre les deux.
Tu peux prendre soit le livre rouge, soit le vert.
Je ne prendrai ni l'un ni l'autre.
3. Il avait deux livres dans chaque main.
4. Il n'a invité ni son père ni sa mère.
5. Il n'a pas fait son travail, sa sœur non plus.

Corrigé

1. *He can play neither the flute nor the guitar.*
2. *You can't take both. You can take either the red book or the green one. I will take neither of them.*
3. *He had two books in either hand.*
4. *He invited neither his father nor his mother.*
5. *He didn't do his work, neither did his sister.*

Index ➥ quantifieurs indéfinis

Points clés

Les quantifieurs indéfinis : « each », « every », « all » et « whole »

Ces quatre quantifieurs indéfinis servent à désigner un ensemble. *Each* et *every* considèrent chacun de ses éléments, tandis que *all* et *whole* le considèrent dans sa totalité.

« Each »

Le quantifieur indéfini *each* se traduit par « chaque », « chacun » ou « chacune » car il considère chaque élément d'un groupe pris dans son individualité.
➡ *Each of the pupils has brought his book.* Chacun des élèves a apporté son livre.
➡ *They have received £ 100 each.* Ils ont reçu 100 livres chacun.
➡ *The skirts are £ 30 each.* Les jupes coûtent 30 livres chacune. ■

« Every »

Le quantifieur indéfini *every* désigne chaque élément ou tous les éléments qui forment un ensemble. Il se traduit soit par « chaque », soit par « tous ».
➡ *Every pupil has brought a present.* Chaque élève a apporté un cadeau.
➡ *He goes to New York every month.* Il va à New York tous les mois.
➡ *Visitors have come from every side.* Des visiteurs sont venus de toutes parts. ■

Every s'emploie également dans l'expression *every other*, qui signifie « un sur deux ».
➡ *He pays a visit to his grand mother every other Saturday.* Il rend visite à sa grand-mère un samedi sur deux.

« All »

Le quantifieur indéfini *all* désigne la totalité d'une quantité (en cas de nom indénombrable) ou d'un nombre (en cas de nom dénombrable). Il se traduit par « tout », « toute », « tous » ou « toutes ».
➡ *He drank all the milk and ate all the meat.* Il a bu tout le lait et mangé toute la viande.
➡ *All the boys danced.* Tous les garçons ont dansé.

• *All* s'emploie également dans certaines expressions idiomatiques.
➡ *« Are you tired? » « Not at all. »* « Es-tu fatigué ? » « Pas du tout. »
➡ *It's all the same to me.* Cela m'est tout à fait égal.
➡ *« How are you? » « I'm all right. »* « Comment allez-vous ? » « Je vais bien. »
➡ *He went all over the world.* Il est allé partout dans le monde. ■

Each : chaque
chacun(e)
Chaque élément d'un ensemble pris individuellement.

All : tout(e)
tous
toutes
Totalité d'une quantité.

Every : chaque
tous
Chaque élément ou tous les éléments d'un ensemble.

Whole : tout(e)
entièrement
Totalité d'une quantité.

Points clés

English spoken

Last Saturday evening, I went to Isabel's birthday party. The whole room was painted in red. All the walls were red. Every chair was red. There were petals of roses over the tablecloth and on each plate there was a red napkin. All the guests were wearing masks and each of the girls had two roses on their heads and each of the boys had a scarlet tie. Isabel said: « You know, I only celebrate my birthday once every four years. » Do you know why?

Samedi soir dernier, je suis allé à la fête de l'anniversaire d'Isabel. La salle était entièrement peinte en rouge. Tous les murs étaient rouges. Chaque chaise était rouge. Il y avait des pétales de rose rouge partout sur la nappe et sur chaque assiette il y avait une serviette rouge. Tous les invités portaient des masques et chacune des filles avait deux roses sur la tête et chacun des garçons avait une cravate rouge. Isabel dit : « Vous savez, je ne fête mon anniversaire qu'une fois tous les quatre ans. » Savez-vous pourquoi ?

Exercice

Complétez les phrases suivantes avec *each*, *every*, *all* ou *whole*.

1. He spent a… year working on his film.
2. How much are these pens? They are 40 p…
3. He spent… his money.
4. He spent… penny he had.
5. He spent… the money he owned.
6. He likes books of… sort.
7. They need £ 10… to take part in the competition.
8. The… country was in ruins.

Corrigé

1. *whole*
2. *each*
3. *all*
4. *every*
5. *all*
6. *every*
7. *each*
8. *whole*

« Whole »

Le quantifieur indéfini *whole* désigne la totalité d'une quantité (pour les noms indénombrables) ou d'un nombre (pour les noms dénombrables). On le traduit par « tout », « toute » ou « entièrement ».
➡ *He ate the whole cake.* Il a mangé tout le gâteau.
➡ *Did he really say the whole truth?* A-t-il vraiment dit toute la vérité ?
➡ *The whole town was destroyed.* La ville a été entièrement détruite. ■

Index ➡ quantifieurs indéfinis

Points clés — # Le comparatif

Le comparatif de supériorité exprime la supériorité d'un élément par rapport à un autre (plus... que), tandis que le double comparatif exprime une progression parallèle entre deux éléments : de plus en plus, de moins en moins.

Le comparatif de supériorité des adjectifs courts

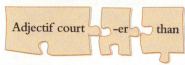

Adjectif court + -er + than

➥ *John is taller than me.* John est plus grand que moi.
➥ *My dress is longer than yours.* Ma robe est plus longue que la tienne.
➥ *My father is stronger than yours.* Mon père est plus fort que le tien.

• Est court tout adjectif contenant :
– une seule syllabe,
– deux syllabes lorsque la seconde se termine par un *y*. ■

Attention !

• Les adjectifs courts de deux syllabes qui se terminent par *y* voient leur terminaison se transformer en *ier*.
➥ *Pretty = Jane is prettier than her sister.* Jane est plus jolie que sa sœur.

• Les adjectifs courts d'une seule syllabe doublent leur dernière consonne si elle est précédée d'une voyelle courte.
➥ *Slim = Jack is slimmer than Paul.* Jack est plus mince que Paul. Mais *long* devient *longer*, car il se termine par deux consonnes.

Le comparatif de supériorité des adjectifs longs

More + Adjectif + than

➥ *This actress is more beautiful than her mother.* Cette actrice est plus belle que sa mère.

• Les adjectifs longs regroupent tous ceux qui comptent au moins deux syllabes. ■

Les exceptions

• Certains adjectifs n'obéissent ni à la règle de l'adjectif court, ni à celle de l'adjectif long. Il s'agit de :
– *good* et *well* = *better than* (meilleur ou mieux).
– *bad* = *worse than* (pire).
– *far* = *further than* ou *farther than* (plus loin). ■

JANE IS PRETTIER THAN HER SISTER

English spoken

John and his wife want to buy a new house.
John: I think the beige house is more attractive and more beautiful than the white one.
Cathy: Yes but the kitchen is better laid out and the bathroom is larger in the white house.
John: That's true, but the garage is smaller. Nevertheless the bedroom is more luminous.
Cathy: And the beige house is more expensive. We can't afford it. Nowadays, houses are more and more expensive.

John et sa femme veulent acheter une nouvelle maison.
John : je pense que la maison beige est plus attrayante et plus belle que la maison blanche.
Cathy : Oui mais la cuisine est mieux agencée et la salle de bains est plus grande dans la maison blanche.
John : C'est vrai, mais le garage est plus petit. Cependant, la chambre est plus lumineuse.
Cathy : Et la maison beige est plus chère. Nous ne pouvons pas nous le permettre. De nos jours, les maisons sont de plus en plus chères.

Le double comparatif

Il exprime une progression parallèle. Celle-ci peut se traduire par :

- **De plus en plus**
La formation du double comparatif suit alors les mêmes règles que celle du comparatif de supériorité et diffère donc selon la longueur de l'adjectif.
➟ *Look, he is driving faster and faster.* Regarde, il conduit de plus en plus vite (adjectif court).
➟ *Nowadays, life is getting more and more expensive.* De nos jours, la vie devient de plus en plus chère (adjectif long).

Points clés

- **De moins en moins**
On utilise alors :
- L'expression *less and less* devant un nom singulier.
➟ *This book is getting less and less interesting.* Ce livre est de moins en moins intéressant.
- l'expression *fewer and fewer* devant un pluriel.
➟ *This actor makes fewer and fewer films.* Cet acteur fait de moins en moins de films.
En langage parlé, on fait rarement cette différence. La plupart du temps, on utilise *less and less*, même pour un pluriel. ■

Exercice

À l'aide de ces informations, formez des phrases en utilisant des comparatifs de supériorité.
1. Fred is 25 years old. He is 1.85 m tall and he's slim.
2. Mike is 48 years old. He is 1.72 m tall and he's fat.
3. Fred's car is 4.20 m long. It costs £ 5.400. It was made in 1992.
4. Mike's car is 4.80 m long. It costs £ 6.600. It was made in 1996.

Corrigé

1. *Fred is younger than Mike. Mike is older than Fred.*
2. *Fred is taller than Mike. Mike is smaller than Fred.*
3. *Fred is slimmer than Mike. Mike is fatter than Fred.*
4. *Fred's car is smaller than Mike's car. Mike's car is longer than Fred's car.*
5. *Fred's car is cheaper than Mike's car. Mike's car is more expensive than Fred's car.*
6. *Fred's car is newer than Mike's car. Mike's car is older than Fred's car.*

Index ➟ adjectifs • comparatif

Points clés

Les comparatifs d'égalité et d'infériorité

Le comparatif d'égalité exprime l'égalité d'un élément par rapport à un autre (aussi... que), tandis que le comparatif d'infériorité exprime l'infériorité d'un élément par rapport à un autre (moins... que).

Le comparatif d'égalité « as... as »

Quel que soit l'adjectif, le comparatif d'égalité obéit à une seule et même structure, qui est :

Cette structure se traduit par « aussi...que ».
➥ *John is as tall as Mark.* John est aussi grand que Mark.
➥ *The blue car is as expensive as the red car.* La voiture bleue est aussi chère que la rouge. ∎

Exercice

Lisez le texte suivant et dites qui est le plus intelligent, le plus sportif et le plus drôle des trois. Dites également pourquoi.

One is intelligent, one is sporty and one is funny. Who's the most intelligent, the sportiest and the funniest? Paul is more intelligent than Peter, but he is less intelligent than Walter. Paul is also funny, but not as funny as Peter. Paul likes sport and plays often. Peter likes sport too but doesn't have time to play.

Corrigé

1. Walter is the most intelligent because he is more intelligent than Peter and Paul.
2. Peter is the funniest because he is funnier than Paul.
3. Paul is the sportiest because he isn't the most intelligent and he isn't the funniest.

English spoken

Kirk: Jane, who do you think is the better of the two, Prince or Madonna?
Jane: Prince is less attractive than Madonna. He's really the least elegant singer in the States, whereas Madonna is the prettiest singer I've ever seen.
Kirk: Yes but Prince has really got the most beautiful voice I've ever heard in my life.

Kirk: Jane, qui est selon toi le meilleur des deux, Prince ou bien Madonna?
Jane: Prince est moins attirant que Madonna. Il est vraiment le chanteur le moins élégant des États-Unis, alors que Madonna est la chanteuse la plus jolie que j'aie jamais vue.
Kirk: Oui mais Prince a vraiment la plus belle voix que j'aie jamais entendue de ma vie.

Points clés

Le comparatif d'infériorité « less... than »

Quel que soit l'adjectif, le comparatif d'infériorité obéit à une seule et même structure, qui est :

➡ *John is less tall than Mark.*
John est moins grand que Mark.
➡ *This chair isn't as comfortable as the armchair.*
This chair is less comfortable than the armchair.
Cette chaise n'est pas aussi confortable que le fauteuil.
Cette chaise est moins confortable que le fauteuil. ■

Exercice

Corrigez les erreurs dans les phrases suivantes.

1. John is the tallest of the two.
2. Russia is the most big country in the world.
3. The film wasn't as interesting than the book.
4. That film is most terrifying one I've ever seen.
5. This computer is less expensive as it was last year.
6. The film is more good than the book.
7. This is the best pizza I've ever eaten.
8. My sister is slimmer than yours.

Corrigé

1. *The taller of the two.* En français on emploie le superlatif pour comparer deux éléments, mais en anglais on emploie le comparatif.
2. *The biggest*, car *big* est un adjectif court.
3. *As interesting as*, car il s'agit d'un comparatif d'égalité.
4. *Is the most terrifying.* Ne jamais oublier l'article *the* dans un superlatif.
5. *Less expensive than*, car il s'agit d'un comparatif d'infériorité.
6. *Better* est le comparatif irrégulier de *good*.
7. *The best pizza.*
8. *Slimmer :* la consonne est doublée car elle est précédée d'une voyelle courte.

Index ➡ comparatif • superlatif

Points clés — Le superlatif

Le superlatif exprime la supériorité ou l'infériorité d'un élément par rapport à tous les autres éléments de la même catégorie.

Le superlatif de supériorité

Comme le comparatif de supériorité, le superlatif de supériorité se forme de différentes manières selon qu'il s'agit d'un adjectif court, long ou irrégulier.

- Adjectif court.
Pour tout adjectif contenant une syllabe ou deux lorsque la deuxième syllabe se termine en -y, le superlatif se forme comme suit :

➥ *John is the tallest in the class.* John est le plus grand dans la classe.

- Adjectif long.
Pour tout autre adjectif contenant plus d'une syllabe, le superlatif se forme comme suit :

➥ *She is the most beautiful actress I've ever seen.* Cette actrice est la plus belle que j'aie jamais vue.
➥ *It is the most interesting book I've ever read.* Ce livre est le plus intéressant que j'aie jamais lu.

- Les adjectifs irréguliers
Ce sont les adjectifs qui n'obéissent ni à la règle de l'adjectif court, ni à celle de l'adjectif long.
- *good* et *well* = *the best*. Le meilleur.
- *bad* = *the worst*. Le pire.
- *far* = *the farthest* ou *the furthest*. Le plus loin. ∎

Attention !

- Les adjectifs courts contenant deux syllabes et se terminant en -y voient leur terminaison se transformer en -iest.
➥ *Jane is the prettiest in the class.* Jane est la plus jolie dans la classe.

- Les adjectifs courts contenant une seule syllabe doublent leur dernière consonne si celle-ci est précédée d'une voyelle et d'une seule.
➥ *Jack is the slimmest in the class but Paul is the fattest.* Jack est le plus mince dans la classe mais Paul est le plus gros.

- En français, lorsqu'on compare deux éléments, on emploie le superlatif. En revanche, en anglais on emploie le comparatif de supériorité.
➥ *The blue car is the faster of the two.* La voiture bleue est la plus rapide des deux.

Points clés

Le superlatif d'infériorité

Que l'adjectif soit long, court ou irrégulier, le superlatif d'infériorité obéit à une seule et même formule, qui est :

The least + adjectif

Comme pour le superlatif de supériorité, il ne faut jamais omettre l'article *the* devant *least*.
➥ *It's the least expensive car.* C'est la voiture la moins chère. ∎

Exercice

Composez des phrases en utilisant le superlatif à l'aide des éléments suivants.

1. China is/populated/country/in the world.
2. John is/smart/pupil in the class.
3. This is/good/book/I've ever read.
4. Jane is/slim/of the three.

Corrigé

1. China is the most populated country in the world.
2. John is the smartest pupil in the class.
3. This is the best book I've ever read.
4. Jane is the slimmest of the three.

English spoken

In the playground.
Dave: Look! This girl in blue is the most gorgeous girl I've ever seen.
John: Yes, but the silliest too. I can't stand her.
Dave: Maybe what you can't stand is that she's the best at maths, don't you think?

Sur la terrain de jeu.
Dave: Regarde! Cette fille en bleu est la plus canon que j'ai jamais vue.
John: Oui, mais c'est aussi la plus bête. Je ne la supporte pas.
Dave: Peut-être que ce que tu ne supportes pas c'est qu'elle est la meilleure en maths, ne penses-tu pas?

IT'S THE LEAST EXPENSIVE CAR

Index ➡ superlatif

Points clés : L'adjectif simple et l'adjectif composé

L'adjectif est invariable en anglais. Il ne s'accorde ni en genre ni en nombre. Lorsqu'il est épithète, il se place toujours devant le nom auquel il se rapporte. Il peut être simple ou composé.

L'adjectif simple

Lorsqu'un nom est qualifié de plusieurs adjectifs épithètes, un ordre bien établi doit impérativement être respecté :
1) qualité, appréciation.
2) forme, taille, dimension.
3) âge, couleur, origine, marque.
➥ *A nice* (appréciation), *tall* (taille), *young* (âge), *blonde* (couleur), *American* (origine) *actress*. Une belle actrice américaine, grande, jeune et blonde.

• L'adjectif peut être précédé d'un adverbe qui sert à l'intensifier ou au contraire à l'atténuer.
➥ *She is very pretty.* Elle est très jolie.

• L'adjectif peut être précédé de l'article défini *the*. Il sert alors à désigner toute une catégorie de personnes. L'adjectif reste invariable mais l'accord du verbe qui suit se fait alors au pluriel.
➥ *The rich are getting richer and the poor are getting poorer.* Les riches deviennent plus riches et les pauvres deviennent plus pauvres. ■

English spoken

– Jany ! Who's this blue-eyed lady ? I find her so beautiful !
– She's my new friend. Her name is Alice. The girl dressed warmly next to her is her ten-year-old daughter. She looks quite sleepy. The happy-looking boy behind her is her son John. The handsome tall blond man with light-green eyes is her husband Mike.

– Jany ! Qui est cette dame aux yeux bleus ? Je la trouve tellement belle !
– C'est ma nouvelle amie. Elle s'appelle. Alice. La fille chaudement vêtue à côté d'elle est sa fille de dix ans. Elle a l'air complètement endormie. Le garçon qui a l'air heureux derrière elle est son fils John. Le grand bel homme blond avec des yeux vert clair est son mari Mike.

Points clés

L'adjectif composé

Il peut se construire de différentes manières :

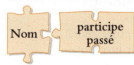

➡ *These chocolates are hand-made.* Ces chocolats sont faits à la main.

➡ *She is wearing an eye-catching dress.* Elle porte une robe tape-à-l'œil.

➡ *A ten-year-old boy.* Un garçon de dix ans.

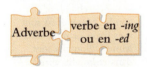

➡ *A hard-working pupil.* Un élève travailleur.

➡ *A sad-looking girl.* Une fille qui a l'air triste.

➡ *A blue-eyed actor.* Un acteur aux yeux bleus.

➡ *A happy-sad memory.* Un souvenir joyeux et triste à la fois.

Exercices

1) Relevez, dans l'encadré *English spoken*, tous les adjectifs simples et composés. Ensuite classez les adjectifs composés selon leur construction.

2) Réécrivez les phrases suivantes en y introduisant un adjectif composé :

1. This cake was made at home.
2. That actress looks nice.
3. Look at that clown. He's got a red nose.
4. The journey took ten hours.
5. This lady always dresses smartly.

Corrigés

Exercice 1 :
1) *adjectifs simples* : beautiful ; new ; asleep ; handsome ; tall ; blonde.

2) *adjectifs composés* :
— *blue-eyed* : adjectif + nom + -ed.
— *smartly-dressed* : adverbe + verbe en -ed.
— *ten-year-old* : nom + adjectif.
— *happy-looking* : adjectif + verbe en -ing.
— *light-green* : adjectif + adjectif.

Exercice 2 :
1. *This is a home-made cake.*
2. *She's a nice-looking actress.*
3. *He's a red-nosed clown.*
4. *A ten-hour journey.*
5. *She is a smartly-dressed lady.*

Points clés ## Les adjectifs et les pronoms possessifs

En français, les adjectifs et les pronoms possessifs varient en fonction du genre de l'objet possédé. En anglais, ils diffèrent au contraire en fonction du genre du possesseur. C'est pourquoi il n'existe que huit adjectifs et huit pronoms possessifs en anglais.

Les seize adjectifs et pronoms possessifs

Les adjectifs possessifs anglais sont les suivants :
my : mon, ma, mes.
your : ton, ta, tes.
his (possesseur masculin) : son, sa, ses.
her (possesseur féminin) : son, sa, ses.
its (possesseur neutre) : son, sa, ses.
our : notre, nos.
your : votre, vos.
their : leur, leurs.

• Les pronoms possessifs anglais sont les suivants :

mine : le mien, la mienne, les miens, les miennes.
yours : le tien, la tienne, les tiens, les tiennes.
his : le sien, la sienne, les siens, les siennes.
hers : le sien, la sienne, les siens, les siennes.
its : le sien, la sienne, les siens, les siennes.
ours : le nôtre, la nôtre, les nôtres.
yours : le vôtre, la vôtre, les vôtres.
theirs : le leur, la leur, les leurs. ■

English spoken

Sandy and Sam share the same room.
Sandy: Mum where are my books and my bag?
Mrs. Dillon: They are in your room.
Sam: These books are mine, not yours.
Sandy: This pen is mine. Yours is on your desk.
Mr. Dillon: What's the matter with them?
Mrs. Dillon: Their room is a real mess! We should give them ours.

Sandy et Sam partagent la même chambre.
Sandy : Maman où sont mes livres et mon sac?
Mme Dillon : Ils sont dans votre chambre.
Sam : Ces livres sont les miens, pas les tiens.
Sandy : Ce stylo est le mien. Le tien est sur ton bureau.
M. Dillon : Qu'est-ce qui se passe?
Mme Dillon : Leur chambre est dans un tel désordre! Nous devrions leur donner la nôtre.

Points clés

Exercice

Choisissez la réponse qui convient.

1. *That's Peggy. Her/his father is a poet.*
2. *They're having a party in theirs/their garden.*
3. *He shook his/her head to tell me he agreed.*
4. *Our/ours are new. Theirs/their are so old.*
5. *Mine/my bike is blue. Yours/your is green.*
6. *Paul is fifteen years old. Her/his sister is ten years old.*
7. *I've got a dog. Its/his name is Bob.*

Corrigé

1. *her*
2. *their*
3. *his*
4. *ours, theirs*
5. *my, yours*
6. *his*
7. *its*

Les règles générales d'utilisation

L'adjectif possessif est toujours suivi d'un nom alors que le pronom possessif, comme tous les pronoms, remplace le nom.
➥ *Leave my book on the table. Yours is over there.* Laisse mon livre sur la table. Le tien est là-bas.
➥ *Leave my pens in the drawer. Yours are in your pencil-case.* Laisse mes stylos sur la table. Les tiens sont dans ta trousse.

• L'adjectif possessif et le pronom possessif s'accordent avec le possesseur auquel ils se rapportent.

➥ *I have cleaned my room, my garden and my clothes, but not the car because it isn't mine.* J'ai nettoyé ma chambre, mon jardin et mes vêtements, mais pas la voiture parce que ce n'est pas la mienne.
➥ *They have painted their car and their bikes, but not the motorbikes because they aren't theirs.* Ils ont peint leur voiture et leurs vélos, mais pas les motos parce que ce ne sont pas les leurs.

• À la troisième personne du singulier, l'adjectif et le pronom possessif anglais changent de forme selon le genre (c'est-à-dire masculin, féminin ou neutre) du possesseur.
➥ *John bought his wife a ring.* John a acheté une bague à sa femme. (Possesseur masculin.)
➥ *Jane bought her husband a ring.* Jane a acheté une bague à son mari. (Possesseur féminin.)
➥ *This house is very old. Its walls were built two centuries ago.* Cette maison est très vieille. Ses murs ont été construits il y a deux siècles. (Possesseur neutre.) ■

Index ➥ adjectifs • pronoms

Points clés — Le cas possessif

Le cas possessif, que l'on appelle également le génitif, permet de traduire la notion de possession sans avoir recours ni à un adjectif ni à un pronom possessif. C'est une construction grammaticalement équivalente en français au complément de nom.

La construction du cas possessif

Le cas possessif se construit de manière différente selon le possesseur auquel il s'applique :

- lorsque le possesseur est un nom au singulier ou un nom pluriel irrégulier (qui donc ne se termine pas en « *s* »), le cas possessif se construit en plaçant le possesseur en premier, suivi de « *'s* » et du nom.
➥ *Today, it is Tom's birthday.* Aujourd'hui, c'est l'anniversaire de Tom.
➥ *This is my children's dog.* Voici le chien de mes enfants.

- lorsque le possesseur est un pluriel régulier (c'est-à-dire qui se termine en « *s* »), le cas possessif se construit en rajoutant simplement une apostrophe au possesseur.
➥ *My parents' bedroom is the green one.* La chambre de mes parents est la verte.

C'est le pronom interrogatif *whose* qui sert à poser la question sur l'appartenance.
➥ *Whose cucumber is it? It's Tom's.* À qui appartient ce concombre ? Il est à Tom.

Exercice

Choisissez la réponse qui convient.

1. There are famous paintings in my parent's/parents' bedroom.
2. The children's/childrens' room is very messy.
3. He has just been to the hairdressers'/hairdresser's, but his hair is still long.
4. Have you been to Gainsborough/Gainsborough's exhibition ?
5. Whose car is this ? I suppose it's Martin's/Martins'.

Corrigé
1. *parents'*
2. *children's*
3. *hairdresser's*
4. *Gainsborough*
5. *Martin's*

Points clés

English spoken

*At the Brenfords'
Barbara Higgins
and David Brenford are
talking about David's
parents' wedding.
Barbara: When did
your parents get married,
David?
David: They got married
at St Paul's sixteen years
ago. Look here is their
wedding photo.
Barbara: They are lovely!
Your mum's wedding-dress
is wonderful.
David: She bought it
at Harrod's. It's time
for lunch. I am going
to the butcher's and
to the baker's.*

Chez les Brenford
Barbara Higgins et
David Brenford parlent
du mariage des parents
de David.
Barbara : Quand
tes parents se sont-ils
mariés, David ?
David : Ils se sont
mariés à l'église St Paul
il y a seize ans.
Regarde, voici la photo
de leur mariage.
Barbara : Ils sont
adorables. La robe de
mariée de ta maman
est merveilleuse.
David : Elle l'a achetée
chez Harrod's. C'est
l'heure du déjeuner.
Je vais chez le boucher
et chez le boulanger.

L'emploi du cas possessif

Le cas possessif s'emploie avec des noms propres ou communs de personnes ou d'animaux, de groupes, de pays et d'institutions mais pas avec des noms d'objets.
➥ *Peter's friends.* Les amis de Peter.
➥ *My mother's dress.* La robe de ma mère.
➥ *The cat's plate.* L'assiette du chat.
➥ *The party's doctrine.* La doctrine du parti.
➥ *France's inhabitants.* Les habitants de la France.
➥ *The Parliament's members.* Les membres du Parlement.

• Le cas possessif s'emploie également pour exprimer des mesures de temps ou de distance.
➥ *A week's trip.* Un voyage d'une semaine.
➥ *A five kilometres' hike.* Une promenade de cinq kilomètres.

• Quelques noms, comme *shop, house, church,* etc., sont souvent sous-entendus dans l'emploi du cas possessif.
➥ *If you need bread, go to the baker's.* Si tu as besoin de pain, va chez le boulanger (sous-entendu *the baker's shop*).
➥ *We'll meet him at my cousin's.* Nous le verrons chez mon cousin (sous-entendu *my cousin's house*).
➥ *He will marry her at St Peter's.* Il l'épousera à l'église St-Pierre (*St Peter's church* est sous-entendu). ■

Index ➥ génitif

Points clés — # Les pronoms personnels sujets et compléments

Le pronom personnel sujet remplace le sujet, tandis que le pronom personnel complément remplace le complément. Ils permettent ainsi d'éviter les répétitions.

Les pronoms personnels

Les pronoms personnels sujets sont :
- *I* : Je.
- *You* : Tu.
- *He* : Il.
- *She* : Elle.
- *It* : Cela.
- *We* : Nous.
- *You* : Vous.
- *They* : Ils, elles.

Les pronoms personnels compléments sont :
- *Me* : Moi, me, m'.
- *You* : Toi, te, t'.
- *Him* : Lui.
- *Her* : Elle.
- *It* : Cela.
- *Us* : Nous.
- *You* : Vous.
- *Them* : Eux. ■

L'emploi des pronoms personnels

Prenons deux exemples :
➥ *Jennifer gave Dave a present yesterday = she gave it to him yesterday.*
Jennifer a donné un cadeau à Dave hier = elle le lui a donné hier.
She est un pronom personnel sujet parce qu'il remplace le sujet Jennifer.
It est un pronom personnel complément parce qu'il remplace le complément *a present*.
Him est un pronom personnel complément parce qu'il remplace le complément Dave.
➥ *The teacher wants the students to listen to the dialogue. He also wants them to do the exercise.* Le professeur veut que les élèves écoutent le dialogue. Il veut également qu'ils fassent l'exercice.
He est un pronom personnel sujet parce qu'il remplace le sujet *the teacher*.
Them est un pronom personnel complément parce qu'il remplace le complément *the students*. Le nom *the students* dans la première phrase est à la fois complément du verbe *want* et sujet du verbe *listen*. C'est la fonction de complément qui prédomine celle de sujet. C'est la raison pour laquelle le nom *students* a été remplacé par le pronom personnel complément *them* dans la seconde phrase. En français, nous constatons que c'est plutôt la fonction de sujet qui prédomine dans cet exemple parce que le nom « élèves » dans la première phrase a été remplacé par le pronom personnel sujet « ils » dans la seconde phrase. ■

Attention !

- Lorsque l'on construit une proposition infinitive contenant un pronom personnel, ce dernier a fonction de complément. Ainsi la phrase « ma mère veut que je fasse mon lit tous les matins » se traduit par : *My mother wants me to make my bed every morning.*

- Le verbe *want* introduit une proposition infinitive en anglais, alors que le verbe vouloir introduit un subjonctif présent en français.

Points clés

Le pronom de substitution « one »

Si les pronoms personnels, qu'ils soient sujets ou compléments, permettent d'éviter la répétition du sujet ou du complément, le pronom de substitution *one* permet d'éviter la répétition de n'importe quel nom. On peut l'employer :

• Au singulier :
➥ – « *I'd like to buy a skirt.* »
– « *Which one do you want?* »
– « Je voudrais acheter une jupe. »
– « Laquelle voulez-vous ? »

• Au pluriel :
➥ *I don't like these shoes. I prefer the white ones.* Je n'aime pas ces chaussures. Je préfère les blanches.

• *One* peut également être un pronom qui désigne un individu quelconque, que l'on ne connaît pas et qui n'est pas défini. En français, on le traduit alors par le pronom « on ».
➥ *One should always take care of the environment.* On devrait toujours prendre soin de l'environnement. ■

ONE SHOULD ALWAYS TAKE CARE OF THE ENVIRONMENT

Exercice

Remplacez les noms ou groupes nominaux soulignés par un pronom personnel.

1. Give <u>this book</u> to <u>Sonia</u>.
2. <u>My parents</u> want <u>my sister</u> to work.
3. <u>Muriel</u> loves <u>cats</u>.
4. <u>Nancy</u> told <u>Jim</u> <u>Fred</u> was on holidays.
5. <u>Christophe</u> would like <u>David and me</u> to help <u>his sister</u>.

Corrigé

1. it/her
2. they/her
3. she/them
4. she/him/he
5. he/us/her

Index ➡ pronoms

Points clés

Les pronoms réfléchis et réciproques

On emploie un pronom réfléchi lorsque le sujet et l'objet sont la même personne. En revanche, on emploie un pronom réciproque lorsque le sujet et l'objet sont différents.

Les pronoms réfléchis

Il existe huit pronoms réfléchis :
Cinq au singulier
- Myself
- Yourself
- Himself
- Herself
- Itself.

Trois au pluriel
- Ourselves
- Yourselves
- Themselves.

➥ *She is looking at herself in the mirror.* Elle se regarde dans la glace.
➥ *They are looking at themselves in the mirror.* Ils se regardent dans la glace (chacun se regarde).
➥ *They have killed themselves.* Ils se sont tués (chacun s'est tué lui-même).

• Le pronom réfléchi insiste sur le nom auquel il s'applique.
➥ *I did it myself.* Je l'ai fait moi-même (sans l'aide de personne).
➥ *Do it yourself!* Faites-le vous-même !
Myself et *yourself* sont donc accentués dans ces phrases.

I DID IT MYSELF

• Précédé de *by*, le pronom réfléchi signifie tout(e-s) seul(e-s).
➥ *She spent the night by herself.* Elle a passé la nuit toute seule.

Attention !

Certains verbes exprimant des actions quotidiennes se passent du pronom réfléchi, contrairement au français.
➥ *I wash, shave and get dressed before going out.* Je me lave, me rase et m'habille avant de sortir.

English spoken

– « *Hello Jack! I am so glad to hear your voice. It's been a long time since we have talked to each other. What about Peter, Sue and Mary? Did you ever seen them again?* »
– « *Actually, we haven't seen one another since Sue's birthday party last June. Unfortunately, you weren't among us. We really enjoyed ourselves.* »

– « Allo Jack ! Je suis si content de t'entendre. Cela fait très longtemps que nous ne nous sommes pas parlé. Qu'en est-il de Peter, Sue et Mary ? Est-ce que tu les as revus ? »
– « En fait, nous ne nous sommes pas vus depuis la fête d'anniversaire de Sue en juin dernier. Malheureusement tu n'étais pas parmi nous. Nous nous sommes tellement amusés. »

Points clés

Les pronoms réciproques

Il existe deux sortes de pronoms réciproques : *each other* et *one another*. Lorsqu'on emploie *each other*, deux éléments sont mis en relation. Lorsqu'on emploie *one another*, plus de deux éléments sont mis en relation.

➡ *They never see each other.* Ils ne se voient jamais (l'un l'autre).

➡ *They never see one another.* Ils ne se voient jamais (les uns les autres).

➡ *They killed each other.* Ils s'entretuèrent (l'un l'autre).

➡ *They killed one another.* Ils s'entretuèrent (les uns les autres). ■

THEY NEVER SEE ONE ANOTHER

Exercices

1) Complétez les phrases suivantes par un pronom personnel sujet, un pronom personnel complément, un pronom réfléchi, un pronom réciproque ou un pronom de substitution.
1. Nobody helped... to change the tyre. She did... ...
2. He was sitting by... in a corner.
3. Mark hasn't seen Liz for years. He hasn't phoned... They haven't written to... ... either.
4. All the guests gave presents to... and they also wished Merry Christmas to...
5. I'd like to have a computer. I'll buy... next month.

2) Traduisez.
1. Elle vit toute seule depuis le décès de son mari.
2. Mes quatre enfants ne se parlent jamais.
3. Je lui ai offert trois sacs, mais elle a choisi le plus petit.
4. Ils se sont blessés dans un accident de voiture.
5. Madame Woodman veut que son fils l'aide à faire la vaisselle. Elle veut également qu'il fasse sont lit le matin.

Corrigés

Exercice 1
1. her ; it ; herself
2. himself
3. her ; they ; each other
4. one another ; one another
5. one

Exercice 2
1. *She has lived by herself since her husband's death.*
2. *My four children never talk to one another.*
3. *I offered her three bags, but she chose the smallest one.*
4. *They hurt themselves in a car-accident.*
5. *Mrs Woodman wants her son to help her do the washing-up. She also wants him to make his bed in the morning.*

Index ➡ pronoms

Points clés

Les pronoms indéfinis composés de « some », « any » et « no »

Les pronoms indéfinis composés de *some*, *any* et *no* se construisent avec *body*, *one*, *thing* ou *where*. *Somebody* (ou *someone*), *anybody* (ou *anyone*) et *nobody* (ou *no-one*) désignent une personne indéfinie. Quant à *something*, *anything* et *nothing*, ils désignent un objet indéfini. Selon le même principe, *somewhere*, *anywhere* et *nowhere* désignent un lieu indéfini.

Leur emploi dans les affirmations et les négations

À la forme affirmative, on emploie toujours les pronoms indéfinis composés de *some*.
➡ *Somebody* (ou *someone*) *is in the waiting-room.* Il y a quelqu'un dans la salle d'attente.
➡ *I'd like to go somewhere.* J'aimerais aller quelque part.
➡ *Something has just happened.* Quelque chose vient de se produire.

• À la forme négative, on emploie toujours les pronoms indéfinis composés de *any*.
➡ *There isn't anybody* (ou *anyone*) *in the waiting-room.* Il n'y a personne dans la salle d'attente.
➡ *He isn't anywhere.* Il n'est nulle part.
➡ *I don't want anything thanks.* Je ne veux rien, merci.

• *No* pouvant remplacer *not any*, on peut remplacer :
• *anybody* et *anyone* par *nobody*,
• *anywhere* par *nowhere*,
• *anything* par *nothing*.

➡ *There isn't anybody* (ou *anyone*) = *There is nobody* (ou *no-one*).
➡ *He is not anywhere* = *He is nowhere.*
➡ *I don't want anything* = *I want nothing.* ■

SOMEBODY IS IN THE WAITING-ROOM

KEEP WAITING FOR AN HOUR, I'M DOING SOMETHING IMPORTANT

Exercice

Complétez avec un pronom indéfini composé.

1. – Can I do... for you?
– I am looking for... to drive me home.
2. Last evening I stayed at home. I didn't do ...,
I did... I didn't see..., I saw ...., I didn't go...,
I went....
3. ... can solve this problem, it's so difficult!
4. He lives... in the States.

Corrigé

1. something, someone.
2. anything, nothing, anybody, nobody, anywhere, nowhere.
3. nobody.
4. somewhere.

Leur emploi dans les interrogations

Dans les phrases interrogatives, on emploie :

- Les pronoms indéfinis composés de *some* lorsqu'on s'attend a priori à obtenir une réponse positive.
➡ *Would you like something to eat?* Voudriez-vous manger quelque chose ?
➡ *Would you like to go somewhere?* Voudriez-vous aller quelque part ?

- Les pronoms indéfinis composés de *any* lorsque l'on ignore si la réponse à la question sera affirmative ou négative.
➡ *Did you see anybody in the restaurant?* Avez-vous vu quelqu'un dans le restaurant ?

➡ *Did you go anywhere yesterday?* Avez-vous été quelque part hier ? ■

Attention !

Anybody, anything et anywhere peuvent s'employer à la forme affirmative, mais ils changent de sens.
➡ *Anybody can do this exercise.* N'importe qui peut faire cet exercice.
➡ *You can do anything you want.* Vous pouvez faire ce que vous voulez.
➡ *You will find it anywhere you go.* Vous le trouverez partout où vous irez.

Points clés

English spoken

Mr. Lee: Where are my car keys? I can do nothing and I can go nowhere without my car. I am sure I left them somewhere in the kitchen.
Mrs. Lee: I haven't seen them anywhere.
Mr. Lee: Has anybody come into the kitchen?
Mrs. Lee: I've seen nobody in the kitchen, but I know someone who had a great time last evening.
Mr. Lee: Mike!
Mike: Yes, can I do something for you dad?

M. Lee : Où sont les clés de ma voiture ? Je ne peux rien faire et je ne peux aller nulle part sans ma voiture. Je suis sûr que je les ai laissées quelque part dans la cuisine.
Mme Lee : Je ne les ai vues nulle part.
M. Lee : Est-ce que quelqu'un est entré dans la cuisine ?
Mme Lee : Je n'ai vu personne dans la cuisine, mais je connais quelqu'un qui a passé un agréable moment hier soir.
M. Lee : Mike !
Mike : Oui, puis-je faire quelque chose pour toi papa ?

Index ➡ pronoms

Points clés — ## Les prépositions de temps

Un certain nombre de prépositions de temps désignent un moment précis, tandis que d'autres indiquent une notion de durée.

Les prépositions indiquant un moment précis

Ces prépositions comprennent :

- **At** qui s'emploie avec :
- l'heure.
→ *The train leaves at 3:30.* Le train part à 3 h 30.
- le mot *night*.
→ *I never see him at night.* Je ne le vois jamais la nuit.

- **In** qui s'emploie avec :
- les autres moments de la journée.
→ *He gets up early in the morning and works late in the evening.* Il se lève tôt le matin et travaille tard le soir.
- l'année.
→ *Liz was born in 1985.* Liz est née en 1985.
- le mois ou la saison :
→ *She was born in spring, in April.* Elle est née au printemps, au mois d'avril.

- **On** qui s'emploie :
- avec les jours de la semaine.
→ *He doesn't work on Sundays.* Il ne travaille pas le dimanche.

- avec les dates :
→ *She was born on September 25th 1985.* Elle est née le 25 septembre 1985.

- **To/past** qui s'emploient pour indiquer l'heure.
- *He gets up at ten to seven and he leaves at twenty past seven.* Il se lève à sept heures moins dix et part à 7 h 20.

Attention !
Around et *by* indiquent la proximité dans le temps.
→ *They left at around 7 o'clock.* Ils sont partis vers 7 heures.
→ *I will finish my work by tomorrow.* Je finirai mon travail avant demain.

Prépositions indiquant un moment précis :

- **At** (avec l'heure et le mot *night*).
- **In** (avec les autres moments de la journée, les années, les mois et les saisons).
- **On** (avec les jours de la semaine et les dates).
- **To et past** (avec l'heure).

Prépositions indiquant la durée :

- **From... to et until** (pour délimiter une action en indiquant le début et la fin).
- **Since, for et during** (pour marquer le début d'une action).
- **In** (pour traduire « dans »).
- **Between** (pour désigner un intervalle entre deux dates).

Points clés

English spoken

I arrived in California on the 20th of July 1993. I have been living here for five years now. In the morning I have school from half past eight to 12. Then, I work until ten to seven in the evening. I do my homework at night. On Saturday morning I go to the swimming-pool and I only see my friends at the week-end. During the holidays, I go to Colorado and I stay in Denver from early July to mid-August. I've spent my holidays in Colorado for five years now.

Je suis arrivé en Californie le 20 juillet 1993. Je vis ici depuis cinq ans maintenant. Le matin j'ai école de 8 h 30 à midi. Ensuite, je travaille jusqu'à 6 h 50 le soir. Je fais mes devoirs la nuit. Le samedi matin je vais à la piscine et je ne vois mes amis que le week-end. Pendant les vacances, je vais dans le Colorado et je reste à Denver de début juillet à mi-août. Je passe mes vacances dans le Colorado depuis cinq ans maintenant.

Les prépositions indiquant la durée

Ces prépositions de temps comprennent :

- *from... to* et *until* qui délimitent une action en indiquant le début et la fin.
➡ *He works from 8:00 a.m. to (until) 7:00 p.m. every day.* Il travaille de 8 h à (jusqu'à) 7 h du soir tous les jours.

- *Since, for, during* et *through* indiquent la durée d'une action.
➡ *He's been working since 8:00 a.m.* Il travaille depuis 8 h du matin.
➡ *He's been working for ten hours.* Il travaille depuis dix heures (de temps).
➡ *He worked during his holidays.* Il a travaillé pendant ses vacances.
➡ *He lives in London through the school-year.* Il vit à Londres pendant l'année scolaire.

- *In.*
➡ *I will be there in thirty minutes.* J'arriverai dans 30 minutes.
➡ *I will go to Italy in a week.* Je vais en Italie dans une semaine.

- *Between* qui désigne un intervalle de temps compris entre deux dates.
➡ *He is often absent between 9 o'clock and 11 o'clock.* Il est souvent absent entre 9 heures et 11 heures. ■

Exercice

Traduisez les phrases suivantes.

1. Je me lève toujours à 7 h 30 le matin.
2. Il dort depuis 3 h de l'après-midi.
3. Cela fait dix heures qu'il marche.
4. Ils viendront vers 8 h du soir.
5. Il vient souvent nous voir la nuit.

Corrigé

1. *I always get up at half past seven in the morning.*
2. *He has been sleeping since three o'clock in the afternoon.*
3. *He has been walking for ten hours.*
4. *They will come at around eight o'clock in the evening.*
5. *He often comes to see us at night.*

Index ➡ prépositions

Points clés — **Les prépositions de lieu**

Certaines prépositions de lieu désignent une position (comme *at*, *on*, etc.), tandis que d'autres traduisent un déplacement (par exemple *to*, *into*, *along*, etc.).

Les prépositions indiquant une position

Toutes ces prépositions de lieu indiquent une position, il n'y a donc aucun mouvement, aucun déplacement.

- *At* : à, au.
➥ *He is at work.* Il est au travail.
➥ *I saw him at the station.* Je l'ai vu à la gare.

- *In* : dans.
- *Inside* : à l'intérieur de.
- *Outside* : à l'extérieur de.
➥ *The book is in my bag.* Le livre est dans mon sac.
➥ *Don't stay outside, it's warmer inside.* Ne restez pas à l'extérieur, il fait plus chaud à l'intérieur.

- *On* : sur.
➥ *It's on my desk.* Il est sur mon bureau.
➥ *I met her on my way to school.* Je l'ai rencontrée en allant à l'école.

- *Over* : au-dessus (de).
➥ *The poster is over his bed.* Le poster est au-dessus de son lit.

- Les autres prépositions de position sont :
- *Under* : sous.
- *Below* : au-dessous.
- *Up* : en haut.
- *Down* : en bas.
- *Behind* : derrière.
- *In front of* : devant.
- *Near* : près de.
- *Beside* : à côté de.
- *Opposite* : en face de.
- *Between* : entre. ■

Attention !

Ne mélangez pas *at*, *in* et *to* qui se traduisent par à.
➥ *The train arrived at Paris at 8 : 00.* Le train est arrivé à Paris à 8 heures. (Sous-entendu à la gare de Paris.)
➥ *We arrived in Paris last week.* Nous sommes arrivés à Paris la semaine dernière. (Notion de lieu.)
➥ *We went to London yesterday.* Nous sommes allés à Londres hier. (Notion de déplacement.)

Exercice

Complétez avec les prépositions qui manquent.

1. Look... the window, it's raining...
2. My parents are... home. They are sitting... the fire.
3. China is... France.
4. My mother went... the hairdresser's.
5. He couldn't get... the train. He will... the next station.
6. You can't walk... the street. The light is red.
7. My uncle is... London for a week.

Corrigé
1. *through, outside.*
2. *at, by*
3. *far from*
4. *to*
5. *off, at*
6. *across*
7. *in*

Points clés

Les prépositions indiquant un déplacement

Les prépositions suivantes indiquent une notion de mouvement.

- *From… to* : de… à (le départ et l'arrivée).
➞ *They went from London to Paris.* Ils sont allés de Londres à Paris.

- *Into* : dans.
➞ *He fell into the water.* Il est tombé dans l'eau.

- *Out of* : en dehors de.
➞ *He has come out of the water.* Il est sorti de l'eau.

- *off* : de.
➞ *He jumped off the wall.* Il a sauté du mur.
➞ *They got off the train.* Ils sont descendus du train.

- *Through* : à travers.
➞ *They went through the forest.* Ils ont traversé la forêt.

➞ *They looked through the window.* Ils regardaient à travers la fenêtre.

- *Across* : à travers.
➞ *To walk across the road.* Traverser la route.

- *Away/far from* (distance).
➞ *He is 20 km away from Paris.* Il est à 20 km de Paris.

- *Past/by* : devant.
➞ *He goes past the cinema.* Il passe devant le cinéma.

- *Along* : le long de.
➞ *They walk along the beach.* Ils marchent le long de la plage.

- *Around, round* : autour de.
➞ *They are sitting around the table.* Ils sont assis autour de la table. ■

English spoken

– What's the way to St Peter's hospital please?
– You go straight on, through a wood and over a bridge. You get on bus n° 74 and you get off at Handy station. You walk down the avenue, along a supermarket and past a cinema. St Peter's hospital is opposite the church.

– Quel est le chemin pour l'hôpital St Peter, s'il vous plaît ?
– Vous allez tout droit, vous traversez un bois et vous passez au-dessus d'un pont. Vous montez dans le bus n° 74 et vous descendez à la station Handy. Vous descendez l'avenue, vous longez un supermarché et vous passerez devant un cinéma. L'hôpital St Peter est en face de l'église.

THEY WENT FROM LONDON TO PARIS

WITH THIS TUNNEL UNDER THE CHANNEL, IT IS SO MUCH EASIER!

Index ➞ prépositions

Points clés

Les adverbes de manière et les adverbes de fréquence

Les adverbes de manière servent à intensifier, à atténuer ou à qualifier le verbe. Quant aux adverbes de fréquence, ils marquent la fréquence à laquelle se réalise une activité quelconque, c'est-à-dire combien de fois et à quel intervalle.

Les adverbes de manière

Les adverbes de manière se forment en rajoutant le suffixe *-ly* à l'adjectif.
➜ *Quick → quickly.*
Rapide › rapidement.
➜ *Happy → happily.*
Joyeux › joyeusement.

• Les adverbes de manière influent généralement sur le sens du verbe auquel ils se rapportent.
Ils peuvent alors :
• en intensifier le sens.
➜ *He speaks loudly.*
Il parle fort.
• en atténuer le sens.
➜ *He walks slowly.*
Il marche lentement.
• simplement le qualifier.
➜ *He dresses sadly.*
Il s'habille tristement (d'une manière triste). ■

Exercice

Mettez les adverbes entre parenthèses à la place qui convient.

1. I have been to New York. (never)
2. I've seen her since she moved to London. (twice)
3. They are dressed. (prettily)
4. She plays tennis with her mother. (often)
5. I like walking in the woods. (from time to time)

Corrigé
1. *I have never been to New York.*
2. *I've seen her twice since she moved to London.*
3. *They are prettily dressed.*
4. *She often plays tennis with her mother.*
5. *I like walking in the woods from time to time.*

English spoken

– Have you ever read «Gone with the wind»?
– Yes, I've read it twice. What about you?
– I've never read the novel, but I've seen the film two or three times.
– How often do you go to the cinema?
– As often as I can. Maybe four or five times a week. I usually go with my parents. What about you?
– I prefer reading. I read all sorts of books.

– As-tu déjà lu « Autant en emporte le vent » ?
– Oui, je l'ai lu deux fois. Et toi ?
– Je n'ai jamais lu le roman, mais j'ai vu le film deux ou trois fois.
– Tous les combien vas-tu au cinéma ?
– Aussi souvent que je le peux. Peut-être quatre ou cinq fois par semaine. J'y vais généralement avec mes parents. Et toi ?
– Je préfère la lecture. Je lis toutes sortes de livres.

Points clés

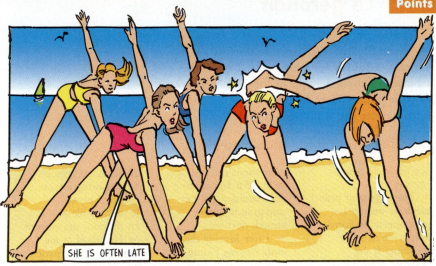

SHE IS OFTEN LATE

Les adverbes de fréquence

Les principaux adverbes de fréquence sont : *always, often, sometimes, never, from time to time, once/twice/three times a week (a month, a year…)*.

- Ils se placent :
- après l'auxiliaire quand il y en a un.
➙ *She is often late.* Elle est souvent en retard.
➙ *You are always sleeping.* Vous êtes toujours en train de dormir.
➙ *I will never see her again.* Je ne la reverrai jamais.
- devant le verbe quand il n'y a pas d'auxiliaire.
➙ *They never see each other.* Ils ne se voient jamais.

➙ *He sometimes works in the library.* Il travaille parfois à la bibliothèque.

- Pour demander à quelqu'un à quelle fréquence il fait telle ou telle activité on emploie les mots interrogatifs *how often* ou *how many times*.
➙ *How often do you go to the swimming-pool?* Tous les combien allez-vous à la piscine ?
➙ *I sometimes go to the swimming-pool.* Je vais parfois à la piscine.
➙ *I go to the swimming-pool every Saturday.* Je vais à la piscine tous les samedis.

➙ *How many times a week does she hoover?* Combien de fois par semaine passe-t-elle l'aspirateur ?
➙ *She generally hoovers twice a week.* Elle passe en général l'aspirateur deux fois par semaine.

Attention !

Trois fois, quatre fois, cinq fois, etc. se traduisent par *three times, four times, five times*, etc. En revanche, une fois et deux fois se traduisent respectivement par *once* et *twice*.

Index ➙ adverbes

Points clés — Le gérondif

Le gérondif, que l'on appelle parfois «nom verbal», a toutes les propriétés d'un verbe à l'infinitif mais occupe la fonction d'un nom dans la phrase. Il se forme en ajoutant la terminaison *-ing* à la base verbale.

Les différentes fonctions du gérondif

Le gérondif peut être sujet.
➥ *The ringing of your telephone annoys me.* La sonnerie de votre téléphone m'agace.
➥ *Skiing is my favourite sport.* Le ski est mon sport favori.
➥ *Driving by night can be dangerous.* La conduite de nuit peut être dangereuse. Dans ces exemples, on peut également employer l'infinitif, mais cette forme est rare. On emploie de préférence le gérondif.
➥ *To drive by night can be dangerous.* Conduire la nuit peut être dangereux.
➥ *To ski is my favourite sport.* Skier est mon sport favori.

• Le gérondif peut être complément d'objet direct.
➥ *I hate driving by night.* Je déteste conduire la nuit.
➥ *Your walls need washing.* Vos murs nécessitent un lessivage.
➥ *I did a big washing last Saturday.* J'ai fait une grande lessive samedi dernier.
➥ *I like hearing the birds singing.* J'aime le chant des oiseaux.

• Le gérondif peut être complément circonstanciel de cause.
➥ *I am sorry for being late.* Je suis désolé d'être en retard.
➥ *Having danced all night, he fell ill.* Ayant dansé toute la nuit, il est tombé malade.
➥ *Being ill, he can't go to work.* Étant malade, il ne peut pas aller au travail.

• Le gérondif, précédé de *by*, peut être complément circonstanciel de moyen.
➥ *He earns his living by singing.* Il gagne sa vie par la chanson. (Il gagne sa vie en chantant.)

• Enfin, le gérondif peut occuper une fonction de participe présent.
➥ *Repairing my car, I injured myself.* Je me suis blessé en réparant ma voiture.
➥ *He talked to me, shouting.* Il m'a parlé en criant.
➥ *The baby was looking at us, smiling.* Le bébé nous regardait en souriant. ■

Autres formes en « -ing »

Toutes les formes en -ing n'ont pas forcément une nature de gérondif. Il peut également s'agir :

• De la forme progressive d'un verbe, quel que soit le temps.
➡ *They are working.* Ils sont en train de travailler (présent continu).
➡ *She was washing.* Elle était en train de laver (prétérit continu).
➡ *They have been sleeping.* Ils ont dormi (*present perfect* continu).

• D'un nom simple.
➡ *A building.* Un immeuble.
➡ *A meeting.* Une rencontre.
➡ *A painting.* Un tableau.
➡ *A drawing.* Un dessin.
➡ *A feeling.* Un sentiment.
➡ *A morning.* Un matin.
➡ *An evening.* Un soir.

• D'un nom composé.
➡ *A washing-machine.* Une machine à laver.
➡ *A working-day.* Une journée de travail.
➡ *A hard-working boy.* Un garçon travailleur.
➡ *A good-looking man.* Un bel homme.
➡ *A waiting-room.* Une salle d'attente.

• D'un participe présent employé comme adjectif.

➡ *Interesting.* Intéressant.
➡ *Annoying.* Agaçant.
➡ *Amusing.* Amusant.
➡ *Boring.* Ennuyeux.
➡ *Exciting.* Passionnant.
➡ *Surprising.* Surprenant. ■

English spoken

Mrs. Nagle : I love picnics on the beach, don't you?
Mrs. Smith : Oh, no, eating sand with my sandwich and getting sunburnt is not my cup of tea.
Mrs. Nagle : Oh stop it please! It won't do with me. I'm too much used to your whining.

Mme Nagle : J'aime beaucoup les pique-niques sur la plage, pas toi ?
Mme Smith : Oh, non, manger du sable avec mon sandwich et attraper des coups de soleil, c'est vraiment pas mon truc.
Mme Nagle : Oh, arrête immédiatement. Ça ne marche pas avec moi. Je suis trop habituée à tes jérémiades.

Exercice

Traduisez.

1. Je déteste lire.
2. Cette pièce a besoin d'être balayée.
3. La natation est mon sport favori.
4. Je suis désolée d'avoir cassé ce vase.

Corrigé

1. *I hate reading.*
2. *This room needs sweeping.*
3. *Swimming is my favourite sport.*
4. *I'm sorry for breaking this vase.*

Points clés — # Infinitif ou gérondif ?

Certains verbes se mettent toujours à l'infinitif, d'autres au gérondif et d'autres enfin se mettent indifféremment à l'infinitif ou au gérondif. Le choix est commandé par l'élément qui les précède.

L'infinitif est obligatoire

Après les verbes qui expriment un but, une intention, un désir, une volonté, comme par exemple :
- *Wish.* Souhaiter.
- *Try.* Essayer.
- *Want.* Vouloir.
- *Promise.* Promettre.
- *Decide.* Décider.
- *Tell.* Raconter.

➥ *She wants to stay with us.* Elle veut rester avec nous.
➥ *We had decided to go and see them.* Nous avions décidé d'aller les voir. ■

Le gérondif est obligatoire

Après les verbes prépositionnels (suivis d'une préposition).
➥ *He is used to working late.* Il est habitué à travailler tard.
➥ *He's just given up smoking.* Il vient d'arrêter de fumer.

- Après la plupart des prépositions. Les plus courantes sont : *of, for, by, before, after, on,* etc.
➥ *Brush your teeth before getting dressed.* Brosse-toi les dents avant de t'habiller.
➥ *He is chatting instead of working.* Il bavarde au lieu de travailler.

➥ *What about going to the cinema ?* Et si on allait au cinéma ?

- Avec un certain nombre d'expressions :
➥ *It's no use taking your umbrella today.* Ça ne sert à rien de prendre votre parapluie aujourd'hui.
➥ *This book is worth reading.* Ce livre vaut la peine d'être lu.
➥ *I really don't mind getting up early.* Ça ne me dérange vraiment pas de me lever tôt.
➥ *She can't help lying.* Elle ne peut pas s'empêcher de mentir. ■

English spoken

Cathy : I'm sorry I'm late, mum.
Mary : O. K. ! Do you prefer cleaning or hoovering ?
Cathy : I can't bear cleaning and I hate hoovering.
Mary : What about making the beds ?
Cathy : I don't mind making the beds.
Mary : It's no use changing the sheets. They're clean.

Cathy : Je suis désolée d'être en retard, maman.
Mary : D'accord. Préfères-tu nettoyer ou passer l'aspirateur ?
Cathy : Je ne supporte pas le nettoyage et je déteste passer l'aspirateur.
Mary : Et si tu faisais les lits ?
Cathy : Ça ne me dérange pas de faire les lits.
Mary : Ça ne sert à rien de changer les draps. Ils sont propres.

Points clés

Le gérondif est plus courant

Après les verbes de sentiment ou de goût, comme par exemple :
- *Like*. Aimer bien, apprécier.
- *Love*. Aimer, adorer.
- *Prefer*. Préférer.
- *Dislike*. Ne pas aimer.
- *Hate*. Détester.
- *Can't bear*. Ne pas supporter.

➥ *They like watching television*. Ils aiment bien regarder la télévision.
➥ *She loves listening to music*. Elle adore écouter de la musique.

• Après certains verbes qui évoquent le début, la poursuite ou la fin d'une action, comme par exemple :
- *Begin*. Commencer.
- *Start*. Débuter.
- *Continue*. Continuer.
- *Finish*. Finir.
- *End*. Terminer.

➥ *He started working*. Il a commencé à travailler.
➥ *They continue chatting*. Ils continuent à discuter.
➥ *She finished doing her homework*. Elle a fini de faire ses devoirs. ■

Attention !

Certains verbes peuvent modifier le sens de la phrase selon qu'ils sont suivis d'un infinitif ou d'un gérondif.
➥ *He stopped smoking*. Il a cessé de fumer. (Il ne fume plus).
➥ *He stopped to smoke*. Il s'est arrêté pour fumer.

THEY LOVE LISTENING TO MUSIC

Exercice

Mettez les verbes entre parenthèses à l'infinitif ou au gérondif.

1. He apologized for (not be) on time.
2. He'd like (buy) a bike.
3. Is this film worth (see)?
4. The teacher wants the pupils (finish) the exercise at home.
5. (Watch) television for long hours can be harmful.
6. He was hungry, so he stopped (eat).
7. You should stop (eat). You aren't hungry.
8. Thank you for (come).
9. He asked me (show) him the way.
10. She enjoys (paint).

Corrigé

1. not being
2. to buy
3. seeing
4. to finish
5. watching
6. to eat
7. eating
8. coming
9. to show
10. painting

Index ➥ gérondif • infinitif

Points clés — ## La conjugaison de « to be »

Le verbe *to be* a cinq formes variables *am, is, are, was* et *were* qui se comportent comme des auxiliaires, même si leur sens est celui d'un verbe lexical. Elles sont directement liées à la négation et on les trouve avant le sujet dans les questions. Ses trois formes invariables *be, been* et *being* ont une fonction de verbe.

Un verbe à fonctions multiples

Le verbe *to be* peut fonctionner seul et se contracter.
➥ *They're at home.* Ils sont à la maison.
➥ *He was ill.* Il était malade.

• Conjugué avec un verbe en *-ing*, il sert à exprimer l'aspect, plus communément appelé forme progressive ou continue.
➥ *Are you watching TV?* Regardes-tu la télé ?

• Conjugué avec un verbe au participe passé, il rend la voix passive.
➥ *They were delayed.* Ils ont été retardés.

• Il sert à traduire le verbe « avoir » dans de nombreuses expressions.
➥ *I'm hungry.* J'ai faim.
➥ *I'm thirsty.* J'ai soif.
➥ *I'm hot.* J'ai chaud.
➥ *I'm cold.* J'ai froid.
➥ *I'm twenty.* J'ai 20 ans.
➥ *Is there any milk?* Y a-t-il du lait ?

• On le trouve rarement à la forme progressive, uniquement pour exprimer un état passager. Une maman pourra dire à son enfant :
➥ *You're being very naughty today.* Tu es bien polisson aujourd'hui.

• Il se contracte en remplaçant la première voyelle par une apostrophe.
➥ am = 'm.
➥ is = 's.
➥ are = 're. ■

	Affirmatives	**Interrogatives**	**Négatives**
Présent	I am He is She is It is We are You are They are	Am I? Is he? Is she? Is it? Are we? Are you? Are they?	I am not He is not She is not It is not We are not You are not They are not
Prétérit	I was He was She was It was We were You were They were	Was I? Was he? Was she? Was it? Were we? Were you? Were they?	I was not He was not She was not It was not We were not You were not They were not

Points clés

	Affirmatives	**Interrogatives**	**Négatives**
Parfait	I have been He has been She has been It has been We have been You have been They have been	Have I been? Has he been? Has she been? Has it been? Have we been? Have you been? Have they been?	I have not been He has not been She has not been It has not been We have not been You have not been They have not been
Futur	I will be He will be She will be It will be We will be You will be They will be	Will I be? Will he be? Will she be? Will it be? Will we be? Will you be? Will they be?	I will not be He will not be She will not be It will not be We will not be You will not be They will not be
Plus-que-parfait	I had been He had been She had been It had been We had been You had been They had been	Had I been? Had he been? Had she been? Had it been? Had we been? Had you been? Had they been?	I had not been He had not been She had not been It had not been We had not been You had not been They had not been
Conditionnel présent	I would be He would be She would be It would be We would be You would be They would be	Would I be? Would he be? Would she be? Would it be? Would we be? Would you be? Would they be?	I would not be He would not be She would not be It would not be We would not be You would not be They would not be
Conditionnel passé	I would have been He would have been She would have been It would have been We would have been You would have been They would have been	Would I have been? Would he have been? Would she have been? Would it have been? Would we have been? Would you have been? Would they have been?	I would not have been He would not have been She would not have been It would not have been We would not have been You would not have been They would not have been

Index ➡ conditionnel • futur • plus-que-parfait • présent • prétérit

Points clés — ## La conjugaison de « to have »

To have, même s'il est auxiliaire et sert à conjuguer le parfait et le plus-que-parfait, est également un verbe lexical. Il ne se traduit pas forcément par « avoir ». De même, le verbe « avoir » en français ne se traduit pas toujours par *to have*.

Un verbe à sens multiples

- *To have* signifie « avoir » au sens de posséder. Dans ce cas, les Américains l'utilisent tout seul, tandis que les Britanniques le font habituellement suivre de *got*.
➡ *I have a new car.* J'ai une nouvelle voiture.
➡ *We've got a sister.* Nous avons une sœur.

- *To have* peut se traduire par différents verbes français dans toutes les expressions qui se rapportent aux repas ou à la nourriture.
➡ *I have breakfast at seven.* Je prends mon petit déjeuner à 7 heures.
➡ *What did you have for dinner?* Qu'est-ce que tu as mangé au dîner ?

- *To have* signifie également « prendre » dans les expressions *have a shower/a bath* = prendre une douche/un bain.

- *To have* ne traduit pas l'âge et on ne l'utilise pas dans les expressions avoir faim, soif, chaud, peur, etc (on emploie *to be*).

- *To have* se contracte en *'ve*, *has* en *'s* et *had* en *'d*.

- *He*, *she* et *it* se conjugant de la même manière, seul le pronom *he* est utilisé dans ce tableau. De même, *we*, *you* et *they* se conjuguant de façon identique, seul *you* est utilisé. ■

Affirmatives	**Interrogatives**	**Négatives**
Présent simple		
I have	Do I have?	I don't have
He has	Does he have?	He doesn't have
You have	Do you have?	You don't have
Présent progressif		
I'm having	Am I having?	I'm not having
He's having	Is he having?	He isn't having
You're having	Are you having?	You aren't having
Prétérit simple		
I had	Did I have?	I didn't have
He had	Did he have?	He didn't have
You had	Did you have?	You didn't have
Prétérit progressif		
I was having	Was I having?	I wasn't having
He was having	Was he having?	He wasn't having
You were having	Were you having?	You weren't having

Points clés

	Affirmatives	**Interrogatives**	**Négatives**
Parfait simple			
	I have had	Have I had?	I have not had
	He has had	Has he had?	He has not had
	You have had	Have you had?	You have not had
Parfait progressif			
	I've been having	Have I been having?	I have not been having
	He's been having	Has he been having?	He has not been having
	You've been having	Have you been having?	You have not been having
Futur simple			
	I will have	Will I have?	I will not have
	He will have	Will he have?	He will not have
	You will have	Will you have?	You will not have
Futur progressif			
	I'll be having	Will I be having?	I will not be having
	He'll be having	Will he be having?	He will not be having
	You'll be having	Will you be having?	You will not be having
Plus-que-parfait simple			
	I had had	Had I had?	I had not had
	He had had	Had he had?	He had not had
	You had had	Had you had?	You had not had
Plus-que-parfait progressif			
	I'd been having	Had I been having?	I had not been having
	He'd been having	Had he been having?	He had not been having
	You'd been having	Had you been having?	You had not been having
Conditionnel présent simple			
	I would have	Would I have?	I would not have
	He would have	Would he have?	He would not have
	You would have	Would you have?	You would not have
Conditionnel présent progressif			
	I'd be having	Would I be having?	I would not be having
	He'd be having	Would he be having?	He would not be having
	You'd be having	Would you be having?	You would not be having
Conditionnel passé simple			
	I would have had	Would I have had?	I would not have had
	He would have had	Would he have had?	He would not have had
	You would have had	Would you have had?	You would not have had
Conditionnel passé progressif			
	I would have been having	Would I have been having?	I would not have been having
	He would have been having	Would he have been having?	He would not have been having
	You would have been having	Would you have been having?	You would not have been having

Index ➡ conditionnel • futur • plus-que-parfait • présent • prétérit

Points clés — # La conjugaison de « to do »

Le verbe *to do* est tout d'abord un verbe lexical. Mais il peut aussi remplacer n'importe quel verbe et être un auxiliaire de conjugaison.

Un verbe auxiliaire multifonction

Le verbe *to do* remplit diverses fonctions et a plus d'une signification à son actif. Il remplace aussi n'importe quel verbe, notamment dans les *tags*. L'auxiliaire *do* et son prétérit *did* servent à conjuguer les verbes lexicaux au présent simple et au prétérit. *Do* et *did* ne se contractent pas. *He*, *she* et *it* se conjuguant de la même façon, seul le pronom *he* est utilisé dans ce tableau. De même *we*, *you* et *they* se conjuguant de façon identique, seul le pronom *you* est utilisé. ■

	Affirmatives	Interrogatives	Négatives
Présent simple	I do He does You do	Do I do ? Does he do ? Do you do ?	I do not do He does not do You do not do
Présent progressif	I am doing He is doing You are doing	Am I doing ? Is he doing ? Are you doing ?	I am not doing He is not doing You are not doing
Prétérit simple	I did He did You did	Did I do ? Did he do ? Did you do ?	I did not do He did not do You did not do
Prétérit progressif	I was doing He was doing You were doing	Was I doing ? Was he doing ? Were you doing ?	I was not doing He was not doing You were not doing
Parfait simple	I have done He has done You have done	Have I done ? Has he done ? Have you done ?	I have not done He has not done You have not done
Parfait progressif	I have been doing He has been doing You have been doing	Have I been doing ? Has he been doing ? Have you been doing ?	I have not been doing He has not been doing You have not been doing

Points clés

Affirmatives	Interrogatives	Négatives

Parfait progressif

I have been doing	Have I been doing?	I have not been doing
He has been doing	Has he been doing?	He has not been doing
You have been doing	Have you been doing?	You have not been doing

Futur simple

I will do	Will I do?	I will not do
He will do	Will he do?	He will not do
You will do	Will you do?	You will not do

Futur progressif

I will be doing	Will I be doing?	I will not be doing
He will be doing	Will he be doing?	He will not be doing
You will be doing	Will you be doing?	You will not be doing

Plus-que-parfait simple

I had done	Had I done?	I had not done
He had done	Had he done?	He had not done
You had done	Had you done?	You had not done

Conditionnel présent simple

I would do	Would I do?	I would not do
He would do	Would he do?	He would not do
You would do	Would you do?	You would not do

Conditionnel présent progressif

I would be doing	Would I be doing?	I would not be doing
He would be doing	Would he be doing?	He would not be doing
You would be doing	Would you be doing?	You would not be doing

Conditionnel passé simple

I would have done	Would I have done?	I would not have done
He would have done	Would he have done?	He would not have done
You would have done	Would you have done?	You would not have done

Conditionnel passé progressif

I would have been doing	Would I have been doing?	I would not have been doing
He would have been doing	Would he have been doing?	He would not have been doing
You would have been doing	Would you have been doing?	You would not have been doing

Index ➡ conditionnel • futur • plus-que-parfait • présent • prétérit

Points clés — # La conjugaison d'un verbe lexical

On parle de verbe lexical (ou ordinaire) par opposition aux auxiliaires et aux modaux qui répondent à des règles de conjugaison et d'emploi tout à fait particulières. Parmi les verbes lexicaux, on distingue les réguliers des irréguliers.

Homogénéité et variété des verbes lexicaux

Il n'existe pas de groupes de verbes en anglais. On les trouve sous leur forme de base dans le dictionnaire. Tous les verbes lexicaux se conjuguent de la même façon. Les verbes irréguliers ont leur propre forme au prétérit et au participe passé mais, comme tous les autres verbes lexicaux, ils ont besoin de l'auxiliaire *do* (ou *did*) aux formes interrogatives et négatives.

• Les verbe lexicaux s'adjoignent souvent une particule qui leur devient alors indissociable, car elle en modifie le sens. Prenons le verbe *look*, que l'on traduit par « regarder », mais qui peut aussi signifier « avoir l'air » ou « chercher ».
➥ *You look very tired.* Tu as l'air très fatigué.
➥ *I looked for them everywhere.* Je les ai cherchés partout.

• Quant à des verbes comme *make* ou *get*, ils peuvent prendre des sens très variés dès qu'on leur accroche une particule.
➥ *make up* = se réconcilier ou se maquiller.
➥ *get up* = se lever.
➥ *get back* = revenir.

• Seul le pronom *he* a été retenu pour la 3ᵉ personne du singulier et *you* pour les trois personnes du pluriel. ■

	Affirmatives	Interrogatives	Négatives
Présent simple	I talk He talks You talk	Do I talk ? Does he talk ? Do you talk ?	I do not talk He does not talk You do not talk
Présent progressif	I am talking He is talking You are talking	Am I talking ? Is he talking ? Are you talking ?	I am not talking He is not talking You are not talking
Prétérit simple	I talked He talked You talked	Did I talk ? Did he talk ? Did you talk ?	I did not talk He did not talk You did not talk
Prétérit progressif	I was talking He was talking You were talking	Was I talking ? Was he talking ? Were you talking ?	I was not talking He was not talking You were not talking

	Affirmatives	Interrogatives	Négatives
Parfait simple			
	I have talked	Have I talked?	I have not talked
	He has talked	Has he talked?	He has not talked
	You have talked	Have you talked?	You have not talked
Parfait progressif			
	I have been talking	Have I been talking?	I have not been talking
	He has been talking	Has he been talking?	He has not been talking
	You have been talking	Have you been talking?	You have not been talking
Futur simple			
	I will talk	Will I talk?	I will not talk
	He will talk	Will he talk?	He will not talk
	You will talk	Will you talk?	You will not talk
Futur progressif			
	I will be talking	Will I be talking?	I will not be talking
	He will be talking	Will he be talking?	He will not be talking
	You will be talking	Will you be talking?	You will not be talking
Plus-que-parfait simple			
	I had talked	Had I talked?	I had not talked
	He had talked	Had he talked?	He had not talked
	You had talked	Had you talked?	You had not talked
Plus-que-parfait progressif			
	I had been talking	Had I been talking?	I had not been talking
	He had been talking	Had he been talking?	He had not been talking
	You had been talking	Had you been talking?	You had not been talking
Conditionnel présent simple			
	I would talk	Would I talk?	I would not talk
	He would talk	Would he talk?	He would not talk
	You would talk	Would you talk?	You would not talk
Conditionnel présent progressif			
	I would be talking	Would I be talking?	I would not be talking
	He would be talking	Would he be talking?	He would not be talking
	You would be talking	Would you be talking?	You would not be talking
Conditionnel passé simple			
	I would have talked	Would I have talked?	I would not have talked
	He would have talked	Would he have talked?	He would not have talked
	You would have talked	Would you have talked?	You would not have talked
Conditionnel passé progressif			
	I would have been talking	Would I have been talking?	I would not have been talking
	He would have been talking	Would he have been talking?	He would not have been talking
	You would have been talking	Would you have been talking?	You would not have been talking

Index ➡ conditionnel • futur • plus-que-parfait • présent • prétérit

Points clés — # L'impératif

Il serait faux de croire que l'impératif ne sert qu'à donner des ordres ou au contraire à interdire de faire quelque chose. En effet, on l'utilise également pour proposer, offrir, suggérer et même supplier.

Des usages multiples et variés

Le premier usage de l'impératif consiste bien évidemment à donner des ordres. Ainsi, si vous vous rendez en Grande-Bretagne en voiture, dès votre arrivée vous allez rencontrer l'impératif sous la forme de panneaux routiers.
➥ *Keep left!* Roulez à gauche!
➥ *Slow down!* Ralentissez!
➥ *Stay in one lane!* Restez dans votre file!

• Si vous êtes simple passager, vous avez de toute façon rencontré la forme impérative sur le bateau, à la douane ou dans l'avion.
➥ *Fasten your seat belts.* Attachez vos ceintures.
➥ *Open your suitcase please.* Veuillez ouvrir votre valise.

• Mais l'impératif sert également à formuler des interdictions formelles. Ainsi vous verrez peut-être dans les parcs, les magasins ou les autobus certaines interdictions.
➥ *Don't smoke!* Défense de fumer!
➥ *Don't talk to the driver!* Défense de parler au conducteur!

• Paradoxalement, l'impératif permet également de faire des propositions à quelqu'un.
➥ *Come on, sit next to me and have a drink!* Venez vous asseoir à côté de moi et prenez un verre!
➥ *Let's play darts.* Si on faisait une partie de fléchettes?

• Enfin, l'impératif peut même s'utiliser sous la forme de prière. C'est notamment le cas dans l'hymne national anglais, le *National Anthem*.
➥ *God save our gracious Queen, God save our noble Queen, God save the Queen.* Que Dieu sauve notre grâcieuse reine, que Dieu sauve notre noble reine, que Dieu sauve la reine. ■

English spoken

Nancy: *Let's order a paella.*
Jim: *It's a great idea. But how do I order?*
Nancy: *Take this paper and let's read the instructions. Here we are:*
1) *Pick up the phone.*
2) *Give a call to the Macao.*
3) *Choose the paella you want (shrimps or mussels or both).*
Jim: *Ok. Let's phone them right now.*

Nancy: Si nous commandions une paella.
Jim: C'est une super idée. Mais comment faut-il faire?
Nancy: Prends ce papier et lisons les instructions. Voilà:
1) Prenez le téléphone.
2) Appelez le Macao.
3) Choisissez la paella que vous voulez (aux crevettes, aux moules ou aux deux).
Jim: D'accord. Appelons-les tout de suite.

Les phrases affirmatives

L'impératif peut s'accompagner d'un tag qui en atténue la notion d'ordre ou d'interdiction et en fait une requête ou une suggestion.

• **Valeur de requête**
On conjugue alors l'impératif à la 1re personne du singulier ainsi qu'à la 3e du singulier et du pluriel. On utilise *let* suivi du pronom complément (*me, him, her, it* ou *them*) et de la base verbale
➡ *Please Mummy, let me go to the party!* S'il te plaît Maman, laisse-moi aller à la boum !
➡ *Let him play with your video game!* Laisse-le jouer à ton jeu vidéo !
➡ *Let her go, will you?* Laisse-la partir veux-tu ?
➡ *Be kind with this cat, let it eat.* Sois gentil avec ce chat. Laisse-le manger.
➡ *Let them watch!* Laisse-les regarder !

• **Valeur d'ordre ou d'offre**
On conjugue alors l'impératif à la 2e personne du singulier ou du pluriel. On utilise simplement la base verbale.
➡ *Be careful!* Fais attention !
➡ *Have a sandwich!* Prenez un sandwich !

• **Valeur de suggestion**
On conjugue alors l'impératif à la 1re personne du pluriel. On utilise *let's* suivi de la base verbale.
➡ *Let's play in the garden?* Si on jouait dans le jardin ?
➡ *Let's leave now or we'll be late.* Partons maintenant ou nous serons en retard.
Le *'s* représente le pronom personnel complément *us*, qui sous cette forme est toujours contracté. ■

Les phrases négatives

L'impératif à la forme négative a une notion de :

• **Requête, interdiction**
On conjugue l'impératif à la 1re personne du singulier ou à la 3e personne du singulier ou du pluriel. On utilise *don't let* suivi du pronom complément et de la base verbale
➡ *Don't let him rule!* Ne le laisse pas gouverner !
➡ *Don't let her play cards again!* Ne la laisse plus jouer aux cartes !

• **Avertissement, conseil**
On conjugue l'impératif à la 2e personne du singulier ou du pluriel.
On emploie *don't* suivi de la base verbale.
➡ *Don't put your feet on that chair!* Ne mets pas tes pieds sur cette chaise !
La forme dérivée de l'impératif : *don't you* suivi de la base verbale a valeur de menace.
➡ *Don't you come and bother me!* Ne viens pas m'embêter !

• **Suggestion**
On conjugue l'impératif à la 1re personne du pluriel. On utilise *let's not* ou *don't* suivi de la base verbale.
➡ *Let's not go out!* Si on ne sortait pas ! ■

Index ➡ interdiction • obligation • tags

Le présent simple

Points clés

Le présent simple est un temps qui exprime les habitudes, les vérités générales, les idées, les sentiments, les goûts et la volonté. Il est beaucoup plus utilisé que le présent progressif.

La construction à l'affirmatif

Le verbe au présent simple est sous forme de base verbale. Il est invariable, sauf à la 3ᵉ personne du singulier *(he, she, it)* où on lui rajoute un «*s*».

- Le «*s*» se prononce :
  – [s] comme dans *sits* ou *walks*,
  – [z] comme dans *runs* ou *cares*,
  – [iz] comme dans *watches* ou *passes*. ■

La structure des phrases au présent simple

- **Les phrases affirmatives :**

➥ *She wants to see him.* Elle veut le voir.

- **Les phrases interrogatives :**

➥ *What do they want?* Que veulent-ils ?

- **Les phrases négatives :**

➥ *The sun doesn't shine everyday.*
Le soleil ne brille pas tous les jours.

English spoken

What's his reason?
I am a Jew!
Has not a Jew eyes? Has not a Jew hands, organs, dimensions, senses, affections, passions? [...]
If you prick us do we not bleed?
If you tickle us, do we not laugh?
If you poison us, do we not die?

William Shakespeare, The Merchant of Venice.

Quelle raison a-t-il ?
Je suis juif !
Un Juif n'a-t-il pas des yeux ? Est ce qu'un juif n'a pas des organes, des dimensions, des sens, des affections, des passions ? [...]
Si l'on nous pique, est-ce que nous ne saignons pas ?
Si l'on nous chatouille, est-ce que nous ne rions pas ?
Si l'on nous empoisonne, est-ce que nous ne mourons pas ?

Le Marchand de Venise.

Points clés

Les phrases négatives et interrogatives

Le présent simple se construit dans les phrases négatives avec l'auxiliaire *don't* (qui devient *doesn't* à la 3ᵉ personne du singulier).
➥ *I don't fancy him much.* Je ne l'aime pas beaucoup.
➥ *He doesn't live in Paris.* Il n'habite pas Paris.

• Le présent simple se construit dans les phrases interrogatives avec l'auxiliaire *do* (qui devient *does* à la 3ᵉ personne du singulier).
➥ *Do you believe us?* Est-ce que tu nous crois?
➥ *Does it rain?* Est-ce qu'il pleut?

• *May, can, must* et tous les autres auxiliaires de modalités ne fonctionnent jamais avec *do* ni avec *does*. En effet, on ne peut pas utiliser deux auxiliaires dans la même phrase.
➥ *Can I go out tonight?* Est-ce que je peux sortir ce soir?

• En revanche, *have* et *do* en tant que verbes se conjuguent comme tous les autres verbes lexicaux.
➥ *I don't have a dog.* Je n'ai pas de chien.
➥ *Does he do his homework alone?* Fait-il ses devoirs seul?

• *Be* ne se conjugue jamais avec *do* ni avec *does*. En effet, ses trois formes *am, is* et *are* se comportent déjà comme des auxiliaires.
➥ *I am not English.* Je ne suis pas anglais.
➥ *Is she really very tired?* Est-elle vraiment très fatiguée? ■

Des sens très différents

Le présent simple peut exprimer :
• Une action future quasiment certaine ou un programme prévu.
➥ *His train arrives at four.* Son train arrive à quatre heures.

• Un événement commenté en direct, une retransmission sportive.
➥ *The President waves to the crowd.* Le président salue la foule.

• La notion de futur dans les subordonnées de temps.
➥ *I'll give it back to you when you come back tomorrow.* Je te le rendrai quand tu reviendras demain.

• La notion de subjonctif après *before*.
➥ *Help me to do my maths before you leave.* Aide-moi à faire mes maths avant que tu ne partes.

• On emploie toujours le présent simple avec les expressions suivantes : *usually, always, frequently, often, sometimes, seldom, rarely, never, on Mondays /Tuesdays..., everyday, every week/month/year, morning/evening...* ■

• À la 3ᵉ personne du singulier, *go* et *do* deviennent *goes* et *does*.

• On rajoute *« es »* à la 3ᵉ personne du singulier des verbes se terminant par *« s »*, *« z »*, *« sh »* et *« ch »*.
➥ *I wash* = *he washes*
On prononce alors [iz].

• À la 3ᵉ personne du singulier, les verbes se terminant par une consonne et un *« y »* s'écrivent en *« ies »*.
➥ *I worry* = *He worries.*

Index ➡ présent • subordonnées de temps

Points clés — Le présent progressif

Le présent progressif est employé pour les actions en cours au moment où l'on parle. C'est le temps idéal de la description d'un document ou d'un événement. Accompagné d'une expression de temps, il exprime le futur, plus ou moins proche.

Les phrases affirmatives

Le présent progressif est un temps composé. Il utilise l'auxiliaire *be* conjugué au présent et la forme en *-ing* du verbe conjugué.
➙ *What are you doing?* Que fais-tu ?
➙ *Listen ! She's singing.* Écoute ! elle chante.

• L'auxiliaire change avec le sujet, ce qui donne :
– *am* à la 1ʳᵉ personne du singulier *(I)*.
– *is* à la 3ᵉ personne du singulier *(he, she, it)*.
– *are* aux autres personnes *(we, you, they)*.
Quant au verbe, il reste toujours en forme *-ing*.

• Les verbes comprenant une seule syllabe et se terminant par une séquence consonne/voyelle/consonne doublent leur consonne finale lorsqu'ils adoptent la forme *-ing*
➙ *swim = swimming.* Nager.
➙ *run = running.* Courir.

• Les verbes qui se terminent par un *e* muet le perdent lorsqu'ils prennent la forme *-ing*.
➙ *take = taking.* Prendre.
➙ *love = loving.* Aimer.

• Enfin, les verbes qui se terminent par *-ie* transforment leur *i* en *y* en perdant le *e*.
➙ *lie = lying.* Être allongé ou mentir.
➙ *die = dying.* Mourir. ■

La structure des phrases au présent progressif

• **Les phrases affirmatives :**

➙ *They are waiting for her.* Ils l'attendent.

• **Les phrases interrogatives :**

➙ *What is she looking at?* Qu'est-ce qu'elle regarde ?

• **Les phrases négatives :**

➙ *I'm not going there today.* Je n'y vais pas aujourd'hui.

Attention !
Il existe trois exceptions :
– *be = being* (être).
– *see = seeing* (voir).
– *dye = dyeing* (teindre).

Quelques règles d'utilisation

La plupart des verbes peuvent se conjuguer au présent progressif, y compris les verbes exprimant les goûts, les sentiments et la pensée. Mais il convient de s'en méfier car ils changent généralement de sens.
➡ *She is stupid!*
Elle est bête!
➡ *She is being stupid!*
Elle fait l'idiote!
➡ *I often think of him.*
Je pense souvent à lui.
➡ *I'm thinking.*
Je réfléchis.

• En plus de son utilisation la plus courante, le présent progressif sert également à exprimer une action dans un contexte présent.
➡ *I'm walking to work these days.* Je vais travailler à pied en ce moment.

• Associé à l'adverbe *always*, le présent progressif exprime l'insistance sur un fait ainsi qu'une certaine irritation de la personne qui parle.
➡ *He's always arguing with me!* Il n'arrête pas de se disputer avec moi!
➡ *I'm always losing my umbrella!* Je perds tout le temps mon parapluie!

• On emploie toujours le présent progressif:
• avec des marqueurs temporels traduisant un aspect présent comme *now, at the moment, today, Look! Listen!, this morning…*
• avec des marqueurs temporels traduisant un aspect futur comme *tonight, tomorrow, next week, on Monday, in March, at 8…*
➡ *I'm working tonight.* Je travaille ce soir.

• Les auxiliaires de modalité ne prennent jamais la forme en *-ing*. et ne sont jamais suivis d'un verbe en *-ing*. ■

C'est un temps qu'il convient d'éviter pour les verbes:
– *believe* (croire),
– *belong* (appartenir),
– *cost* (coûter),
– *know* (savoir),
– *matter* (importer),
– *mean* (vouloir dire),
– *need* (avoir besoin),
– *seem* (sembler),
– *suppose* (supposer),
– *understand* (comprendre),
– *want* (vouloir),
– *wish* (espérer).
En effet, leur sens s'accommode mal de l'idée d'une action en cours.

Points clés
English spoken

La chanson *Singin' in the Rain* est extraite de la célèbre comédie musicale du même nom, que l'on traduit en français par *Chantons sous la pluie*.

I'm singing in the rain, Just singing in the rain!
What a glorious feeling!
I'm happy again!
Dancing in the rain.
I'm happy again,
I'm singing and dancing in the rain.

Je chante sous la pluie, en plein sous la pluie!
Quelle sensation d'allégresse!
Je suis à nouveau heureux!
Dansons sous la pluie.
Je suis à nouveau heureux, et je chante et je danse sous la pluie.

Index ➡ conjugaison de « to be »

Points clés — Présent simple ou présent progressif ?

La traduction d'une phrase toute simple au présent pose très souvent problème. En effet, en anglais, on utilise soit le présent simple, soit le présent progressif, suivant le sens que l'on veut donner à la phrase.

Un subtil distingo

Ainsi une phrase aussi simple que : « Il joue aux cartes », sortie de son contexte, peut être traduite de deux manières différentes en anglais.
S'il s'agit de ce que le sujet « il » est en train de faire au moment où l'on parle, on la traduira par un présent progressif :
« *He is playing cards.* »
Si au contraire on veut parler de ce que le sujet « il » a l'habitude de faire pendant ses loisirs, de ce qu'il aime faire, on la traduira par un présent simple : « *He plays cards.* »
Il faut donc être très attentif au contexte, à tous les petits mots ou expressions qui fournissent des renseignements précis.
Notre même phrase transformée en : « Il joue très bien aux cartes » ne présente plus aucune ambiguïté. On sait qu'il s'agit d'une habitude, d'un loisir du sujet et on la traduira par un présent simple : « *He plays cards very well.* »
De même : « Il joue encore aux cartes » nous signale que le sujet « il » est en train de jouer aux cartes et que la personne qui prononce la phrase fait preuve d'un certain agacement. On la traduira donc par un présent progressif : « *He's playing cards again* » ou « *He's still playing cards* » suivant le sens que l'on donne à « encore » en français (à nouveau ou toujours). ■

Principales utilisations des deux présents

Le présent simple exprime les habitudes, les vérités générales, les idées, les sentiments, les goûts et la volonté.

Attention !

Une simple lettre peut tout changer.
On Mondays, qui signifie tous les lundis, exprime l'habitude et nécessite l'emploi du présent simple.
On Monday, qui signifie lundi, exprime une notion du futur que l'on traduira par l'emploi du présent progressif.

• Il est souvent associé à des marqueurs temporels comme :
– *usually* (d'habitude),
– *frequently* (fréquemment),
– *every evening* (tous les soirs),
– *often* (souvent)…

• Le présent progressif exprime une action en cours ou un futur proche.

• Il est souvent associé à des marqueurs temporels comme :
– *now* (maintenant),
– *this evening* (ce soir),
– *at the moment* (en ce moment)… ■

Points clés

HE IS PLAYING CARDS

HE PLAYS CARDS

HE PLAYS CARDS VERY WELL

HE'S STILL PLAYING CARDS

Exercices

1) Conjuguez ces verbes au présent simple.
1. *My father (start) his job at eight every morning.*
2. *I (understand) English quite well but I (not speak) it very well yet.*
3. *Where (live) you?*
4. *How often (go) you to the cinema?*
5. *She (not like) him, she (prefer) his brother.*

2) Conjuguez ces verbes au présent progressif.
1. *Sorry! I (not come) to your birthday.*
2. *Listen! I think she (talk) to herself.*
3. *What time their plane (land)?*
4. *They (not speak) to each other at the moment.*
5. *Where (sit) you?*

3) Conjuguez ces verbes au présent simple ou progressif.
1. *I (not know) the answer.*
2. *It (rain)? - I (not think) so.*
3. *John (not live) in London, he (live) in Canterbury.*
4. *Please be quiet! I (do) my homework.*
5. *She often (visit) her granny.*

Corrigés

1. *My father starts his job at eight every morning.*
2. *I understand English quite well but I don't speak it very well yet.*
3. *Where do you live?*
4. *How often do you go to the cinema?*
5. *She doesn't like him, she prefers his brother.*

1. *I'm not coming to your birthday.*
2. *Listen! I think she's talking to herself.*
3. *What time is their plane landing?*
4. *They aren't speaking to each other at the moment.*
5. *Where are you sitting?*

1. *I don't know the answer.*
2. *Is it raining? - I don't think so.*
3. *John doesn't live in London, he lives in Canterbury.*
4. *I'm doing my homework.*
5. *She often visits her granny.*

Index ➜ présent

Points clés — # Le prétérit simple

Le prétérit simple sert à rapporter tous les faits passés, les événements historiques, qu'ils soient datés ou non. Contrairement au *present perfect*, il n'a aucun lien avec le présent, c'est le temps de la narration. Il traduit toujours le passé simple français mais aussi le passé composé et l'imparfait.

Le temps du récit

On utilise le prétérit simple :
- pour rapporter un événement passé.
➜ *Colombus discovered America.* Colomb découvrit l'Amérique.

- avec un marqueur temporel (*yesterday, last week*...), une date passée et *ago*.

- derrière *if* si la principale est au conditionnel présent.

- On utilise le prétérit dit modal pour des hypothèses, des souhaits, des regrets. On le traduit par l'imparfait ou le subjonctif.
➜ *If you ate less, you'd be slimmer.* Si tu mangeais moins, tu serais plus mince.
➜ *I'd rather she came later.* J'aimerais qu'elle vienne plus tard.
➜ *If only I had more money!* Si seulement j'avais plus d'argent ! ■

Les phrases affirmatives

Sujet + Verbe régulier : base + -ed ou Verbes irréguliers : 2ᵉ colonne de la liste + Compléments

Le prétérit simple se conjugue sans auxiliaire à la forme affirmative.
➜ *My brother watched television all evening yesterday.* Mon frère a regardé la télévision toute la soirée d'hier.
➜ *She was so happy to win, she cried.* Elle était si heureuse de gagner qu'elle en a pleuré.
➜ *I managed to get two tickets for the concert.* J'ai réussi à avoir deux places pour le concert.

- La plupart des verbes sont réguliers et se mettent au prétérit simple en rajoutant « *ed* » à leur base verbale, quel que soit le sujet du verbe.

- Si la base se termine déjà par « *e* », on ne rajoute que le « *d* ». Cette terminaison se prononce :

- [t]
➜ *passed, washed.*
- [d]
➜ *robbed, listened.*
- [id] après « *t* » ou « *d* ».
➜ *visited, wanted.*

- De même qu'au présent simple, les verbes qui se terminent par une consonne et un « *y* » finissent en « *ied* » au prétérit.

- Les verbes irréguliers ne suivent aucune règle particulière et il vaut mieux les apprendre une bonne fois pour toutes ! Vous en trouverez la liste dans le dictionnaire de cet ouvrage. Il est d'usage de donner d'abord la base verbale, puis le prétérit et enfin le passé composé.
➜ *run, ran, run.* Courir.
➜ *buy, bought, bought.* Acheter. ■

Points clés

Les phrases interrogatives et négatives

La construction des phrases interrogatives au prétérit simple est la suivante :

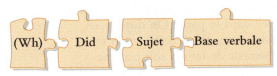

➡ *Did you have a nice time last week ?* Est-ce que tu t'es bien amusé la semaine dernière ?
➡ *What time did your parents arrive in New York ?* À quelle heure tes parents sont-ils arrivés à New York ?

• Le verbe n'étant plus conjugué, il est sans importance qu'il soit régulier ou irrégulier. De même, l'auxiliaire *did* sert pour tous les sujets.

• La construction des phrases négatives au prétérit simple est la suivante :

➡ *I didn't see you yesterday.* Je ne t'ai pas vu hier.
➡ *Olivia didn't go to the swimming-pool.* Olivia n'est pas allée à la piscine.

• Les auxiliaires de modalité ne fonctionnent jamais avec *did*, tout comme *to be* car ses deux formes passées *was* et *were* fonctionnent comme des auxiliaires.
➡ *Were you late this morning ? No, I wasn't.* Étais-tu en retard ce matin ? Non.

• *Have* et *do* en tant que verbes se conjuguent comme tous les autres verbes lexicaux.
➡ *Did you do the washing-up ?* Est-ce que tu as fait la vaisselle ?
➡ *They didn't have the time to do it.* Ils n'ont pas eu le temps de le faire. ■

English spoken

The elephant's child asked his tall aunt, the ostrich, why her tail-feathers grew just so, and his tall aunt the ostrich spanked him with her hard hard claw. He asked his tall uncle, the giraffe, what made his skin spotty, and his tall uncle the giraffe spanked him with his hard hard hoof... and he asked his hairy uncle the baboon, why melons tasted just so, and his hairy uncle the baboon, spanked him with his hairy hairy paw...

Rudyard Kipling,
The Jungle Book.

L'éléphanteau demanda à sa grande tante l'autruche pourquoi les plumes de sa queue poussaient ainsi, et sa grand-tante l'autruche lui donna une tape avec sa patte dure, si dure. Il demanda à son grand-oncle girafe pourquoi il était tacheté et son grand-oncle girafe lui donna une tape avec son sabot dur, si dur... et il demanda à son oncle poilu le babouin pourquoi les melons avaient ce goût-là et son oncle poilu le babouin lui donna une tape avec sa patte poilue, si poilue...

Le Livre de la Jungle.

Index ➡ prétérit

Points clés — # Le prétérit progressif

Comme le prétérit simple, le prétérit progressif sert à rapporter des actions passées sans rapport avec le présent. Ce qui est important dans ce cas, ce n'est plus l'action, mais son déroulement ou sa durée dans le passé. On dispose en général d'un repère précis du moment où cette action était en cours, soit par un complément de temps, soit par une autre phrase au passé.

Emploi et traduction du prétérit progressif

Un verbe se met au prétérit progressif chaque fois que l'on veut insister sur la durée ou le déroulement d'une action et lorsqu'une action commence avant une autre qui l'interrompt. Ce temps est très souvent l'équivalent anglais de l'imparfait français.

➥ *What on earth were you doing?* Que diable faisais-tu ?

➥ *Yesterday at seven, he was probably playing tennis as usual.* Hier à sept heures, il jouait probablement au tennis, comme d'habitude.

➥ *I couldn't answer the phone, I was having a bath.* Je n'ai pas pu répondre au téléphone, je prenais mon bain.

• On peut également utiliser ce temps pour exprimer les souhaits ou les regrets lorsque l'on insiste sur la durée de l'action.

➥ *I wish I was lying on the beach instead of doing this stupid test!* Si seulement j'étais allongé sur la plage au lieu de faire cet examen idiot !

• De même qu'au présent progressif, il faut se méfier au prétérit progressif des changements de sens des verbes qui expriment les sentiments, les goûts ou la pensée.

➥ *He thought she was right.* Il pensait qu'elle avait raison.

➥ *He was thinking.* Il réfléchissait (il était en train de réfléchir).

• Il faut également éviter d'employer le prétérit progressif avec les verbes suivants :
– *believe* = croire.
– *belong* = appartenir.
– *cost* = coûter.
– *know* = savoir.
– *matter* = importer.
– *mean* = signifier, vouloir dire.
– *prefer* = préférer.
– *seem* = sembler.
– *suppose* = supposer.
– *understand* = comprendre,
– *want* = vouloir.
– *wish* = espérer. ■

English spoken

The tender moon was shining bright, the barge at Molesey lay. [...] In the yard behind the Lion he was prowling for his prey.

La tendre lune brillait. La péniche était amarrée à Molesey. [...] Dans l'arrière-cour du Lion, il rôdait guettant sa proie.

T. S. Elliot, *Old Possum's Book of Practical Cats.*

La construction du prétérit progressif

Le prétérit progressif est un temps composé. On le construit avec l'auxiliaire *be* conjugué au passé (soit *was* ou *were*) et le verbe lexical en *-ing*.

• N'oubliez pas que les auxiliaires de modalité ne prennent jamais la forme en *-ing* et ne sont jamais suivis d'un verbe en *-ing*.

• *Was* et *were* s'écrivent toujours en forme pleine mais se prononcent en forme faible.
➥ *They were listening to the radio.* Ils écoutaient la radio.
➥ *He was playing cricket.* Il jouait au cricket.

Structure des phrases au prétérit progressif

• **Les phrases affirmatives :**

➥ *I was reading.* Je lisais.
➥ *We were waiting when he arrived.* Nous attendions lorsqu'il est arrivé.

• **Les phrases interrogatives :**

➥ *What was he wearing ?* Que portait-il ?
➥ *Why were you running ?* Pourquoi courais-tu ?

• **Les phrases négatives :**

➥ *She wasn't doing her homework, that's for sure.* Ce qui est sûr, c'est qu'elle ne faisait pas ses devoirs.
➥ *We weren't chatting.* On ne bavardait pas.

Points clés

• Les verbes qui se terminent par la séquence consonne/voyelle/consonne doublent leur consonne finale.
➥ *sit = sitting.* Être assis.
➥ *grab = grabbing.* Attraper.

• Les verbes qui se terminent par un *e* muet le perdent à la forme *-ing*.
➥ *strike = striking.* Frapper.
➥ *make = making.* Fabriquer.

• Les verbes qui se terminent par *ie* transforment leur *i* en *y* et perdent également leur *e*.
➥ *lie = lying.* Mentir ou être allongé. ■

Attention !

Il existe cependant trois exceptions à cette règle.
➥ *be = being.* Être.
➥ *see = seeing.* Voir.
➥ *dye = dyeing.* Teindre.

Index ➡ forme faible • forme pleine • prétérit simple

Points clés — **Prétérit simple ou progressif ?**

Pour savoir quel prétérit choisir, il faut essayer de se mettre dans la peau d'un metteur en scène qui filmerait un récit passé en alternant des scènes d'action brèves et rapides (qui se contentent de décrire une succession d'événements) et des arrêts sur image (qui nous décrivent une activité des personnages dans sa durée et son déroulement).

À sens différent, temps différent

Les actions brèves et successives se traduisent en anglais par un prétérit simple.

➤ *She sat down and switched the television on.* Elle s'assit et alluma la télévision.

➤ *Mum opened the fridge, looked inside and saw it was totally empty.* Maman ouvrit le frigo, regarda à l'intérieur, et s'aperçut qu'il était totalement vide.

• En revanche, les actions que l'on envisage du point de vue de la durée, du déroulement, se rendent par un prétérit progressif.

➤ *What about her husband ? Oh ! I think he was doing the washing-up.* Et son mari ? Oh ! Je pense qu'il faisait la vaisselle.

➤ *Philip was playing the piano when his wife came back.* Philippe jouait du piano quand sa femme rentra.

• Si l'on considère les deux actions de cette dernière phrase l'une par rapport à l'autre, on s'aperçoit que la première a été chronologiquement interrompue par la seconde. Philippe avait commencé à jouer du piano avant que sa femme ne rentre et il en jouait toujours lorsqu'elle est rentrée. L'action commencée antérieurement se met donc au prétérit progressif. Le français la traduit généralement par un imparfait. Quant à l'action de rentrer, elle se traduit dans la majorité des cas par un passé simple.

• Imaginons maintenant une jeune fille, assise dans un fauteuil, rêvassant à son petit copain, lorsque tout à coup le téléphone sonne. Elle est sûre que c'est lui, c'est pourquoi elle se lève d'un bond, se cogne dans la table et répond. La scène, filmée à la caméra du prétérit, va devenir en anglais :

➤ *A young girl was sitting in an armchair. She was dreaming of her boyfriend when suddenly the phone rang. She was sure it was him, that's why she jumped out of her armchair, bumped into the table and answered.* ■

Prétérit simple :	actions brèves, successives.
Prétérit progressif :	actions dont on envisage principalement la durée.

Exercices

1) Conjuguez ces verbes au prétérit simple.
1. *They (meet) early this morning.*
2. *When you last (see) them?*
3. *Your sister (call) me to fix a date.*
4. *I (not see) him on the way.*
5. *They said, they (be) too busy.*

2) Conjuguez ces verbes au prétérit progressif.
1. *She (talk) to the Mayor.*
2. *They (wait) for their father?*
3. *I'm sure he (make) some coffee.*
4. *John (wash) his father's car in the yard.*
5. *She (not eat) a sandwich.*

3) Conjuguez ces verbes au prétérit simple ou progressif.
1. *Melly (read) when her mum (come) back.*
2. *When Alice (see) the spider, she (yell).*
3. *I (be) so surprised when I (see) him again.*
4. *He (read) the paper while he (wait) for the bus.*
5. *I (not hear) you properly when you (phone) as my secretary (type) in the background.*

Corrigés

1.
1. *They met early this morning.*
2. *When did you last see him?*
3. *Your sister called me to fix a date.*
4. *I didn't see him on the way.*
5. *They said they were too busy.*

2.
1. *She was talking to the Mayor.*
2. *Were they waiting for their father?*
3. *I'm sure he was making some coffee.*
4. *John was washing his father's car in the yard.*
5. *She wasn't eating a sandwich.*

3.
1. *Melly was reading when her mum came back.*
2. *When Alice saw the spider, she yelled.*
3. *I was so surprised when I saw him again.*
4. *He read the paper while he was waiting for the bus.*
5. *I didn't hear you properly when you phoned as my secretary was typing in the background.*

Index ➡ prétérit progressif • prétérit simple

Points clés — # Le parfait simple

Dans une phrase au parfait simple (ou *present perfect* en anglais), ce n'est pas le moment de l'action qui importe mais le résultat dans le présent de l'action. Ce temps englobe à la fois le présent et le passé.

La construction du parfait simple

Le parfait simple se conjugue avec l'auxiliaire *have* au présent et le participe passé du verbe.
➥ *I have worked.*
J'ai travaillé.

• *Have* devient *has* à la 3ᵉ personne du singulier.
➥ *He/she has eaten.*
Il/elle a mangé.

• Le participe passé des verbes réguliers se forme en ajoutant *-ed* à la base verbale.
➥ *work = worked.*

• Le participe passé des verbes irréguliers se trouve dans la 3ᵉ colonne de la liste du même nom. ∎

La structure des phrases

• **Les phrases affirmatives :**

➥ *She has worked.* Elle a travaillé.

• **Les phrases interrogatives :**

➥ *How long have you worked?* Combien de temps as-tu travaillé ?

• **Les phrases négatives :**

➥ *They have not worked.* Ils n'ont pas travaillé.

English spoken

Peter: Oh look! Sonia has left her walkman here.
John: Oh, what a pity, I have just seen her in the sreet. Let's call out to her!
Peter: No, it's too late. She has already caught her bus by now.

Peter : Oh, regarde ! Sonia a oublié son walkman ici.
John : Oh, c'est vraiment trop bête, je viens juste de la voir dans la rue. Appelons-la !
Peter : Non, c'est trop tard. Elle a déjà attrapé son autobus maintenant.

Attention !

Ne confondez pas ces deux phrases :
He's been to the States.
Il est allé aux États-Unis (il en est revenu).
He's gone to the States.
Il est allé aux États-Unis (il est parti, n'est pas revenu et y est encore).

L'emploi du parfait simple

Points clés

Le parfait simple exprime un lien entre le présent et le passé. Ce lien entre présent et passé peut concerner plusieurs situations, notamment :

1 Une action ou un événement passé qui entraîne une conséquence dans le présent.
➜ *Look! She has left her suitcase here.*
Regarde ! Elle a oublié sa valise ici.
➜ *You have tidied your room! It's nice now.*
Tu as rangé ta chambre ! Elle est belle maintenant.
Dans ces deux exemples, les mots *look* et *now* sont des marqueurs qui soulignent la conséquence de l'action passée dans le présent.
Dans le premier cas, je constate que la valise est encore là dans le présent.
Dans le deuxième cas, je constate que la chambre est jolie parce qu'elle a été rangée dans le passé.

2 Une action qui a commencé dans le passé et qui se poursuit dans le présent.
➜ *We have lived in Manhattan since 1992.*
Nous vivons à Manhattan depuis 1992.
➜ *I have known him for four years.*
Je le connais depuis quatre ans.
Dans ces deux exemples, l'action a commencé dans le passé et continue dans le présent.
Dans le premier cas, *since* indique le point de départ de l'action (depuis 1992).
Dans le deuxième cas, *for* indique la durée écoulée entre le point de départ et le présent (depuis quatre ans).

3 Une action qui vient d'avoir lieu dans un passé extrêmement proche du présent.
➜ *I have just cleaned the dining-room.*
Je viens de nettoyer la salle à manger.
➜ *She has just met her friend Sonia.*
Elle vient de rencontrer son amie Sonia.
L'adverbe *just* placé entre l'auxiliaire avoir et le participe passé évoque une action passée très proche du présent.

4 Le bilan au moment présent d'une expérience vécue dans le passé.
➜ *I have already visited New York and Denver.*
J'ai déjà visité New York et Denver.
➜ *My friend has never drunk champagne.*
Mon ami n'a jamais bu de champagne.
➜ *Have you ever eaten Mexican food?*
As-tu déjà mangé de la nourriture mexicaine ?
Les trois adverbes de temps *already, never* et *ever* rendent compte au moment présent d'une expérience qui a pourtant été vécue dans le passé. ∎

Attention !

- Le parfait simple n'est jamais utilisé avec un marqueur temporel, comme *yesterday* par exemple. En effet, celui-ci indique une action terminée et s'emploie par conséquent obligatoirement avec le prétérit.

- Tout comme le passé composé français, le parfait simple anglais se construit d'une part avec un auxiliaire conjugué au présent et d'autre part le participe passé du verbe. Mais, contrairement au français, l'anglais utilise toujours l'auxiliaire *have*, sans jamais avoir recours à l'auxiliaire *be*.

Index ➜ for • parfait • prétérit • since

Points clés — Le parfait progressif

En choisissant la forme progressive du parfait plutôt que sa forme simple, on conserve le lien qu'entretient toujours le parfait avec le présent, mais on s'intéresse plus à la manière dont le temps a été occupé. Ce n'est plus alors le fait mais l'activité qui m'intéresse.

Attention !
May, *can*, *must* et tous les autres auxiliaires de modalité ne prennent jamais la forme en *-ing* et ne sont jamais suivis d'un verbe en *-ing*.

La construction du parfait progressif

Le parfait progressif est un temps composé. Il utilise l'auxiliaire *to be* conjugué au parfait (c'est-à-dire *have been* ou *has been* à la 3ᵉ personne du singulier) et le verbe lexical à la forme *-ing*. *Have* et *has* se contractent en *'ve* et *'s*. ∎

• Les phrases affirmatives :

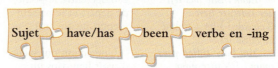

Sujet — have/has — been — verbe en -ing

➥ *He's been nursing his wife for years.*
Il prend soin de sa femme depuis des années.
➥ *They've been playing golf since two.*
Ils jouent au golf depuis deux heures.

• Les phrases interrogatives :

(Wh) — have/has — sujet — been — verbe en -ing

➥ *You are filthy! What on earth have you been doing? Have you been digging for a treasure or have you been hunting in the trash can?* Tu es répugnant ! Mais que diable as-tu fait ? Tu cherchais un trésor ou tu as fouillé la poubelle ?

• Les phrases négatives :

Sujet — have not/has not — been — verbe en -ing

➥ *She hasn't been working for a month now.*
Cela fait un mois qu'elle ne travaille pas.

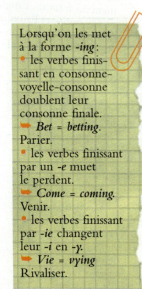

Lorsqu'on les met à la forme *-ing* :
• les verbes finissant en consonne-voyelle-consonne doublent leur consonne finale.
➥ *Bet = betting.* Parier.
• les verbes finissant par un *-e* muet le perdent.
➥ *Come = coming.* Venir.
• les verbes finissant par *-ie* changent leur *-i* en *-y*.
➥ *Vie = vying.* Rivaliser.

L'emploi du parfait progressif

Points clés

La phrase « *He has played the piano for two years now* » nous renseigne sur un fait : il joue du piano et non pas de la trompette ou du violon.
Cette même phrase au parfait progressif : « *He has been playing the piano for two years now* » insiste non plus sur l'action, on sait qu'il joue du piano, mais sur le fait qu'il joue ou qu'il étudie le piano depuis deux ans déjà.
Comme on le voit, le choix du parfait progressif ou du parfait simple par l'énonciateur, c'est-à-dire la personne qui prononce le phrase, insiste soit sur l'action, soit sur le déroulement de l'action, c'est-à-dire sur l'activité. Comparez :
➡ *I have painted the room. Look, it's nice.*
➡ *I have been painting the room. Look, I'm covered with paint.*
Dans la première phrase, les conséquences portent sur l'action, le fait, le résultat qui est : « la chambre est jolie ».
En revanche, dans la seconde phrase, les conséquences portent sur l'activité menée par le sujet : « Il est couvert de peinture. » La forme progressive implique donc l'énonciateur, c'est-à-dire le sujet.

• Le choix du parfait progressif associé à une action peut également traduire l'étonnement ou l'irritation de l'énonciateur.
➡ *Good heavens ! Have you been working on your geometry all afternoon ?* Grands dieux ! Tu as fait de la géométrie tout l'après-midi ?
➡ *My neighbours have been yelling at each other since they came back.* Mes voisins se sont hurlés après depuis qu'ils sont rentrés.

• Le parfait progressif traduit aussi une répétition.
➡ *He's been calling me all morning.* Il n'a pas arrêté de me téléphoner de toute la matinée.
➡ *I've been forgetting all my appointments*

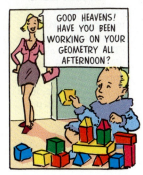

this week. J'ai oublié tous mes rendez-vous cette semaine.

• Le parfait progressif insistant sur l'activité, on ne peut pas l'utiliser pour les exemples suivants.
➡ *I have broken my leg.* Je me suis cassé la jambe.
➡ *My father has fallen from the roof.* Mon père est tombé du toit.
Ici, c'est le résultat, le fait qui nous intéresse. ■

English spoken

A politician's prayer. Oh Lord, I've been shaking hands all day, I've been kissing babies and old ladies, I've been patting dogs, so please, forget I've been making promises I've no intention to keep, and help me to get elected. Amen.

Prière d'un homme politique.
Seigneur, j'ai serré des mains toute la journée, j'ai embrassé des bébés et des vieilles dames, j'ai caressé des chiens, alors s'il vous plaît, oubliez que j'ai fait des promesses que je n'ai pas l'intention de tenir, et aidez moi à être élu. Amen.

Points clés — # Le parfait avec « since » et « for »

Le parfait, qui associe le présent et le passé, s'emploie évidemment avec les adverbes et prépositions qui établissent également un lien entre ces deux notions temporelles. Parmi ceux-ci on trouve *since* et *for* qui ont des sens très différents en anglais, mais que nous avons parfois du mal à distinguer.

Le parfait avec « since »

Qu'il soit adverbe, conjonction ou préposition, *since*, qui se traduit en français par « depuis », situe dans le passé le point de départ d'une action qui dure encore dans le présent. Le verbe de la principale est donc au parfait.

➥ *I haven't seen them since they moved to the States.* Je ne les ai pas vus (jusqu'à aujourd'hui, verbe au parfait) depuis qu'ils sont partis aux États-Unis (action passée et terminée, verbe au prétérit).

➥ *They've been absent since the beginning of the week.* Ils sont absents depuis le début de la semaine.

➥ *He hasn't said a word ever since.* Il n'a plus dit un mot depuis.

• On utilise *since* avec :
• les heures *(2 o'clock, half past 6.)*
• les jours ou les mois *(Monday, March…)*
• les dates *(1515, September 6th…)*
• les périodes de temps prises comme références *(breakfast, lunchtime, last holidays, the sixties, last year, then…).* ■

English spoken

You see, man… I got this dream, man. You know I've had it for a long time, man. Yeah… that's to be a writer… yeah, a writer, man. And I've lived this dream, man… lived it for the past couple years…

Tu vois mon pote… j'ai un rêve. Et ce rêve, mon pote, tu vois, ça fait longtemps que j'l'ai. Ouais… c'est d'être écrivain mon pote… Ouais, écrivain. Et je vis ce rêve, mon pote… je l'vis depuis bien deux ans.

Helen Merrill, *House Party*

Points clés

Le parfait avec « for »

La préposition *for* est utilisée pour exprimer une durée dans sa totalité. Elle a plusieurs sens en français et peut s'employer à tous les temps. Cependant, lorsqu'elle concerne la durée d'une action commencée dans le passé et qui continue dans le présent, on met le verbe au parfait et on traduit *for* par depuis.
➡ *I haven't seen them for six months.* Je ne les ai pas vus depuis six mois.
➡ *They've been absent for three days.* Ils sont absents depuis trois jours.
➡ *He hasn't said a word for weeks.* Il n'a pas dit un mot depuis des semaines.
➡ *Have you been swimming for three quarters of an hour?* Est-ce que tu nages depuis trois quarts d'heure ?

• Les exemples ci-dessus montrent que la différence entre *for* et *since* ne réside ni dans le temps du verbe (qui peut être soit au parfait simple, soit au parfait progressif), ni dans leur signification en français puisqu'on les traduit tous les deux par depuis, mais dans l'expression de temps qui accompagne « depuis » en français.

• On utilise *for* avec toutes les expressions de durée : *20 minutes, five hours, two days, six weeks, a month, three years, a century, a while, a long time, ages...* ■

Attention !

• En français, « depuis » est très souvent accompagné d'un verbe au présent car il n'existe pas dans notre langue de temps exactement équivalent au parfait anglais.

• L'expression française « il y a... que » se traduit en anglais de deux façons, suivant que l'on veut privilégier ou non la durée.
➡ Il y a des mois que je ne l'ai pas vue.
It's been months since I saw her.
I haven't seen her for months (on insiste sur la durée en utilisant *for*).

THEY'VE BEEN ABSENT FOR THREE DAYS

Exercice

Complétez par *since* ou *for*.
1. She hasn't eaten anything... yesterday.
2. He's been waiting... more than an hour.
3. They have only been married... a short time.
4. It's been raining... teatime.
5. Where have you been hiding... last week?

Corrigé

1. *Since yesterday.*
2. *For more than an hour.*
3. *For a short time.*
4. *Since teatime.*
5. *Since last week.*

Index ➡ for • parfait • since

Points clés — **Prétérit ou parfait ?**

À chacun son domaine. Prétérit et parfait ont tous les deux leur escouade de compagnons : au prétérit les indicateurs de temps passé, au parfait les indicateurs de temps présent. En l'absence d'indication de temps, le prétérit insiste sur le caractère révolu, achevé de l'action, alors que le parfait évoque davantage le bilan présent de l'action.

L'emploi du prétérit

Le prétérit s'emploie notamment avec les marqueurs temporels suivants :
- *this morning, this afternoon...* (si l'on est déjà dans la soirée) ;
- *at 3.45 pm, at noon...* (si l'heure est dépassée) ;
- *yesterday, the day before yesterday...* (hier, avant-hier) ;
- *on Monday, last Tuesday...* (lundi, mardi dernier) ;
- *last week, last year...* (la semaine dernière, l'année dernière) ;
- *in June, during the holidays...* (en juin, durant les vacances) ;
- *In 1870, in 1989...* (en 1870, en 1989) ;
- *ago* (« il y a » dans le sens temporel de cette expression) ;
- *in my days, in those times...* (à mon époque, en ces temps-là) ;
- *before, beforehand...* (avant, auparavant).

• Le prétérit s'emploie également :
• derrière *if* si la proposition principale est au conditionnel ;
• dans une phrase au discours indirect ;
• dans une question ou une phrase avec *when*.

• Enfin, le prétérit s'emploie dans toute phrase, même si elle ne comporte aucune indication de temps, mais dont il est évident qu'elle concerne un événement passé et révolu.
➥ *Before the first Europeans came to Australia, only Aborigines lived there.* Avant que les premiers Européens n'arrivent en Australie, seuls les Aborigènes y vivaient.
➥ *Neil Armstrong was the first man who walked on the Moon.* Neil Armstrong fut le premier homme à marcher sur la Lune. ■

English spoken

Peter: You do like travelling, grandpa'.
Grandpa': Oh, yes. I've travelled a lot, you know. Yet, in my days, it wasn't so easy! But I went to Europe, Australia and I even visited China.
Peter: Have you ever been to Canada?
Grandpa': No, not yet. But don't worry. I'm not that old, after all.

Peter : Tu aimes vraiment voyager, toi grand-père.
Grand-père : Oh, oui. J'ai beaucoup voyagé, tu sais. Pourtant, de mon temps, ce n'était pas si facile. Je suis allé en Europe, en Australie et j'ai même visité la Chine.
Peter : Es-tu déjà allé au Canada ?
Grand-père : Non, pas encore. Mais ne t'inquiète pas. Je ne suis pas si vieux, après tout.

Points clés

L'emploi du parfait

Le parfait s'emploie notamment avec :
- *since* et *for* (depuis) ;
- *now, until now, up to now* (maintenant, jusqu'à maintenant) ;
- *today, tonight, this morning/afternoon/evening* (aujourd'hui, ce soir, ce matin, cet après-midi, ce soir) ;
- *this week/month/year* (cette semaine, ce mois, cette année) ;
- *so far* (jusqu'à présent) ;
- *already* (déjà) ;
- *not yet* (pas encore) ;
- *ever, never* (déjà, jamais) ;
- *just* (juste, à peine) ;
- *again* (à nouveau).

• Mais le parfait s'emploie également dans toute phrase dépourvue d'indication de temps. Il suffit que le contexte indique clairement que l'on insiste sur le résultat présent et non pas sur l'action passée et révolue.
➥ *Have you already finished your knitting ?*
Vous avez déjà fini votre tricot ?
➥ *I've been to the States twice so far, but I haven't visited New York yet.*
Je suis déjà allé deux fois aux États-Unis, mais je n'ai pas encore visité New York. ■

Prétérit et parfait

On peut parfaitement passer du parfait au prétérit au sein de la même phrase. Ainsi, à la question : « *Have I ever told you about my new car ?* » (« Est-ce que je t'ai déjà parlé de ma nouvelle voiture ? »), on pourrait très bien répondre d'un air excédé :
➥ *Oh, yes, you have ! You've told me about it three times already. You told me yesterday at lunch, you told me again at teatime and you had already mentioned it last week while we were visiting the Louvre museum.*

Oh que oui ! Tu m'en as déjà parlé trois fois. Tu me l'as dit hier au déjeuner, tu me l'as redit au moment du thé et tu m'en avais déjà parlé la semaine dernière quand nous visitions le Louvre.

• En français, on traduit tous les verbes de ce texte par le même temps, le passé composé. Mais en anglais, le parfait permet d'exprimer l'agacement actuel de l'énonciateur, alors que le prétérit situe les actions dans un passé révolu, c'est-à-dire hier et la semaine dernière. ■

Exercice

Conjuguez le verbe au prétérit ou au parfait selon le sens des phrases.

1. I can't lend you any money, I (lose) my purse.
2. Why are you laughing? I (see) a very funny film.
3. I (have) a horrible nightmare last night. I (dream) I (be) in a plane and it (crash) !
4. Who (write) Hamlet ? Shakespeare of course !
5. I never (play) squash, and you ?
6. Look ! She (buy) a brand new car.

Corrigé

1. I've lost my purse.
2. I've seen a very funny film.
3. I had… I dreamt… I was… it crashed.
4. Who wrote Hamlet ?
5. I have never played…
6. She has bought…

Index ➡ for • parfait • prétérit • since

Points clés

Le plus-que-parfait

Comme le parfait établit un lien entre le présent et le passé, le plus-que-parfait associe deux temps, mais cette fois-ci du passé. Il établit l'antériorité d'une action passée par rapport à une autre action, également passée.

La construction du plus-que-parfait

Le plus-que-parfait est un temps composé. Il utilise l'auxiliaire *have* conjugué au prétérit, c'est-à-dire *had*, et le participe passé du verbe.

- Le participe passé des verbes réguliers se forme en ajoutant *-ed* à la base verbale. Les règles de prononciation et de changement d'orthographe du prétérit des verbes réguliers sont également valables pour leur participe passé.
➥ *Work = worked*
➥ *Carry = carried.*

- Le participe passé des verbes irréguliers se trouve dans la 3ᵉ colonne de la liste du même nom.
➥ *Swim = swum*
➥ *Eat = eaten*

- Le plus-que-parfait est invariable à toutes les personnes.
➥ *I had worked.*
J'avais travaillé.
➥ *They had worked.*
Ils avaient travaillé. ■

- Les phrases affirmatives :

➥ *She had come early that day.* Elle était venue tôt ce jour-là.

- Les phrases interrogatives :

➥ *Had I been too strict ?* Avais-je été trop strict ?

- Les phrases négatives :

➥ *He had not said much since they'd left his office.* Il n'avait pas dit grand chose depuis qu'ils avaient quitté son bureau.

- Plus-que-parfait progressif :

➥ *He had been drinking all evening.* Il avait passé la soirée à boire.

Points clés

L'emploi du plus-que-parfait

Le plus-que-parfait sert souvent à établir un lien d'antériorité entre deux actions passées.
➡ *When he came in, I had already washed up.* Quand il entra, j'avais déjà fait la vaisselle.
I had washed up est antérieur à *he came in*.

• Avec *since* et *for*, le plus-que-parfait décale le parfait dans le passé. En français, on le traduira donc par l'imparfait.
➡ *We had lived in this flat since the baby was born.* Nous habitions cet appartement depuis la naissance du bébé.
➡ *They had only had their car for a month when they had their first accident.* Ils n'avaient leur voiture que depuis un mois quand ils ont eu leur premier accident.

• Lorsqu'on transpose une phrase au discours indirect, le plus-que-parfait remplace le prétérit.
➡ *She said : « I didn't see you yesterday ». She said to me she hadn't seen me the day before.* Elle dit : « Je ne t'ai pas vu hier ». Elle a dit qu'elle ne m'avait pas vu hier.

• Qu'il soit associé ou non au conditionnel, le plus-que-parfait sert à exprimer la notion de regret.
➡ *I wish you had been there to see it.* J'aurais aimé que tu sois là pour voir ça.
➡ *You would have passed your exam, if you had worked harder.* Tu aurais réussi ton examen si tu avais travaillé davantage.

• On peut utiliser le plus-que-parfait avec tous les adverbes ou prépositions de temps que l'on associe au prétérit ou au parfait (*yesterday, the week before, in June, ever, yet, already, never...*) mais pas, évidemment, à ceux qui renvoient au présent (*now, today...*).
➡ *I think they had already met before.* Je crois qu'ils s'étaient déjà rencontrés avant.
➡ *Lucy had shown her around the house the day before.* Lucy lui avait fait faire le tour de la maison la veille. ■

Index ➡ discours indirect • for • plus-que-parfait • regret • since

Points clés

L'expression « used to »

L'expression *used to* est une forme verbale invariable à toutes les personnes et qui existe aussi bien à la forme affirmative qu'interrogative ou négative. On l'utilise chaque fois que l'on veut évoquer une habitude passée que l'on a abandonnée. C'est pourquoi on l'appelle également passé révolu.

Construction et emploi de l'expression « used to »

L'expression *used to* est toujours suivie d'une base verbale.

- **Les phrases affirmatives :**

➼ *I used to play ball when I was 5.*
Je jouais beaucoup au ballon quand j'avais 5 ans.

- **Les phrases interrogatives :**

➼ *Did she use to practise so much when she was younger?* Est-ce qu'elle s'entraînait autant quand elle était plus jeune ?

- **Les phrases négatives :**

➼ *He didn't use to talk much.* Il ne parlait pas beaucoup.
➼ *You didn't use to spend so much time gardening, did you?* Tu ne passais pas autant de temps à jardiner, n'est-ce pas ? (Sous-entendu auparavant.)

● *Used to* oppose le passé au présent alors que le prétérit se contente d'exposer un fait passé.
➼ *There was a butcher's opposite the flowershop.* Il y avait une boucherie en face du fleuriste. On se contente d'énoncer un fait, d'évoquer un souvenir, la boucherie est sans doute toujours en face du fleuriste.
➼ *There used to be a butcher's opposite the flowershop.* Il y avait une boucherie en face du fleuriste. On sait que maintenant il n'y a plus de boucherie puiqu'on emploie un passé révolu.
➼ *He used to smoke a lot.* La personne a cessé de fumer. On pourrait traduire la phrase par un imparfait d'habitude (il fumait beaucoup) ou rajouter avant « autrefois » pour renforcer le contraste avec le présent. ■

Points clés

I GOT USED TO SWIMMING IN COLD WATER WHEN I STAYED IN SCOTLAND

Attention !

Ne confondez pas *used to* (qui est le prétérit de *use*) avec l'expression *to be used to* (qui est la forme passive du verbe *use*). En effet, cette expression implique la notion d'habitude et est suivie d'un verbe en *-ing* ou d'un nom.
➥ *I am used to running an hour before breakfast.* J'ai l'habitude de courir une heure avant le petit déjeuner.

« To get used to »

L'expression *to get used to* signifie « s'habituer à ». On peut l'utiliser à tous les temps. Cette expression est toujours suivie d'un verbe en *-ing* ou d'un nom.
➥ *I got used to swimming in cold water when I stayed in Scotland.* Je me suis habitué à nager dans l'eau froide quand j'ai séjourné en Écosse.
➥ *You'd better get used to wearing a uniform if you want to go to a private school.* Tu ferais bien de t'habituer à porter un uniforme si tu veux aller dans une école privée. ■

Exercice

Comment diriez-vous :
1. Je ne suis pas habitué à conduire à gauche.
a) I'm not used to driving on the left.
b) I didn't use to drive on the left.

2. Je n'allais jamais en boîte, je trouvais ça ennuyeux, maintenant j'adore ça.
a) I never went to discos, I used to find it boring, now I love it.
b) I wasn't used to going to discos, I found it boring, now I love it.

3. Tu avais une moustache, avant, n'est-ce pas ?
a) You are used to having a moustache before, aren't you ?
b) You used to have a moustache, didn't you ?

4. Ne t'inquiète pas, tu t'y habitueras.
a) Don't worry, you'll get used to it.
b) Don't worry, you'll be used to it.

5. Il était si maigre que ses copains l'appelaient La Brindille.
a) He used to be so skinny that his friends called him Twiggy.
b) He was so skinny that his friends used to call him Twiggy.

Corrigé

1. a
2. a
3. b
4. a
5. a et b

Index ➡ habitude

Points clés — **L'expression du futur**

Contrairement au français, il n'existe pas, en anglais, de temps codé et vraiment défini, pour parler au futur. Les Anglais, comme les Français d'ailleurs, se servent d'auxiliaires voire d'expressions verbales diverses pour l'exprimer. On peut souvent utiliser indifféremment l'une ou l'autre de ces expressions car leurs significations sont très proches.

Le futur avec l'auxiliaire « will »

L'auxiliaire de modalité *will* implique une notion de volonté, de certitude ou de réflexion de la part du locuteur.

• Cet auxiliaire se conjugue à toutes les personnes. À la forme affirmative, *will* se contracte en *'ll* et sa forme négative *will not* est presque toujours contractée en *won't*. À la forme interrogative, *will* se comporte comme n'importe quel autre auxiliaire.

➞ *I will give him five more minutes to turn up and then I'll leave.* Je lui accorde encore cinq minutes pour arriver et puis je m'en vais.

➞ *He won't write, you'll see.* Tu verras qu'il n'écrira pas.

➞ *Will you be ready in ten minutes?* Serez-vous prêts dans cinq minutes ? ■

Le futur avec « to be going to »

L'expression *to be going to* implique une notion d'intention ou de prévision ou encore sous-entend qu'un événement est en cours de réalisation.

• L'auxiliaire *to be* se conjugue au présent et se combine à *going to* suivi d'une base verbale.

➞ *I'm going to prescribe you some vitamins.* Je vais vous prescrire des vitamines.

➞ *Look! I think it's going to rain.* Regarde ! Je crois qu'il va pleuvoir.

➞ *I'm not going to help you.* Je ne vais pas t'aider.

➞ *My sister is going to have a baby.* Ma sœur va avoir un bébé. ■

L'expression du futur avec le présent progressif

Le présent progressif implique une notion de futur proche, de futur programmé ou encore d'intention.

• Le présent progressif se construit avec l'auxiliaire *to be* (que l'on conjugue au présent) et un verbe en *-ing*.

• Il doit comporter un complément de temps afin de ne pas être confondu avec un présent progressif ne dénotant qu'un aspect du déroulement de l'action.

➞ *We are leaving tomorrow around noon.* Nous partons demain vers midi.

➞ *They're moving to Germany next week.* Ils partent en Allemagne la semaine prochaine.

➞ *Are you giving her a present for her birthday?* Tu vas lui offrir un cadeau pour son anniversaire ? ■

Autres expressions

Outre l'emploi de *will*, de *to be going to* et du présent progressif, on peut exprimer le futur avec :

• *Be about to.* On insiste alors sur l'imminence de l'action.
➡ *Hurry up! The train is about to leave.* Dépêche toi ! Le train va partir.

• *Be to.* On souhaite alors parler d'un projet.
➡ *They are to be married next month.* Ils vont se marier le mois prochain.

• Le présent simple est utilisé pour les horaires ou les programmes.
➡ *Her plane leaves at 15:00.* Son avion part à 15 h. ∎

Le futur antérieur

Tout comme en français, le futur antérieur anglais s'applique à une action future qui a lieu avant (ou antérieurement à) une autre action future.

• Le futur antérieur se conjugue avec l'auxiliaire *will* suivi de *have* et du participe passé du verbe que l'on souhaite conjuguer.
➡ *I'm sure she will have finished before six.* Je suis sûr qu'elle aura fini avant six heures.
➡ *He won't have made his bed again.* Il n'aura pas fait son lit encore.
➡ *Will she have passed or not?* Est-ce qu'elle aura réussi ou pas ? ∎

Le futur dans le passé

Pour situer dans le passé une action future, on peut utiliser chacune des expressions du futur décrites précédemment. Il suffit de faire glisser l'auxiliaire au passé. On a souvent recours au futur dans le passé dans le discours indirect.
➡ *He will be happy = she said he would be happy.* Elle a dit qu'il serait content.
➡ *He's going to be a doctor = his mother said he was going to be a doctor.* Sa mère a dit qu'il allait devenir médecin.
➡ *They are coming soon = they said they were coming soon.* Ils ont dit qu'ils arriveraient bientôt.
➡ *I caught him on time. He was just about to fall.* Je l'ai rattrapé juste à temps, il allait tomber.
➡ *I thought they were to wait for us.* Je croyais qu'ils allaient nous attendre. ∎

Points clés
English spoken

*Peter: Hi Jack!
Are you packing?
Jack: Yes. I've won a trip for the destination of my choice. Guess what? I'm going to visit Australia!
Peter: When are you leaving?
Jack: On Monday. My plane takes off at 10 a.m. Next week, at this time, I'll be in Sydney.*

Peter : Salut Jack !
Tu fais tes bagages ?
Jack : Oui, j'ai gagné un voyage pour la destination de mon choix. Devine quoi ? Je vais visiter l'Australie !
Peter : Quand pars-tu ?
Jack : Lundi. Mon avion décolle à 10 h. La semaine prochaine, à cette heure-ci, je serai à Sydney !

Attention !

Dans les subordonnées de temps, le français utilise le futur, alors que l'anglais a recours au présent.
➡ *I will leave when I am ready.* Je partirai dès que je serai prêt.
➡ *We'll give her her present as soon as she arrives.* Nous lui donnerons son cadeau dès qu'elle arrivera.

Index ➡ futur • présent • will

Points clés

« Would » et l'expression de la condition

Pour exprimer la condition, l'anglais utilise le plus souvent l'auxiliaire modal *would*, bien que ce ne soit pas son seul emploi. Cet auxiliaire rend compte aussi bien du conditionnel présent que passé. Il est invariable à toutes les personnes. *Would* se contracte la plupart du temps en *'d* et sa forme négative, également invariable, est *wouldn't*.

« Would » et le conditionnel présent

- Les phrases affirmatives :

➥ *I would buy a new car, if I had more money.*
J'achèterais une nouvelle voiture si j'avais plus d'argent.

- Les phrases interrogatives :

➥ *What would we do without her ?*
Que ferions-nous sans elle ?
➥ *Would you like some more cake ?*
Aimeriez-vous un peu plus de gâteau ?

- Les phrases négatives :

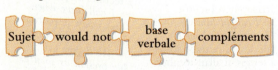

➥ *I would not like to live in Alaska, it's much too cold.* Je n'aimerais pas vivre en Alaska, il y fait beaucoup trop froid.

I WOULD NOT LIKE TO LIVE IN ALASKA, IT'S MUCH TOO COLD

Exercice

Complétez les phrases suivantes à l'aide d'un verbe au conditionnel présent ou passé.

1. If I were rich, I... a new house.
2. What... they... ... if they had been there ?
3. I... ... to live in the States.

Corrigé
1. would buy (ou would rent).
2. would they have done (ou would have they said).
3. wouldn't like (ou wouldn't choose).

Points clés

« Would » et le conditionnel passé

- Les phrases affirmatives :

➥ *He would have come earlier, but he was detained.*
Il serait venu plus tôt, mais il a été retenu.
➥ *I would have offered him a cap like yours, but I couldn't find one.* Je lui aurais offert une casquette comme la tienne, mais je n'en ai pas trouvé.

- Les phrases interrogatives :

➥ *What would you have done?*
Qu'est-ce que tu aurais fait ?
➥ *Would they have come, do you think?*
Tu crois qu'ils seraient venus ?
➥ *Would he have become a doctor if his father hadn't been one?* Serait-il devenu médecin si son père ne l'avait pas été ?

- Les phrases négatives :

➥ *He wouldn't have bought this house if he had known they were planning to build a motorway.*
Il n'aurait pas acheté cette maison s'il avait su qu'ils voulaient construire une autoroute.
➥ *She wouldn't have believed you if I hadn't confirmed.* Elle ne vous aurait pas cru si je n'avais pas confirmé.
➥ *You wouldn't have dared!* Tu n'aurais pas osé !

HE WOULDN'T HAVE BOUGHT THIS HOUSE IF HE HAD KNOWN THEY WERE PLANNING TO BUILD A MOTORWAY

Index ➡ conditionnel

Points clés — Évaluation groupe verbal (1)

Voici quelques exercices, de difficulté croissante, qui vous permettront d'évaluer vos connaissances en matière de conjugaison. Toutes ces notions doivent être maîtrisées en fin de troisième.

Exercice

Mettez à la forme négative.
1. You'll take the bus to town.
2. I'd like to live in the States.
3. She wants me to clean the car.
4. He writes beautifully.
5. I have finished all the ironing.
6. They came from Ireland.
7. She was waiting on a bench.
8. We had arrived much earlier.

HE WRITES BEAUTIFULLY

Corrigé

1. You won't take…
2. I wouldn't like…
3. She doesn't want me to…
4. He doesn't write…
5. I haven't finished…
6. They didn't come…
7. She wasn't waiting…
8. We hadn't arrived…

Exercice

Conjuguez le verbe au temps voulu.
1. Shakespeare (write) Hamlet.
2. Tomorrow, Jean (go) on holiday.
3. When (buy) you this house?
4. John (not like) playing tennis.
5. Nobody ever (listen) to her.
6. They (argue) when I came into the room.
7. You said you (lend) me your car.
8. She'll help you as soon as she (finish).

Corrigé

1. Shakespeare wrote…
2. Jean will go… ou is going…
3. When did you buy…
4. John doesn't like…
5. Nobody ever listens…
6. They were arguing…
7. You would lend me…
8. She has finished…

Points clés

Exercice

Trouvez la question portant sur les mots manquants.
1. They've known us for...
2. He moved to Spain... ago.
3. She always buys her clothes at...
4. We'll visit... next summer.
5. She tried to talk to...
6. They were watching a... when he arrived.
7. He goes to work by...
8. He had left his office at... past.

Corrigé

1. How long have they known you ?
2. When (ou How long ago) did he move to Spain ?
3. Where does she always buy her clothes ?
4. What will you visit next summer ?
5. Who did she try to talk to ?
6. What were they watching when he arrived ?
7. How does he go to work ?
8. What time had he left his office ?

Exercice

Choisissez la bonne réponse a, b, c ou d.
1. ... them for a long time ?
   a) Do you know, b) Will you know, c) Did you know, d) Have you known
2. It... when we arrived, and it didn't stop for days.
   a) was raining, b) is raining, c) had been raining, d) has been raining
3. When I..., I'll be a film star.
   a) grew, b) grows, c) am growing, d) grow... up
4. He... hours ago.
   a) leaves, b) left, c) has left, d) will leave
5. I... them since they were kids.
   a) haven't known, b) have known, c) didn't know, d) knew
6. We... dinner at home, no-one wanted to cook.
   a) had, b) were having, c) didn't have, d) weren't having
7. If I were you, I... to Madrid instead.
   a) will go, b) would go, c) could go, d) should go
8. No-one... the washing-up yet, so I'll do it.
   a) did, b) does, c) has done, d) will do

Corrigé

1. d), 2. a), 3. d), 4. b), 5. b), 6. c), 7. b), 8. c)

Points clés — # Évaluation groupe verbal (2)

Grâce à ces exercices, vous pourrez parfaire vos connaissances en matière de conjugaison et d'emploi des temps.

Exercice

Choisissez la bonne réponse a, b, c, ou d.

1. I'm sure she'd win if she... hard enough.
   a) tries b) would try c) will try d) tried
2. His record... two years ago.
   a) has been broken b) was broken
   c) broke d) has broken
3. I'm sure you'd like him if you... him.
   a) see b) will see c) saw d) would see
4. He... anything to eat yet.
   a) didn't have b) doesn't have
   c) won't have d) hasn't had
5. I suppose he... rent a car.
   a) should b) does
   c) did d) was
6. The hair dryer... before.
   a) wasn't used
   b) didn't use
   c) wouldn't use
   d) hasn't been used
7. There... two accidents last week.
   a) is b) are
   c) was d) were
8. She said she... stand football.
   a) can't b) couldn't
   c) doesn't d) didn't

Corrigé

1. d)   2. b)
3. c)   4. d)
5. a)   6. d)
7. d)   8. b)

I'M SURE SHE'D WIN IF...

Exercice

Conjuguez le verbe au prétérit simple ou progressif.

1. Queen Victoria (reign) from 1837 to 1901.
2. She never (go) to the theatre when she was in Stratford.
3. They (have) such a good time that I (not want) to interrupt them.
4. When I first (meet) him, I (think) he was stupid.
5. He (not listen), how could he understand?
6. When they (be) young, they (cannot) swim.
7. She (say) she would come this evening.
8. I really (enjoy) myself at your party.

Corrigé

1. Queen Victoria reigned...
2. She never went...
3. They were having... I didn't want...
4. I first met... I thought...
5. He didn't listen/He wasn't listening...
6. They were... they couldn't...
7. She said...
8. I really enjoyed...

Points clés

Exercice

Conjuguez le verbe au parfait simple ou au plus-que-parfait en utilisant la forme progressive à chaque fois que c'est possible.

1. Look! They (buy) a new car.
2. He just (leave) when the phone rang.
3. She (live) in Wessex since the New Year.
4. I (write) six letters today.
5. He (play) rugby for more than ten years when he decided to stop.
6. Your brother (not have) his shower yet.
7. It was the first time I (eat) Chinese food.
8. I (do) all the ironing, but I (not start) the washing-up.

Corrigé

1. *They've bought…*
2. *He had just left…*
3. *She's been living…*
4. *I've written…*
5. *He had been playing…*
6. *Your brother hasn't had…*
7. *I had eaten…*
8. *I've done… I haven't started…*

Exercice

Rendez à chaque phrase son indicateur de temps : *Until noon, next summer, right now, already, seldom, on Wednesday, on Mondays, for.*

1. We won't go to Spain…
2. The plane had… left when we arrived at the airport.
3. He… goes anywhere without her.
4. She always wakes up late…
5. We didn't see them…
6. I'm not at my best…
7. Have they been playing… long?
8. I don't think she'll come…

Corrigé

1. *next summer*
2. *already*
3. *seldom*
4. *on Mondays*
5. *until noon*
6. *right now*
7. *for*
8. *on Wednesday*

Index ➡ conjugaison

Points clés

Les auxiliaires de modalité : introduction

Qu'on les appelle auxiliaire modal ou modal au singulier, auxiliaires modaux ou modaux au pluriel, ces auxiliaires permettent à celui qui énonce la phrase de porter un jugement, de donner un avis ou de commenter une situation.

Une certaine subjectivité

On n'utilise pas les auxiliaires modaux pour parler ou juger de situations confirmées, effectives, réelles ou d'événements qui se sont vraiment produits.

Comparez ces deux réactions à la même phrase :
- *John is going out with Jane :*
1 *It's not true.*
2 *It can't be true.*
La première de ces phrases se veut objective, sans appel, sans nuance et présente le fait comme acquis : c'est faux, John ne sort pas avec Jane. Cette phrase nous apprend une information.
En revanche, dans la seconde phrase, celui qui parle (ou écrit) fait un commentaire. On ne sait pas s'il est vrai ou faux que John sort avec Jane mais celui qui vous parle affirme que lui en tout cas n'arrive pas à y croire. ■

Les deux valeurs des modaux

On emploie un modal pour parler de situations ou d'événements auxquels on peut s'attendre, qui sont possibles mais dont on n'est pas sûr ou qui ne se sont pas réalisés. En utilisant un auxiliaire modal, on évalue les chances de réalisation d'une action, c'est-à-dire sa probabilité.

On commente les possibilités qu'a le sujet de faire quelque chose (capacité, permission, absence d'obligation), mais aussi les contraintes qui pèsent sur ce sujet (interdiction, obligation) et ce qui peut avoir une influence sur ce qu'il fait (conseil, reproche, suggestion, volonté). ■

I HAVE GOOD AND BAD NEWS. THE BAD: JOHN IS GOING OUT WITH JANE

IT CAN'T BE TRUE

...AND THE GOOD: IT'S NOT TRUE, JOHN WILL GO OUT WITH ME TONIGHT

Les modaux ont deux sens possibles

De plus, un même modal peut avoir deux sens différents mais néanmoins très proches.

Comparez l'utilisation de *may* dans les phrases suivantes :
• *It may rain so don't forget to take an umbrella.*
• *You may take my umbrella, I don't need it.*
Dans la première phrase celui qui parle juge qu'il y a de bonnes chances qu'il pleuve et rappelle à son interlocuteur de bien penser à prendre un parapluie.
Dans la seconde phrase celui qui parle autorise son interlocuteur à emprunter son parapluie et lui signale que lui-même n'en a pas besoin.

Ces deux utilisations de *may* renvoient à l'idée de possibilité mais la seconde renvoie au sens premier de *may* (la permission), tandis que la première renvoie à l'idée de probabilité.

Pour *may* et plus généralement pour les autres modaux, on distingue deux sens : un sens premier et un sens lié à l'expression de la probabilité, où celui qui parle se prononce sur les chances de réalisation d'un événement. Cette appréciation va de la quasi-certitude *(must)*, à l'expression de l'impossible *(can't)*, en passant par toutes les nuances du probable *(may,...)*.

Comme on vient de le voir, lorsqu'il y a dans une phrase utilisation d'un modal (c'est-à-dire modalisation), c'est celui qui parle ou qui écrit la phrase qui, d'une certaine façon, choisit de faire intervenir un modal pour commenter un fait. Le modal ne fait que s'ajouter à un énoncé de départ. On comprend mieux ainsi la fonction du modal dans une phrase et sa conjugaison. Par exemple, le fait qu'un modal se conjugue sans « s » à la 3ᵉ personne du singulier s'explique par le fait que le sujet grammatical de la phrase n'est pas directement lié à ce dernier. Dans la phrase suivante : *He should not smoke,* *should not* vient de celui qui parle et qui donne son avis sur *he/smoke,* il n'y a donc pas de raison d'accorder *he* (sujet grammatical de la phrase) et *should* (modalité introduite par celui qui parle).

Points clés

Les formes grammaticales des modaux

Il n'y a pas de texte sans locuteur, car la nature d'un texte se rapporte aux intentions de ce dernier qui peut vouloir faire un récit, décrire un objet, donner un ordre, expliquer ou exposer son point de vue.

Les règles générales

Au présent, ces verbes ne prennent pas de «s» à la troisième personne du singulier contrairement aux autres verbes.
Les questions, les phrases négatives et les tags se forment sans auxiliaire.

• À la forme interrogative il y a juste inversion du sujet et du modal.
➥ *Can I come?* Puis-je venir?

• À la forme négative, le modal porte la négation.
➥ *No, you can't.* Non.
➥ *I can come, can't I?* Je peux venir, n'est ce pas?

• Les modaux sont suivis de l'infinitif sans *to* (ou base verbale).
➥ *I must go.* Je dois y aller.

• Les modaux n'ont ni infinitif, ni participe passé (donc pas de forme passive), ni participe présent, ni forme future. Aux temps où ils n'existent pas, on emploie une expression équivalente. ∎

Le prétérit des modaux

Certains auxiliaires ont une forme prétérit:
– *Could* est la forme prétérit de *can*,
– *might* celle de *may*,
– *should* celle de *shall*,
– *would* celle de *will*.
En revanche, *must* n'a pas de forme prétérit. *Must* ayant la valeur d'un ordre, il n'existe qu'au présent, un ordre ne pouvant se donner rétrospectivement.

• La forme prétérit des modaux ne renvoie pas obligatoirement au passé. Elle a en effet deux valeurs distinctes:
• renvoi au passé chronologique.
➥ *When I was two, I could already count to ten* (capacité passée). Quand j'avais deux ans, je savais déjà compter jusqu'à dix.

• renvoi à l'hypothétique ou à l'irréel.
➥ *You could try to explain to her.* Tu pourrais essayer de lui expliquer. (Capacité fictive: c'est une suggestion, cela serait possible mais cela n'est qu'une hypothèse.)

• Le passage au prétérit produit un éloignement, une atténuation, un adoucissement par rapport au présent. Comparez:
➥ *Can you pass me the butter?* Peux-tu me passer le beurre?
➥ *Could you pass me the butter?* Pourrais-tu me passer le beurre? ∎

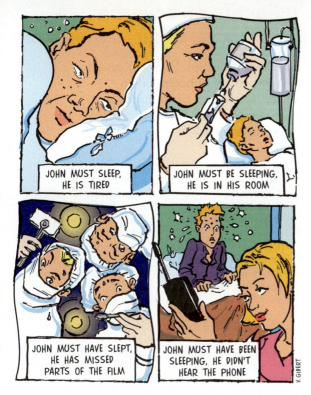

Points clés

Les contractions

Voici la liste des formes modales contractées et de leur signification. Notez bien que certaines d'entre elles sont irrégulières :
– *can't* = *cannot*.
– *couldn't* = *could not*.
– *mightn't* = *might not*.
– *mustn't* = *must not*.
– *needn't* = *need not*.
– *oughtn't* = *ought not*.
– *shan't* = *shall not* (forme rare).
– *shouldn't* = *should not*.
– *won't* = *will not*.
– *wouldn't* = *would not*.

• Il est à noter que *mayn't* ne se rencontre qu'exceptionnellement et que *shan't* s'emploie surtout en anglais britannique. ■

Les combinaisons des modaux en « be -ing » et en « have -ed »

Les modaux peuvent se combiner d'une part avec une forme en *be -ing* et d'autre part avec une structure en *have -ed* (participe passé). On peut également les utiliser avec ces deux formes à la fois. Voici les combinaisons possibles ; comparez donc les exemples suivants :

➥ *John must sleep, he is tired.* John doit dormir (il faut qu'il dorme), il est fatigué. (Il s'agit donc d'une obligation.)

➥ *John must be sleeping, he is in his room.* John doit dormir (c'est fort probable), il est dans sa chambre. (C'est donc une quasi-certitude.)

➥ *John must have slept, he has missed parts of the film.* John a dû dormir, il a raté certaines parties du film. (C'est également une quasi-certitude, mais cette fois-ci il s'agit d'un événement passé.)

➥ *John must have been sleeping, he didn't hear the phone.* John devait dormir, il n'a pas entendu le téléphone. (Il s'agit encore d'une quasi-certitude concernant un événement passé. Mais ici, on insiste sur la durée de l'action grâce à la forme en *be -ing*.) ■

Index ➡ modaux • tags

Points clés

Verbes, adjectifs et adverbes équivalents aux auxiliaires modaux

Les modaux n'existent pas à tous les temps. Dans ces cas-là, on utilise une expression équivalente. On notera qu'en employant une expression non modale on fait disparaître l'élément de jugement et de commentaire qui est inséparable de l'utilisation de la modalité.

Équivalents au sens premier des modaux : « can » et « must »

Il existe des expressions qui rendent le sens premier de *can* et *must* (la capacité, l'obligation et la permission).

• Pour parler de capacité et d'incapacité, on peut employer *to be able to* à la place de *can* et *not to be able to* à la place de *can't*. On peut ainsi construire les formes manquantes :
– l'infinitif *(not) to be able to*.
– le futur *will (not) be able to*.

• Pour parler de permission et d'absence de permission on peut employer *to be allowed to* à la place de *may* et *not to be allowed to* à la place de *may not*. On forme ainsi :
– l'infinitif *(not) to be allowed to*.
– le futur *will (not) be allowed to*.

• Pour parler d'obligation on peut employer *to have to* à la place de *must*.

On forme ainsi :
– l'infinitif *to have to*.
– le futur *will have to*.

• Ces équivalents ont
• des formes au présent :
– *am/is/are able to* ;
– *am/is/are allowed to* ;
– *have/has to*.

L'expression du degré de certitude

Le degré de certitude peut s'exprimer par l'intermédiaire des modaux. Mais, tout comme on le fait en français, on peut également employer des adverbes ou des adjectifs équivalents. Parmi les plus courants, on trouvera :

• *Certainly not* (certainement pas), *evidently not* (évidemment pas) = *can't*.

• *Maybe* et *perhaps* (peut-être), *possibly* (possible) = *may*.
➥ *Maybe, she has left.*
= *She may have left.*

• *Unlikely* (dans *to be unlikely to*, avoir peu

• des formes au prétérit :
– *was/were able to* ;
– *was/were allowed to* ;
– *had to*.

• des formes au parfait :
– *have/has been able to* ;
– *have/has been allowed to* ;
– *have/has had to*. ■

de chances de) = *might*.
➥ *I'm unlikely to win.*
= *I might win.*

• *Likely* (dans l'expression *to be likely to*, avoir des chances de) = *could*.
➥ *She's likely to come.*
= *She could come.*

• *Certainly* (certainement), *evidently* (évidemment), *sure* (dans l'expression *to be sure to*, être sûr de) = *must*.
➥ *He's packing. Evidently he has decided to go.* = *He must have decided to go.*
➥ *Be sure to write.*
= *You must write.* ■

Points clés

Exercice

Dans ces phrases, la modalité est exprimée par un adjectif, un adverbe ou un verbe. Reformulez-les en utilisant un auxiliaire modal.

1. *Someone is knocking on the door, is it likely to be John?*
2. *No, it is certainly not John, he is on holiday.*
3. *At home I am allowed to listen to music but I have to do my homework first and I am not allowed to play it too loud* (= écouter trop fort).

Corrigé

1. *Someone is knocking on the door, could it be John?* Could correspond à : est-ce possible ?, c'est-à-dire à un degré de certitude.
2. *No, It can't be him, he is on holiday.* Can't correspond à : sûrement pas, c'est-à-dire à une impossibilité probable.
3. *At home I can/may* (permission) *listen to music but I must do my homework first and I can't/may not play it too loud.* (absence de permission).

Autres expressions

Enfin, il existe des expressions qui traduisent le conseil et la préférence.

• L'expression *had better* s'utilise pour donner des conseils appuyés à quelqu'un d'autre ou à soi-même. On utilise toujours *had* et jamais *have*. Comme les modaux, cette forme est suivie d'un infinitif sans *to*, c'est-à-dire d'une base verbale. *Had* est généralement utilisé sous sa forme contractée qui est *'d*. Lorsqu'on utilise cette expression, on envisage un futur très proche. Ainsi on dit assez fréquemment :
➥ *I'd better go now.*
Je ferais mieux d'y aller maintenant.
Dans *had better*, il peut y avoir une nuance de menace :
➥ *You'd better do what I say otherwise…* Tu ferais mieux de faire ce que je dis, sinon…

• *Would like to* s'utilise pour exprimer une préférence, faire une demande ou une offre.
➥ *I would like to go to the cinema.* Je voudrais (j'aimerais bien) aller au cinéma. ∎

Index ➡ équivalents des auxiliaires modaux • modaux

Points clés

Exprimer la capacité et l'incapacité : « can »

En anglais, on emploie principalement l'auxiliaire modal *can* pour exprimer la capacité et l'incapacité (que celle-ci soit physique ou bien intellectuelle), ainsi que la possibilité et l'impossibilité.

Les formes grammaticales de « can »

Comme tous les auxiliaires modaux, *can* ne prend pas de « s » à la 3ᵉ personne du singulier et est suivi de l'infinitif sans *to* (soit la base verbale).

• *Can* a une forme contractée qui est *can't*.

• À la forme négative *cannot* s'écrit toujours en un seul mot.

• *Can* a une forme prétérit qui est *could*.

• Comme les autres auxiliaires, *can* n'a ni forme future, ni infinitif, ni participe passé. On peut utiliser à ces temps et formes son équivalent : *to be able to*. ■

Capacité et possibilité

On emploie la forme affirmative de *can* pour ce que l'on est capable de faire physiquement ou intellectuellement.
➥ *I can swim.* Je sais nager.
➥ *I can speak English.* Je sais parler anglais.

• On emploie la forme négative *cannot* ou *can't* pour parler de ce que l'on n'est pas capable de faire, physiquement ou intellectuellement.
➥ *I can't ski.* Je ne sais pas skier.
➥ *I can't speak Greek.* Je ne sais pas parler grec.

• On emploie la forme interrogative pour demander à quelqu'un s'il est capable (physiquement ou intellectuellement) de faire quelque chose.
➥ *Can you ride a bike?* Sais-tu faire du vélo ?
➥ *Which languages can you speak?* Quelles langues parles-tu ?

• *Can* exprime également la possibilité ou l'impossibilité.
• Forme affirmative :
➥ *In France you can buy stamps in cafés.* En France, on peut acheter des timbres dans les cafés.
• Forme négative :
➥ *In England you can't/cannot buy stamps in cafés.* En Angleterre, on ne peut pas acheter de timbres dans les cafés.
• Forme interrogative :
➥ *Where can I buy stamps?* Où puis-je acheter des timbres ? ■

Points clés

Les autres sens de « can »

En langage familier, on peut employer *can* ou *could* pour demander ou donner une permission (ou la refuser). L'emploi de *can* est familier, alors que *could* est plus formel ou fait référence au passé.

• On peut employer *can* :
• pour proposer quelque chose à quelqu'un.
➙ *Can I help you?* Puis-je vous aider ?

• pour demander quelque chose à quelqu'un.
➙ *Can you open the door for me please?* Est-ce que tu peux m'ouvrir la porte s'il te plaît ?

• pour demander quelque chose plus formellement ou plus poliment.

➙ *Could you open the door for me please?* Pourrais-tu m'ouvrir la porte s'il te plaît ?

• pour donner un ordre.
➙ *When you have finished exercice 1 you can do exercice 2.* Quand vous aurez fini l'exercice 1, faites le 2.

• pour donner un ordre plus formellement ou plus poliment.
➙ *After exercice 1, you could do exercice 2.* Après l'exercice 1, vous pourrez faire le 2.

• L'utilisation de *could*, la forme prétérit de *can*, pose l'action comme irréelle et non comme fait accompli. Cette forme est donc plus formelle, plus polie. ■

Les valeurs de « could »

La forme prétérit de *can* peut exprimer :
• la capacité (ou l'incapacité) dans le passé.
➙ *When I was four, I could already swim.* À quatre ans, je savais déjà nager.
➙ *I was so ill, I couldn't sleep last night.* J'étais tellement malade que je n'ai pas pu dormir la nuit dernière.

• l'irréel.
➙ *If you don't like the blue dress, you could try the red one.* Si tu n'aimes pas la robe bleue, tu pourrais essayer la rouge.

• le discours indirect. *Can* devient alors *could*.
➙ *Can you climb trees?* « Sais-tu grimper aux arbres ? »
She asked me if I could climb trees. Elle m'a demandé si je savais grimper aux arbres.

• l'hypothétique du passé. La structure *Could + have + participe passé* est une forme exprimant ce que l'on aurait pu faire mais que l'on n'a pas fait.
➙ *I was so angry I could have killed her!* J'étais tellement en colère que j'aurais pu la tuer ! ■

Exercice

Which of these animals: rabbits, dogs, elephants, bears

1. *can live up to 70 years?*
2. *can live up to 35 years?*
3. *can live up to 20 years?*
4. *can live up to 6 years?*

Corrigé
1. elephants.
2. bears.
3. dogs.
4. rabbits.

Index ➙ can • équivalents des auxiliaires modaux

Points clés

Exprimer la permission et l'absence de permission : « can » et « may »

La permission, et au contraire son absence, se traduisent dans la majorité des cas soit par l'auxiliaire *may* (et sa forme *might*), soit par l'auxiliaire *can* (et sa forme *could*).

Les formes grammaticales de « may »

Comme *may* est un auxiliaire modal, il ne prend pas de « *s* » à la 3ᵉ personne du singulier et est suivi de l'infinitif sans *to* (la base verbale).

• *May* a une forme prétérit qui est *might*.

• La forme contractée *mayn't* est très peu employée (on utilise *may not*), par contre on trouve plus souvent *mightn't*.

• Comme les autres auxiliaires, *may* n'a ni forme future, ni infinitif, ni participe passé. On peut utiliser à ces temps et formes son équivalent : *to be allowed to*. ∎

« May » et « might »

On emploie *may* pour demander la permission de façon formelle.
➥ *May I open the window?* Puis-je ouvrir la fenêtre ?

• On emploie plus rarement *might* qui est plus formel encore.
➥ *I thought I might come and see you after lunch.* J'ai pensé que je pourrais venir vous voir après déjeuner. (On demande à la personne la permission de venir si cela lui convient, ce sens est donc proche de la suggestion.)

• On emploie aussi *may* et *might* pour donner ou refuser la permission.
➥ *You may go now.* Vous pouvez y aller. (On vous donne la permission de partir.)
➥ *Students may not enter the staff room.* Les étudiants ne doivent pas pénétrer dans la salle des professeurs.

• On n'emploie généralement pas *may* ou *might* pour parler d'une permission qui a déjà été donnée ou refusée. On utilise plutôt *can*, *could* ou l'équivalent de *may* : *to be allowed to*.
➥ *The teacher said I could go to the sick room.* Le professeur a dit que je pouvais aller à l'infirmerie.
➥ *I am never allowed to go out at night, it's not fair!* Je n'ai jamais le droit de sortir le soir, ce n'est pas juste ! ∎

« Can » et « could » : le langage familier

Souvent, en particulier dans le langage familier, on emploie *can* à la place de *may* ou *might* pour demander ou donner la permission.
➥ *Mummy, can I go to the swimming-pool?* Maman, est-ce que je peux aller à la piscine ?
➥ *You can borrow my book if you want.* Tu peux prendre mon livre si tu veux.

• De même, en langage familier, on emploiera *can't* pour parler de l'absence de permission.
➥ *You can't park here, because this car-park is for staff only.* Vous ne pouvez pas vous garer ici, car ce parking est réservé au personnel.

• On peut également utiliser *could* qui est nettement plus formel et plus poli que *can*.
➥ *Could I have some more tea, please?* Pourrais-je avoir encore du thé s'il vous plaît ?

• On emploie également *could* pour parler d'une permission (ou d'une absence de permission) donnée dans le passé.
➥ *When I was young I could read in bed as long as I liked.* Quand j'étais jeune, je pouvais lire au lit aussi longtemps que je voulais. ■

« Can » ou « may » : la présupposition

Lorsque le locuteur utilise *can*, il envisage déjà que la permission sera en toute probabilité accordée (ou refusée avec *can't*). *May* par contre ne laisse pas présupposer la réponse. La personne qui demande :
➥ *Can I open the window* s'attend à une réponse favorable, ce qui n'est pas évident lorsqu'elle dit :
➥ *May I open the window?*
Si l'on veut répondre favorablement à cette dernière question, on ne dira pas :
➥ *Of course you may (open the window).*
Mais plutôt :
➥ *Of course you can (open the window).*
Ainsi, il est logique de ne pas employer *may* pour parler d'une permission qui a déjà été accordée ou refusée. On emploie alors *can* pour sous-entendre que la réponse est présupposée. ■

Points clés
English spoken

Reading somebody's rights
You are under arrest, you may call a lawyer, you may decide to speak or not to speak but if you decide to speak what you say can be held against you.

Lecture des droits
Vous êtes en état d'arrestation, vous pouvez appeler un avocat, vous pouvez décider de parler ou de vous taire mais si vous décidez de parler ce que vous direz pourra être retenu contre vous.

Index ➡ équivalents des auxiliaires modaux • permission

Points clés

Exprimer l'obligation : « must », « have to », « ought to »

La notion d'obligation est retranscrite par l'utilisation de l'auxiliaire modal *must*, mais aussi par ses équivalents *have to* et *ought to*, chacun comportant des nuances de sens qu'il est nécessaire de connaître.

Formes et emplois de « must »

Comme tous les autres auxiliaires modaux, *must* obéit aux règles grammaticales suivantes :

- *Must* ne prend pas de *s* à la 3ᵉ personne du singulier et est suivi de l'infinitif sans *to*.

- *Must* possède une forme négative contractée qui est *mustn't*.

- *Must* ne possède ni forme future, ni infinitif, ni participe passé.

On peut utiliser à ces temps et formes son équivalent : *to have to*.

- En revanche, contrairement à d'autres auxiliaires, *must* n'a pas de forme prétérit.

- On emploie *must* pour donner des conseils appuyés ou des ordres à soi-même ou à un tiers (dans tous les cas, celui qui parle impose son point de vue).

➡ *I really must work harder.* Je dois vraiment travailler plus.
➡ *You must come back before it is dark.* Tu dois rentrer avant la nuit.

- Dans une question, *must* permet de demander à quelqu'un s'il doit absolument faire quelque chose ou s'il peut faire autrement.
➡ *Why must you go there?* Pourquoi dois-tu y aller ? ∎

« Must » et « have to »

La notion d'obligation peut également se traduire par l'équivalent de *must* qui est *have to* ou encore par *have got to*. Il est à noter que *have got to* est plus informel et s'emploie surtout au présent.
➡ *I've got to go now.* Je dois y aller maintenant.
- Au présent, où l'on peut choisir entre *must* et *have to* (ce qui n'est pas le cas au futur par exemple où il n'existe pas de forme de *must*), il existe entre ces deux formes verbales une nuance de sens :
– *must* indique une obligation qui vient de celui qui parle.
➡ *I must go on a diet, I think I am too fat.* Je dois faire un régime, je me trouve trop grosse.
– *have to* indique une contrainte extérieure.
➡ *The doctor says I have to stop smoking.* Le docteur dit que je dois arrêter de fumer.

- Notez qu'en langage familier, notamment en anglais américain et par exemple dans certaines chansons, *have got to* peut s'écrire *gotta* ce qui correspond à la manière dont on prononce cette expression.
➡ *I gotta go* = *I've got to go.* ∎

Points clés

« Ought to »

On emploie *ought to* à la place de *must* pour parler de l'obligation lorsque l'on veut insister sur l'aspect moral ou normal de l'obligation (*ought to* se rapproche alors de *should*).

➥ *She is lonely, you ought to go and see her.*
Elle est seule, tu devrais aller la voir.

➥ *He is ill, you ought to ask if you can do anything for him.*
Il est malade, tu devrais lui demander si tu peux faire quelque chose pour lui. ■

Exercice

Faites correspondre les réactions aux affirmations suivantes.

1. *I am tired.*
2. *My hands are dirty.*
3. *My hair is long.*
4. *My friend is depressed.*
A. *I must try to cheer her up.*
B. *I must sleep.*
C. *I must go to the hairdresser's* (= coiffeur).
D. *I must wash them.*

Corrigé

1B. *Je suis fatiguée, je dois dormir.*
2D. *Mes mains sont sales, je dois les laver.*
3C. *Mes cheveux sont longs, je dois aller chez le coiffeur.*
4A. *Mon amie est déprimée, il faut que je lui remonte le moral.*

THE BET IS STUPID BUT SHE OUGHT TO DO IT

« Must » et le passé

On n'emploie généralement pas *must* en contexte passé, car la personne qui donne un ordre ou un conseil appuyé envisage une prise en compte immédiate de ce qu'elle dit. *Must* correspond à un ordre ou à un équivalent, il ne peut donc s'appliquer à une action déjà réalisée. On ne peut pas donner un ordre après coup. On n'emploie donc pas *must* pour parler d'une obligation passée, à part au discours indirect :
➥ *He felt she must do that.* Il sentait qu'elle devait le faire. ■

Index ➜ have to • must • obligation • ought to

Points clés

Exprimer l'interdiction :
« must not » et « ought not to »

Must not et son équivalent *ought not to* permettent d'exprimer la notion d'interdiction. Mais attention, l'utilisation de la négation avec les modaux et leurs équivalents est une opération relativement délicate.

L'interdiction et l'absence d'obligation

On emploie la forme négative de *must* (c'est-à-dire *must not*) pour parler de ce qu'il ne faut pas faire ou pour dire à quelqu'un qu'il ne faut pas faire quelque chose, donc pour exprimer une interdiction.
➥ *You must not be rude to your grandmother.* Tu ne dois pas être grossier avec ta grand-mère.
➥ *You must not bring your walkman to school.* Tu ne dois pas apporter ton baladeur à l'école. La négation marque ici l'obligation de ne pas faire quelque chose (ce qui équivaut à une interdiction).

• Pour exprimer l'interdiction, on peut également employer l'impératif avec un sens proche de celui des deux phrases précédentes (puisqu'il s'agit en fait de donner un ordre).
➥ *Don't be rude to her.* Ne sois pas grossier avec elle.
➥ *Don't bring your walkman to school.* N'apporte pas ton baladeur à l'école.

• À la forme affirmative, *must* et son équivalent *to have to* ont des sens très proches.

• En revanche, à la forme négative *must not* (contracté en *mustn't*) et *do not have to* (contracté en *don't have to*) ont des sens très différents, ce qui est source d'erreur. *Mustn't* ou *must not* se rapporte à l'interdiction formelle, alors que *do not have to* ou *don't have to* (ou *haven't got to*) se rapporte à l'absence d'obligation.
➥ *Tomorrow, I don't have (ou I haven't got) to be at school before 10 o'clock.* Demain, je n'ai pas besoin d'être à l'école avant 10 heures. ■

English spoken

Here are some of the things that you must not do when you are at school:
• *When the class is asked a question, you must not call out but you must put up your hand to answer.*
• *You must not leave a lesson without having a note from your teacher.*
• *At the end of a lesson, you must not leave until your teacher tells you you may leave the room.*

Voici certaines des choses que vous ne devez pas faire lorsque vous êtes à l'école :
• Lorsque l'on pose une question à la classe, vous ne devez pas interpeller le professeur mais vous devez lever le doigt pour répondre.
• Vous ne devez pas quitter le cours sans avoir un mot de votre professeur.
• À la fin du cours, vous ne devez pas partir avant que le professeur ne vous dise que vous pouvez quitter la salle.

Points clés

Exercice

Comparez les phrases suivantes.

1. *You must not chew gum in class.*
2. *On Sundays you don't have to wake up early.*
3. *I like being on holiday because I don't have to work all the time.*
4. *In class, you must not pack up (=ranger vos affaires) before the teacher tells you to do so.*

Quelles phrases expriment une interdiction ? Qu'expriment les autres ?

Corrigé

Les phrases 1 et 4 expriment l'interdiction. Dans les deux cas il s'agit de choses qu'il est interdit de faire en classe : manger du chewing gum ou ranger ses affaires avant la fin de la leçon. Dans les phrases 2 et 3, il ne s'agit pas d'un ordre mais au contraire d'une absence d'obligation. Cela signifie que vous n'êtes pas obligé ou que vous n'avez pas besoin de faire quelque chose, ici de vous lever tôt le dimanche (phrase 2) et de travailler tout le temps (phrase 3).

Morale et normalité

On emploie *ought not to* à la place de *must not* pour parler de l'interdiction lorsque l'on veut insister sur le côté moral ou normal de la chose. Dans ce cas, *ought not to* se rapproche du sens de *should not*.

➥ *Children ought not to go out alone at night.*
Les enfants ne devraient pas sortir seuls le soir. (Cela n'est pas bien). Ce n'est pas une situation normale. Il est par conséquent du devoir des parents de veiller à ce que cela soit interdit ou que cela ne se produise pas. ∎

CHILDREN OUGHT NOT TO GO OUT ALONE AT NIGHT

Points clés

Exprimer l'absence d'obligation : « need not » et « do not have to »

L'absence d'obligation se traduit par *need not* et *do not have to*. Ces deux formes ont des sens équivalents. Mais il est à noter que *need* est un auxiliaire modal alors que *have to* est une forme verbale non modale.

« Need » et « needn't »

Le mot *need* signifie nécessité et le verbe lexical *to need* se traduit par avoir besoin, tandis que sa forme négative *need not* (qui se contracte en *needn't*) exprime l'absence d'obligation.

• On emploie cette forme pour parler de tout ce qui n'est pas nécessaire, dont on n'a pas besoin ou que l'on n'est pas forcé de faire.
➥ *I needn't make my bed in the morning. I can do it in the evening.* Je ne suis pas obligé de faire mon lit le matin. Je peux le faire le soir.
➥ *At home, I needn't do the cooking. Mum does it for me.* Chez moi, je ne suis pas obligé de faire la cuisine. Maman la fait pour moi.

• Lorsque le verbe lexical *need* est employé pour exprimer l'absence d'obligation, il suit les règles de conjugaison des auxiliaires, c'est-à-dire qu'il s'emploie sans auxiliaire supplémentaire. C'est le cas :
– à la forme négative (la négation *not* suit alors directement le verbe).
– à la forme interrogative.

• Toutefois, on peut aussi trouver la forme *don't need to* (en particulier en anglais américain). En effet, *need* peut se conjuguer comme un auxiliaire ou un verbe ordinaire (donc avec un auxiliaire, ce qui donne *don't need to*). En général, on trouve *needn't* dans les phrases négatives. ∎

L'absence d'obligation peut aussi se traduire par *didn't need to*. Dans ce cas, la notion de reproche disparaît.
➥ *You didn't need to come, but I am glad to see you.* Tu n'étais pas obligé de venir, mais je suis content de te voir.

« Needn't have » + participe passé

Au passé, l'absence d'obligation se traduit assez fréquemment par la structure suivante :

needn't have + **participe passé**

On emploie cette forme lorsque l'on souhaite signifier qu'une personne a fait quelque chose d'inutile. Il peut par conséquent parfois y avoir une nuance de reproche implicite dans ce type de phrases.
➥ *You really needn't have come to tell me that. You could have phoned me.* Tu n'étais vraiment pas obligé de venir pour me dire ça, tu aurais pu me téléphoner (ce qui peut sous-entendre que tu m'as dérangé inutilement en venant me voir). ∎

Points clés

Les formes grammaticales de « don't have to » et de « haven't got to »

On emploie également les structures *don't have to* ou *haven't got to* pour parler de ce qui n'est pas nécessaire, donc pour exprimer l'absence d'obligation. Leur sens est le même que celui de *needn't*. *Haven't got to* est cependant plus familier et s'emploie plus fréquemment en anglais américain qu'en anglais britannique.

• Pour exprimer l'absence d'obligation passée on emploie les structures *didn't have to* ou *hadn't got to*, c'est-à-dire le prétérit des formes précédentes. Ces dernières comportent les mêmes nuances qu'au présent (*hadn't got to* est donc plus familier et davantage utilisé en anglais américain).

• Ainsi, pour parler de ce que vous ne deviez pas faire ou n'étiez pas obligé de faire lorsque vous étiez bébé, vous pouvez dire :
➥ *« When I was a baby, life was nice and easy. I didn't have to (hadn't got to) brush my teeth and I didn't have to (hadn't got to) go to school. »* « Lorsque j'étais bébé, la vie était belle et facile. Je n'étais pas obligé de me laver les dents et je n'étais pas obligé d'aller à l'école. » ■

English spoken

It's great to be on holiday! First, you don't have to (haven't got to) wake up early, you don't have to (haven't got to) hurry up to catch the bus. Then, you don't have to (haven't got to) have lunch at the canteen (yuk!) and to do your homework every evening. Finally, you don't have to (haven't got to) go to bed early.

C'est super d'être en vacances! D'abord, on n'est pas obligé de se lever tôt, on n'est pas obligé de se dépêcher pour attraper le bus. Ensuite, on n'est pas obligé de manger à la cantine (beurk!) et de faire ses devoirs tous les soirs. Enfin, on n'est pas obligé de se coucher tôt.

Index ➥ absence d'obligation • have to • need

Points clés

Exprimer le conseil et le reproche : « should »

Le conseil et le reproche étant des notions assez proches, elles sont toutes les deux traduites par le même auxiliaire : *should*. L'auxiliaire *should* s'emploie dans ces cas aux formes affirmative, interrogative et négative.

Les formes grammaticales de « should »

- *Should* est la forme au prétérit de l'auxiliaire modal *shall*.

- *Should* étant un auxiliaire modal, il ne prend pas de « s » à la 3ᵉ personne du singulier.

De même, il est suivi d'un infinitif sans *to*.

- *Should* a une forme contractée : *shouldn't*, mais ne possède ni forme future, ni infinitif, ni participe passé. ■

Le conseil et autres sens proches

On emploie la forme interrogative de *should* pour demander un conseil ou des instructions ainsi que pour offrir son aide.
➜ *Should I phone her to say I am sorry ?* Devrais-je lui téléphoner pour lui dire que je suis désolé ?
➜ *What should I do now ?* Que devrais-je faire maintenant ?

- On emploie *should* pour donner un conseil.
➜ *You should read this book, it's very good.* Tu devrais lire ce livre, il est très bien.
➜ *We should not stay here.* Nous ne devrions pas rester ici.
On utilise :
– la forme affirmative pour conseiller à quelqu'un de faire quelque chose,
– la forme négative pour conseiller à quelqu'un de ne pas faire quelque chose.

- *Should* a un sens proche de celui de *ought to*. Avec *ought to*, à l'idée de conseil s'ajoute celle du devoir.
➜ *You should go and see your grandmother more often.* Tu devrais aller voir ta grand-mère plus souvent. ■

English spoken

The advice column
Dear Mr. A.,
I need your advice. My girlfriend spends all my money. What should I do ?
Answer :
You should not let her take all your money, You should ask her to share it equally. In the end, if she does not accept, you should choose between your money and your girlfriend.

Le courrier du cœur
Cher Mr. A.,
J'ai besoin de vos conseils. Ma petite amie dépense tout mon argent. Que devrais-je faire ?
Réponse :
Vous ne devriez pas la laisser prendre tout votre argent. Vous devriez lui demander de le partager équitablement. Si elle n'accepte pas, vous devriez choisir entre votre argent et votre petite amie.

Points clés

L'expression du reproche

Should (ou *should not*) renvoie aussi à l'idée de norme : il serait normal (ou anormal) que vous fassiez quelque chose. Lorsque l'on précise à son interlocuteur ce qui est normal, on peut lui reprocher implicitement ou indirectement de ne pas en tenir compte.

➡ *There should not be so many homeless people in France.* Il ne devrait pas y avoir autant de sans-logis en France.

➡ *You should know how to eat properly, you're a big girl now!* Tu devrais savoir manger proprement, tu es une grande fille maintenant !

Ces deux phrases expriment un reproche :
– dans la première, on juge la situation anormale. On sous-entend que l'on devrait faire plus en faveur des sans-logis.
– dans la seconde phrase, on fait un reproche implicite à l'interlocutrice.

• *Should* et *should not* peuvent avoir la valeur d'un reproche direct.

➡ *You should not spend so much time watching television.* Vous ne devriez pas passer autant de temps à regarder la télévision.

➡ *You should perhaps work a bit more.* Tu devrais peut-être travailler un peu plus.

• La forme interro-négative de *should* (*should not* contracté en *shouldn't*) a également la valeur d'un reproche.

➡ *Shouldn't you already be in bed?* Derrière la question se cache en réalité un reproche :

➡ *You should be in bed!* Tu devrais être au lit !

• Construction de la forme passée de *should* :

should (not) have + participe passé

• On utilise cette forme pour reprocher à quelqu'un d'avoir fait ou de ne pas avoir fait quelque chose précédemment.

➡ *You should have told me before.* Tu aurais dû me le dire avant.

➡ *You should not have done that.* Tu n'aurais pas dû faire cela. ∎

YOU SHOULD KNOW HOW TO EAT PROPERLY, YOU'RE A BIG GIRL NOW!

Index ➡ conseil • ought to • reproche

Points clés

Exprimer la contrainte et la volonté : « shall » et « will »

Les notions de contrainte et de volonté se traduisent en employant les auxiliaires *shall* et *will* (qui sont aussi les deux auxiliaires du futur). On peut également utiliser leurs formes prétérit qui sont respectivement *should* et *would*.

La construction de « shall » et « will »

Les auxiliaires *shall* et *will* se contractent de la même façon à la forme affirmative :
➥ *I'll go = I will go* ou *I shall go*.

• Dans les phrases négatives, les formes contractées de *shall* et *will* sont respectivement *shan't* et *won't*.

• *Shall* a une forme prétérit qui est *should*. Celle de *will* est *would*.

• *Shall* et *will* sont non seulement des auxiliaires de conjugaison (servant au futur), mais également des auxiliaires modaux. Ils introduisent donc une idée de jugement, un commentaire dans les phrases où la forme pleine, c'est-à-dire non contractée, est utilisée.

• Comme les autres auxiliaires, *shall* et *will* ne possèdent ni infinitif ni participe passé. ■

L'emploi de l'auxiliaire « shall »

Dans une phrase, la présence de l'auxiliaire *shall* implique qu'il existe une discordance entre les termes, autrement dit, qu'une contrainte s'exerce sur le sujet.

• Ainsi, à la forme affirmative on utilise *shall* pour exprimer :
• la menace
➥ *You shall pay for that! Tu payeras pour ça!* (le sujet *you* subit la menace) ;
• la contrainte
➥ *You shall not kill. You shall not steal.*
Tu ne tueras point. Tu ne voleras point. Ainsi traduit-on les commandements de la Bible dans lesquels l'idée de contrainte est évidente ;
• la promesse (puisque c'est une forme de contrainte pour celui qui la fait)
➥ *I shall give you a present for Christmas if you are a good girl.* Je te donnerai un cadeau à Noël si tu es sage.

• À la forme interrogative, l'idée de contrainte est nettement atténuée. On utilise les expressions *shall I?* ou *shall we?* pour demander des instructions, offrir ses services ou faire des suggestions. Dans ces cas-là, on n'utilise jamais *will*.
➥ *Shall I come with you?* Veux-tu que je vienne avec toi ? (Je te fais une suggestion, que tu peux accepter ou refuser.)
➥ *What shall I do for you?* Que puis-je faire pour vous ? (Je propose donc mes services.)

• Lorsque l'on a fait une proposition en employant un verbe à l'impératif et que l'on souhaite demander confirmation par rapport à cette proposition, on emploie un *question tag* avec *shall*.
➥ *Let's dance, shall we?* Si on dansait, tu veux ?
➥ *Let's go, shall we?* Si on y allait, d'accord ? ■

Points clés

L'auxiliaire « would »

L'auxiliaire *would* peut avoir un sens de volonté, *would not* celui de refus au passé.
➥ *I asked her to come but she would not (wouldn't).* Je lui ai demandé de venir mais elle a refusé.
Qu'il s'agisse de *shall* ou de *will*, le fait d'employer la forme pleine (c'est-à-dire non contractée) donne tout son sens au modal.
En revanche, la forme contractée atténue le sens du modal, c'est-à-dire l'idée de contrainte pour *shall* et l'idée de volonté pour *will*. ■

L'emploi de l'auxiliaire « will »

À la forme affirmative, *will* implique l'idée de volonté. D'ailleurs, on notera qu'en anglais le nom *will* signifie volonté et l'adjectif *wilful* volontaire. Pour indiquer sa bonne volonté, on emploiera donc l'auxiliaire *will*.
➥ *Leave it to me, I will do that for you*. (Laisse-moi faire, je m'en occupe.)

• À la forme interrogative, on utilise *will you ?* pour donner des instructions fermes ou des ordres.
➥ *Will you please stop talking ?* Veux-tu bien t'arrêter de parler ! (Il ne s'agit pas d'une question mais bien d'un ordre.)

• Dans les *questions tags*, *will you* est employé pour insister, pour demander confirmation après un ordre.
➥ *Get me my bag, will you ?* Prenez mon sac, voulez-vous ? ■

English spoken

The wedding ceremony.
– Will you Mister X, take Miss Y as your lawful wedded wife ?
– Yes, I will.

En français, durant la cérémonie du mariage, on emploiera avec un sens équivalent :
– Monsieur X consentez-vous à prendre pour épouse légitime Mademoiselle Y ?
La réponse sera :
– Oui, je le veux.

Index ➡ contrainte • forme pleine • tags

Points clés — # Le degré de certitude au présent

Les auxiliaires de modalité ont un sens premier (la capacité, l'obligation…), mais on les utilise également pour parler du degré de certitude plus ou moins élevé d'un événement donné. C'est le contexte de la phrase qui permet au lecteur de savoir s'il s'agit de l'un ou de l'autre de ces sens.

Le degré de certitude et le temps

Lorsqu'un modal est suivi de la base verbale (l'infinitif sans *to*), on envisage le degré de certitude présent et/ou futur d'une action.

➡ *He may phone tonight.* Il se peut qu'il téléphone ce soir (c'est-à-dire très bientôt ou dans un petit moment ; on envisage à la fois le présent et le futur.)

➡ *He may move next year to New York.* Il se peut qu'il déménage à New York l'année prochaine. (Ici *next year* situe sans ambiguïté l'action dans le futur). Pour parler de probabilité future, on peut aussi employer les formes non modales : *to be likely to* (avoir des chances de), *to be bound to* (être obligé de).

• Avec certains verbes d'action, pour lever l'ambiguïté et signaler que l'on parle du présent (et non pas du futur), on peut utiliser la forme continue.

➡ *He must be sleeping.* Il doit être en train de dormir.

• Par contre, avec l'ensemble des verbes servant à exprimer une opinion, un goût, une conviction…, on ne peut pas employer cette forme continue.

➡ *They may not know what to do now.* Il ne savent peut-être pas ce qu'ils doivent faire maintenant.

• La forme prétérit d'un modal renvoie non pas à un événement passé mais à une probabilité plus faible qu'à la forme présente.

➡ *It may rain in the afternoon.* Il se peut qu'il pleuve cet après-midi (probabilité moyenne).

➡ *It might rain in the afternoon.* Il se pourrait qu'il pleuve cet après-midi (probabilité faible). ■

Graduer la probabilité

La quasi-certitude se traduit par *must*. On l'emploie lorsque l'on pense que quelque chose est logique ou nécessaire.

➡ *He has not phoned for a week, he must be angry with you.* Il n'a pas téléphoné depuis une semaine, il doit être en colère contre toi.

• La probabilité moyenne se traduit par *may*. Traditionnellement, et bien qu'il soit assez difficile de quantifier un degré de certitude, l'emploi de *may* suggère qu'il y a autant de chances que quelque chose se produise que de chances que cette même chose ne se produise pas. Ainsi *may* et *may not* sont équivalents.

➡ *It may rain = it may not rain.* Il se peut qu'il pleuve = il se peut qu'il ne pleuve pas.

Points clés

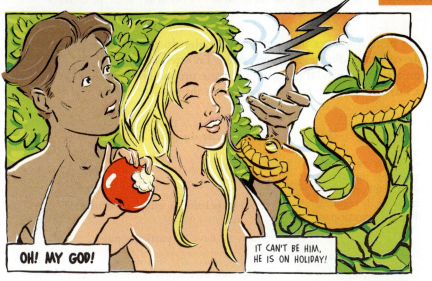

- La probabilité très faible se traduit par *might*. *Might* (qui est la forme prétérit de *may*) correspond à un degré de certitude inférieur à *may*.
➦ *He might come with me.* Il se pourrait qu'il vienne avec moi. (Mais il n'en a apparemment pas envie.)
➦ *It might be a bad idea to phone.* Ce pourrait être une mauvaise idée de téléphoner. (Le locuteur en est en fait persuadé.)
On évalue à 30 % le degré de certitude exprimé par *might*, même si cette estimation est très subjective. Ainsi, l'expression anglaise : *Pigs might fly* (littéralement : les cochons voleraient, ce que l'on traduit par « les poules auront des dents » ou « ce n'est pas demain la veille ») est fort peu probable.

- L'impossibilité se traduit par *can't*. On exprime alors sa conviction, à défaut de certitude, que quelque chose ne se fera pas. Souvent on utilise *can't* lorsque l'on fait une déduction.
➦ *It can't be him, he is on holiday !* Ce ne peut pas être lui, il est en vacances !

- On n'emploie jamais la forme affirmative *can* pour parler de probabilité. On utilise *could*.
➦ *Ann is not home, she could be at the cinema.* Ann n'est pas chez elle, elle est peut-être au cinéma.

- On peut employer la forme interrogative de *can* pour interroger quelqu'un sur des chances de réalisation.
➦ *Who can it be?* Qui cela peut-il être ?

- On utilise parfois *will* pour parler de la très forte probabilité.
➦ *Someone has forgotten an umbrella. It will be John.* Quelqu'un a oublié un parapluie. C'est certainement John. ∎

Points clés — # Le degré de certitude au passé

On peut employer un modal pour parler du degré de certitude d'un événement passé. En effet, la forme prétérit d'un modal correspond à une probabilité faible ou à l'irréel, et non pas à un événement du passé.

La règle générale

Seule la construction qui suit le modal permet de voir si l'on parle du degré de certitude d'un événement passé. ■

Lorsqu'on emploie la structure auxiliaire + *have* + participe passé, l'auxiliaire peut avoir son sens premier. Mais lorsque *must* et *may* sont combinés avec *have* et le participe passé, il s'agit presque toujours de l'expression du degré de certitude.

HE IS VERY LATE. HE MIGHT HAVE FORGOTTEN OUR INVITATION

- **Pour parler du passé :**

Auxiliaire modal — have — participe passé

- **Pour exprimer la quasi-certitude :**

Must — have — participe passé

➥ *She must have bought a new car. I don't recognize it.*
Elle a dû changer de voiture. Je ne la reconnais pas.

- **Pour exprimer la probabilité moyenne :**

May — have — participe passé

➥ *She is late. She may have missed the train.*
Elle est en retard. Elle a peut-être raté le train.

- **Pour exprimer la probabilité très faible :**

Might — have — participe passé

➥ *He is very late. He might have forgotten our invitation.*
Il est très en retard. Il a probablement oublié notre invitation.

- **Pour exprimer l'impossibilité :**

Can't — have — participe passé

➥ *She can't have said that to hurt you.*
Je suis sûr qu'elle ne l'a pas dit pour te faire du mal.

Points clés

Les différentes combinaisons possibles

On peut combiner un modal avec *be + ing* ou *have* + **participe passé** ou les deux. Tout dépend de la phrase sur laquelle porte la modalité au départ.

• Phrase de départ au parfait.
➥ *He keeps sneezing. He has certainly caught a cold.* Il n'arrête pas d'éternuer. Il a certainement pris froid.
➥ *He must have caught a cold.* Il a dû prendre froid.

• Phrase de départ au prétérit.
➥ *I'm sure she did not do that.* Je suis sûr qu'elle n'a pas fait ça.
➥ *She can't have done that.* Elle ne peut pas avoir fait ça.

• Phrase de départ au prétérit continu.
➥ *He thinks he has seen a ghost ! I am sure he was dreaming.* Il pense avoir vu un fantôme. Je suis sûr qu'il a rêvé.

➥ *He must have been dreaming.* Il a dû rêver.

• De même, la modalité peut être combinée avec une forme passive, donc avec l'auxiliaire *to be* + participe passé.
➥ *Someone must have stolen his car.* Quelqu'un a dû voler sa voiture.
➥ *His car must have been stolen.* Sa voiture a dû être volée. ■

English spoken

Someone is absent at an important meeting, the others wonder why.
– He must have had an accident !
– He may have forgotten.
– No, he can't have forgotten, he told me about it yesterday.
– There might have been a lot of traffic.

Quelqu'un est absent à une importante réunion, les autres se demandent pourquoi.
– Il a dû avoir un accident.
– Il a peut-être oublié.
– Il ne peut pas avoir oublié, il m'en a parlé hier.
– Il a pu y avoir beaucoup de circulation.

Index ➡ certitude • modaux

Points clés — Le prétérit modal

L'étude du prétérit modal fait suite à celle de la modalité. En effet, comme son nom l'indique, ce prétérit permet de modaliser, c'est-à-dire, comme les auxiliaires modaux, de parler de ce qui est incertain, voire irréel. C'est le contexte qui permettra de déterminer si le prétérit (en tant que temps grammatical) fait référence au passé chronologique ou à l'incertain, voire l'irréel.

Prétérit et prétérit modal

Comparons les deux phrases suivantes :
➡ *I bought this very expensive dress yesterday.* J'ai acheté cette robe très chère hier.
➡ *If I bought dresses like that every day, I would be ruined.* Si j'achetais des robes comme cela tous les jours, je serais ruinée.
Dans le premier cas, le prétérit renvoie à une période passée, ce qu'indique sans ambiguïté le marqueur temporel *yesterday*.
Dans le second cas, le prétérit renvoie à la notion d'incertitude, d'hypothétique, comme la présence de *if* l'indique clairement.

• On notera qu'en français aussi l'imparfait, temps du passé, peut se rapporter soit au passé chronologique soit à l'incertain, à l'irréel. ∎

Expressions suivies du prétérit modal

Un certain nombre d'expressions sont automatiquement au prétérit modal ou suivies de ce temps. Elles renvoient à une hypothèse ou à un événement incertain, ce qui justifie la notion de modalité.
➡ *I would rather you did not tell her that.* J'aimerais mieux que tu ne le lui dises pas.
➡ *Don't behave as if you did not hear what I was saying.* Ne fais pas comme si tu n'entendais pas ce que je dis.
➡ *It's (high) time you made up your mind.* Il est (grand) temps que tu te décides.
➡ *If I were you, I would buy another car.* Si j'étais toi, j'achèterais une nouvelle voiture.
➡ *I wish you were more reasonable.* Si seulement tu étais plus raisonnable. ∎

Attention !

On emploie le prétérit modal lorsque l'on envisage le moment présent ou l'avenir proche. Ainsi : « *I wish you were here with me right now* » pourra se traduire par : « Ah si seulement tu étais là avec moi tout de suite ! » C'est bien du moment présent ou de l'avenir proche qu'il s'agit et non pas du passé.

Points clés

Le plus-que-parfait modal

Comme le prétérit, le *plus-que-parfait* se rapporte soit au passé chronologique, soit au domaine de l'incertain, de l'irréel. Avec le prétérit modal, on envisageait le présent et l'avenir ; avec le *plus-que-parfait* modal, on parle d'une situation passée qui ne s'est pas réalisée, que l'on regrette et qui est irrémédiable puisque appartenant au passé.

• Pour exprimer le regret on pourra employer certaines des expressions vues précédemment. Elles seront alors suivies du *plus-que-parfait* au lieu du prétérit.
➥ *I'd rather you had not told her.* J'aurais préféré que tu ne lui dises pas. (Mais il est trop tard.)
➥ *I wish you had been more reasonable, this would not have happened.* Ah, si seulement tu avais été plus raisonnable, cela ne serait pas arrivé. (Mais tu ne l'as pas été.)
➥ *If you had come with me you would have enjoyed yourself.* Si tu étais venu avec moi tu te serais bien amusé. (Mais tu n'es pas venu.) ■

Les modaux au prétérit modal

Les auxiliaires modaux pour lesquels la forme prétérit existe peuvent également se conjuguer au prétérit modal. C'est encore une fois le contexte qui nous permet de faire la différence entre un simple passé chronologique et une notion d'irréel.
➥ *If I could I would help you with the cleaning, but I need to go.* Si je le pouvais, je t'aiderais à faire le ménage mais je dois partir. Ici la conjonction *if* indique clairement qu'il s'agit d'une supposition. Nous sommes donc dans l'hypothétique, dans l'irréel et non pas dans la notion de passé chronologique. ■

English spoken

If it wasn't raining, we could go outside, we could have a picnic in the park, we could play volley-ball. Unfortunately it is raining!

S'il ne pleuvait pas, nous pourrions sortir, nous pourrions faire un pique-nique dans le parc, nous pourrions jouer au volley-ball. Malheureusement, il pleut !

Index ➔ modaux • plus-que-parfait • prétérit

Points clés

La modalité : évaluation de fin de troisième

Ces exercices (en particulier le premier) sont dans l'esprit de ce qui est demandé aux élèves de seconde en début d'année lorsqu'ils sont soumis à une évaluation.

Texte

Lisez le passage suivant extrait du roman policier *Les 39 Marches* de John Buchan.
Le personnage qui raconte l'histoire s'appelle Hannay. Un soir un inconnu l'attend sur son palier. Il a besoin de son aide car il est poursuivi.

I was just putting my key in the door when I suddenly saw someone standing next to me [...] «Can I speak to you?» he said. «Can I come in for a minute?» His voice sounded troubled and his hand was pressing my arm.
I opened the door and showed him in. Immediately he ran through to the bedroom, looked all around it and ran back again. «Is the door locked?» he asked, looking very worried. He made quite sure that it was and then said: «I'm sorry about this. I've thought about talking to you all this week, since things began to get difficult. Will you do something for me?»
«I'll listen to you» I said. «I can't promise more than that.» [...]
«Listen, Hannay» he said. «I think I must tell you more about this business. If they get me, I want someone to be able to continue the fight.»

Exercice 1

Quelle est la valeur des formes verbales qui sont en orange dans le texte?

Corrigé

1 et 2. *Can* = *Demande de permission.*
3. *will* = *Demande.*
4. *'ll* = *Volonté.*
5. *can't* = *Refus.*
6. *be able to* = *Capacité (équivalent de can qui n'a pas d'infinitif).*

Exercice 2

Parmi les trois interprétations choisissez celle qui convient le mieux.

1) *« Can I speak to you ? »* he said.
« Can I come in for a minute ? »
a) Il lui demande s'il est en mesure de lui parler et d'entrer.
b) Il lui demande la permission de lui parler et d'entrer.
c) Il lui demande s'il est probable qu'il le laisse entrer.

2) *« Will you do something for me ? »*
a) Il lui demande s'il va faire quelque chose pour lui.
b) Il lui demande quand il fera quelque chose pour lui.
c) Il lui demande s'il veut bien faire quelque chose pour lui.

3) *« I'll listen to you. »*
a) Il lui dit qu'il veut bien l'écouter.
b) Il lui dit qu'il l'écoutera plus tard.
c) Il lui dit qu'il l'écoutera peut-être.

4) *« I can't promise more than that. »*
a) Il ne veut pas lui promettre plus (que de l'écouter).
b) Il ne sait pas s'il peut lui promettre plus (que l'écouter).
c) Il n'a pas la possibilité de lui promettre plus (que de l'écouter).

5) *« I think I must tell you more. »*
a) On l'oblige à lui en dire plus.
b) Il pense qu'il doit lui en dire plus.
c) Il est fort possible qu'il lui en dise plus.

6) *« I want someone to be able to continue the fight. »*
a) Il veut quelqu'un qui ait des chances de continuer le combat.
b) Il veut que quelqu'un lui donne la possibilité de continuer le combat.
c) Il veut que quelqu'un soit capable de continuer le combat.

Corrigé

1) b, 2) c, 3) a, 4) a, 5) b, 6) c.

Exercice 3

Expression du degré de certitude ou sens propre du modal ?

1. a) *« You should really go to the doctor's. »*
« OK, I will go, where are the car-keys ? »
b) *« They should be on the table. »*

2. a) *Jane is absent, she must be ill.*
b) *Jane is absent, she must not be late again otherwise she'll be punished.*

3. a) *She may come to the cinema with us, but she has got a lot of work.*
b) *She may come to the cinema with us, her mother said it was OK*

Corrigé

1. a) Conseil : je te conseille d'y aller, tu devrais y aller.
b) Degré de certitude : les clés doivent être sur la table. C'est là qu'on les met habituellement.

2. a) Degré de certitude : c'est presque sûr qu'elle est malade.
b) Il ne faut pas qu'elle soit en retard sinon elle aura des problèmes (interdiction).

3. a) C'est possible mais pas sûr, car elle a beaucoup de travail. Degré de certitude : il y a autant de chances qu'elle vienne que de chances qu'elle ne vienne pas.
b) Elle a la permission.

Points clés ## La phrase affirmative et la phrase négative

En anglais, une phrase affirmative peut se former selon trois structures différentes, tandis que la phrase négative répond à deux types de construction. Afin de choisir celle qui convient, il faut avant tout savoir si on utilise un auxiliaire ou pas.

La construction de la phrase affirmative

La phrase affirmative se construit de trois manières différentes selon le temps de conjugaison et le verbe utilisé.

- Les phrases au présent simple et au prétérit simple :

➜ *They love westerns.* Ils aiment les westerns.
➜ *We came yesterday.* Nous sommes venus hier.

- Les phrases avec *to be* :

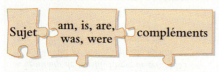

➜ *She is a girl.* C'est une fille.
➜ *They are at home.* Ils sont chez eux.

- Toutes les autres phrases :

➜ *My sister is doing her exercise.* Ma sœur fait son exercice.
➜ *They have got a nice house.* Ils ont une belle maison.

La place des compléments

Les compléments se mettent en général dans l'ordre suivant :
- objet,
- lieu,
- manière,
- accompagnement,
- temps,
- cause.

➜ *She will send me a postcard from Greece on her next holidays.* Elle m'enverra une carte postale de Grèce pendant ses prochaines vacances.

- Les adverbes de fréquence se placent devant le verbe.
➜ *He will always love him.* Il l'aimera toujours.
➜ *He was often ill.* Il était souvent malade.

- Placer un complément ou un adverbe en tête de phrase attire l'attention sur lui.
➜ *Then, she got up.* C'est alors qu'elle se leva. ■

Points clés

La construction de la phrase négative

La phrase négative se construit de manière différente selon qu'elle utilise *to be* ou pas.

- **Les phrases utilisant l'auxiliaire *to be* :**

➥ *She isn't German.* Elle n'est pas allemande.
➥ *He wasn't ill.* Il n'était pas malade.

- **Toutes les autres phrases :**

- Dans la plupart des cas, on contracte la négation *not* en *n't*.

- S'il n'y a pas d'auxiliaire, on fait appel à *do* (ou *does*) pour les phrases au présent et à *did* pour les phrases au prétérit.
➥ *He doesn't smoke.*
Il ne fume pas.
➥ *They don't like it.*
Ils n'aiment pas ça.
➥ *I didn't eat it.*
Je ne l'ai pas mangé.

- S'il y a un auxiliaire, on l'utilise.
➥ *He won't come.*
Il ne viendra pas.
➥ *She hasn't met him yet.* Elle ne l'a pas encore rencontré. ■

Dans les phrases négatives, on suit les mêmes règles d'usage pour l'ordre des compléments et la place des adverbes qu'en ce qui concerne les phrases affirmatives.

Autres négations

Les négatives comprenant un certain nombre de mots à notion négative, comme par exemple *never* (jamais), *no-one* (personne), *nothing* (rien), *nowhere* (nulle part)… posent un problème, car il ne peut y avoir qu'une seule négation dans une phrase négative. Chacun des mots précédents sert à transformer une affirmative en négative sans avoir à utiliser la négation *not*. Il se place dans la phrase à l'endroit qui lui revient suivant sa fonction (sujet ou complément), mais l'ordre des autres mots de la phrase correspond à celui des phrases affirmatives.
➥ *He never comes.*
Il ne vient jamais.
➥ *No-one likes him.*
Personne ne l'aime.
➥ *He's got nowhere to go.*
Il n'a nulle part où aller. ■

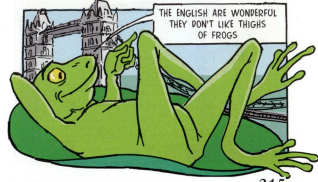

Index ➡ **compléments** • **conjugaison** • **phrases**

Points clés — # Les contractions

Les auxiliaires, surtout lorsqu'ils sont placés dans une phrase affirmative, ne sont pas accentués. C'est pourquoi ils sont la plupart du temps «escamotés»: on les prononce à peine et on les écrit souvent sous forme contractée. À la forme négative, on a le choix entre contracter l'auxiliaire et contracter la négation *not*.

L'emploi des contractions

Cet usage serait simple à comprendre et à appliquer si tous les auxiliaires se contractaient et ce, quel que soit le sujet. Mais ce n'est pas le cas !

• Un auxiliaire se contracte lorsque la prononciation en est facilitée et qu'il n'a aucun rôle porteur de sens ou de temps. Ainsi les auxiliaires des *tags* ne se contractent jamais à la forme affirmative, mais sont presque toujours contractés à la forme négative.

• Un pronom personnel est presque toujours suivi d'une forme contractée si l'auxiliaire est l'un de ceux qui se contractent. Un nom propre ou commun peut amener soit une forme pleine, soit une forme contractée. Si l'on n'a pas une bonne maîtrise de la langue anglaise, il vaut mieux jouer la sécurité et les écrire en entier. En fait, les contractions d'auxiliaire sont une question d'euphonie (l'enchaînement harmonieux des sons). ■

«Am», «is», «are»

Pour les contracter, il suffit de remplacer la première voyelle par une apostrophe. *Am* devient *'m, is* → *'s* et *are* → *'re*. On les contracte rarement à la forme interrogative, presque toujours dans une affirmative pour *am* et *is,* un peu moins souvent pour *are*. Leurs formes négatives contractées sont *'m not, 's not* ou *isn't,* et *'re not* ou *aren't* (prononcé comme «ente» en français). La forme très familière *ain't* sert de négatif à *am* et *are*.
➤ *I'm French.*
➤ *He's charming.*
➤ *They're here.*
On n'a aucune raison d'insister sur l'auxiliaire, donc on le contracte. En revanche, on dira :
➤ *What nationality is he?* De quelle nationalité est-il ?
➤ *How old are you?* Quel âge as-tu ?
➤ *He isn't very nice, is he?* Il n'est pas très gentil, n'est-ce pas ? ■

HE'S THE BEST

Points clés

« Was » et « were »

Ils s'écrivent toujours en forme pleine dans les affirmatives et les interrogatives. Leurs formes négatives sont *wasn't* et *weren't* (prononcés « o » ouvert pour *was* et comme « eu » de heure pour *were*). En revanche, leur forme faible se prononce comme un « e » à peine accentué, presque muet.
➥ *I was really surprised.*
➥ *They were coming* (formes faibles).
➥ *She wasn't prepared for the test.*
➥ *We weren't there* (formes faibles).
➥ *Was she alone?*
➥ *Were they on time?* (formes pleines).

« Have », « has » et « had »

On remplace le « ha » par une apostrophe. *Have* devient *'ve*, *has* → *'s* et *had* → *'d*. Leurs formes négatives sont *haven't*, *hasn't* et *hadn't*. On les contracte rarement à la forme interrogative.
➥ *I've met her.*
➥ *She's told me.*
➥ *We'd already been there.*
➥ *We haven't got a car.*
➥ *I hadn't found him.*
➥ *Where have you been?*
➥ *How much has he paid for it?*

Les contractions de « will » et « would »

La contraction de *will* est *'ll*. Sa forme négative *will not* se contracte et se prononce *won't*.
➥ *She'll be happy.*
➥ *My boss will speak to you.* (L'auxiliaire est à peine prononcé, mais la graphie *boss'll* serait maladroite.)
➥ *You won't mind, will you?*

• *Would* se contracte en *'d*, sa forme négative est *wouldn't*.
➥ *They'd rather be on holiday.*
➥ *You wouldn't like that.*

• *Do, Does, Did* et les modaux se voient accrocher *n't* à la forme négative mais ne se contractent pas aux autres formes.
➥ *I don't mind.*
➥ *She doesn't like coffee.*
➥ *They didn't see it.*
➥ *We can't bear him.*
➥ *You needn't worry.*
➥ *He mustn't smoke.*

Autres contractions

La forme contractée de *let us* est *let's*.
➥ *Let's go to the cinema.*

• *Wanna, gonna* et *dunno* sont les graphies de la prononciation contractée de *want to, going to,* et *don't know*.

• *Them* est souvent prononcé et écrit *'em*, notamment dans les BD. La forme *-ing* des verbes s'écrit de même *in'*.
➥ *The baby keeps throwin' 'em.* Le bébé les jette sans arrêt.

Attention !

• Comment savoir si *'s* est la contraction de *is* ou de *has* ? Le sens de la phrase d'abord. Les deux peuvent être suivis d'un verbe au participe passé. Mais avec *is* la phrase est passive, avec *has* elle est au parfait. C'est toujours *is* qui est suivi d'un verbe en *-ing*. C'est toujours *has* qui est suivi de *got*.

• Comment savoir si *'d* est la contraction de *had* ou de *would* ? *Had* est suivi d'un verbe au participe passé. *Would* est suivi d'une base verbale. Il faut connaître par cœur les deux expressions : *had better* et *would rather*.
➥ *She'd better come early.* Elle ferait mieux de venir de bonne heure.
➥ *She'd rather come early.* Elle aimerait mieux venir de bonne heure.

Index ➡ contractions • sons • tags

Points clés

La phrase interrogative : les « yes/no questions »

En anglais, pour transformer une déclaration, qu'elle soit affirmative ou négative, en question, il suffit d'inverser l'auxiliaire et le sujet. Parfois, l'interrogation porte sur la totalité de la phrase. On ne peut donc y répondre que par oui ou par non, c'est ce qu'on appelle les *yes/no questions*.

Les phrases interrogatives

Une question amenant une réponse en *yes* ou en *no* (donc une question fermée) commence obligatoirement par un auxiliaire. Il peut s'agir d'un auxiliaire
- de conjugaison,
- de modalité,
- seul (*am*, *is*, *are*, *was* ou *were*),
- négatif.

Dans tous les cas, il se place en tête de phrase.

• On y répond par *yes* ou *no*, soit brièvement, en reprenant le pronom personnel sujet, suivi de l'auxiliaire de la question, soit en rajoutant un détail qui n'était pas dans la question.

➥ *Is your sister coming tomorrow ? Yes, she is. Yes, she'll be here around two. No, she isn't. No, she has a meeting.* Est-ce que ta sœur vient demain ? Oui. Oui, elle sera là vers deux heures. Non. Non, elle a une réunion.

➥ *Have you seen your father ? Yes, I have. Yes, he said not to wait for him, he'd go straight back home. No, I haven't. No, there was such a crowd.* As-tu vu ton père ? Oui. Oui, il a dit de ne pas l'attendre, qu'il rentrerait directement à la maison. Non. Non, il y avait une telle foule. ■

Les tags

On peut éventuellement se contenter de répondre à une *yes/no question* par la tournure elliptique de réponse ou *tag* (c'est-à-dire sujet + auxiliaire) ou de réagir par une formule d'approbation ou de désaccord.

➥ *Do you like him ? I do.* Tu l'aimes bien ? Oui.

➥ *Can you help me ? Of course I can.* Tu peux m'aider ? Bien sûr.

➥ *Did you break that vase ? Certainly not.* C'est toi qui as cassé ce vase ? Sûrement pas.

• Se contenter de répondre *yes* ou *no* est possible mais familier, donc à réserver aux proches.

• Si l'on veut se montrer très familier, on peut déformer
– *yes* en *yeah*, *yup* ou *yep*,
– *no* en *nope* ou *nay*. ■

Points clés

Les phrases interro-négatives

Dans les phrases interro-négatives, l'auxiliaire et la négation se contractent.

- On utilise plus particulièrement les phrases interro-négatives pour demander confirmation d'une réponse que l'on pense connaître mais dont on n'est pas sûr.
➥ *Hasn't he already divorced once?* Est-ce qu'il n'a pas déjà divorcé une fois?

- On répond aux phrases interro-négatives de la même manière qu'aux phrases interrogatives. L'ordre des compléments ou la place des adverbes est la même que dans les phrases affirmatives.
➥ *Were they late? No, they weren't. They were dead on time.* Est-ce qu'ils étaient en retard? Non. Ils étaient pile à l'heure.
➥ *Aren't I magnificent? Yes, you are.* Ne suis-je pas magnifique? Mais oui.
➥ *Aren't you tired? No, not really.* Tu n'es pas fatigué? Non, pas vraiment.

- Lorsqu'une phrase interro-négative contient *am, is, are, was* ou *were* en anglais britannique et *have, has* ou *had* en américain, on ne rajoute pas d'auxiliaire. La forme interro-négative de *are not* se contracte en *aren't* ou *ain't* en langage familier. Elle est assez rare, car on pose plus souvent une question aux autres qu'à soi-même. ■

Les structures des « yes/no questions »

- Les phrases interrogatives :

➥ *Did your friend phone you?* Est-ce que ton ami t'a téléphoné?

- Les phrases interro-négatives :

➥ *Wasn't it John she used to go out with?* N'était-ce pas avec John qu'elle sortait?

- Les phrases interrogatives avec *to be* :

➥ *Is it a girl or a boy? It's a boy.* C'est une fille ou un garçon? C'est un garçon.

- Les phrases interro-négatives avec *to be* :

➥ *Isn't John a friend of yours?* John n'est-il pas un ami à toi?

Index ➡ phrases interrogatives • tags

Points clés

La phrase interrogative : les « Wh questions »

Dans toute phrase commençant par un groupe interrogatif, la question porte sur une partie seulement de la phrase. Ce type de questions comporte généralement une infinité de réponses, contrairement aux questions auxquelles on ne peut répondre que par *yes* ou *no*.

La construction des Wh questions

Wh — auxiliaire — sujet — (verbe) — compléments

Les pronoms et adjectifs interrogatifs

La majorité des pronoms et adjectifs interrogatifs commence par « Wh », à l'exception de *how* et de ses composés. Ils sont toujours situés en tête de la question.

- *Who* (qui) interroge sur l'identité.
➥ *Who is here ?* Qui est là ?
- *Whom* (qui, à qui) est rarement utilisé. C'est la forme complément de *who*.
➥ *Whom are you looking at ?* Qui regardes-tu ?
- *Whose* (à qui) interroge sur la possession.
➥ *Whose books are they ?* À qui sont ces livres ?

- *What* (que, quoi, quel) interroge sur la nature de l'objet ou de l'action.
➥ *What were you doing ?* Que faisais-tu ?
- *What time* interroge sur l'heure.
➥ *What time are we arriving ?* À quelle heure arrivons-nous ?
- *What... for* (pourquoi, dans quel but) interroge sur le but.
➥ *What is she going to China for ?* Pourquoi (dans quel but) va-t-elle en Chine ?
- *What... like* (à quoi, comment) interroge sur la description.
➥ *What's your brother like ?* Comment est ton frère ? (À quoi ressemble-t-il ?)

- *Which* (quel, lequel) interroge sur un choix.
➥ *Which one do you prefer ?* Lequel préfères-tu ?
- *Where* (où) interroge sur le lieu.
➥ *Where did they meet ?* Où se sont-ils rencontrés ?
- *When* (quand) interroge sur le temps.
➥ *When are you going to Italy ?* Quand allez-vous en Italie ?
- *Why* (pourquoi) interroge sur la cause.
➥ *Why is he wearing glasses ?* Pourquoi porte-t-il des lunettes ?
- *How* (comment) interroge sur la manière.
➥ *How are you ?* Comment allez-vous ?

Points clés

- *How much* (combien), suivi d'un nom indénombrable, interroge sur la quantité.
➡ *How much money do you need?* De combien d'argent as-tu besoin?
- *How many* (combien), suivi d'un nom dénombrable, interroge sur la quantité.
➡ *How many people were there?* Combien de gens y avait-il?
- *How old* interroge sur l'âge.
➡ *How old will you be?* Quel âge auras-tu?
- *How long* (combien de temps) interroge sur la durée.
➡ *How long has she been playing?* Depuis combien de temps joue-t-elle?
- *How far* interroge sur la distance.
➡ *How far is the station?* À quelle distance se trouve la gare?
- *How often* (on peut le traduire par « souvent ») interroge sur la fréquence.
➡ *How often can you come?* Pouvez-vous venir souvent?
- *How* peut s'associer directement à un adjectif. La question porte alors sur la valeur de l'adjectif.
How tall: la taille;
how heavy: le poids;
how high: la hauteur. ■

Quelques cas particuliers

Lorsque la question porte sur le sujet de la réponse, on conserve l'ordre de la phrase affirmative.
➡ *Who wants some tea?* Qui veut du thé?
➡ *What happened?* Qu'est-ce qui s'est passé?
➡ *Whose dad is a doctor?* C'est le papa de qui, qui est docteur?

- *How about* et *What about*, utilisés avec un nom, correspondent:
– à un renvoi de balle; on les traduira alors par « et … ? »
➡ *What about you?* Et toi?
➡ *What about his sister?* Et sa sœur?
– à une proposition.
➡ *What about a cup of tea?* Que dirais-tu d'une tasse de thé?
Suivis d'un verbe en -ing, on les utilise pour proposer. On peut les traduire par « si ? »
➡ *How about going to the theatre?* Si on allait au théâtre? ■

Liste des pronoms et adjectifs interrogatifs

Who:	qui (sujet)
Whom:	qui, à qui (complément)
Whose:	à qui (possession)
What:	que, quoi, quel
What time:	à quelle heure
What... for:	pourquoi, dans quel but
What... like:	à quoi, comment
Which:	quel, lequel
Where:	où
When:	quand
Why:	pourquoi
How:	comment
How much:	combien (suivi d'un nom indénombrable)
How many:	combien (suivi d'un nom dénombrable)
How old:	quel âge
How long:	combien de temps
How far:	à quelle distance
How often:	avec quelle fréquence

Index ➡ adjectifs • phrases interrogatives • pronoms • Wh questions

Points clés

Les « questions tags »

Les « questions tags » sont l'anglicisme par excellence !
La reprise en sens inverse de l'auxiliaire et du sujet correspondant à ceux de la phrase sert à demander confirmation de ce qui vient d'être dit ou à exprimer son étonnement.

Demander confirmation

Dans cette utilisation, le *question tag* est généralement traduit par « n'est-ce pas ? ».

• Phrase affirmative avec auxiliaire.
On reprend l'auxiliaire en lui accrochant *n't* et on ajoute le sujet sous forme de pronom.
➥ *Your mum is pretty, isn't she ?* Ta maman est jolie, n'est-ce pas ?
➥ *You will come, won't you ?* Tu viendras, hein ?

• Phrase affirmative sans auxiliaire.
On utilise *don't, doesn't* ou *didn't* suivant le temps et le sujet.
➥ *The postman comes late, doesn't he ?* Le facteur arrive tard, n'est-ce pas ?
➥ *They left last week, didn't they ?* Ils sont partis la semaine dernière, n'est-ce pas ?

• Phrase négative avec auxiliaire.
On reprend l'auxiliaire en enlevant la négation et on ajoute le sujet, sous forme de pronom.
➥ *Her sister wasn't at home, was she ?* Sa sœur n'était pas chez elle, n'est-ce pas ?
➥ *He will never be on time, will he ?* Il ne sera jamais à l'heure, n'est-ce pas ?

• Phrase négative sans auxiliaire.
On utilise *do, does* ou *did* suivant le temps et le sujet de la phrase.
➥ *He trusts no one, does he ?* Il ne fait confiance à personne, n'est-ce pas ?
➥ *She never said that, did she ?* Elle n'a jamais dit ça, n'est-ce pas ?

• Dans tous ces *tags*, s'il s'agit d'une vraie demande de confirmation, l'intonation est ascendante. Mais s'il s'agit d'une question machinale qui n'attend pas vraiment de réponse, l'intonation descend.
➥ *Lovely day, isn't it ?* Quelle belle journée ! ■

English spoken

« *I was right, wasn't I ?* »
« *Wait a minute* » *he said,* « *You're talking about drugs, aren't you ? Mescaline* ». *Jesse shrugged.* « *That's your word...* » « *Uh, uh. No way Jessie. I've heard about peyote.* »
« *And you already know about booze, don't you ?* »

« J'avais raison hein ? »
« Attends un peu », dit-il « Tu parles de drogue, n'est-ce pas ? De la mescaline ».
Jesse haussa les épaules.
« C'est toi qui le dit... »
« Non, non, pas question Jessie. J'ai entendu parler du peyolt. »
« Et tu connais déjà tout de l'alcool, hein ? »

Kristopher Franklin, *Silvercat.*

Points clés

Exprimer sa surprise

Outre l'utilisation d'expressions comme *Oh?*, *Really?*, on se sert de *tags* pour montrer son étonnement. Il s'agit davantage d'une façon polie de renvoyer la balle que de manifester de l'incrédulité. On les traduit généralement par « Tiens ! » ou « Ah bon ? ».

• Phrase affirmative avec auxiliaire.
On reprend l'auxiliaire et l'on ajoute le pronom sujet.
➥ *My father is really crazy about football.*
Oh, is he?
Mon père est vraiment dingue de foot. Ah bon ?

• Phrase affirmative sans auxiliaire.
On utilise *do*, *does* ou *did*, selon le temps et le sujet de la phrase.
➥ *She spends all her money on make-up.*
Does she?
Elle dépense tout son argent en maquillage. Ah bon ?

• Phrase négative avec auxiliaire.
On reprend l'auxiliaire avec *n't* et le pronom sujet.
➥ *Her dad wasn't feeling well.*
Wasn't he? Son papa ne se sentait pas bien. Ah ?

• Phrase négative sans auxiliaire.
On utilise l'auxiliaire *don't*, *doesn't* ou *didn't* selon le temps et le sujet de la phrase.
➥ *Her husband never gives her a hand.*
Doesn't he?
Son mari ne lui donne jamais un coup de main. Vraiment ? ■

Index ➡ tags

223

Points clés — # Les « tags » non interrogatifs

En anglais, les *tags* ne s'utilisent pas forcément dans le cadre d'une question. Ils servent également à exprimer son accord ou son désaccord avec ce qui vient d'être dit.

Exprimer son accord

Comme en français, on peut exprimer l'accord par un *me too* (moi aussi) ou *me neither* (moi non plus), mais ce n'est pas toujours le cas. On le manifeste souvent par un *tag* que l'on appelle de similitude.

• Phrase affirmative avec auxiliaire.
On rajoute *so* suivi de l'auxiliaire de la phrase et du sujet du *tag*, qui n'est pas forcément un pronom. En effet, on peut parler au nom de quelqu'un d'autre.
➜ *I will give him a piece of my mind. So will I.* Je vais lui dire ce que j'en pense. Moi aussi.
➜ *Jerry has been very quiet today. So has Tom.* Jerry a été bien calme aujourd'hui. Tom également.
➜ *I would like some more coffee, please. So would Jane, I think.* J'aimerais encore du café, s'il te plaît. Jane aussi, je pense.

• Phrase affirmative sans auxiliaire.
On emploie *so* suivi de *do, does* ou *did* puis du sujet du *tag*.
➜ *Mary thinks your brother is crazy. So does my mum!* Mary pense que ton frère est dingue. Ma mère aussi !
➜ *They emigrated to Australia at the beginning of the century. So did my grandparents.* Ils ont émigré en Australie au début du siècle. Mes grands-parents aussi.
➜ *I really want you to come. So do we.* Je veux vraiment que tu viennes. Nous aussi.

• Phrase négative avec auxiliaire.
On rajoute *neither* suivi de l'auxiliaire et du sujet du *tag*.
➜ *We didn't like the concert. Neither did we.* Nous n'avons pas aimé le concert. Nous

non plus.
➜ *My parents had never seen a cricket match before. Neither had mine.* Mes parents n'avaient jamais vu un match de cricket avant. Les miens non plus.

• Phrase négative sans auxiliaire.
On utilise *neither* suivi de *do, does* ou *did*, puis le sujet du *tag*.
➜ *I never liked them. Neither did I.* Je ne les ai jamais aimés. Moi non plus. ■

Points clés

Exprimer son désaccord

Pour exprimer son désaccord ou pour contredire ce que quelqu'un vient de dire, on utilise un *tag*. La forme de ce dernier dépend de la phrase qui le précède.

• Phrase affirmative avec auxiliaire.
On commence par le sujet du *tag*, puis on reprend l'auxiliaire en lui accrochant *n't*.

➥ *She has got three cats. I haven't.* Elle a trois chats. Pas moi.
➥ *My cousin is an excellent dancer. I am not.* Mon cousin est un excellent danseur. Pas moi.

• Phrase affirmative sans auxiliaire.
On place le sujet du *tag* puis *don't, doesn't* ou *didn't*.

➥ *I loved the play. They didn't.* J'ai adoré la pièce. Pas eux.
➥ *They want to go to the concert tomorrow. We don't.* Ils veulent aller au concert demain. Pas nous.

• Phrase négative avec auxiliaire.
On commence par le sujet de la phrase puis on reprend l'auxiliaire à la forme affirmative.

➥ *She couldn't come. I could.* Elle n'a pas pu venir. Moi si.
➥ *They have never been to Australia. We have.* Ils ne sont jamais allés en Australie. Nous si.

• Phrase négative sans auxiliaire.
On place le sujet, puis l'auxiliaire *do, does* ou *did*, selon le sujet et le temps de la phrase qui précède.

➥ *He never works very hard. Well, she does.* Il ne travaille jamais très dur. Eh bien elle, si.
➥ *Lassie left nothing in her dish, but Fido did.* Lassie n'a rien laissé dans son assiette, mais Fido, si. ■

Index ➡ tags

Points clés — Les exclamatives

Il existe de très nombreuses façons de s'exclamer ou de s'extasier. Les phrases exclamatives peuvent aussi traduire des sentiments positifs ou négatifs comme l'étonnement ou l'indignation.

Les exclamatives avec un nom singulier

Lorsque l'expression exclamative contient un nom dénombrable singulier (accompagné ou non d'adjectifs), on utilise *what a* (ou la variante *what an*, lorsque le nom ou l'adjectif qui suit commence par une voyelle) ou bien *such a* (ou la variante *such an*).
➥ *What a pity!* Quel dommage !
➥ *What a handsome man!* Quel bel homme !
➥ *What an interesting story!* Quelle histoire intéressante !
➥ *What an impatient child!* Quel enfant impatient !
➥ *She was such a nice girl!* C'était une si gentille fille !
➥ *It's such an incredible story!* C'est une histoire tellement incroyable !

• En revanche, lorsque l'expression exclamative contient un nom singulier indénombrable (accompagné ou non d'adjectifs), on utilise *what* ou *such*.
➥ *What lovely weather we had last week!* Quel temps superbe nous avons eu la semaine dernière !
➥ *What lousy music!* Quelle musique horrible !
➥ *It was such fun!* On s'est tellement amusé !
➥ *What cold water!* Comme l'eau est froide !
➥ *We had such horrible weather, we didn't go out at all!* On a eu un temps si horrible qu'on n'est pas sorti du tout !

WE HAD SUCH HORRIBLE WEATHER, WE DIDN'T GO OUT AT ALL!

Les exclamatives avec un nom pluriel

Lorsque l'expression exclamative contient un nom pluriel (accompagné ou non d'adjectif), on utilise *what* ou *such*.
➜ *What horrible surroundings!* Quel environnement horrible!
➜ *What brave men the first astronauts were!* Quels hommes braves que les premiers astronautes!
➜ *They were such kind people!* Ils étaient si gentils!

• Chacune de ces expressions peut être utilisée dans une phrase exclamative indirecte avec des expressions comme : *it's incredible* (c'est incroyable), *it's amazing* (c'est étonnant)... ou des verbes comme *know* (savoir), *tell* (raconter), *realize* (réaliser)...
➜ *It's amazing what a big dog he has become!* C'est incroyable comme ce chien est devenu grand!
➜ *You know what a bore he can be!* Tu sais à quel point il peut être rasoir!
➜ *I've never heard such a ridiculous excuse in all my life!* Je n'ai jamais entendu d'excuse aussi ridicule de ma vie! ■

Les autres expressions exclamatives

Lorsque l'expression exclamative contient un adjectif ou un adverbe employé seul, on utilise *how* ou *so*.
➜ *How stupid you can be sometimes!* Comme tu peux être crétin parfois!
➜ *How strange!* Comme c'est étrange!
➜ *She's so sweet!* Elle est si mignonne!

• On peut aussi trouver *how* et *so* dans une phrase exclamative indirecte.
➜ *It's really incredible how long her hair is!* Ses cheveux sont vraiment incroyablement longs!
➜ *It's so kind of you to drive me into town.* C'est si gentil de ta part de me déposer en ville.

• Il existe également de nombreuses expressions exclamatives que l'on peut utiliser pour traduire la surprise, l'admiration, l'étonnement ou l'incrédulité.
➜ *Oh, my goodness!* Oh, mon Dieu!
➜ *You don't say!* C'est pas vrai!

Points clés
English spoken

Sarah : *Mr. Bean is such an interesting man!*
Vanessa : *You must be joking! I've never met somebody so conceited!*
S. : *How insincere you are! You told me yesterday he was very handsome.*
V. : *How stupid you are! That's got nothing to do with it.*

S. : M. Bean est un homme si intéressant!
V. : Tu plaisantes! Je n'ai jamais rencontré quelqu'un de si prétentieux!
S. : Comme tu es de mauvaise foi! Tu m'as dit hier qu'il était beau.
V. : Comme tu es bête! Cela n'a rien à voir!

➜ *You're kidding!* Tu plaisantes!
➜ *That's a laugh!* Laisse-moi rire!
➜ *You must be joking!* Tu blagues!
➜ *Dear me!* Mon Dieu!
➜ *What a drag!* Quelle barbe!
➜ *You're pulling my leg!* Tu me fais marcher!
➜ *Go tell it to the Marines!* Va le dire à d'autres!
➜ *Wow! Isn't it beautiful!* Ouah! Qu'est-ce que c'est beau! ■

Index ➜ exclamatives • how • so • such • what

Points clés ## « There is » et « there are »

L'expression française « il y a », servant à indiquer la présence de quelqu'un ou de quelque chose, se traduit en anglais par *there is* devant un groupe de mots singulier, et par *there are* devant un groupe de mots pluriel. En cas d'énumération, c'est le premier mot de la suite qui détermine l'emploi du singulier ou du pluriel.

THERE HAS BEEN A LOT OF RAIN THIS YEAR

À la forme affirmative

À la forme affirmative, l'expression *there is* peut se contracter en *there's*.

➥ *There's a man at the door.* Il y a un homme à la porte.
➥ *There's a blue book and a green exercise-book on the desk.* Il y a un livre bleu et un cahier vert sur le bureau.
➥ *There are many clouds in the sky.* Il y a beaucoup de nuages dans le ciel.
➥ *There are six supermarkets in the town.* Il y a six supermarchés en ville.

• Cette expression peut se conjuguer au prétérit et au *present perfect*. On fera également la distinction entre le singulier et le pluriel.
➥ *There was a good film at the Odeon last week.* Il y avait un bon film à l'Odéon la semaine dernière.
➥ *There were about twenty thousand people at the demonstration according to the organisers.* Il y avait environ vingt mille personnes à la manifestation selon les organisateurs.
➥ *There has been a lot of rain this year.* Il y a eu beaucoup de pluie cette année.
➥ *There have been many difficult periods in British history.* Il y a eu beaucoup de périodes de troubles dans l'histoire de la Grande-Bretagne.

• On peut également conjuguer cette expression au futur. On utilise alors l'auxiliaire *will*, qui est invariable.
➥ *There will be a lot of traffic on the motorway at the weekend.* Il y aura beaucoup de circulation sur l'autoroute ce week-end. ■

Points clés

Exercice

Traduisez.

1. Il y a beaucoup de monde dans cette rue.
2. Y avait-il une église ici, autrefois ?
3. Il y aura beaucoup de vent.
Prends ton écharpe et tes gants.

Corrigé

1. There are a lot of people in this street.
2. Did there use to be a church, here ?
3. There will be a lot of wind. Take your scarf and your gloves.

À la forme interrogative et négative

À la forme interrogative, on inverse l'auxiliaire et *there*.

➡ *Is there any bread left ? Yes, there's half a loaf.* Est-ce qu'il reste du pain ?
Oui, la moitié d'un.

➡ *Are there many pupils in your class ?* Y a-t-il beaucoup d'élèves dans ta classe ?

➡ *When will there be a concert this month ?* Quand y aura-t-il un concert ce mois-ci ?

➡ *Were there many people at your party ?* Y avait-il beaucoup de gens à ta fête ?

• La forme négative utilise indifféremment la négation *not* suivie de *any* ou *no* et ses dérivés.

➡ *There isn't any shampoo left.* Il n'y a plus de shampooing.

➡ *There aren't any snakes in Ireland, are there ? No, there aren't.* Il n'y a pas de serpents en Irlande, n'est-ce pas ? Non.

➡ *There were not any women in the bar.* Il n'y avait aucune femme dans le bar.

➡ *There are no plates on the table.* Il n'y a pas d'assiettes sur la table.

➡ *There was no-one in sight.* Il n'y avait personne en vue.

➡ *There won't be anyone if you don't advertise.* Il n'y aura personne si vous ne faites pas de pub. ■

English spoken

Tourist : Is there a supermarket round here, officer ?
Officer : Yes, there is one round the corner, but there are lots of small shops in High Street. You should go there. They're very nice and interesting.
Tourist : I'd like to, but what I need is a tyre for my wife's car. Is there a garage somewhere ?
Officer : There used to be one, but it's closed now. Sorry !

Touriste : Y a-t-il un supermarché par ici, Monsieur l'agent ?
Officier de police : Oui, il y en a un au coin mais il y a beaucoup de petites boutiques dans High Street. Vous feriez mieux d'y jeter un coup d'œil. Elles sont très jolies et intéressantes.
Touriste : J'aimerais bien mais j'ai besoin d'un pneu pour la voiture de ma femme. Y a-t-il un garage quelque part ?
Officier de police : Il y en avait un autrefois mais il est fermé, désolé !

Index ➡ there

Points clés

La phrase passive (1)

La tournure passive est beaucoup plus utilisée dans la langue anglaise qu'en français. Dans la phrase active le sujet agit, tandis que dans la phrase passive le sujet subit l'action.

Les règles de base

Une phrase passive contient toujours l'auxiliaire *be*, suivi du participe passé du verbe que l'on souhaite conjuguer. Rappelons que le participe passé du verbe régulier est obtenu en ajoutant le suffixe *-ed* à la base verbale. Pour les verbes irréguliers, on utilise la forme de la 3ᵉ colonne de la liste des verbes irréguliers.

• *Be* peut être conjugué à tous les temps, aux formes affirmative, interrogative et négative.

• Le complément d'agent est introduit par la préposition *by*.

➤ *My car will be repaired by the mechanic.* Ma voiture sera réparée par le garagiste.

➤ *The mouse is eaten by the cat.* La souris est mangée par le chat.

• Il arrive fréquemment que le verbe au passif soit construit sans complément d'agent, comme en français.

➤ *The whole city was destroyed during the war.* La ville entière fut détruite pendant la guerre. (Le complément d'agent n'apparaît pas. Par conséquent, on ne connait pas l'identité de ceux qui ont détruit la ville.) ■

English spoken

Death penalty hasn't been totally abolished in the States. Prisoners are still being executed nowadays in numerous states. After the Oklahoma City bombing, for example, two men were arrested. One of them, Timothy McVeigh, has been sentenced to death. The other suspect is Terry Nichols. He is still in jail, where he is still waiting to be judged.

La peine de mort n'a pas été totalement abolie aux États-Unis. Des prisonniers sont toujours exécutés de nos jours dans de nombreux États. Après l'attentat d'Oklahoma City, par exemple, deux hommes ont été arrêtés. L'un d'entre eux, Timothy McVeigh, a été condamné à la peine de mort. L'autre suspect est Terry Nichols. Il se trouve toujours en prison, où il attend d'être jugé.

THE MOUSE IS EATEN BY THE CAT

Points clés

Passer de la voix active à la voix passive

Lorsque l'on souhaite construire une phrase à la voix passive à partir d'une phrase à la voix active, il faut respecter trois grandes règles grammaticales.

1 Il faut conjuguer l'auxiliaire *be* au même temps que le verbe de la phrase active.
➡ *Vincent Van Gogh painted the sunflowers* (le verbe *paint* est au prétérit). Vincent Van Gogh a peint *les Tournesols*.
➡ *The sunflowers were painted by Vincent Van Gogh* (*be* est aussi au prétérit).

Les Tournesols ont été peints par Vincent Van Gogh.
➡ *The children will decorate the Christmas tree* (le verbe *decorate* est au futur). Les enfants décoreront le sapin de Noël.
➡ *The Christmas tree will be decorated by the children* (*be* est également au futur). Le sapin de Noël sera décoré par les enfants.

2 Il faut mettre le verbe lexical (qui est conjugué dans la phrase active) au participe passé, après s'être assuré qu'il est régulier ou irrégulier.
➡ *The paper-boy delivers the papers every morning.* Le livreur de journaux distribue les journaux tous les matins.
➡ *The papers are delivered by the paper-boy every morning.* Les journaux sont livrés par le livreur de journaux tous les matins.

3 Il faut transformer le complément d'objet direct du verbe de la phrase active en sujet du verbe passif. Le sujet à la voix active devient alors complément d'agent à la voix passive. Il faut faire attention aux pronoms personnels.
➡ *She broke the China vase.* Elle a cassé le vase en porcelaine.
➡ *The China vase was broken by her.* Le vase en porcelaine a été cassé par elle.
➡ *They have repaired the garage door.* Ils ont réparé la porte du garage.
➡ *The garage door has been repaired by them.* La porte du garage a été réparée par eux. ■

Exercice

Mettez à la voix passive.

1. Our teacher uses this tape-recorder.
2. Mum is doing the washing-up.
3. She cleaned the floor two days ago.
4. In this school, a young American boy will teach English.
5. The police have arrested me.

Corrigé

1. This tape-recorder is used by our teacher.
2. The washing-up is being done by Mum.
3. The floor was cleaned by her two days ago.
4. In this school, English will be taught by a young American boy.
5. I have been arrested by the police.

Index ➡ participe passé • passif • phrases

Points clés — # La phrase passive (2)

À la différence du français, on trouve fréquemment une tournure passive dans une phrase contenant un verbe à double complément. Par ailleurs, cette tournure permet souvent de traduire le pronom français « on ».

Les verbes à double complément

À la voix active, certains verbes, comme par exemple :
– *to give*. Donner ;
– *to offer*. Offrir ;
– *to show*. Montrer ;
– *to send*. Envoyer ;
– *to teach*. Enseigner,
peuvent être suivis de deux compléments : un complément d'objet direct (c'est-à-dire un objet) et un complément d'objet indirect (c'est-à-dire une personne).

• À la voix passive, la personne devient sujet.
➥ *Look, someone has offered me a keyring.* Regardez, quelqu'un m'a offert un porte-clefs.
➥ *Look, I've been offered a keyring.* Regardez, on m'a offert un porte-clefs.

• Observons à nouveau les transformations au passif. Au lieu de dire :
➥ *Steve gave Virginia a present.* Steve a donné un cadeau à Virginia.

On dira :
➥ *A present was given to Virginia by Steve.* Un cadeau a été donné à Virginia par Steve. (Le sujet est alors un objet.)
Ou encore :
➥ *Virginia was given a present.* (Le sujet est alors une personne.) ■

Traduire « on »

Le passif anglais sert très fréquemment à exprimer l'impersonnel qui se traduit en français par le pronom « on ».
➥ *Money mustn't be thrown out of the windows.* On ne doit pas jeter l'argent par les fenêtres. (Littéralement : l'argent ne doit pas être jeté par les fenêtres.)
➥ *Nothing could be seen from her window.* On ne voyait rien de sa fenêtre. (Littéralement : rien ne pouvait être vu de sa fenêtre.)

• Les expressions françaises du type « on dit que », « on pense que », « on croit que » sont dans la majorité des cas rendues en anglais par la voix passive.
➥ *He's said to have killed his wife.* On dit qu'il a tué sa femme.
➥ *Their marriage is thought to be a failure.* On pense que leur mariage est un échec.
➥ *They are believed to have left their country after the war.* On croit qu'ils ont quitté leur pays après la guerre. ■

Points clés

- Le passif est très prisé dans les journaux alors que la voix active domine dans le style littéraire.
- *Some people say that Princess Diana has been assassinated.* Certaines personnes disent que la princesse Diana a été assassinée.
- *"A person is innocent until proven guilty... unless it's me."* O. J. Simpson during his trial. « Une personne est innocente jusqu'à ce que l'on prouve sa culpabilité… à moins que ce ne soit moi. » O. J. Simpson durant son procès.

English spoken

Do you know what happens every day in the States?
– Millions of sandwiches and hamburgers are eaten.
– Billions of pizzas are ordered and taken home.
– Lots of bottles of Coca Cola are drunk.
– Most of the teenagers are in danger of getting fat and having heart attacks.

Savez-vous ce qui se passe tous les jours aux États-Unis ?
– On mange des millions de sandwichs et de hamburgers.
– On commande et on reçoit chez soi des milliards de pizzas.
– On boit beaucoup de bouteilles de Coca Cola.
– La plupart des adolescents risquent de devenir obèses et d'avoir des crises cardiaques.

Exercices

1) Mettez au passif les phrases suivantes.
1. *Somebody has broken my glasses.*
2. *People speak English in Australia and New Zealand.*
3. *They are questioning him.*
4. *Somebody will tell them.*
5. *They interviewed me about the accident.*

2) Traduisez.
1. On la croyait morte.
2. On lui a demandé de venir plus tôt.
3. On a prêté des disques à Jack.
4. On dit que ces élèves s'entendent bien.
5. On t'apprendra à travailler beaucoup plus.

Corrigés

1. *My glasses have been broken.*
2. *English is spoken in Australia and New Zealand.*
3. *He is being questioned.*
4. *They will be told.*
5. *I was interviewed about the accident.*

1. *She was thought to be dead.*
2. *He was asked to come earlier.*
3. *Jack has been lent records.*
4. *These pupils are said to get on well.*
5. *You will be taught to work much harder.*

Index ➡ passif

Points clés — La proposition relative

Pour construire une proposition relative, il faut choisir le pronom relatif qui va l'introduire, déterminer si cette proposition est identifiante ou non et enfin savoir si elle complète un nom ou toute une phrase. Enfin certaines relatives posent des problèmes plus complexes, notamment celles introduites par *that* et celles traduisant le relatif français «dont».

Le choix du pronom relatif

En anglais, le choix du pronom relatif dépend de deux éléments. Il faut tout d'abord repérer l'antécédent (humain ou non humain) auquel il renvoie puis déterminer sa fonction grammaticale (sujet ou complément) et son éventuelle notion de possession.

• Lorsque l'antécédent est humain, on emploie :
– *who* (en fonction sujet).
– *who* ou *whom* (en fonction complément).
– *whose* (pour les notions de possession).

• Lorsque l'antécédent est non humain, on emploie :
– *which* (en fonction sujet).
– *which* (en fonction complément).
– *of which* ou *whose* (pour les notions de possession). ■

La nature de la proposition relative

Certaines propositions relatives, que l'on qualifie de non identifiantes, apportent seulement un complément d'information. Elles sont accessoires et peuvent par conséquent être supprimées. On l'indique en les encadrant de virgules.

• D'autres propositions relatives sont appelées identifiantes ou indispensables. Ce sont elles qui permettent d'identifier le nom ou de donner un sens à la phrase. Ce sont les plus courantes. Elles ne sont jamais encadrées de virgules.

• Comparons les deux relatives suivantes :
➥ *This bread which I bought this morning is stale.*
➥ *This bread, which I bought this morning, is stale.*

Toutes deux se traduisent également par : «Ce pain que j'ai acheté ce matin est rassis». Pourtant, leur sens est différent. La première proposition relative est identifiante. Le fait que le pain soit de ce matin est considéré comme important, probablement parce que l'on trouve anormal qu'il soit déjà rassis. En revanche, la seconde proposition relative qui est placée entre virgules est accessoire. On pourrait donc l'omettre sans nuire au sens général de l'énoncé. ■

Points clés

Relative complétant une phrase

Une proposition relative sert dans la plupart des cas à apporter des informations supplémentaires sur un nom. Mais elle peut également remplir la même fonction vis-à-vis d'une phrase ou d'un énoncé. On utilise alors les relatifs *which* et *what*.

• **Which** (ce qui, ce que) est aussi utilisé pour reprendre toute une phrase. Il est alors précédé d'une virgule.
➡ *She lent me her car, which was very nice of her.* Elle m'a prêté sa voiture, ce qui était très gentil de sa part. Ici *which* reprend : *she lent me her car.*

• **What** (ce que) reprend non pas toute la phrase qui précède mais le nom et le relatif qui s'y trouvent.
➡ *The thing that I really hate about him is that he lies all the time = What I really hate about him is that he lies all the time.* Ce que je déteste vraiment chez lui, c'est qu'il ment tout le temps.
What reprend le nom *thing* et le relatif *that*. ∎

Emploi et omission de « that »

On emploie *that* uniquement dans les propositions relatives identifiantes. Il est très fréquent après certaines expressions, en particulier celles qui ont un sens restrictif, notamment :
• *The only thing that* (la seule chose que).
• *None of the things that* (aucune des choses qui).
• *Few of the things that* (certaines des choses qui).
• les superlatifs.
➡ *He's the most stupid person (that) I have ever met.* C'est la personne la plus stupide que j'aie jamais rencontrée.

• On peut supprimer *that* dans une proposition relative s'il est complément, comme dans la phrase ci-dessus où le sujet est *I*. Par contre dans la phrase suivante, *that* est sujet (de *get*). On ne peut donc pas l'omettre.
➡ *All these little things that get on your nerves can make your life difficult.* Toutes ces petites choses qui vous tapent sur les nerfs peuvent vous rendre la vie difficile. ∎

Traduire « dont »

Lorsqu'il y a notion de possession et que l'antécédent est non humain, « dont » peut se traduire de deux façons :
– nom + *of which*,
– *whose* + nom (forme la plus courante).
➡ *This book the title of which/whose title is Gone with the Wind is very famous.* Ce livre dont le titre est *Autant en emporte le vent* est très célèbre.

• Lorsqu'il y a notion de possession et que l'antécédent est humain, « dont » se traduit par : *whose* + nom.
➡ *This is Jane whose brother plays basket-ball with me.* Voici Jane dont le frère joue au basket-ball avec moi.

• Lorsque « dont » n'implique aucune notion de possession, on utilise le relatif complément :
– *whom* (si l'antécédent est humain),
– *which* (si l'antécédent est non humain),
– *that* dans les cas énoncée plus haut.
➡ *The film (that)/which I'm talking about was shown on T.V. yesterday.* Le film dont je parle est passé à la télé hier. ∎

Index ➡ pronoms • propositions

Points clés — ## La proposition à sens futur

On pense parfois à tort que *when* est incompatible avec le futur. Cela dépend en fait de la nature de la proposition qui est introduite par *when* : proposition de temps, proposition relative ou proposition servant à l'interrogation.

« When » et la subordonnée de temps

En anglais, la proposition subordonnée de temps est introduite par le pronom *when*. En français, on peut utiliser le futur dans les subordonnées de temps introduites par quand. Mais en anglais, *when* est incompatible avec l'utilisation du futur, ce qui est source d'erreurs. Pour exprimer le futur dans ce type de proposition, on a recours au présent simple.
➥ *I will ask him when he phones.* Je lui demanderai quand il téléphonera (et non pas quand il téléphone).

• Pour être sûr qu'il s'agit d'une subordonnée de temps, on vérifie que l'on peut remplacer la subordonnée par *tomorrow* ou *later*.
➥ *I will ask him when he phones = I will ask him tomorrow/later.*

• Comme *when*, *as soon as* n'est jamais suivi de *will* dans une subordonnée de temps.

• Lorsque l'on rencontre *will* dans une subordonnée de temps introduite par *when*, il a nécessairement le sens de volonté et non pas de futur.
➥ *Now I will tell you what I think about your attitude, when you'll allow me.* Eh bien, je vais vous dire ce que je pense de votre attitude quand vous me le permettrez (c'est-à-dire quand vous voudrez bien me laisser parler).

• On utilise *when* dans une subordonnée de temps pour dire que l'on est sûr que quelque chose va se passer.
➥ *I will visit you when I come to Spain.* Je vous rendrai visite lorsque je viendrai en Espagne.

• Dans les cas où l'on n'est pas sûr d'une chose, on utilise *if*.
➥ *I will visit you if I come to Spain* (c'est-à-dire au cas où je viendrais).

• On peut utiliser indifféremment *if* ou *when* dans une subordonnée de temps si l'on parle de choses constantes, toujours vraies.
➥ *If/when you leave ice-cream out of the fridge, it melts.* Si on laisse de la glace hors du réfrigérateur, elle fond. ■

« When » et la relative

Lorsque *when* est utilisé avec la fonction de pronom relatif, il n'est pas incompatible avec le futur en *will*. Quand *when* est pronom relatif et signifie *the time when*, il peut être suivi de *will*.
➥ *I long for the day when we will be friends.* J'attends avec impatience le jour où nous serons amis. ■

Points clés

English spoken

Les Beatles chantent :
« *When I am sixty-four,*
Will you still love me ?
Will you still be mine ?
When I am sixty-four ? »

« Quand j'aurai soixante-quatre ans,
M'aimeras-tu encore ?
Seras-tu encore mienne ?
Quand j'aurai soixante-quatre ans ? »

WHEN DO YOU THINK YOU WILL BE READY?

« When », mot interrogatif

Une proposition interrogative, c'est-à-dire une question, peut avoir un sens futur. Dans ce cas, *when* n'est pas non plus incompatible avec le futur en *will*.
➥ *When do you think you will be ready ?* Quand penses-tu être prête ?
➥ *When will they come ?* Quand viendront-t-ils ?
➥ *When will you grow up ?* Quand vas-tu te décider à grandir ? Ici *will* renvoie aussi à la volonté, d'où l'utilisation du verbe se décider. « Quand grandiras-tu » serait par conséquent une traduction incomplète. ■

Attention !

Ne confondez pas la proposition subordonnée de temps et la complétive dans une phrase au discours indirect, qui peut, elle, être exprimée au futur en anglais. Comparez :
➥ *They'll see you when you come to Spain.* Ils te verront quand tu viendras en Espagne. *When you come to Spain* répond à la question *when*. C'est une proposition subordonnée de temps.
➥ *They want to know when you'll come to Spain.* Ils veulent savoir quand tu viendras en Espagne. *When you'll come to Spain* répond à la question *what*. C'est donc une complétive.

Index ➡ if • propositions

Points clés — # La proposition hypothétique

Les propositions hypothétiques se construisent à partir de la conjonction *if* (si). Elles renvoient soit au domaine du réel, soit à l'irréel, selon que ces hypothèses sont plus ou moins certaines. On emploie des temps différents selon le cas.

Le domaine du réel

Lorsque l'on parle de généralités ou de choses qui sont toujours vraies, on utilise *if* suivi du présent simple.
➡ *If you stay too long in the sun you get sunburnt.* Si tu restes trop longtemps au soleil, tu attrapes un coup de soleil.
➡ *If you work too much, you get tired.* Si tu travailles trop, tu es fatigué.

• On notera que la proposition en *if* peut se mettre aussi bien au début qu'à la fin de ces phrases, on peut dire par exemple :
➡ *You get sun-burnt if you stay too long in the sun.*

• Dans une proposition subordonnée en *if*, le présent simple peut également avoir une valeur de futur.
➡ *If the weather is nice tomorrow, I will go to the swimming-pool.* S'il fait beau demain, j'irai à la piscine.
➡ *If you come for Christmas, we will go skiing.* Si tu viens à Noël, nous irons skier.

• Une proposition hypothétique peut également faire référence à un fait réel passé. *If* est alors suivi du prétérit.
➡ *If Jane didn't want to see a violent film, why did she choose this one?* Si Jane ne voulait pas voir un film violent, pourquoi a-t-elle choisi celui-là ?
On fait ici référence à quelque chose qui s'est vraiment passé : Jane a vu le film, l'a trouvé violent et ne l'a pas aimé. ■

English spoken

« If I had a hammer, I'd (= would) hammer in the morning, I'd hammer in the evening, All over this land... »

« Si j'avais un marteau, je donnerais des coups de marteau le matin, je donnerais des coups de marteau le soir, Dans tout le pays... »

The Tremeloes.

Exercice

Traduisez les phrases suivantes.

1. Si tu apprends bien tes leçons, tu as des bonnes notes.
2. Si j'avais de l'argent, j'achèterais une grande maison et une voiture.

Corrigé

1. If you learn your lessons correctly you get good marks.
2. If I had some money, I'd buy a big house and a car.

Points clés

L'irréel

On peut aussi utiliser *if* pour parler de choses irréelles que l'on se contente d'imaginer. On utilise alors le prétérit modal pour émettre des hypothèses sur ce qui va se passer incessamment ou dans un avenir plus lointain. Dans la proposition principale, on emploie le conditionnel pour parler des conséquences présentes ou futures de l'hypothèse. On notera qu'en français aussi on emploie un temps du passé pour parler de l'irréel : l'imparfait.

• Valeur présente du prétérit modal.
➥ *If you slept more, you would not be so tired.*
En utilisant le prétérit, on envisage le présent : si tu dormais plus en ce moment, tu ne serais pas fatigué, pas aussi fatigué que tu ne l'es maintenant. Il s'agit donc d'une conséquence présente.

• Valeur future du prétérit modal.
➥ *If I won money at the lottery, I would stop working.* Si je gagnais à la loterie, j'arrêterais de travailler. En utilisant le prétérit on envisage l'avenir. Il s'agit donc d'une conséquence considérée dans le futur. ■

Au prétérit modal, on emploie généralement *were* à toutes les personnes.
➥ *If I were you, I would not do that.* Si j'étais toi, je ne ferais pas cela au lieu de *If I was you, I would not do that.*

La non-réalisation d'une hypothèse

Enfin, on peut employer *if* pour parler de situations qui ne se sont pas produites dans le passé. Le prétérit faisant référence au présent ou à l'avenir, il est logique que ce soit le plus-que-parfait qui fasse référence au passé. Lorsque l'on envisage les conséquences passées d'une hypothèse qui ne s'est pas réalisée, on utilise le conditionnel passé.
➥ *If I had been reasonable, I would not have spent all my money in one day.* Si j'avais été raisonnable, je n'aurais pas dépensé tout mon argent en un jour. ■

• La construction du conditionnel passé

would • have • p.passé

IF I HAD BEEN REASONABLE, I WOULD NOT HAVE SPENT ALL MY MONEY ON ONE NIGHT

Index ➔ conditionnel • if • prétérit modal

Points clés : Exprimer la cause, le but et la conséquence

La cause, le but et la conséquence étant des notions assez proches, il est parfois difficile de les différencier. Il faut donc s'efforcer de bien connaître leur signification et leur construction respectives.

Exprimer la cause

Exprimer la cause d'une action ou d'un état dans une subordonnée, c'est en exprimer la raison.

- La conjonction la plus fréquente dans les subordonnées de cause est *because* (parce que).
➥ *He didn't come because he was ill.* Il n'est pas venu parce qu'il était malade.

- On peut aussi exprimer la cause avec les conjonctions *as* (comme), *since* (puisque) ou *for*, suivi du gérondif.
➥ *As he was ill, he didn't come.* Comme il était malade, il n'est pas venu.
➥ *Since he was ill, he didn't come.* Puisqu'il était malade, il n'est pas venu.
➥ *They were blamed for not helping us.* On leur a reproché de ne pas nous avoir aidés.

- Les questions portant sur la cause sont introduites par le pronom interrogatif *why* (pourquoi).
➥ *Why did they thank him?* Pourquoi l'ont-ils remercié ? ■

Exprimer le but

Exprimer le but d'une action ou d'un état dans une proposition subordonnée, c'est parler de l'intention poursuivie, de l'objectif visé par la personne.

- Le mot de liaison le plus souvent utilisé dans ce cas est *to* + infinitif.
➥ *She's going to the butcher's to buy some meat.* Elle va chez le boucher pour acheter de la viande.

- On peut aussi exprimer le but à l'aide des conjonctions *in order to* (pour) et *so as to* (afin de) suivies de la base verbale.
➥ *He did it in order to/so as to help you.* Il l'a fait pour/afin de t'aider.

- Dans une subordonnée complexe, le but est introduit par *so that* (afin de).
➥ *He got on the chair so that he could reach the shelf.* Il grimpa sur la chaise afin d'atteindre l'étagère. ■

Enfin, on peut exprimer le but à l'aide d'une proposition infinitive qui obéit à la structure :

for — sujet — infinitif

➥ *I made it for you to keep it.* Je l'ai fait pour que tu le gardes.

Points clés

- Les questions portant sur la notion de but sont toujours introduites par le pronom interrogatif *what... for* (pour quoi faire, dans quel but).
➡ *What is she going to the butcher's for?* Dans quel but va-t-elle chez le boucher ?
Il ne faut en aucun cas utiliser *why* + *for* qui se traduit également par «pourquoi». ∎

Attention !

Il ne faut pas confondre la cause et le but. Comparons ces deux phrases :
➡ *The little girl is crying because her mother didn't buy her any sweets.* La petite fille pleure parce que sa mère ne lui a pas acheté de bonbons. On explique ce qui a provoqué son comportement, on exprime donc la cause.
➡ *The little girl is crying to have some sweets.* La petite fille pleure pour avoir des bonbons. On explique ce qu'elle veut, on exprime donc le but.

Attention !

Ne confondez pas les notions de cause et de conséquence. Comparons ces deux phrases :
➡ *He couldn't walk* (conséquence) *because he was so tired* (cause).
➡ *He was so tired* (conséquence) *that he couldn't walk* (cause).

Exprimer la conséquence

Exprimer la conséquence d'une action ou d'un état, c'est en exprimer le résultat.

- Dans les phrases simples, la conséquence est introduite par les conjonctions *so* (donc) ou *therefore* (par conséquent).
➡ *It was raining. So/therefore, I took my umbrella.* Il pleuvait. Donc/par conséquent, j'ai pris mon parapluie. ∎

English spoken

Teacher : Sonia, you'll lend your exercise book to Rachel who was absent yesterday, so that she can learn her lesson.
Sonia : But... I can't, Miss, because I haven't got it today.
Teacher : Why haven't you got it?
Sonia : Well... My desk was so messy this morning that I couldn't find it.

Professeur : Sonia, tu prêteras ton cahier à Rachel qui était absente hier, afin qu'elle apprenne sa leçon.
Sonia : Mais... Je ne peux pas, Mademoiselle, parce que je ne l'ai pas aujourd'hui.
Professeur : Pourquoi ne l'as-tu pas ?
Sonia : Eh bien, mon bureau était tellement en désordre ce matin, que je ne l'ai pas retrouvé.

Dans les phrases complexes, on exprime la conséquence par le type de subordonnée suivante :

so — adjectif — that

➡ *He was so tired that he coudn't walk.*
Il était si fatigué qu'il ne pouvait pas marcher.

Index ➡ but • cause • conjonction • pronom

Points clés — # La proposition infinitive

En anglais, l'infinitif d'un verbe se forme simplement en rajoutant *to* devant sa base verbale. Une proposition infinitive est naturellement une phrase qui contient un verbe à l'infinitif.

L'infinitif

L'infinitif peut être :
- affirmatif,
➦ *To do.* Faire.
➦ *To become.* Devenir.
- négatif,
➦ *Not to have.* Ne pas avoir.
➦ *Not to go.* Ne pas aller.
- passé,
➦ *To have slept.* Avoir dormi.
➦ *Not to have written.* Ne pas avoir écrit.
- progressif,
➦ *To be doing.* (Être en train de) faire.
➦ *Not to be wearing.* Ne pas (être en train de) porter.
- passif,
➦ *To be taken.* Être pris.
➦ *Not to be seen.* Ne pas être vu.

• Les modaux : *can, must may...* n'ont pas d'infinitif et ne sont jamais suivis d'un infinitif.
➦ *She can't swim.* Elle ne sait pas nager.
➦ *We must leave now, it's late.* Il faut que nous partions, il est tard.

• Les semi-modaux *need, dare, ought* et les formes à sens modal : *be able, be allowed, be permitted...* peuvent se mettre à l'infinitif et sont suivis d'un infinitif.
➦ *I don't really need you to help me, you know.* Je n'ai pas vraiment besoin que tu m'aides, tu sais.
➦ *He dared me to jump.* Il m'a défié de sauter.

• Un verbe à l'infinitif est en général inclus dans une proposition infinitive dont la fonction est celle d'un groupe nominal, sujet ou complément :
➦ *To keep quiet was the last thing to do.* Se taire était la dernière des choses à faire.
➦ *My sister wanted to come.* Ma sœur voulait venir. ■

Exercice

Traduisez les phrases suivantes en utilisant une proposition infinitive.

1. Le professeur veut que les élèves apprennent régulièrement leurs leçons.
2. Je ne veux pas que tu sortes ce soir.
3. Je m'attends à ce qu'il soit en retard.
4. Je ne sais pas quoi lui dire.
5. Où veux-tu aller ?

Corrigé

1. *The teacher wants the pupils to learn their lessons regularly.*
2. *I don't want you to go out tonight.*
3. *I expect him to be late.*
4. *I don't know what to tell her/him.*
5. *Where do you want to go?*

Points clés

Les différentes propositions infinitives

Une proposition infinitive peut être :
• complète, avec un sujet différent de la principale. C'est souvent le cas avec les verbes : *ask, believe, convince, dare, expect, force, hate, help, like, love, need, prefer, remind, tell, want…*
➥ *We asked their parents to let them come.* Nous avons demandé à leurs parents de les laisser venir.
➥ *His brother forced him not to tell tales.* Son frère l'a obligé à ne pas cafter.
➥ *She wanted me to come.* Elle voulait que je vienne.
• sans sujet apparent, si c'est le même que celui de la principale. C'est le cas avec les verbes précédents ainsi qu'avec les verbes : *agree, be, come, decide, hope, go, have, manage, mean, prefer, pretend, promise, remain, remember, seem, try, wait…*
➥ *We were afraid to climb so high.* Nous avions peur de grimper si haut.
➥ *I always go to the post office to buy my stamps.* Je vais toujours à la poste pour acheter mes timbres.
➥ *He tried to open the window, but it was stuck.* Il essaya d'ouvrir la fenêtre, mais elle était coincée.
• elliptique si le verbe est sous-entendu pour éviter une répétition.
➥ *Would you like to come with me? Oh! I'd love to.* Aimerais-tu venir avec moi ? Oh ! J'adorerais ça.
➥ *I told her she could watch the film, but she didn't want to.* Je lui ai dit qu'elle pouvait regarder le film, mais elle n'a pas voulu.
➥ *You can wear a tie, but you don't have to.* Tu peux mettre une cravate, mais tu n'es pas obligé.

• On trouve également des propositions infinitives derrière les relatifs (notamment en *wh* à l'exception de *why*).
➥ *I don't know what to do.* Je ne sais pas quoi faire.
➥ *Did she explain how to make it?* Est-ce qu'elle a expliqué comment le faire ?
➥ *I have no idea which one to choose.* Je ne sais pas lequel choisir.
• Toutes les questions en *What… for?* amèneront une réponse à l'infinitif.
➥ *What did you go to the airport for? To meet my friends from London.* Pourquoi es-tu allé à l'aéroport ? Pour accueillir mes amis de Londres.
➥ *What are you going out for? To take the dog for a walk.* Pourquoi sors-tu ? Pour promener le chien.

• On trouve également des propositions infinitives derrière de nombreuses expressions contenant *be* et un adjectif : *be able, be unable, be allowed, be permitted, be afraid, be frightened, be likely, be unlikely, be possible, be impossible, be sure, be supposed…*
➥ *They were unable to run so fast.* Ils étaient incapables de courir si vite.
➥ *She is sure to break it.* C'est sûr qu'elle va le casser.
➥ *I don't think it's possible to camp here.* Je ne crois pas qu'il soit possible de camper ici. ■

Index ➥ infinitif

243

Points clés

Les énoncés causatifs

Pourquoi parle-t-on d'énoncés causatifs ? Parce que le sujet du premier verbe est la cause, la raison pour laquelle le sujet du second verbe fait l'action. En fait, le sujet du premier verbe impose sa volonté au sujet du second verbe. Ou au contraire le sujet du premier verbe n'impose pas sa volonté, mais accorde sa permission au sujet du second verbe.

L'emploi de « want »

Le verbe *want*, qui se traduit par «vouloir», permet de construire des énoncés causatifs. En français, il se construit de deux manières différentes : il est suivi d'un infinitif ou d'une subordonnée subjonctive. En revanche, en anglais, il se construit toujours avec un verbe à l'infinitif (*to* + base).

➡ ***We want to go.*** Nous voulons y aller.

➡ ***She wants me to buy some coffee.*** Elle veut que j'achète du café.

➡ ***They want their parents to come and live close to them.*** Ils veulent que leurs parents viennent vivre près de chez eux.

➡ ***I didn't want her to do it.*** Je n'ai pas voulu qu'elle le fasse.

Lorsque le sujet de la proposition infinitive est un pronom, il est toujours sous sa forme complément : ***me, him, her, it, us, you, them.***

• Les verbes ***like, would like, love*** et ***would love***, expriment une volonté atténuée, un souhait, un désir. Ils se construisent de la même façon et introduisent des énoncés causatifs.

➡ ***She'd like him to stop playing football.*** Elle aimerait qu'il arrête de jouer au foot.

➡ ***I wouldn't like her to hurt herself.*** Je n'aimerais pas qu'elle se blesse. ■

THEY WANT THEIR PARENTS TO COME AND LIVE CLOSE TO THEM

L'emploi de « make »

On utilise ce verbe pour exprimer la contrainte exercée par quelqu'un sur autrui. Il permet de traduire l'expression française «faire faire» dans le sens d'obliger ou non quelqu'un à faire quelque chose. Il est alors suivi du sujet du deuxième verbe sous la forme complément lorsqu'il est pronom et d'un verbe sous forme de base.

➡ ***Mum made us do the washing-up.*** Maman nous a fait faire la vaisselle.

➡ ***The doctor made my husband stop smoking.*** Le docteur a fait arrêter mon mari de fumer.

➡ ***Don't worry, I'll make him do another one.*** Ne t'inquiète pas, je lui en ferai faire un autre.

➡ ***She didn't make them wear a uniform.*** Elle ne leur a pas fait porter d'uniforme. ■

Points clés

English spoken

Mum: Sonia, I want you to tidy your bedroom before leaving for school.
Sonia: Oh mum, you made me clean the bathroom and the kitchen yesterday afternoon. Please, be kind!
Dad: Nancy, let her go. She'll do it when she comes back from school tonight. She's already very late.
Mum: Ok! You should thank your father, girl! He's really very lenient, much more than me.

Maman: Sonia, je veux que tu ranges ta chambre avant de partir à l'école.
Sonia: Oh, maman, tu m'as fait nettoyer la salle de bains et la cuisine hier après-midi. S'il te plaît, sois gentille!
Papa: Nancy, laisse la y aller. Elle le fera quand elle rentrera de l'école ce soir. Elle est déjà très en retard.
Maman: Bon d'accord! Tu devrais remercier ton père, ma fille. Il est vraiment très indulgent avec toi, beaucoup plus que je ne le suis.

L'emploi de « let »

Le verbe *let* ne traduit pas l'idée d'imposer quelque chose. Au contraire, il permet, il autorise s'il est à la forme affirmative ou au contraire, il refuse une permission s'il est à la forme négative. En français, on le traduit par « laisser » suivi d'un autre verbe. Il sera suivi du sujet du second verbe toujours sous la forme complément s'il est pronom, puis du verbe à la forme base.

➡ *My parents let me go out until eleven pm at the weekend.* Mes parents me laissent sortir jusqu'à onze heures du soir le week-end.
➡ *His brother lets him drive his new car.* Son frère lui laisse conduire sa voiture neuve.
➡ *She didn't let me play with her video game.* Elle ne m'a pas laissé jouer avec son jeu vidéo.
➡ *She lets me go before him.* Elle me laisse partir avant lui. ∎

Exercice

Traduisez ces phrases.

1. My parents will never let me go on my own.
2. She didn't want me to tell him.
3. He was so ill his mum made him stay in bed all week.
4. She lets her children do what they want, no wonder they are so ill-mannered.
5. The manager wanted her to clean the windows.
6. We want you to come earlier if possible.
7. I won't make you wait, I'll be on time.

Corrigé

1. Mes parents ne me laisseront jamais y aller seule.
2. Elle n'a pas voulu que je le lui dise.
3. Il était si malade que sa maman l'a fait rester au lit toute la semaine.
4. Elle laisse ses enfants faire tout ce qu'ils veulent, ce n'est pas surprenant qu'ils soient si mal élevés.
5. Le directeur voulait qu'elle nettoie les vitres.
6. Nous voulons que vous veniez plus tôt si possible.
7. Je ne te ferai pas attendre, je serai à l'heure.

Index ➡ énoncés causatifs • make

Points clés — # Le discours indirect (1)

Il existe deux manières de rapporter les paroles de quelqu'un : au discours direct ou au discours indirect. Dans ce dernier cas, il faut choisir le verbe qui permet d'introduire le discours indirect et procéder à certaines modifications par rapport au discours direct.

Comment introduire le discours indirect ?

Les deux principaux verbes introducteurs du discours indirect sont *to tell* et *to say*.

• *To tell* signifie informer ou ordonner. Après *tell*, on précise à qui l'on s'adresse, on peut ensuite dire de quoi il s'agit.
➥ *She told me to go away*. Elle m'a dit de m'en aller.
On notera cependant quelques exceptions :
➥ *To tell the time*. Donner l'heure.
➥ *To tell the truth*. Dire la vérité.

• La plupart du temps dans les phrases avec *to say*, on ne précise pas à qui l'on s'adresse.
➥ *She said she was tired*. Elle a dit qu'elle était fatiguée.
Si l'on veut préciser à qui l'on s'adresse on ajoute *to*.
➥ *She said to me she was tired*. Elle m'a dit qu'elle était fatiguée.

On notera que cette phrase est peu naturelle et que si l'on veut préciser à qui l'on s'adresse on utilise *tell*.
➥ *She told me she was tired*.
To tell est plus courant que *to say* au discours indirect quand on précise à qui l'on s'adresse.

• On peut aussi utiliser le discours indirect pour parler de ce que quelqu'un pense ou croit.
➥ *She thought he was my brother*. Elle pensait que c'était mon frère.
➥ *I wonder why he has not arrived yet*. Je me demande pourquoi il n'est pas encore arrivé.

• Il existe d'autres verbes introducteurs du discours indirect, comme :
• *To ask*. Demander.
• *To answer* ou *to reply*. Répondre.
• *To admit*. Admettre.
• *To insist*. Insister.
• *To advise*. Conseiller. ■

Points clés

Les transformations au discours indirect

Comme en français, le discours indirect entraîne certaines transformations par rapport au discours direct :

• la suppression des guillemets qui sont le signe de la parole directe. En anglais, on utilise de simples guillemets : *'inverted comas'* (virgules inversées) et non des « doubles » comme en français.

• l'introduction de verbes signalant que l'on rapporte les paroles de quelqu'un.

• le changement des pronoms et de certains marqueurs de temps.

• des changements de temps si l'on rapporte les paroles au passé.

• un changement dans l'ordre des mots. ■

Le changement de temps et d'espace

Les mots se référant au moment et au lieu où les paroles ont été dites sont modifiés puisque l'on change de références.

• Les marqueurs temporels
➤ *He said : « I am leaving tomorrow. »* = *He said he was leaving the next day.*
Il a dit : « Je pars demain ». = Il a dit qu'il partait le lendemain.
Tomorrow n'était *tomorrow* que par rapport au jour où les paroles avaient été prononcées, ce *tomorrow* est peut-être passé depuis longtemps au moment où l'on rapporte ces paroles.
De même, *yesterday* sera remplacé par *the day before*, *next year* par *the following year*, *a month ago* par *a month before*…

• Les marqueurs spatiaux
De même, le lieu où les paroles avaient été dites n'est pas celui où elles sont rapportées. Les marqueurs de lieu sont donc modifiés. Ainsi, *here* devient *there*.
➤ *He said : « Let's meet here in an hour. »* = *He told me to meet him there an hour later.* Il a dit : « Retrouvons-nous ici dans une heure. » = Il m'a dit de le retrouver là une heure plus tard. On change aussi *in an hour* (dans une heure) qui devient *an hour later* (une heure plus tard). De même, *this* devient *that*.
➤ *She said : « I like this place. »* = *She said she liked that place.* Elle a dit : « J'aime cet endroit (-ci). » = Elle a dit qu'elle aimait cet endroit (-là). ■

Index ➔ discours indirect • to say • to tell

Points clés — # Le discours indirect (2)

Le passage du discours direct au discours indirect entraîne certaines modifications, notamment au niveau du temps du verbe. Tout comme en français lorsque l'on rapporte au discours indirect des paroles dites précédemment (donc au passé), il y a glissement des temps de la phrase d'un cran vers le passé.

La concordance des temps

Discours direct	Discours indirect
Présent « *I dream of going to Canada.* » « Je rêve d'aller au Canada. »	**Prétérit** *She said she dreamt of going to Canada.* Elle a dit qu'elle rêvait d'aller au Canada.
Parfait « *I have never been to Australia.* » « Je ne suis jamais allée en Australie. »	**Plus-que-parfait** *She said she had never been to Australia.* Elle a dit qu'elle n'était jamais allée en Australie.
Prétérit	**Plus-que-parfait ou prétérit (1)**
Plus-que-parfait	**Plus-que-parfait (2)**
Futur (will) « *I will always love you.* » « Je t'aimerai toujours. »	**Conditionnel (would)** *He said he would always love me.* Il a dit qu'il m'aimerait toujours.

(1) Le prétérit devient plus-que-parfait lorsqu'on se réfère à un moment ou un événement précis.
➨ « *He came to see you.* » = *He told me he had come to see me.* « Il est venu te voir. » = Il m'a dit qu'il était venu me voir.

Le prétérit reste prétérit lorsque la référence temporelle importe peu (l'action est inscrite dans la durée et non précisément située, il s'agit souvent d'une habitude). C'est également le cas avec la plupart des verbes d'état et de sentiments.
➨ « *Jenny was beautiful when she was young.* » = *He said Jenny was beautiful when she was young.* « Jenny était belle quand elle était jeune » = Il a dit que Jenny était belle quand elle était jeune.

Points clés

(2) Le plus-que-parfait reste du plus-que-parfait. En effet, il n'existe aucun temps permettant de marquer une antériorité par rapport au plus-que-parfait qui est « le plus passé des temps ».

- Il est à noter que les formes continues de ces temps se transforment de la même façon que les formes simples.

- Pour les auxiliaires qui ont une forme passée, on retombe sur le schéma d'une phrase affirmative.
➡ « *Can you phone me as soon as you get home?* » = *She asked me if I could phone her as soon as I got home.* « Peux-tu me téléphoner dès que tu rentres chez toi ? » = Elle m'a demandé si je pouvais lui téléphoner dès que je rentrerai chez moi. ■

L'interrogation

On ajoute *whether* ou *if* lorsque la question ne commence pas par un mot interrogatif (en *wh* ou *h* comme *when, how…*). La question est fermée (on n'y répond que par oui ou non).
➡ « *Are you coming?* » = *He asked me whether/if I was coming.* « Est-ce que tu viens ? » = Il m'a demandé si je venais.

- Le sujet se place devant le verbe.
➡ « *Have you seen* Titanic*?* » = *She asked me if I had seen* Titanic. « As-tu vu *Titanic* ? » = Elle m'a demandé si j'avais vu *Titanic*.

- On n'utilise pas d'auxiliaire.
➡ « *What do you think?* » = *They asked me what I thought.* « Que penses-tu ? » = Ils m'ont demandé ce que je pensais. ■

L'ordre et le conseil

On utilise l'infinitif pour rapporter un ordre, une demande ou un conseil.
➡ « *Stop it!* » = *She told the child to stop.* « Arrête ! » = Elle a dit à l'enfant d'arrêter.
➡ « *Don't go to that restaurant!* » = *He advised me not to go to that restaurant.* « N'allez pas dans ce restaurant ! » = Il m'a conseillé de ne pas aller dans ce restaurant. ■

English spoken

Sonia: Do you know why Vanessa is not at school today?
Rachel: Yes, she told me on the phone that she was ill. She said she had a sore throat. I advised her to call the doctor but she said it wasn't necessary because she would be better soon.

Sonia : Sais-tu pourquoi Vanessa n'est pas à l'école aujourd'hui ?
Rachel : Oui, elle m'a dit au téléphone qu'elle était malade. Elle a dit qu'elle avait mal à la gorge. Je lui ai conseillé d'appeler le médecin mais elle m'a répondu que ce n'était pas nécessaire car elle irait mieux bientôt.

Index ➡ discours indirect • phrases interrogatives • verbes

Points clés

Les subordonnées de concession, de contradiction et d'opposition

Ces notions assez proches recouvrent pourtant des sens différents. Les conjonctions qui servent à les exprimer ne sont pas interchangeables, d'où la nécessité de bien cerner leurs différences.

La concession et la contradiction avec « though » et « although »

On utilise les conjonctions *though* ou *although* (pourtant, bien que) pour traduire la concession ou la contradiction. On peut trouver *though* en fin de phrase, alors que *although* se trouve généralement en début de phrase ou au milieu.

➥ *Ann went out, although her mother had forbidden her to.*

➥ *Although her mother had forbidden her to, Ann went out.*

➥ *Ann went out, her mother had forbidden her to, though.*

➥ *Although I wanted to go to the cinema, I stayed to keep him company.* J'avais envie d'aller au cinéma, pourtant je suis resté lui tenir compagnie.

➥ *Although her mother had forbidden her to, Ann went out.* Bien que sa mère le lui ait interdit, Ann est sortie.

Il y a concession : malgré mon envie d'aller au cinéma je suis resté. Il y a contradiction entre le fait que cela lui est interdit et le fait qu'Ann sorte.

• Il existe différentes manières de construire des subordonnées de concession et de contradiction avec les conjonctions *though* et *although*.

• On utilise *even though* pour appuyer sur le contraste.
➥ *Even though she had done something stupid, she didn't want to admit it.* Bien qu'elle ait fait quelque chose de stupide, elle n'a pas voulu l'admettre.

• En revanche, l'expression *even although* n'existe pas. ■

Points clés

D'autres conjonctions de concession

On peut également construire des subordonnées de concession (et par conséquent de contradiction) à partir des conjonctions suivantes :
• *Still*, *yet* et *however* (pourtant, cependant, et toutefois).
➡ *Her mother had forbidden her to and (yet/still) Ann went out.* Ann est sortie, pourtant/cependant sa mère le lui avait interdit.
➡ *Her mother had forbidden her to, however Ann went out.* Sa mère le lui avait interdit, Ann est toutefois sortie.

• *Despite* et *in spite of* (malgré, en dépit de) qui obéissent à deux constructions :

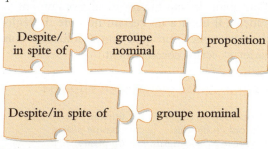

➡ *Despite/in spite of her mother's orders, she went out.* Malgré/en dépit des ordres de sa mère, elle est sortie.
➡ *She went out despite/in spite of her mother's orders.*

• Parfois on utilise *despite the fact* ou *in spite of the fact*, ce qui permet d'introduire une relative.
➡ *Despite the fact she had forbidden it…* Malgré/en dépit du fait qu'elle le lui ait interdit… ■

Les subordonnées d'opposition

On utilise *whereas* et *while* (alors que) pour opposer deux éléments d'une même phrase et faire ressortir une ou des différences.
On utilise la structure : proposition + proposition avec *whereas/while*.
➡ *She was nervous whereas/while he remained calm.* Elle était nerveuse, alors qu'il restait calme.

• *Unlike* et *contrary to* (à la différence de, contrairement à) expriment une idée proche.

On utilise la structure : *Unlike/contrary to* + nom (pronom ou groupe nominal) + proposition
➡ *Contrary to her, he remained calm.* Contrairement à elle, il restait calme.

• On remarquera une différence essentielle au niveau de la construction de ces phrases : *whereas* et *while* opposent deux propositions alors que *contrary to* et *unlike* sont suivis de groupes nominaux. ■

> **Concession**
> Notion de restriction acceptée pour plaire ou pour obéir à quelqu'un.
>
> **Opposition**
> Relation entre deux propositions dont les sens ou les objectifs sont opposés.
>
> **Contradiction**
> Relation entre deux propositions dont les sens ou les objectifs sont divergents.

Index ➡ concession • contradiction • opposition

Points clés

Quelques règles d'orthographe et de prononciation

Bien que l'anglais soit une langue relativement simple d'un point de vue grammatical, notamment par rapport au français, il obéit à un certain nombre de règles d'orthographe et de prononciation qu'il faut absolument connaître pour parler et écrire correctement.

Les principales règles d'orthographe

Beaucoup de règles d'accord en français n'existent pas en anglais.

• Il n'y a pas d'accord entre le nom et l'adjectif puisqu'il n'y a pas de genre.
➜ *A green lorry.*
Un camion vert.
➜ *A green car.*
Une voiture verte.

• Les terminaisons des verbes lexicaux sont identiques à tous les temps sauf au présent simple où l'on ajoute un –s à la 3ᵉ personne du singulier.

• Il existe cependant un certain nombre de règles d'orthographe, notamment en ce qui concerne le pluriel des noms.

• En général, au pluriel, on ajoute un -s au nom.
➜ *A car/cars.*

• Cependant, après un -o, on écrit -es à part quelques exceptions comme *photos* ou *pianos.*
➜ *A tomato/tomatoes.*
Une tomate/des tomates.

• Un nom se terminant par une consonne puis par -y, a un pluriel en –ies.
➜ *A baby/babies.*

• Après -s, -z, -x, -ch et -sh, on écrit -es.
➜ *A bus/buses.*

• Ces règles sont les mêmes pour le -s de la 3ᵉ personne du singulier du présent simple.
➜ *I do/she does.*
➜ *I carry/she carries.*
➜ *I miss/she misses.*

• L'adjectif court (qui comprend une ou deux syllabes), lorsqu'il est sous la forme de comparatif ou de superlatif de supériorité, voit son orthographe modifiée dans certains cas.

• Si l'adjectif se termine par une consonne suivie d'un -y, le -y se transforme en -i.
➜ *Happy/happier/happiest.* Heureux.
En revanche, on dit :
➜ *Coy/coyer/coyest.*
Timide.

• Si l'adjectif se termine par une consonne précédée d'une voyelle courte, on double la consonne.
➜ *Fat/fatter/fattest.*

• La terminaison en -ed du prétérit et du participe passé répond également à des règles précises d'orthographe.

• Si le verbe se termine par une consonne puis par -y, le -y se transforme en -i.
➜ *I carry/I carried.*

• De même, si le verbe se termine par une consonne qui est précédée d'une voyelle courte, on double la consonne.
➜ *I stop/I stopped.* ■

Points clés

Les règles de prononciation

Le -s final des noms au pluriel ou des verbes conjugués à la 3ᵉ personne du singulier du présent simple correspond à trois sons :
• derrière -t, -k et -p, on prononce le -s [s].
➤ *Cats. He parks. Maps.*
• derrière -s et -h, on prononce le es [iz].
➤ *Buses. He watches.*
• dans les autres cas, on prononce le -s [z].

• Le -ed du prétérit ou du participe passé correspond à trois sons :
• derrière -k, -s, -h ou -p, le ed se prononce [t].
➤ *I worked. I missed. I watched. I stopped.*
• Derrière -t et -d, le -ed se prononce [id].
➤ *I started. I needed.*
• Dans les autres cas, le -ed se prononce [d].

• La prononciation des mots obéit aux règles de l'alphabet phonétique. Elle ne correspond pas toujours à l'orthographe.

• Ainsi, une même lettre peut avoir plusieurs prononciations. Par exemple, la lettre -s se prononce :
• [s] dans *sun*.
• [z] dans *please*.
• [ʒ] dans *pleasure*.

• Un même son peut être orthographié de plusieurs façons. Ainsi le son -f se retrouve dans *food, pharmacy, cough*.

• Certains mots comportent des lettres silencieuses. Ainsi dans *know*, le -k ne se prononce pas. ■

Exercice

Orthographiez correctement le prétérit des verbes suivants et notez les prononciations entre crochets.

1. play.
2. tidy.
3. wash.
4. convict.
5. beg.
6. clean.

Corrigé

1. played [d].
2. tidied [id].
3. washed [t].
4. convicted [id].
5. begged [d].
6. cleaned [d].

Index ➡ comparatif • conjugaison • pluriel • prononciation • sons

Points clés

Les sons inattendus et les lettres silencieuses

Afin de comprendre ce que l'on entend et d'émettre un message en anglais, il faut être familiarisé avec les sons qui nous sont étrangers. Or, dans la langue de Shakespeare, il existe des sons que nous ne connaissons pas en français. En outre, tout ne se prononce pas ; on trouve des *silent letters* (lettres silencieuses).

Les sons inattendus

Ce sont les sons que l'on n'entend pas en français. On trouve les diphtongues, les voyelles longues, le « *th* » et le son nasalisé [ŋ]. Ils ne sont pas tous répertoriés ici.

- Les Anglais insistent plus sur ces diphtongues que les Américains, les Irlandais ou les Écossais.
- [ɑi] pour prononcer le *i*, le *y* et le *ei*.
➥ *Night.* Nuit.
➥ *My.* Mon, ma, mes.
➥ *Height.* Hauteur.
- [ei] pour prononcer le *a*, le *ei*, le *ay* et le *ea*.
➥ *Plane.* Avion.
➥ *Eight.* Huit.
➥ *Break.* Casser.
- [ɔi] pour prononcer le *oi* et le *oy*.
➥ *Noise.* Bruit.
➥ *Boy.* Garçon.
- [əʊ] pour prononcer le *o*, le *ow*, le *oa*, le *oe* et le *ou*.
➥ *Nose.* Nez.
➥ *Low.* Bas.
➥ *Boat.* Bateau.
➥ *Toe.* Orteil.

- [aʊ] pour prononcer le *ow* et le *ou*.
➥ *Town.* Ville.
➥ *Round.* Rond.
- [iə] pour prononcer le *e*, le *ea*, le *ie* et le *ia*.
➥ *Here.* Ici.
➥ *Near.* Proche.
➥ *Serial.* Sériel.
- [ʊə] pour prononcer le *oor*, le *ur* et le *our*.
➥ *Poor.* Pauvre.
➥ *Curious.* Curieux.

- Les voyelles longues : elles sont suivies de deux points dans l'écriture phonétique.
- [ɑː] peut s'entendre avec le *a*, le *ea*, le *er* et le *au*.
➥ *Darling.* Chéri.
➥ *Heart.* Cœur.
➥ *Laugh.* Rire.
- [iː] peut s'entendre avec le *e*, le *ea*, le *i*, le *ei* et le *eo*.
➥ *Tree.* Arbre.
➥ *People.* Gens.
- [ɔː] peut s'entendre avec le *a*, le *ou* et le *oo*.
➥ *Law.* Loi.

➥ *Door.* Porte.
- [ʊː] en général avec le *o*, le *e* et le *u*.
➥ *Boot.* Botte.
➥ *Blue.* Bleu.
- [əː] en général avec le *o*, le *u* et le *i*.
➥ *World.* Monde.
➥ *Bird.* Oiseau.

- Le *th* peut être prononcé [ð] ou [θ].
➥ *That* [ð]. Ce, cet(te).
➥ *Three* [θ]. Trois.

- Le son [ŋ] est un son nasalisé voisin du *gn* français de châtaigne. On le trouve en anglais avec les lettres *ng*.
➥ *Sing.* Chanter.

- La prononciation de la marque du pluriel se fait en [z] [s] ou [iz].
➥ *Chairs* [z]. Chaises.
➥ *Books* [s]. Livres.
➥ *Oranges* [iz]. Oranges.

- Attention également au groupe *gh* qui se prononce [f].
➥ *Enough.* Assez. ■

Points clés

Les lettres silencieuses

Lorsque vous regardez l'écriture phonétique, vous constatez que le nombre de signes de prononciation est souvent inférieur au nombre de lettres qui composent le mot.

• La lettre *k*.
Lorsqu'un mot commence par un *k* suivi d'une consonne, le *k* ne se prononce pas.
➨ *Knock* [nɔk]. Toquer.
➨ *Know* [nəʊ]. Savoir.
➨ *Knife* [naif]. Couteau.

• La lettre *w*.
On constate la même chose que pour les mots commençant par *w* suivi d'une consonne.

➨ *Write* [rait]. Écrire.
➨ *Wrinkle* [riŋkl].
Ride.

• La lettre *h*.
D'habitude, cette lettre est aspirée comme dans *hat* (chapeau) ou *hamster*. Elle est rarement muette comme dans *hour* [aʊə].

• La lettre *t*.
À l'intérieur d'un mot, quand le *t* se trouve placé devant un *l* ou un *e*, il ne se prononce pas.
➨ *Whistle* [wisl]. Siffler.
➨ *Listen* [lisn]. Écouter.

• La lettre *g*.
En début de mot cette lettre se prononce, mais il arrive parfois que dans un mot, on ne l'entende pas.
➨ *Straight* [streit].
Droit.
➨ *Night* [nait]. Nuit.
➨ *Sigh* [sai]. Soupir.
➨ *Taught* [tɔːt].
Enseigné.

• Les lettres *er, or* et *our*, placées en fin de mot, deviennent un son unique.
➨ *Mister* [mistə].
Monsieur.
➨ *Doctor* [dʌktə].
Docteur.
➨ *Honour* [ʌnə].
Honneur.

• Le *b* lorsqu'il est placé après un *m* ne se prononce pas.
➨ *Comb* [kɔm]. Peigne.
➨ *Dumb* [dʌm]. Muet.

• La lettre *e* se prononce de différentes façons. Elle peut également être silencieuse.
➨ *Worked* [wəːkt].
Travaillé.
➨ *Arrived* [əraivd].
Arrivé.
➨ *Describe* [diskraib].
Décrire.
➨ *Types* [taips]. Types.
➨ *Needle* [niːdl].
Aiguille.
➨ *Handle* [hændl].
Manier. ∎

Exercice

Voici une série de mots. Lisez-les à voix haute et repérez la ou les lettres silencieuses.

1. right
2. kneel
3. midnight
4. psalm
5. wrestling
6. autumn
7. tavern
8. wrote
9. lamb
10. caught
11. calm
12. parlour
13. thing
14. coat

Corrigé

1. gh
2. k
3. gh
4. l
5. w et g
6. n
7. r
8. w
9. b
10. gh
11. l
12. les 2 r
13. g
14. a

Index ➨ lettres silencieuses • sons

255

Points clés — Les homonymes

Un homonyme est un mot qui ressemble à un autre, mais qui n'a pas le même sens. On distingue les homophones, qui rendent le même son, et les homographes, qui s'écrivent de la même manière.

Les homophones

Un homophone est un mot qui se prononce de la même façon qu'un autre mais qui s'orthographie autrement. Les deux mots n'ont pas la même signification mais comme ils ont le même son, ils sont représentés par les mêmes symboles phonétiques.

➥ *Bean* (haricot) et *been* (participe passé de l'auxiliaire être) = [biːn].

➥ *Wait* (attendre) et *weight* (poids) = [weit].

• Considérons les phrases suivantes :

➥ [breik]. *Brake!* You're going to *break* your car! Freine! Tu vas casser ta voiture!

➥ [bai]. *I always buy my eggs by the dozen.* J'achète toujours mes œufs à la douzaine.

➥ [nəu]. *No, I don't know.* Non, je ne sais pas (le *-k* de *know* est muet).

➥ [miːt]. *Meet me at the meat market.* Retrouve moi au marché de la viande.

➥ [auə]. *Our lesson lasts one hour.* Notre leçon dure une heure (le *-h* de *hour* est muet).

➥ [rait]. *Write your name on the right side of the blackboard.* Écris ton nom sur le côté droit du tableau (le *-w* de *write* est muet).

➥ [siːn]. *I've seen the scene where Juliet stabs herself.* J'ai vu la scène où Juliette se poignarde.

➥ [siː]. *I want to see the Irish sea.* Je veux voir la mer d'Irlande.

➥ [sʌn]. *My son was lying in the sun.* Mon fils était étendu au soleil.

➥ [tuː]. *He said to me you two were too talkative.* Il m'a dit que vous étiez toutes les deux trop bavardes.

➥ [witʃ]. *Which of you is the witch?* asked reverend Parris. Laquelle d'entre vous est la sorcière? demanda le révérend Parris.

➥ [wʌn]. *I've won only one prize, cried the girl.* Je n'ai gagné qu'un prix, dit la fille en pleurant.

➥ [wuːd]. *I would like to walk in the wood.* J'aimerais me promener dans le bois. ■

I ALWAYS BUY MY EGGS BY THE DOZEN

HE PUT DOWN HIS BOW AND MADE A BOW

Les homographes

Un homographe est un mot qui s'orthographie de la même façon qu'un autre mais qui se prononce différemment. Par conséquent, les deux mots n'ont pas les mêmes symboles phonétiques. Ils n'ont pas non plus le même sens. En voici quelques exemples :
➥ *A bow* [bəu]. Un arc ≠ *A bow* [bau]. Une révérence.
➥ *To live* [liv]. Vivre ≠ *Live* [laiv]. En direct.
➥ *A tear* [tiə]. Une larme ≠ *To tear* [tɜə]. Déchirer.
➥ *The wind* [wind]. Le vent ≠ *To wind* [waind]. Tourner, remonter un mécanisme.

• Entraînez-vous à lire les phrases suivantes :
➥ *The man put down his bow and made a bow.* L'homme posa son arc et fit une révérence.
➥ *I live in town. I can have the programme live.* Je vis en ville. Je peux recevoir l'émission en direct.
➥ *Each time she tears one of his letters, her eyes are full of tears.* À chaque fois qu'elle déchire une de ses lettres, ses yeux sont pleins de larmes.
➥ *The wind started blowing. She decided to wind up her car window.* Le vent se levait. Elle décida de remonter la vitre de sa voiture. ■

English spoken

– *The serial killer loved cereal.*
– Le tueur en série aimait les céréales.

– *I wonder whether the weather will be fine tomorrow.*
– Je me demande si le temps sera beau demain.

– *Don't wait to put on weight.*
– N'attends pas de prendre du poids.

– *The man who was carrying a bow made his bow.*
– L'homme qui portait un arc a tiré sa révérence.

Index ➡ homonymes • lettres silencieuses • sons

Points clés — # Les mots composés

De nombreux noms et adjectifs anglais sont formés de plusieurs mots : deux, trois, voire plus. Par conséquent, on les appelle noms ou adjectifs composés. Il existe plusieurs manières de les construire.

La formation des noms composés

L'accentuation des noms composés porte en général sur la première syllabe.

- Il faut parfois séparer ces noms d'un trait d'union. Pour l'utilisation de celui-ci, il n'existe pas de règles précises. Il est souvent présent dans :
- les mots composés d'un verbe et d'une particule.
➥ *Drive-in* (drive-in).
➥ *Make-up* (maquillage).
- les noms en *self*.
➥ *Self-control* (sang-froid).
➥ *Self-satisfaction* (fatuité).

En revanche, lorsque l'on utilise deux noms courts, ils se forment sans espace ni trait d'union.
➥ *Teacup* (tasse à thé).
➥ *Teapot* (théière).
On tend d'ailleurs de plus en plus à supprimer ce trait d'union.

- Les noms composés répondent à différentes structures :

➥ *Drinking water.* Eau potable.
➥ *Meeting place.* Lieu de rendez-vous.

➥ *Horse-riding.* Équitation (c'est-à-dire le fait de monter à cheval).

C'est le premier nom qui qualifie le second.
➥ *Wooden table.* Table en bois.
➥ *Plastic bag.* Sac en plastique.
➥ *Gold watch.* Montre en or.
➥ *Cotton shirt.* Chemise en coton.

➥ *Bluebell.* Jacinthe.
➥ *Blackbird.* Merle.
➥ *Still-life.* Nature morte.
C'est le nom qui porte la marque du pluriel.
➥ *Blackbirds.* Des merles.
➥ *Still-lives.* Des natures mortes. ■

La formation des adjectifs composés

Les adjectifs composés, tout comme les adjectifs simples, sont invariables et se placent devant le mot qualifié lorsqu'ils sont épithètes. C'est le premier élément de l'adjectif composé qui précise le sens du second.
➤ *A wide-opened window.* Une fenêtre grande ouverte.
➤ *A light-blue T-shirt.* Un T-shirt bleu clair.

• Les adjectifs composés, comme les noms, se forment à partir de mots de différente nature grammaticale.

Nom — Participe passé

➤ *A home-made cake.* Un gâteau fait maison.
➤ *A horse-drawn carriage.* Un attelage tiré par des chevaux.

Adjectif — gérondif

➤ *A happy-looking woman.* Une femme qui a l'air heureuse.
➤ *A hard-working pupil.* Un élève qui travaille beaucoup.
➤ *A good looking man.* Un bel homme.

Adjectif — nom — -ed

➤ *A red-haired lady.* Une dame aux cheveux roux.
➤ *An absent-minded child.* Un enfant distrait.
➤ *An old-fashioned dress.* Une robe démodée.

• Certaines expressions, qui sont construites à partir de plusieurs noms et adjectifs, s'emploient en lieu et fonction d'adjectifs.
➤ *A thirty-year-old woman.* Une femme âgée de trente ans.
➤ *The six o'clock news.* Les informations de six heures.
➤ *A second-hand car.* Une voiture d'occasion. ■

Points clés

WANTED
A RED-HAIRED THIRTY-YEAR-OLD HAPPY LOOKING ABSENT-MINDED WOMAN

N° 8599 AS 5514

N° 8599 AS 5514

Exercice

Traduisez.
1. *A long-necked animal.*
2. *A one-eyed man.*
3. *A match-box.*
4. *The Sunday papers.*
5. *A nice-looking girl.*

1. Une brosse à dents.
2. Un timbre de 30 pence.
3. Un gaucher.
4. Le train de 8 h 32.
5. Un chien aux longues oreilles.

Corrigé
1. *Un animal au long cou.*
2. *Un borgne.*
3. *Une boîte d'allumettes.*
4. *Les journaux du dimanche.*
5. *Une jolie fille.*
1. *A toothbrush.*
2. *A 30 p stamp.*
3. *A left-handed man.*
4. *The 8:32 train.*
5. *A long-eared dog.*

Index ➡ adjectifs • mots • noms

Points clés — # Les mots dérivés

Un mot dérivé est un mot qui a été modifié par un procédé d'addition, de suppression ou de remplacement d'un élément (le suffixe ou le préfixe) par rapport à sa base (le radical). Ce mot dérivé est un mot nouveau qui a été soit enrichi d'un suffixe ou d'un préfixe, soit privé de son suffixe ou de son préfixe. La dérivation d'un mot peut aussi provenir d'un changement de sa nature sans transformation de forme.

Les noms dérivés

Un nom peut être construit à partir d'une base verbale suivie de *-ing*. Ce nom dérivé d'un verbe s'appelle un gérondif.
- *Read*. Lire.
Reading. La lecture,
- *Swim*. Nager.
Swimming. La natation.
On pourra donc avoir des phrases dont les noms dérivés de cette façon joueront le même rôle qu'un nom à part entière.
- *Smoking is forbidden here*. Ici, il est interdit de fumer.
- *I can't stand smoking*. Je ne supporte pas que l'on fume.
- *A dreadful shaking of the building was noticed early in the morning.* Tôt le matin, on remarqua une terrible secousse de l'immeuble.

• Un nom dérivé peut aussi être formé à partir d'un adjectif.

- *Rich* (adjectif) devient *the rich* (les riches : nom).
- *Blind* → *the blind* (aveugle : les aveugles).
- *Deaf* → *the deaf* (sourd : les sourds).
- *Dead* → *the dead* (mort : les morts).
- *Young* → *the young* (jeune : les jeunes).
- *Wounded* → *the wounded* (blessé : les blessés).
Vous remarquerez que le nom dérivé de l'adjectif reste invariable.
- *There is a big difference between the rich and the poor.* Il y a une grande différence entre les riches et les pauvres.

• Les noms de nationalité qui sont formés à partir d'un adjectif finissant en *-an* prennent un « s » au pluriel.
- *African/the Africans*. Africain/les Africains.
- *Indians/the Indians*. Indien. Les Indiens.

On met également un « s » au pluriel à :
- *The Scots*.
Les Écossais.
- *The Arabs*.
Les Arabes.
- *The Greeks*.
Les Grecs.
- *The Spaniards*.
Les Espagnols.
En revanche, les noms qui proviennent d'adjectifs finissant en *-ese* ne prennent pas de « s » au pluriel.
- *Portuguese/the Portuguese*.
Portugais/les Portugais.
- *Chinese/the Chinese*.
Chinois/les Chinois.
D'autres noms de nationalités sont invariables.
- *The English*.
Les Anglais.
- *The French*.
Les Français.
- *The Dutch*.
Les Néerlandais.
- *The Welsh*.
Les Gallois.
- *The Irish*.
Les Irlandais.

Points clés

- On peut rajouter un certain nombre de préfixes aux noms.
- Le préfixe *anti-* signifie « contre », « opposé à ».
➡ *Anticyclone.*
➡ *Antihero.*
➡ *Antisemite.*
- Les préfixes *in-* et *dis-*.
➡ *Incompetence.*
➡ *Independence.*
➡ *Disability.* Incapacité.
➡ *Disadvantage.* Inconvénient.
- Le préfixe *under-*.
➡ *Undercoat.* Sous-couche.
➡ *Underground.* Métro (qui va sous le sol).

- On peut aussi ajouter un certain nombre de suffixes.
- Avec le suffixe *-ship*, le nom devient abstrait.
➡ *Friendship* (friend + ship : l'amitié).

➡ *Readership.* Lectorat.
➡ *Membership.* Adhésion.
➡ *Relationship.* Liens de parenté.
- Le suffixe *-ness* indique un état, il transforme l'adjectif en nom.
➡ *Faithful* → *faithfulness.* Fidèle : fidélité.
➡ *Kind* → *kindness.* Gentil : gentillesse.
➡ *Polite* → *politeness.* Poli : politesse.
- Le suffixe *-dom* permet de former un nom abstrait.
➡ *Wise* → *Wisdom.* Sage : sagesse,
➡ *Free* → *freedom.* Libre : liberté.
- Le suffixe *-hood* exprime un statut.
➡ *Brother* → *brotherhood.* Frère : fraternité.
➡ *Neighbour* → *neighbourhood.* Voisin : voisinage. ■

Les verbes dérivés

Les préfixes suivants transforment le sens du verbe.
- *Dis-*, *in-* et *un-* donnent une idée de contraire.
➡ *Disagree.* Désapprouver.
➡ *Undo.* Défaire.

- *Mis-* donne une idée d'échec.
➡ *Misunderstand.* Mal comprendre.

- *Out-* traduit la notion d'extérieur ou de dépassement.
➡ *Outlive.* Survivre.
- *Over-* signifie au-dessus ou en excès.
➡ *Overlook.* Donner sur.
➡ *Overpay.* Surpayer.

- *Under* signifie au-dessous ou insuffisant.
➡ *Underestimate.* Sous-estimer. ■

Les adjectifs dérivés

Comme pour les noms, on crée un nouvel adjectif en y ajoutant un préfixe ou un suffixe.

- Comme pour les noms, on trouve les préfixes :
- *anti-*, *in-*, *under-*.
➡ *Anticonstitutional.* Anticonstitutionnel.
➡ *Incredible.* Incroyable.
➡ *Underfeed.* Sous-alimenté.
- ainsi que le préfixe *un-* qui évite l'emploi de *not* puisqu'il exprime un contraire.
➡ *Fair : unfair.* Juste : injuste.
➡ *Able : unable.* Capable : incapable.

- Quant aux suffixes, on trouve :
- *-ish*, qui est souvent péjoratif.
➡ *Reddish.* Rougeâtre.
➡ *Greenish.* Verdâtre.
➡ *Childish.* Enfantin.
- *-ful*, qui transforme le nom en adjectif.
➡ *Respect : respectful.* Respect : respectueux.
➡ *Peace : peaceful.* Paix : paisible.
- *-less*, qui est un suffixe privatif.
➡ *Useless.* Inutile.
➡ *Hopeless.* Désespéré.
- *-like.*
➡ *Childlike.* Naïf. ■

Points clés — Les mots de liaison

Dans une conversation ou lorsque l'on rédige un texte, les phrases doivent s'enchaîner avec naturel. Les mots de liaison, les *link words*, sont absolument indispensables pour les relier entre elles. Que ce soit pour un exposé oral ou pour la mise en forme d'un paragraphe, il ne faut pas hésiter à en user.

Des éléments indispensables

En l'absence de mots de liaison, un texte ne peut pas couler. Ces petits mots constituent en quelque sorte les articulations de l'énoncé.

• Les mots de liaison permettent notamment de distinguer une progression chronologique.
➤ **First** *there was a strong noise.* **Then** *lightening could be seen up in the sky and* **finally** *it started to rain.* **Consequently,** *everyone decided to run back home.*
D'abord, il y eut un bruit violent. Ensuite, on vit des éclairs dans le ciel et finalement, il commença à pleuvoir. En conséquence de quoi, tout le monde décida de se précipiter chez soi.

• Dans une énumération de faits liée à une progression, on peut utiliser :
➤ *To begin with, to start with.* Pour commencer.

➤ *Secondly, then, next.* Deuxièmement, ensuite et puis.
➤ *On top of that.* Par-dessus le marché.
➤ *Besides.* De plus, en outre.
➤ *At last.* Enfin.
➤ *To conclude.* Pour conclure, en conclusion.

• Dans le cas où vous auriez à expliquer ou à reformuler un point de vue :
➤ *I think the accident occured* **because** *the driver was wrong.* **I mean,** *he was not supposed to drive so fast* **that is to say** *not more than 30 miles an hour.* **In other words,** *I think the driver should be punished immediately and* **to conclude,** *he should be given a heavy fine.*
Je pense que l'accident a eu lieu parce que le chauffeur avait tort. Je veux dire qu'il n'était pas autorisé à conduire si vite, c'est-à-dire pas plus de 50 km à l'heure. En d'autres termes, je dirais que le chauffeur devrait être puni immédiatement et, pour conclure, on devrait lui infliger une amende importante. ■

English spoken

It is often said that *the new way of cooking is depressing.* **Talking about this subject, strangely enough,** *famous cooks enjoy this new way.* **In fact,** *it's up to date now to eat differently.* **A great deal has already been said about** *cooking but we must bear in mind that the most important thing for a human being is to eat well.* **To return to our point,** *I'd like to add that cooking differently is fun. The use of new products is enthusiastic.*

On dit souvent que la nouvelle cuisine est triste. À ce propos, aussi étrange que cela puisse paraître, des cuisiniers de renom aiment cette nouvelle mode. En fait, il est de bon ton maintenant de manger différemment. Beaucoup de choses ont été dites sur la nouvelle cuisine mais nous devons garder à l'esprit que le plus important pour l'homme est de bien manger. Pour revenir au sujet, j'aimerais ajouter que cuisiner différemment est amusant. L'utilisation de nouveaux produits est enthousiasmante.

Points clés

Autres mots de liaison indispensables

Voici quelques *link words* supplémentaires :
- *Unless.* À moins que.
- *In order to.* De sorte que, pour que, afin que.
- *Until.* Jusqu'à ce que.
- *Whereas.* Tandis que.
- *However.* Cependant.
- *Moreover.* De plus.
- *Besides.* De plus, en outre.
- *Although.* Bien que.
- *Despite.* Malgré.
- *In spite of.* En dépit de, malgré.
- *Therefore.* Donc.
- *Whenever.* Chaque fois que.
- *As long as.* Tant que, aussi longtemps que.
- *Without.* Sans.
- *Instead of.* Au lieu de.

Exercice

Complétez.
1. You won't understand what he says… you listen carefully.
Tu ne comprendras pas ce qu'il dit à moins que tu n'écoutes attentivement.
2. The house was quiet. We were reading, Dad was sleeping… Mum was knitting.
La maison était calme. Nous lisions, papa dormait tandis que maman tricotait.
3. … complaining, you'd better work harder.
Au lieu de te plaindre, tu ferais mieux de travailler davantage.
4. She can easily understand our language… she is not French.
Elle comprend facilement notre langue bien qu'elle ne soit pas française.
5. I think we'll put the piano in this room… there will be enough space.
Je pense que nous mettrons le piano dans cette pièce à condition qu'il y ait suffisamment de place.

Corrigé
1. *unless*
2. *whereas*
3. *instead of*
4. *although*
5. *provided*

Index ➡ adverbes • mots • prépositions

Points clés — # Traduire « encore »

Il est nécessaire de bien connaître les différents sens de l'adverbe « encore » en français pour trouver une traduction adéquate en anglais. On peut distinguer quatre nuances principales : la persistance d'une action ou d'un état, la répétition, l'idée d'un supplément de temps, de distance ou de matière et le contraste par rapport à une situation actuelle (l'opposition entre deux situations à deux moments différents).

« Still »

Dans un certain nombre de cas, l'adverbe « encore » signifie qu'un événement ou une action a toujours des effets au moment où l'on parle. On pourrait le remplacer par « encore maintenant ». On le traduit alors par *still*.

- L'adverbe *still* se place toujours avant le verbe, (donc avant le verbe principal s'il est utilisé avec un auxiliaire) ou avant l'attribut du sujet.
➥ *Do you still see Mary ?* Est-ce que tu vois encore Marie ?
➥ *There were still a couple of things to attend to.* Il fallait encore s'occuper de deux ou trois choses.

- Dans une phrase négative, on emploie *not yet* à la place de *still*.
➥ « *Calvin, have you written to your grandmother ?* » « *Not yet, Mum* ». « Calvin, as-tu écrit à ta grand-mère ? » « Pas encore, Maman ».
➥ « *I was worried because he hadn't arrived yet* ». « J'étais inquiète parce qu'il n'était pas encore arrivé. » ■

« Again »

Assez souvent l'adverbe « encore » signifie qu'un événement ou une action se produit une nouvelle fois. On le traduit alors principalement par l'adverbe *again*.
➥ *She has missed her train again.* Elle a encore raté son train.
➥ *My bike has been stolen again !* On m'a encore volé mon vélo !

- *Once again* et son synonyme *one more time*, ainsi que l'expression *this time* sont utilisés pour traduire « encore » lorsqu'il a le sens de « encore une fois », « une fois de plus ».
➥ *My daughter is ill once again.* Ma fille est encore malade.
➥ *Repeat the sentence one more time !* Répète la phrase encore une fois !
➥ *What is the matter this time ?* Qu'est-ce qui se passe encore ? ■

Points clés

> **Still :** L'action est encore valable au moment où l'on parle (à la forme négative : **not yet**)
>
> **Again**
> **Once again** ⎫ L'action se produit
> **One more time** ⎬ à nouveau
> **This time**   ⎭
>
> **More**
> **Another** ⎫ Notion de supplément
> **Even**   ⎭
>
> **Only :** notion de passé proche

« More », « another » et « even »

Les adverbes *more*, *another* et *even* rendent le sens de « en plus », « en supplément ».

• *More* est associé à des unités indénombrables.
➥ *Do you want more bread?* Tu veux encore du pain ?
➥ *Please wait a little more!* S'il vous plaît, attendez encore un peu !
➥ *Have some more cake!* Prends encore un peu de gâteau !

• *Another* est associé à des unités dénombrables.
➥ *Another five minutes and I'll be free.* Encore cinq minutes et je serai libre.
➥ *Walk another five hundred yards and you'll reach the Empire State Building.* Marchez encore cinq cents mètres et vous atteindrez l'Empire State Building.

• *Even* a une fonction emphatique, il sert à renforcer un comparatif.
➥ *I'm telling you, she was even more beautiful than on TV!* Je t'assure, elle était encore plus belle qu'à la télé ! ■

« Only »

L'adverbe *only* exprime une notion que l'on pourrait paraphraser par « pas plus tard que ». Son emploi est très fréquemment teinté d'une nuance de surprise ou d'indignation.
➥ *I don't understand. Only yesterday he assured me he was feeling perfectly fine.* Je ne comprends pas, il me disait encore hier qu'il était en parfaite santé.
➥ *Today Iran is trying to have friendly relations with the United States whereas only last November Iranians burned the American flag in Tehran.* Aujourd'hui, l'Iran essaye d'avoir des relations amicales avec les États-Unis alors qu'en novembre dernier encore des Iraniens brûlaient le drapeau américain à Téhéran. ■

Exercice

Complétez à l'aide de *still*, *again* ou *more*.

1. Don't tell me you have lost your keys… !
2. Please, Mum, give me some… sweets.
3. No, it hasn't stopped. It's… raining.

Corrigé
1. *again* (à nouveau).
2. *more* (supplémentaire).
3. *still* (valable au moment où l'on parle).

Index ➡ again • another • even • more • still

Points clés — # Traduire « déjà »

L'adverbe de temps « déjà » se traduit la plupart du temps par *already*, qui se place juste avant le verbe (avant le verbe principal si la phrase comprend un auxiliaire) ou en fin de proposition. Néanmoins, il faut parfois adapter la traduction en utilisant les adverbes *before* ou *again*, ou encore des expressions propres à chaque cas particulier.

Les différents sens de « already »

Lorsque l'adverbe « déjà » exprime l'antériorité d'une action par rapport au moment où l'on parle, on le traduit par *already*.

- En anglais britannique, on utilise *already* avec le *parfait*, en le plaçant après *have* ou *has* ou à la fin de la phrase. En revanche, en anglais américain, on peut utiliser *already* avec le prétérit.
➥ *I've already asked Clara to clean her room, it is not my fault she hasn't done it yet!* J'ai déjà demandé à Clara de nettoyer sa chambre, ce n'est pas ma faute si elle ne l'a pas encore fait !
➥ *I don't need to take this exam, you know, I passed it already!* (US) Je n'ai pas besoin de passer cet examen, vous savez, je l'ai déjà réussi !

- On utilise également *already* lorsque l'on veut insister sur le fait qu'une situation est bien réelle dans le présent ou qu'elle se produit plus tôt que ce qu'on croyait. *Already* se place :
– après *to be* et tous les auxiliaires,
– avant les verbes ordinaires (ou lexicaux),
– ou en fin de phrase.
➥ *The government says the measures against unemployment are already paying off.* Le gouvernement affirme que les mesures prises contre le chômage portent déjà leurs fruits.
➥ *She had already gone when he phoned.* Elle était déjà partie lorsqu'il a téléphoné.
➥ *We already knew the lesson.* Nous savions déjà la leçon.
➥ *We knew it already.* Nous le savions déjà. ■

English spoken

*Mum : Sonia, read your play please. You've got a test tomorrow morning.
Sonia : But, Mum, I've already read it at least three times. Please ! It's boring enough as it is.
Mum : I've heard you tell me that before. And… what mark did you get, again ? It was not very good, was it ?*

Maman : Sonia, lis ta pièce de théâtre s'il te plaît. Tu as un test demain matin.
Sonia : Mais, maman. Je l'ai déjà lue au moins trois fois. S'il te plaît, c'est déjà assez barbant comme ça.
Maman : Je t'ai déjà entendue dire cela. Et quelle note as-tu eue, déjà ? Ce n'était pas très brillant, n'est-ce-pas ?

Points clés

Trois cas particuliers

Lorsque « déjà » rend le sens de « auparavant », on peut le traduire par *already* ou *before*.
➥ *I really think I've already seen that film, but I can't remember it!* Je crois vraiment que j'ai déjà vu ce film et pourtant je ne m'en souviens pas !
➥ *I'm not surprised at what he has done. I know that sort of people, I've seen that kind before!* Je ne suis pas surpris par ce qu'il a fait. Je connais ce genre de personnes, j'en ai déjà vu beaucoup des comme ça !

• Lorsque « déjà » sert à demander confirmation de ce qu'on croit savoir mais dont on n'est plus sûr, on utilise *again*, que l'on place en fin de phrase. On est alors dans le registre parlé.
➥ *What was it you wanted again ?* Qu'est-ce que tu voulais, déjà ?
➥ *And then he told me about that girl… What was her name, again ?* Et alors il m'a parlé de cette fille… Comment elle s'appelait, déjà ?

• Lorsque « déjà » marque l'insistance ou donne davantage d'intensité à ce que l'on dit, il n'existe pas de traduction constante. Il faut donc adapter la formulation à chaque situation.

➥ *You've already won three games in this team, it's not bad at all !* Tu as déjà remporté trois matches avec cette équipe, c'est pas mal !
➥ *Listen, don't make things even more complicated, they're complicated enough as it is !* Écoute, ne complique pas les choses, c'est déjà assez compliqué comme ça !
➥ *Don't be sad, you got a B + in maths, it's quite a good mark !* Ne sois pas triste, tu as eu 15 en maths, c'est déjà une bonne note ! ■

---

déjà :
• **already** pour traduire l'antériorité d'une action par rapport au présent.
• **already** ou **before** pour rendre le sens de « auparavant ».
• **again** pour demander une confirmation.
• **enough, quite…** pour insister.

Index ➡ again • already • before

267

Points clés — **Traduire « pendant »**

La préposition « pendant » se traduit de manière différente selon qu'elle s'applique à une période ou à une durée. On opte alors en anglais pour *during* ou *for*. Elle peut aussi être incluse dans l'expression adverbiale « pendant ce temps-là » (traduite par *meanwhile* ou *in the meantime*), ou dans la conjonction de subordination « pendant que » (traduite par *while*).

Pour exprimer une période : « during »

Un événement peut avoir lieu entre le début et la fin d'une certaine période, qui sert de repère temporel et délimite un intervalle. Il peut s'agir d'un événement bref, répété, ou de longue durée. Dans tous les cas, on traduit alors l'adverbe « pendant » par *during*.

➨ *During her/his visit to Guatemala, the Prime Minister will visit several hospitals.* Pendant sa visite au Guatemala, le Premier ministre visitera plusieurs hôpitaux.

➨ *The temperature can drop to minus twenty degrees Celsius during the Norwegian winter.* La température peut descendre jusqu'à moins vingt degrés Celsius en hiver en Norvège.

➨ *The living conditions in the United States were much more difficult during the thirties than they are today.* Les conditions de vie aux États-Unis étaient beaucoup plus difficiles pendant les années 1930 qu'aujourd'hui. ■

Exercice

Complétez à l'aide de *for*, *during* ou *while*.

1. He entered the room… she was busy packing.
2. They lived in London… ten years before moving to Bude.
3. What did she do… her holidays?

Corrigé

1. *while* (simultanéité). 2. *for* (durée). 3. *during* (période).

Pour exprimer une durée : « for »

Lorsqu'on utilise *for*, on ne parle plus, comme avec *during*, de la période au cours de laquelle l'action est située, mais bien de la durée de l'action, c'est-à-dire du nombre de jours, d'heures ou d'années… nécessaires au déroulement de l'action en question.

➨ *They waited for him for two hours.* Ils l'ont attendu (pendant) deux heures.

➨ *He travelled all over the world for a few years.* Il a voyagé partout dans le monde pendant quelques années.

➨ *When we received her letter we couldn't believe our eyes: for a long time we believed she was dead.* Quand nous avons reçu sa lettre nous ne pouvions en croire nos yeux : pendant longtemps nous avions cru qu'elle était morte. ■

Points clés

Pour exprimer la simultanéité : « while », « meanwhile », « in the meantime »

On utilise la conjonction *while* pour relier deux propositions décrivant des actions qui se passent en même temps, c'est-à-dire simultanées. *While* exprime parfois un contraste entre la proposition principale et la subordonnée. Son sens se rapproche alors de celui de *whereas* (alors que).
➥ *You should try to sleep a little, while I finish packing.* Tu devrais essayer de dormir un peu pendant que je finis de faire les valises.
➥ *Elaine dreamt of going to the Galapagos islands while Harold wanted to go to Brazil and nowhere else.* Elaine rêvait d'aller aux Galapagos pendant qu'Harold voulait aller au Brésil et nulle part ailleurs (expression de la simultanéité et du contraste).

• Les adverbes *meanwhile* et *in the meantime* traduisent aussi la simultanéité.
➥ *Meanwhile, I was visiting China as if nothing had happened.* Pendant ce temps-là, je visitais la Chine comme si rien ne s'était passé.
➥ *I know he had a lot of business appointments when they were in Canada, but what was she doing in the meantime?* Je sais qu'il avait beaucoup de rendez-vous d'affaires quand ils étaient au Canada, mais que faisait-elle pendant ce temps-là ? ■

THE TEMPERATURE CAN DROP TO MINUS TWENTY DEGREES CELCIUS DURING THE NORWEGIAN WINTER

English spoken

Oh yes, she's quite fluent in English! During her childhood she travelled a lot. She lived in Australia for several years, and she spent five years in the States while her father worked at the Embassy.

Oh oui, elle parle anglais couramment ! Pendant son enfance, elle a beaucoup voyagé. Elle a vécu en Australie pendant plusieurs années, puis a passé cinq ans aux États-Unis pendant que son père travaillait à l'ambassade.

---

during : intervalle entre le début et la fin d'une période.
– Au cours de.

for : Expression de la durée.
– Pendant.

meanwhile/in the meantime : Simultanéité (préposition).
– Pendant ce temps-là.

while : Simultanéité (conjonction).
– Pendant que.

Index ➡ during • for • in the meantime • meanwhile

Points clés — **Traduire « il y a »**

L'expression « il y a » permet d'introduire un simple constat. Mais là où le français utilise le verbe avoir, l'anglais utilise le verbe être pour affirmer cette existence. Cette expression peut aussi renvoyer au temps écoulé depuis un repère dans le passé jusqu'au moment où l'on parle. On aura alors recours en anglais à la préposition *for* ou à l'adverbe *ago*.

« Il y a » en tant que constat

L'expression « il y a » peut être utilisée en français afin de faire une simple constatation, de reconnaître l'existence de quelque chose. Cette expression est alors synonyme de « il se trouve » ou « il existe ». Dans ce cas, on la traduit par *there is* (suivi d'un mot singulier) ou *there are* (suivi d'un mot pluriel). Le verbe s'accorde avec le nom qui le suit, le véritable sujet du verbe *to be*.
➥ *« Hey, waiter, what kind of a restaurant is this, anyway? There is a fly in my soup! »* « Hé, garçon, qu'est-ce-que c'est que ce restaurant ? Il y a une mouche dans ma soupe ! »
➥ *There are fifty bedrooms in that castle, but none of them are inhabited.* Il y a cinquante chambres dans ce château, mais aucune n'est habitée.

• L'expression *there is* se conjugue à tous les temps. Elle comporte une forme singulier et une forme pluriel.
➥ *I see there have been a lot of changes in this house since I left it!* Je vois qu'il y a eu beaucoup de changements dans cette maison depuis que j'en suis parti !
➥ *There were several reasons for which he acted as he did, but none of them seemed relevant to the jury.* Il a agi ainsi pour plusieurs raisons, mais aucune d'elles n'a semblé pertinente au jury.

• Lorsque la phrase comporte un auxiliaire, celui-ci s'intercale entre *there* et *be*. Dans une question, *there* passe en deuxième position, après l'auxiliaire.
➥ *There should be more teachers like him in this school, then it may not have such a bad reputation.* Il devrait y avoir plus de professeurs comme lui dans cette école, elle n'aurait peut-être pas alors une si mauvaise réputation.
➥ *Was there anybody in the store with you when you bought that parrot?* Y avait-il quelqu'un d'autre que toi dans le magasin quand tu as acheté ce perroquet ? ■

Attention !

Lorsque l'expression « il y a » introduit une distance, on la traduit par *it is* (qui est invariable).
➥ *It is about three miles from my house to the closest store.* Il y a à peu près cinq kilomètres entre ma maison et le magasin le plus proche.

Points clés

« Il y a » à sens temporel

Lorsque l'expression « il y a » renvoie au temps écoulé depuis un moment donné, on utilise soit *for* soit *ago*.

- Pour exprimer la durée, le laps de temps écoulé, on emploie *for*.
➥ *I had been standing there in the rain for two hours when she finally arrived.* Il y avait deux heures que j'attendais sous la pluie quand elle est enfin arrivée. (J'ai attendu pendant deux heures.)

- En revanche, lorsque l'on veut repérer un événement dans le temps, on utilise *ago*. On ne fait plus alors référence à la durée. *Ago* se place toujours après l'indication qui précise l'intervalle.
➥ *The French revolution took place a bit more than two centuries ago.* La Révolution française a eu lieu il y a un peu plus de deux siècles. (Elle n'a pas duré pendant un peu plus de deux siècles.) ■

Il y a = constat
- There is (singulier).
- There are (pluriel).

Il y a = sens temporel
- For (durée). Il y a... que.
- Ago (repère temporel).

Exercice

Traduisez les phrases suivantes.

1. Il y a quinze garçons dans la classe.
2. Il y a plusieurs années, elle vivait à Oxford.
3. Y aura-t-il beaucoup de monde à ta soirée ?
4. Il y a trois heures que j'attends !

Corrigé
1. *There are fifteen boys in the classroom.*
2. *She lived in Oxford several years ago.*
3. *Will there be a lot of people at your party?*
4. *I've been waiting for three hours!*

English spoken

Twenty years ago, there used to be a charming little shop in this street. Now there is a garage. And there didn't use to be so many buildings here. There were nice little cottages. What a pity!

Il y a vingt ans, il y avait une charmante petite boutique dans cette rue. Maintenant il y a un garage. Et il n'y avait pas autant d'immeubles. Il y avait de jolis petits pavillons. Quel dommage !

Index ➡ ago • for • there are • there is

Points clés — « Say » ou « tell » ?

Il est difficile pour un Français de distinguer la différence entre les verbes *to say* et *to tell*, qui se traduisent souvent de la même façon, soit par « dire », soit par « raconter ». C'est par leur construction qu'on peut le mieux les différencier ainsi qu'en connaissant les expressions courantes où ils apparaissent.

Les constructions de « to say » et « to tell »

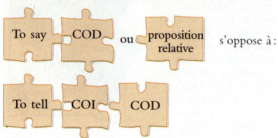

To say + COD ou proposition relative s'oppose à : To tell + COI + COD

➡ *The president said the two countries should cooperate.* Le président a dit que les deux pays devraient coopérer.

➡ *My brother told my parents a secret the other day.* Mon frère a dit un secret à mes parents l'autre jour. ■

« To say » et « to tell » au style indirect

Ces deux verbes sont utilisés pour rapporter les paroles de quelqu'un, soit directement (entre guillemets) soit indirectement (dans une subordonnée).

• *To say* a pour complément les paroles prononcées. On peut ajouter un complément de personne introduit par *to* mais au style indirect, on ne précise généralement pas la personne à qui les paroles sont adressées. *To say* peut se placer soit en début de phrase (1), soit en fin de phrase (2), soit enfin entre virgules (3).

1 ➡ *And then he said he couldn't live without her anymore.* Ensuite il a dit qu'il ne pouvait plus vivre sans elle.

2 ➡ *« How can you be so mean to me ? » she said.* « Comment peux-tu être aussi méchant avec moi ? » dit-elle.

3 ➡ *« This war », he said, « has been a tragedy for both countries. »* « Cette guerre, dit-il, a été une tragédie pour les deux pays. »

• *To tell* est suivi d'un complément précisant à qui les paroles sont adressées (le COI). Le second complément (c'est-à-dire les paroles elles-mêmes ou COD), peut être un nom (1), une subordonnée au style indirect (2), une interrogative indirecte (3) ou un infinitif (4).

1 ➡ *They never told me the truth.* Ils ne m'ont jamais dit la vérité.

2 ➡ *Our assistant will tell you what to do next.* Notre assistant vous dira ce qu'il faut faire ensuite.

3 ➡ *Did he tell you how he broke the news to his mother ?* Est-ce qu'il t'a dit comment il a annoncé la nouvelle à sa mère ?

4 ➡ *After glaring at her he just told her to go out.* Après l'avoir regardée méchamment, il lui dit simplement de sortir. ■

Points clés

Les formes passives

Il n'y a qu'à la forme passive que le verbe *to say* peut se construire avec une proposition infinitive ou une subordonnée relative. On obtient alors des constructions qui n'existent absolument pas en français.
➥ *He is said to be very rich.* Il paraît qu'il est très riche.
➥ *It is said that he is very rich.* On dit qu'il est très riche.

• À la forme active, cette phrase donnerait :
➥ *People say he is very rich.* Les gens disent qu'il est très riche.

• Le verbe *to tell* se construit assez couramment à la forme passive.
➥ *I was told an incredible story yesterday.* On m'a raconté une histoire incroyable hier. Quelquefois, il s'agit d'inciter quelqu'un à faire quelque chose.
➥ *I was told to stay here and to wait for you.* On m'a dit/demandé/ordonné de rester ici et de vous attendre.
➥ *I don't need to be told twice.* On n'a pas besoin de me le dire deux fois. ■

Les expressions courantes

Le verbe *to say* est utilisé dans un certain nombre d'expressions. En voici quelques-unes :
– *Let us say.*
Disons, mettons.
– *So to say.*
Pour ainsi dire.
– *That is to say.*
C'est-à-dire.
– *To say nothing of.*
Sans parler de.

• *To tell* n'est suivi d'un complément d'objet direct que dans les expressions telles que :
– *To tell the truth.*
Dire la vérité.
– *To tell lies.*
Dire des mensonges.
– *To tell a story.*
Raconter une histoire.
– *To tell the difference.*
Voir la différence. ■

Exercice

Complétez les phrases suivantes à l'aide de *say* ou *tell* au temps et à la forme qui conviennent.

1. Yesterday she... me she wasn't happy.
2. I... just... a story. Listen !
3. « You've had enough », her mother...
4. My mother used to... we couldn't afford it.
5. Your teacher...you what to do next.

Corrigé

1. *told (COI + yesterday → tell au prétérit).*
2. *have been told (passif + just → tell au present perfect).*
3. *said (discours rapporté au style direct).*
4. *say (used to + base verbale).*
5. *will tell (COI + next → tell au futur).*

Index ➡ discours indirect • passif

Points clés — « **Do** » ou « **make** » ?

Do et *make* sont des verbes. Ils traduisent tous les deux le verbe faire. On utilise *do* lorsque l'on est engagé dans une activité. Quant à *make*, il est employé dans le sens de fabriquer ou de créer. *Do* et *make* sont des verbes irréguliers *(do-did-done, make-made-made)*. *Do* est également un auxiliaire : celui du présent simple (*do* ou *does*) et celui du prétérit *(did)*.

« Do »

En tant qu'auxiliaire, *do* permet de construire les formes interrogative et négative du présent simple et du prétérit.

➥ *Do you speak English?* Parles-tu anglais ?

➥ *Does your sister understand?* Est-ce que ta sœur comprend ?

➥ *I don't speak German.* Je ne parle pas allemand.

➥ *My brother doesn't understand Italian.* Mon frère ne comprend pas l'italien.

➥ *Did you get up late yesterday?* T'es-tu levé tard hier ?

➥ *I didn't go to school because it was Saturday.* Je ne suis pas allé à l'école parce qu'on était samedi.

• En tant que verbe lexical, *do* devient *does* à la 3ᵉ personne du singulier au présent simple et *did* au prétérit.

➥ *At home, she does all the housework.* À la maison, elle fait tout le ménage.

➥ *What does she do at home?* Que fait-elle à la maison ? (*Does* est l'auxiliaire, *do* le verbe.)

➥ *Her sister doesn't do anything.* Sa sœur ne fait rien. (*Doesn't* » est l'auxiliaire, *do* le verbe)

➥ *When she was young my mother did the housework.* Quand elle était jeune, ma mère faisait le ménage. (*Did* est un verbe.)

➥ *What did she do?* Que faisait-elle ? (*Did* est l'auxiliaire, *do* le verbe.)

Dans une même phrase on peut donc avoir *do* en tant qu'auxiliaire et en tant que verbe.

• Le verbe *do* traduit faire dans le sens de réaliser une activité quand il ne s'agit pas de construire ou de fabriquer.

➥ *What are you doing at the moment?* Qu'est-ce que tu fais en ce moment ?

➥ *I'm not doing anything special.* Je ne fais rien de spécial.

➥ *I am getting bored, so I must do something right now.* Je m'ennuie, alors il faut que je fasse quelque chose tout de suite.

➥ *Did they do something interesting, today?* Ont-ils fait quelque chose d'intéressant aujourd'hui ?

➥ *What do you do in your free time?* Que faites-vous durant votre temps libre ?

➥ *I did a lot in this house this afternoon: I washed-up, I hoovered and I ironed.* J'ai fait des tas de choses dans cette maison cette après-midi : j'ai fait la vaisselle, j'ai passé l'aspirateur et j'ai repassé.

Points clés

- *Do* existe aussi dans des expressions comme :
⇒ *I can do without a car.* J'y arriverai sans voiture
⇒ *How do you do?* Bonjour.
⇒ *That'll do!* Ça ira !
⇒ *What does he do for his living?* Que fait-il dans la vie ?

- Pour parler de la pratique des sports, on utilise beaucoup *do*.
⇒ *I sometimes do climbing.* Je fais parfois de l'escalade.
⇒ *He does body-building.* Il fait de la musculation.

- *Do* est utilisé pour éviter les répétitions.
⇒ *She gets up at 5:00. I don't know why she does that every day.* Elle se lève à 5 heures. Je ne sais pas pourquoi elle fait ça tous les jours.
⇒ *Call your mother! I've already done it!* Téléphone à ta mère ! Je l'ai déjà fait ! ■

« Make »

C'est uniquement un verbe. Il se construit donc comme tous les autres verbes. À la différence de *do*, *make* veut dire « fabriquer », « créer ».

On dira :
⇒ *I'm making a cake.* Je suis en train de faire un gâteau.
⇒ *Did you buy this dress? Oh no! I made it.* Est-ce que tu as acheté cette robe ? Oh, non ! Je l'ai faite.
⇒ *Will you please make your bed?* S'il te plaît, fais ton lit !
⇒ *His father makes toys for children.* Son père fait des jouets pour les enfants.
⇒ *I'm glad, because you've made progress.* Je suis content, car tu as fait des progrès.
⇒ *I think she'll get the job because she has made a good impression.* Je crois qu'elle obtiendra le poste car elle a fait bonne impression.

- *Make* est également utilisé dans les expressions suivantes :
- *Make an accusation.* Accuser.
- *Make a mess.* Créer un désordre.
- *Make a promise.* Faire une promesse.
- *Make a mistake.* Faire une faute.
- *Make peace/war.* Faire la paix/la guerre.
- *Make a noise.* Faire du bruit.
- *Make yourself at home!* Fais comme chez toi ! ■

Exercice

Utilisez *do* ou *make*, selon le cas.

1. Let's... an apple-pie, for a change !
2. Please, don't... that! She hates it!
3. What's that smell? It... me sick!
4. Try again! If you... your best, you'll succeed.
5. Please, ... an effort. You will get it.
6. She's... her best to be good.
7. This detail will... all the difference.
8. He left his country to... a fortune.
9. « All I have to... is dream. »
10. These shoes are... in China.

Corrigé

1. *make* 2. *do* 3. *makes* 4. *do* 5. *make* 6. *doing* 7. *make* 8. *make* 9. *do* 10. *made*

Index ⇒ do • make • présent simple • prétérit • verbes

Points clés
Traduire « à » avec « at », « to » ou « in »

« *Meet at 4 : 00 p.m., at the corner of Beasle Street and Main Street, in Memphis. Be on time ! Don't hesitate to call if you are late !* » (Rendez-vous à 16 heures, au coin de Beasle Street et Main Street, à Memphis. Soyez à l'heure ! N'hésitez pas à téléphoner si vous êtes en retard ! ») Ce pourrait être un message à la James Bond. Ah ! ce « à » ! Est-il si difficile à traduire ?

La préposition « at »

La traduction de « à » se fait grâce à la préposition *at* lorsque le personnage ou l'objet ne bouge pas. Il ne change pas de lieu.

➥ *These kids are quiet, they're at school.* Ces enfants sont calmes, ils sont à l'école. Ils s'y trouvent au moment où l'on parle et n'en sortent pas.

➥ *My mother is not in right now, she's at work.* Ma mère n'est pas là pour le moment, elle est au travail.

➥ *Women were at church, men were at the club.* Les femmes étaient à l'église, les hommes au club.

➥ *Leave your seat at the same place !* Laisse ta chaise à la même place.

• La préposition *at* sert également à introduire un complément de temps.

➥ *They visit their parents at Easter.* Ils rendent visite à leurs parents à Pâques.

➥ *(At) what time will you be ready ? At 6 : 00.* À quelle heure seras-tu prêt ? À 6 heures. ■

Expressions avec *at*.
• *At sunset/at dawn.* Au coucher du soleil/à l'aube.
• *At home.* Chez soi.
• *At midnight.* À minuit.
• *At the back of.* Au fond.
• *At the moment.* En ce moment.
• *Good/bad at…* Bon/mauvais en…
• *At least.* Au moins.
• *At a time.* À la fois.
• *Not at all.* Pas du tout.
• *At once.* Tout de suite.
• *At the request of.* À la demande de.
• *At full speed.* À toute vitesse.
• *At first.* D'abord.

La préposition « to »

La préposition *to* permet également de traduire « à ». Mais dans ce cas, la personne ou l'objet considéré sera en mouvement.

➥ *Every morning they go to school.* Tous les matins, ils vont à l'école. (Ils se dirigent vers l'école, ils sont donc en mouvement.)

➥ *My mother is in her car, she's driving to work.* Ma mère est dans sa voiture, elle va au travail.

➥ *Women used to go to church, men used to go to the club.* Les femmes allaient à l'église, les hommes allaient au club.

➥ *Put your chair to the right !* Mets ta chaise à droite !

➥ *Every summer my friend goes to New York.* Tous les étés, mon ami va à New York.

Points clés

➥ *Many people went to America.* De nombreuses personnes allèrent en Amérique.

• *To* exprime également la notion de but.
➥ *They went to California to find gold.* Ils allèrent en Californie pour trouver de l'or.
➥ *I'm calling to tell you I won't be coming.* Je te téléphone pour te dire que je ne viendrai pas. ■

Expressions avec *to*.
• *Cheek to cheek.*
Joue contre joue.
• *To your advantage.*
À ton avantage.
• *According to.* Selon.
• *To and fro.*
De long en large.
• *From town to town.*
De ville en ville.
• *From bad to worse.*
De mal en pis.
• *On the way to Memphis.*
Sur la route de Memphis.
• *Here's to you!*
À la vôtre !
• *Bumper to bumper.*
Pare-chocs contre pare-chocs.
• *I prefer tennis to golf.* Je préfère le tennis au golf.
• *To my mind.*
À mon avis.
• *Frozen to death.*
Mort de froid.

La préposition « in »

La préposition *in* traduit souvent « dans » mais aussi « à ». Suivi de compléments de lieu et de temps, on l'emploie quand on considère le lieu comme un ensemble et que les personnes ou les objets en font partie.
➥ *My neighbour is in hospital.* Mon voisin est à l'hôpital.
➥ *He's been in prison for 3 years.* Il est en prison depuis trois ans.

• Devant un complément de temps, *in* traduit « en » ou « dans ».
➥ *In summer/in winter.* En été/en hiver.
➥ *In may.* En mai.
➥ *In 1989.* En 1989.
➥ *I'll be there in ten minutes.* J'y serai dans dix minutes.

➥ *In one hour I'll be in Italy.* Dans une heure, je serai en Italie. ■

Expressions avec *in*.
• *In the country.*
À la campagne.
• *In the afternoon.*
Dans l'après-midi.
• *In those days.*
À cette époque-là.
• *In a short time.*
Dans peu de temps.
• *In a loud voice.*
D'une voix forte.
• *Dressed in red.*
Vêtu de rouge.
• *In cotton.* En coton.
• *In the shade.*
À l'ombre.
• *In the moonlight.*
Au clair de lune.
• *The coldest country in the world.*
Le pays le plus froid du monde.

Exercice

Complétez ces phrases avec *at*, *to* ou *in*.

1. It was late… night when I met him.
2. … three weeks the house was totally remodeled.
3. They are having tea… the new tea-room… the corner of Cascade Avenue and Pearl Street.
4. Shall we spend a couple of weeks… St Tropez ?
5. The basket-ball season starts… autumn.
6. Let's go… the disco to meet young people !
7. I met her when she was dancing… the disco.

Corrigé

1. *at* 2. *in* 3. *in*, *at* 4. *in* 5. *in* 6. *to* 7. *at*

Index ➡ at • in • to

Points clés — # Quelques faux amis

Les faux amis sont trompeurs. Il faut s'en méfier. La ressemblance formelle entre des mots du vocabulaire anglais et ceux du vocabulaire français constitue un piège permanent pour quiconque étudie l'une ou l'autre langue.

Des situations embarrassantes

Ne soyez pas surpris que la personne à qui vous avez présenté *your sympathy* se moque de vous, voire se fâche. À l'occasion d'une visite ou à la suite d'une invitation, si vous gratifiez votre hôte d'un *with all my sympathy*, sachez que vous lui présentez vos condoléances. Contrairement à ce que vous pensez, vous ne lui manifestez pas du tout votre sympathie.

• De même, si jamais quelqu'un vous dit : « *The journey was long and hot* », ne lui répondez surtout pas : « *So, wait for winter. Journeys are shorter and cooler.* » En effet, votre interlocuteur vous a déclaré : « Le voyage a été long et chaud. » et vous lui avez rétorqué : « Eh bien, attends l'hiver. Les journées sont alors plus courtes et plus fraîches. » ∎

Quelques exemples

Voici une liste non exhaustive de faux amis utilisés dans des phrases.

• Le pape est actuellement en visite à Cuba. *At present/now/ at the moment, the Pope is visiting Cuba.*
• *Actually, I don't appreciate her very much.* En vérité, je ne l'apprécie pas beaucoup.

• Le détective cherchait l'arme du crime. *The detective was looking for the murder weapon.*
• *She held her baby in her arms.* Elle tenait son bébé dans les bras.

• Il posa des fruits sur la balance. *He put some fruit on the scales.*
• Mon signe du zodiaque est la Balance. *My zodiac sign is Libra.*
• *Suddenly my mother lost her balance.* Soudain, ma mère a perdu l'équilibre.

• N'aie pas peur, c'est un bon conducteur. *Don't be frightened, he's a good driver.*
• *Herbert Von Karajan was a famous conductor.* Herbert von Karajan était un célèbre chef d'orchestre.

• J'ai introduit la clef dans le trou de la serrure. *I put the key into the keyhole.*
• *Please, miss, introduce yourself.* S'il vous plaît, mademoiselle, présentez-vous.

• Il a mauvais caractère. *He is bad-tempered.*
• *Who is the main character in this novel?* Qui est le personnage principal de ce roman ?

• Ne crie pas comme ça ! *Don't shout like that!*
• *I felt so miserable that I started to cry.* Je me sentais si malheureuse que je me mis à pleurer.

• C'est une jeune fille gaie. *She's a happy young girl.*

Points clés

- *He was embarrassed when he told him he was gay.* Il était gêné quand il lui a appris qu'il était homosexuel.

- Elle achète toujours ses livres dans la même librairie. *She always buys her books in the same bookshop.*
- *You'll certainly have to work in the library.* Vous serez certainement obligé de travailler à la bibliothèque.

- N'oublie pas tes préservatifs. *Don't forget your condoms/French letters.*
- *It's a good product. There are no preservatives.* C'est un bon produit. Il n'y a pas de conservateurs.

- L'hiver est rude en Russie. *Winter is rough in Russia*
- *Don't be so rude!* Ne soyez pas si grossier!

- Elle pleure souvent, elle est si sensible! *She often cries, she's so sensitive!*
- *Be sensible! Don't listen to music now!* Sois raisonnable! N'écoute pas de musique maintenant!

- Il souffre de troubles du sommeil. *He's suffering from sleep disorder.*
- *If you keep on fighting, you'll be in trouble.* Si tu continues à te battre, tu auras des ennuis.

- Le journaliste a résumé l'incident en deux secondes. *The journalist summed up the incident in a couple of seconds.*
- *After the holidays, they resumed work.* Après les vacances, ils ont repris le travail.

- Ils ont attendu toute la journée que le train arrive. *They waited all day long for the train to come.*
- *Many people attended the meeting yesterday.* Beaucoup de gens ont assisté à la réunion hier. ∎

Index ➡ faux amis

« British » ou « American » ?

L'anglais est parlé dans quarante-cinq pays du monde par cinq cents millions de personnes. Selon les pays, l'accent change, la prononciation de certains mots diffère et l'orthographe varie. Les mots eux-mêmes se transforment dans la bouche de Buffalo Bill ou dans celle de Sherlock Holmes.

Deux langues distinctes ?

Combien de mots anglais utilisons-nous sans nous en rendre compte ? Mais *hamburger*, *pop corn*, *cornflakes* et *walkman* sont-ils vraiment des mots anglais ou américains ? Au fait est-ce la même langue ? *Do you speak British English or American English ?* (Parlez-vous l'anglais britannique ou l'anglais américain ?)

• L'anglais américain n'est pas une langue à part, c'est une modification de l'anglais de base. La langue évolue et se tranforme chaque jour. Y aurait-il aussi dans le langage un impérialisme américain qui ferait qu'en franchissant l'Atlantique les mots prennent une tonalité « *yankee* » ?

• Les Américains n'hésitent pas à transformer l'orthographe des mots pour les adapter à leur prononciation.

➥ *Colour* devient *color.*
➥ *Honour, honor.*
➥ *Through, thru.*
➥ *Light, lite.*
➥ *Centre, center.*
➥ *Theatre, theater.*

• Tout en Amérique se doit d'être efficace. Pour cette raison, les Américains réduisent les difficultés pour aller plus vite.
Les structures des phrases sont différentes de l'anglais à l'américain.
➥ *I have got a car* (j'ai une voiture) devient *I have a car.*
➥ *Have you got a car?* (as-tu une voiture ?) devient *Do you have a car?*
➥ *I haven't got a car* (je n'ai pas de voiture) devient *I don't have a car.*
Pour vous donner l'heure, un Anglais dira : *It's a quarter past five* (Il est cinq heures et quart), un Américain dira : *It's a quarter after five.*
Pour une date, l'Anglais dira *on June the second* (le 2 juin), l'Américain dira *June second.* Pour annoncer son poids l'Anglais dira : *I weigh 9 stones 5 pounds* (Je pèse 9 stones et 5 livres), quant à l'Américain il dira : *I weigh 170 pounds* (Je pèse 170 livres).

• Ne tombons pas dans l'excès en pensant qu'il est plus difficile de comprendre un Américain qu'un Anglais. Il est cependant amusant d'observer ces phrases dites par un Texan parlant « *southern* ».
➥ *« Where yawl goin? », « I don't zackly know where he is. » « Want smore bread? »*
Ce qui donne en « anglais » :
➥ *« Where are you all going? » « I don't know exactly where he is. » « Do you want some more bread? »*
« Où allez-vous tous ? » « Je ne sais pas où il est exactement. » « Voulez-vous encore du pain ? » ■

Points clés

British English	American English	Français
flat	*apartment*	appartement
luggage	*baggage*	bagages
milliard	*billion*	milliard
tin	*can*	boîte de conserve
cupboard	*closet*	placard
summertime	*daylight saving time*	heure d'été
chemist	*drugstore*	pharmacie
lift	*elevator*	ascenseur
rubber	*eraser*	gomme
autumn	*fall*	automne
ground floor	*first floor*	rez-de-chaussée
christian name	*first name*	prénom
repair	*fix*	réparer
petrol	*gas*	essence
children	*kids*	enfants
lavatory	*restroom*	toilettes
surname	*last name*	nom
cinema	*movie*	cinéma
trousers	*pants*	pantalon
pavement	*sidewalk*	trottoir
shop	*store*	magasin
underground	*subway*	métro
lorry	*truck*	camion
holiday	*vacation*	vacances
postcode	*zip code*	code postal

Vocabulaire

Il existe des formes idiomatiques et des expressions différentes selon qu'elles appartiennent au *British English* ou à l'*American English*.
En voici quelques exemples.

British English	American English	Français
a drop in the ocean	*a drop in the bucket*	une goutte d'eau un tout petit peu
fall in love	*fall for someone*	tomber amoureux
annoy	*fiddle around*	déranger
not guilty	*have clean hands*	non coupable
fight	*mix it up*	se battre
risky	*on thin ice*	en danger
create difficulties	*open a can of worms*	se créer des problèmes
give responsability to someone else	*pass the buck*	faire porter le chapeau à quelqu'un
be the boss	*rule the roost*	diriger

Expressions

Index ➡ registres et niveaux de langue

Points clés — Registres et niveaux de langue

On n'utilise pas le même vocabulaire ni les mêmes structures grammaticales selon ce que l'on veut dire, selon son milieu culturel ou social et selon la personne à laquelle on s'adresse. Ainsi, la langue anglaise utilisée par un poète contemporain ne sera pas la même que celle employée dans les chansons à la mode.

Le style écrit ou recherché

C'est la langue que l'on apprend généralement à l'école et que l'on retrouve dans la littérature classique. Elle se compose de phrases complexes, avec de multiples subordonnées et se nourrit d'un vocabulaire choisi et varié, alors que la langue orale se répète davantage. Par exemple, on peut rencontrer dans le style écrit des descriptions de paysages, où les effets lumineux sont décrits très précisément avec des verbes tels que :
– *to glimmer* (luire faiblement),
– *to glint* (briller),
– *to glisten* (reluire),
– *to glitter* (scintiller),
– *to glare* (briller d'un éclat éblouissant).
Le vocabulaire anglais offre un vaste éventail de mots pour décrire les phénomènes concrets (les lumières, les mouvements, les sons).

- D'un point de vue grammatical, la voix passive, l'inversion du sujet en début de phrase, les relatives introduites par *who*, *which*, *whom* ou *whose*, sont davantage employées à l'écrit qu'à l'oral. Ainsi, on écrit volontiers :
➡ *Should you want anything, I'd be happy to help you.* Si tu veux quoi que ce soit, je serais heureux de t'aider.
En revanche, à l'oral on dit plutôt :
➡ *If you want anything, I'd be happy to help you.* ■

English spoken

Style écrit.
At the restaurant.
Man : Waiter, could you please bring me another steak.
This one is overdone.
Waiter : Oh, I'm sorry, sir. I really apologize.
Will you please let me offer you a bottle of wine.
Man : No, thank you. That will be enough. I don't want to drink anything. Tell your chef to be careful next time, will you?

Points clés

Le style parlé ou courant

C'est la langue que l'on parle tous les jours, entre amis, celle aussi que l'on entend à la télévision ou dans les films. On y trouve :
- des contractions des formes courantes.
➥ *I'm happy.*
Je suis heureux.
➥ *She'll go there.*
Elle ira là-bas.

- des ellipses de *be, do, did, would*.
➥ *Liked this film?*
T'as aimé ce film ?
(au lieu de : *Did you like this film?* As-tu aimé ce film ?)

- des expressions qui servent en quelque sorte à « enrober » le discours, sans apporter de précision supplémentaire. Elles sont placées soit en tête de phrase (*well, whatever, anyway...*), soit en fin de phrase.
➥ *So, are we going or what?* Alors, on y va ou quoi ?

- la mise en relief d'un élément de la phrase à l'aide de l'intonation.
➥ *I wasn't there when it happened!* Moi, je n'étais pas là quand c'est arrivé !

English spoken

Style parlé.
At the restaurant.
Man: Boy, gimme another steak.
This one is too tough.
Waiter: Sorry, man.
Really sorry. Want a bottle of wine or whatever?
Man: No thanks.
I got enough. I ain't gonna drink nothing.
Tell your super to be careful next time, got it?

Le style familier ou relâché

On y trouve :
- des fautes de conjugaison.
➥ *We was, you was, they was* (à la place de *were*).

- des doubles négations.
➥ *I don't want nothing.*
Je veux rien. (À la place de *I do not want anything.*
Je ne veux rien.)

- des prépositions utilisées à mauvais escient.
➥ *Like I said.* Comme je disais (au lieu de *as I said*).

- *Ain't* pour remplacer *to be* à la forme négative,

gonna pour *going to* et *gotta* pour *have to*.
➥ *I ain't angry!*
J'suis pas en colère !

- *Got* à la place de *have got*.
➥ *You got a beautiful dress.* T'as une belle robe.

- des tics de langage comme *sort of, kind of*.
➥ *He was kind of lazy sometimes.* Des fois il était paresseux, hein.

- l'utilisation abusive de *like* en anglais américain :
- soit pour introduire le discours indirect.

➥ *And then I'm like « what do you mean? ». And he's like « You wouldn't understand, anyway ».* Et alors j' lui dis « qu'est-ce que tu veux dire par là ? ». Et i' m' répond « De toute façon, tu comprendrais pas ».

- soit pour rythmer la phrase :
➥ *I don't know, like, I kind of like him but you know, like, I don't really know him yet.* Je sais pas, tu vois, j' l'aime bien, tu vois, mais j' le connais pas encore vraiment.

Points clés

Grande-Bretagne ou Royaume-Uni ?

Les termes Angleterre, Grande-Bretagne, Royaume-Uni et îles Britanniques sont souvent employés les uns pour les autres, alors qu'ils désignent en fait des ensembles géographiques ou politiques différents, dont l'histoire a peu à peu uni les destinées.

Les îles Britanniques

Les îles Britanniques *(the British Isles)* sont un archipel composé de deux îles principales, la Grande-Bretagne *(Great Britain)* et l'Irlande *(Ireland)* et d'autres îles plus petites *(Wight, Anglesey, Shetland…)*. Grande-Bretagne et Irlande sont donc deux ensembles géographiques. La Grande-Bretagne a longtemps été divisée en trois ensembles politiques à l'identité nationale forte :
– l'Angleterre *(England)* ; capitale Londres *(London)*.
– l'Écosse *(Scotland)* ; capitale Édimbourg *(Edinburgh)*.
– le pays de Galles *(Wales)* ; capitale Cardiff. ■

De l'Angleterre au Royaume-Uni

L'expansion anglaise dans les îles Britanniques commença au Moyen Âge, mais l'unification autour de l'Angleterre fut lente.

• Les Anglais conquirent le pays de Galles sous Édouard Ier (1272-1307). Il fut définitivement incorporé au royaume d'Angleterre par les statuts de 1536 et 1542. Depuis 1302, l'héritier du trône anglais porte le titre de prince de Galles.

• L'Irlande passa sous domination anglaise à partir du XIIe siècle. Henri VIII fut le premier roi d'Angleterre et d'Irlande en 1541, titre que les rois d'Angleterre portèrent jusqu'en 1921. La domination anglaise provoqua des révoltes du XVIe au XXe siècle.

• Le royaume d'Écosse résista pendant des siècles aux conquêtes anglaises. Il fut lié à l'Angleterre par une union personnelle lors de l'avènement des Stuarts, rois d'Écosse, sur le trône d'Angleterre en 1603, puis par l'Acte d'union de 1707, qui créa le Royaume-Uni de Grande-Bretagne (l'Angleterre + Écosse + pays de Galles).

Angleterre + *Écosse* + *Pays de Galles* = *Grande-Bretagne*

Points clés

Le Royaume-Uni et l'Irlande

Le drapeau du Royaume-Uni, surnommé Union Jack, *se compose des drapeaux suivants :*

- *Angleterre*

Croix de Saint-Georges (rouge sur fond blanc) adoptée en 800.

- *Écosse*

Croix de Saint-André (blanche sur fond bleu) ajoutée en 1707.

- *Irlande*

Croix de Saint-Patrick (rouge sur fond blanc) ajoutée en 1801.

- En 1800 l'Acte d'union imposa une union politique à l'Irlande. Le Royaume-Uni de Grande-Bretagne et d'Irlande maintint l'union politique des îles Britanniques jusqu'en 1921. ∎

Unies pendant plus d'un siècle, les îles Britanniques sont aujourd'hui divisées en deux États indépendants :
– La république d'Irlande (*Irish Republic* ou *Eire*).
– Le Royaume-Uni de Grande-Bretagne et d'Irlande du Nord (*United Kingdom of Great Britain and Northern Ireland*, abrégé en *U. K.*).
En effet, à l'exception de l'Ulster qui, sous le nom d'Irlande du Nord (capitale Belfast), reste intégrée au Royaume-Uni, l'Irlande obtint progressivement son indépendance à partir de 1921 et est depuis 1949 une république totalement indépendante (capitale Dublin).
Le drapeau du Royaume-Uni (l'*Union Jack*) symbolise depuis 1800 l'union des trois royaumes d'Angleterre, d'Écosse et d'Irlande (le pays de Galles, n'étant qu'une principauté, n'y figure pas). Au sein de cette entité, chacune des quatre « nations » conserve son identité propre (en particulier, dans le domaine sportif), qui est symbolisée par un emblème végétal :
– Angleterre : la rose.
– Écosse : le chardon.
– Irlande : le trèfle.
– Pays de Galles : le poireau.
Afin de satisfaire les aspirations des populations, le gouvernement anglais a accepté d'accorder une plus grande autonomie à l'Écosse et au pays de Galles (référendums sur la *devolution* de 1997). En Irlande du Nord (où s'affrontent protestants unionistes et catholiques séparatistes), un accord de paix a été signé en avril 1998 et une assemblée autonome, suspendue pendant un an, a été créée. ∎

Irlande du Nord

Royaume-Uni

République d'Irlande

Îles Britanniques

Index ➡ Angleterre • Écosse • Irlande • Pays de Galles

Points clés — # Le Commonwealth

Le Commonwealth est une association d'États indépendants librement unis par une communauté de langue, de civilisation et d'intérêts économiques qui a permis au Royaume-Uni de maintenir des liens étroits avec la plupart de ses anciennes colonies.

Un héritage du passé colonial

Les États membres du Commonwealth sont d'anciennes colonies de l'Empire britannique qui était dans la première moitié du XXe siècle (malgré l'indépendance des États-Unis dès 1783), le plus vaste et le plus peuplé des Empires coloniaux. Le seul État à faire exception est le Mozambique, admis en 1995 pour son aide à la lutte contre l'apartheid en Afrique du Sud. Tirant les leçons de l'échec américain, le Royaume-Uni accorda à ses colonies une autonomie à travers le statut de dominion. Le Canada l'obtint en 1867, l'Australie en 1901, la Nouvelle-Zélande en 1907 et l'État libre d'Irlande en 1921. Dès 1884, l'Empire britannique fut désigné comme un Commonwealth (union pour le bien commun), nom repris après-guerre en raison de l'aide des dominions à la victoire de 1918. En 1931, le Statut de Westminster reconnut aux dominions une indépendance totale, créant le *British Commonwealth of Nations*. ■

Un élargissement progressif

En 1931, le Commonwealth ne regroupait encore que le Royaume-Uni et six dominions (mais la république d'Irlande devait le quitter en 1949 et la république d'Afrique du Sud en 1961, avant de le réintégrer en 1994). L'admission en 1947 de l'Inde, du Pakistan, de Ceylan et de la Birmanie (qui en sortit aussitôt), puis du Ghana en 1957 marqua un tournant vers un Commonwealth multiracial et multiconfessionnel. Depuis, il n'a cessé de s'élargir au rythme de la décolonisation de l'Empire britannique et malgré quelques rares défections. Aujourd'hui, le Commonwealth compte 54 États, répartis sur tous les continents. Ils regroupent un quart de l'humanité. ■

Le sommet du Commonwealth réunit régulièrement les États-membres de cette organisation.

Points clés

Un club d'États anglophones

Les États du Commonwealth sont unis avant tout par l'emploi de la langue anglaise, l'empreinte plus ou moins profonde laissée par la culture britannique et une fidélité surtout symbolique à la couronne britannique. Tous reconnaissent le souverain du Royaume-Uni comme chef du Commonwealth *(Head of the Commonwealth)* et même, pour seize d'entre eux (dont le Canada et l'Australie), comme chef d'État *(Head of State)*. Cette association, qui a pour objectif une libre coopération de ses membres dans les domaines les plus divers (scientifique, culturel, économique, etc.), ne dispose cependant pas de structures officielles permanentes. Elle repose sur de simples échanges de vue ou sur des accords bilatéraux. Les chefs d'État ou de gouvernement se rencontrent tous les deux ou trois ans lors de sommets où ils adoptent parfois des déclarations communes, en particulier en matière de politique étrangère.

L'immigration au Royaume-Uni

Le Royaume-Uni fut longtemps une terre d'émigration. Mais, depuis le début de la décolonisation en 1947, il connaît une immigration massive de ressortissants du Commonwealth, et ce malgré une législation de plus en plus restrictive. Ces immigrants forment aujourd'hui d'importantes communautés dans la banlieue de Londres (par exemple, à Brixton où eurent lieu de graves émeutes en 1981) ainsi que dans certaines grandes agglomérations du centre du pays (Birmingham, Manchester, etc.). La population étrangère, estimée entre 3 et 4 millions de personnes, provient en presque totalité des États membres du Commonwealth, en particulier du sous-continent indien (1,5 million de personnes sont originaires d'Inde, du Pakistan et du Bangladesh), mais aussi des Antilles (environ 500 000 personnes) et d'Afrique noire (environ 400 000 personnes). L'immigration au Royaume-Uni est donc intimement liée à son passé colonial ainsi qu'à l'évolution du Commonwealth.

Sur cette carte du monde, apparaissent tous les pays qui appartiennent aujourd'hui au British Commonwealth of Nations.

Index ➡ Commonwealth

Points clés

Les institutions politiques britanniques et américaines

Les institutions du Royaume-Uni et des États-Unis s'inscrivent dans deux modèles très différents de démocratie (mais ayant en commun la séparation des pouvoirs, le suffrage universel et le multipartisme). L'une est une monarchie parlementaire issue d'une longue et lente évolution. L'autre est un régime présidentiel né d'une révolution et fondé sur la Constitution de 1787.

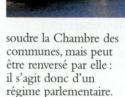

Westminster est le siège du Parlement anglais.

La monarchie parlementaire britannique

Cette monarchie ne repose pas sur une Constitution écrite unique mais sur une longue tradition remontant à la Grande Charte de 1215. Peu à peu, surtout depuis la Déclaration des droits *(Bill of Rights)* de 1689, ces lois ont privé le souverain britannique de ses pouvoirs.

• Chef de l'État incarnant l'unité et la continuité du Royaume-Uni, le roi ou la reine d'Angleterre règne mais ne gouverne pas. Il nomme le Premier ministre *(Prime Minister)*, le chef de la majorité à la Chambre des communes.

• Avec son gouvernement, le Premier ministre exerce le pouvoir exécutif. Il peut dissoudre la Chambre des communes, mais peut être renversé par elle : il s'agit donc d'un régime parlementaire.

• Le pouvoir législatif est exercé par le Parlement *(House of Parliament)*, qui se compose de deux chambres :
• La Chambre des lords *(House of Lords)* compte 1 000 membres non élus (héréditaires ou à vie) et n'a plus qu'un rôle mineur.
• La Chambre des communes *(House of Commons)* est composée à ce jour de 651 députés *(Members of Parliament* ou *M.P.'s)* élus pour cinq ans qui votent les lois et le budget.

• Le pouvoir judiciaire, indépendant des deux autres, est chargé de faire appliquer un droit basé davantage sur la coutume que sur des lois écrites : la *Common Law*.

• La vie politique est marquée par deux partis dominants, le parti conservateur *(Conservative)* et le parti travailliste *(Labour)*. ■

Le régime présidentiel américain

Points clés

Les États-Unis sont une république fédérale née de la guerre d'Indépendance (1776-1783) et regroupant à ce jour cinquante États (treize à l'origine). La Constitution adoptée en 1787 n'a pas subi de profonde transformation malgré 27 modifications *(amendments)*.

• Chaque État élit son gouverneur et ses deux assemblées et conserve une autonomie dans de nombreux domaines, mais les pouvoirs essentiels sont exercés par le gouvernement fédéral de Washington.

• Le pouvoir exécutif est exercé par le président, qui siège à la Maison-Blanche. Rééligible une fois depuis 1960, il est élu pour quatre ans au suffrage universel indirect (les électeurs votent pour 535 grands électeurs qui élisent ensuite le président et le vice-président). Il est à la fois chef de l'État et chef du gouvernement dont il nomme les ministres (il n'y a pas de Premier ministre). Il ne peut pas dissoudre le Congrès mais peut refuser les lois que ce dernier a votées (droit de veto).

• Le pouvoir législatif est exercé par le Congrès qui siège au Capitole. Il ne peut pas renverser le gouvernement (le régime n'est pas parlementaire), mais il peut destituer le président s'il viole la Constitution *(impeachment)*. Il se compose de deux chambres élues :
• Le Sénat compte cent sénateurs (deux par État) élus pour six ans et il est renouvelé par tiers tous les deux ans.

Le Capitole abrite les parlementaires américains.

• La Chambre des représentants abrite 435 députés élus pour deux ans.

• Le pouvoir judiciaire est exercé par la Cour suprême (neuf membres nommés à vie par le président) qui contrôle la constitutionnalité des lois et juge les litiges entre États.

• La vie politique est marquée par un bipartisme opposant les partis républicain (assez conservateur) et démocrate (plutôt progressiste). ■

Points clés

Chronologie du Royaume-Uni, de la France et des États-Unis (1)

Rivaux durant des siècles, le Royaume-Uni et la France ont joué un rôle essentiel dans la formation des États-Unis d'Amérique, le premier comme métropole, la seconde comme alliée.

Royaume-Uni

829-899 Unification des royaumes anglo-saxons

1215 La Grande Charte limite le pouvoir du roi.

1534-1540 Henri VIII, chef de l'Église anglicane

1558-1603 Élisabeth Ire.

1642-1649 Guerre civile : échec des royalistes et exécution de Charles Ier.

1649-1658 Dictature d'Oliver Cromwell.

1660 Restauration des Stuart (Charles II).

1679 L'Habeas Corpus Act garantit les libertés individuelles.

1688-1689 La « Glorieuse révolution » établit la monarchie parlementaire (Déclaration des Droits de 1689).

France

1066 Conquête de l'Angleterre par le duc de Normandie Guillaume le Conquérant

1337-1453 Guerre de Cent Ans

1562-1598 Guerres de religion entre catholiques et protestants.

1661-1715 Règne de Louis XIV.

États-Unis

1492 Découverte de l'Amérique par Christophe Colomb.

1620 Les « pères pèlerins » (puritains anglais) fondent une colonie au Massachussetts.

1620-1630 Arrivée des premiers esclaves africains.

Points clés

Royaume-Uni — France — États-Unis

1756-1763
Guerre de Sept Ans : la France perd ses colonies aux Indes et au Canada.

1776-1783
Guerre d'indépendance américaine. Insurrection des colons américains, aidés par la France, contre la Grande-Bretagne.

1776 (4 juillet)
Déclaration d'indépendance américaine.

1787
Adoption de la Constitution

1789-1815
Révolution française puis Consulat et Empire.

1803
Achat de la Louisiane française, ce qui double la superficie des États-Unis.

1793-1815
Le Royaume-Uni participe ou finance sept coalitions contre la France.

1805
La flotte française est écrasée à Trafalgar par l'amiral Nelson.

1823
Doctrine Monroe : rejet de toute intervention européenne sur le continent américain et neutralité américaine dans les conflits européens.

1815
Défaite de Napoléon à Waterloo face aux Anglais.

1837-1901
Règne de la reine Victoria : apogée de la puissance britannique.

1848
Ruée vers l'or en Californie.

1861-1865
Guerre de Sécession.
1863
Abolition de l'esclavage.

1864-1890
Dernières guerres indiennes.

1870-1875
Instauration définitive de la République.

1880-1920
Les États-Unis première puissance économique mondiale.

1881-1901
Graves tensions coloniales franco-anglaises (Fachoda).

Index → États-Unis • Grande-Bretagne

Points clés

Chronologie du Royaume-Uni, de la France et des États-Unis (2)

À deux reprises durant le XXe siècle, les trois pays se sont retrouvés ensemble alliés lors des Guerres mondiales pour le triomphe de la liberté et de la démocratie.

Royaume-Uni — **France** — **États-Unis**

1904
« Entente cordiale » entre la France et l'Angleterre.

1914-1918
Première Guerre mondiale : la France et le Royaume-Uni alliés contre l'Allemagne et l'Autriche-Hongrie.

1917
Les États-Unis entrent en guerre aux côtés de la France et du Royaume-Uni.

1921
Indépendance de l'Irlande (sauf l'Ulster).

1929
Début aux États-Unis de la « Grande Dépression », qui s'étend ensuite à l'Europe.

1931
Création du Commonwealth.

1933-1945
Présidence de Franklin Roosevelt, New Deal.

1939-1945
Seconde Guerre mondiale : la France et le Royaume-Uni sont alliés.

1940
Les Allemands envahissent la France, qui accepte l'armistice, mais le général de Gaulle crée à Londres les Forces françaises libres.

1941
Les États-Unis entrent en guerre et s'allient à la France libre et au Royaume-Uni.

1945
Création de l'O. N. U. Les États-Unis, le Royaume-Uni et la France font partie des membres permanents du Conseil de sécurité.

1945-1951
Welfare State (nationalisations, sécurité sociale, retraites).

1945
Bombes atomiques sur le Japon.

Points clés

Royaume-Uni

1947
Indépendance de l'Inde.

France
1946
Guerre d'Indochine :
début de la décolonisation.
1947
Début de la « guerre froide ».
Plan Marshall pour la reconstruction économique de l'Europe.

1949
Fondation de l'Otan, avec les États-Unis, le Royaume-Uni et la France.

1952
Avènement
d'Élisabeth II.

1954-1962
Guerre d'Algérie
1957
La France est l'un des six
États fondateurs de la C.E.E.

États-Unis

1950-1953
Guerre de Corée.
Maccarthysme.

1969
Découverte de
gisements pétroliers
en mer du Nord.

1958-1969
Présidence du général
De Gaulle.

1959
Hawaii et l'Alaska, 49e et
50e États de l'Union.

1963
Assassinat du président
Kennedy.

1973
Le Royaume-Uni
entre dans la C.E.E.

1963-1973
Guerre du Viêtnam.
Défaite américaine.

1974-1984
Vague d'attentats
anti-anglais de l'IRA

1968
Assassinat de
Martin Luther King.

1979-1990
Margaret Thatcher est la
première femme Premier
ministre.

1969
Premier homme
sur la Lune.

1981-1995
Double septennat de
François Mitterrand.
1989
Effondrement du bloc communiste. Fin de la « guerre froide ».

1997
Victoire travailliste :
Tony Blair devient
Premier ministre.
Rétrocession de Hong-
Kong à la Chine.

1992
Ratification du traité
de Maastricht.
1999
Entrée en vigueur
de l'euro.

1973-1974
Watergate :
le président Nixon doit
démissionner.
1993-1997
Bill Clinton président.

2001
Réélection de Tony Blair.

2002
Réélection
de Jacques Chirac,
président depuis 1995.

2001
George W. Bush président.
Attentat du 11 septembre.

2003
Intervention en Irak
aux côtés des États-Unis.

2003
Guerre en Irak.

Index ➡ États-Unis • Grande-Bretagne

Points clés

Les Indiens d'Amérique aux États-Unis

L'image traditionnelle de l'Indien d'Amérique est celle d'un chef fumant le calumet de la paix, victime résignée des troupes fédérales américaines. Image trompeuse, car aujourd'hui les Indiens connaissent d'autres destins : riche propriétaire d'un casino du Colorado ou squaw vêtue d'une robe à franges qui accueille les touristes dans son village du Nouveau-Mexique.

Sitting Bull, nom anglais qui signifie « Taureau assis », est en fait le surnom du chef indien Tatanka Iyotake. Né aux environs de 1831 à Grand River, dans le Dakota du Sud, il combattit les colons américains pendant de longues années, refusant notamment de vivre dans une réserve. Il fut finalement tué en 1890, dans sa ville natale.

La situation actuelle des Indiens

Quelle que soit l'idée que l'on puisse se faire de l'Indien d'Amérique, il est en tout cas citoyen américain et on l'appelle Amérindien. De nos jours, la population indienne dépasserait deux millions d'individus. Plus de la moitié d'entre eux sont installés dans l'ouest des États-Unis, c'est-à-dire dans les États de l'Oklahoma, de l'Arizona et du Nouveau-Mexique ainsi que dans ceux du Wyoming et du Montana. Un tiers de cette population vit dans des réserves et la moitié se répartit dans les grandes villes comme San Francisco, Los Angeles ou encore Phoenix. Parmi les tribus indiennes les plus importantes et les mieux représentées, on peut citer les Cherokees, les Navajos, les Sioux et les Apaches. Bien avant l'arrivée des Blancs sur les territoires du Nouveau Monde, les Indiens se sont installés sur le continent américain. De -40 000 jusqu'à -10 000 avant J.-C., les premiers ancêtres des Indiens arrivèrent d'Asie et s'éparpillèrent sur l'ensemble des terres américaines. Au fil des siècles et selon les tribus, le langage, les habitudes et les modes de vie se sont différenciés. ■

La rencontre avec les Blancs

Les colons anglais qui arrivèrent en Virginie au début du XVIIe siècle entretinrent des relations amicales avec les Indiens, qui, grâce à leurs récoltes et leurs connaissances du territoire, aidèrent les Blancs à survivre. Mais, peu à peu, la situation se dégrada : des conflits sanglants opposèrent les Blancs aux Indiens qui voulaient conserver leurs terres. Plus le nombre des immigrants européens augmentait, plus les Indiens étaient refoulés vers l'Ouest et ne pouvaient que se soumettre aux troupes américaines solidement armées. En 1845, la plupart des tribus indiennes furent repoussées à l'ouest du Mississippi. En 1876, la bataille de Little Big Horn entre les troupes fédérales du colonel Custer et les Indiens de Sitting Bull se solda par la victoire de ce dernier et la mort de Custer. Mais en 1890, la bataille de Wounded Knee sonna le glas pour les Indiens. Leurs terres et leurs ressources disparaissant (massacre des bisons), les Indiens se résignèrent à vivre dans des réserves. ■

Des conditions de vie difficiles

L'État américain décide, au début du XXe siècle, d'assimiler les populations indiennes et de les intégrer à l'*American way of life*. On oblige donc les Indiens à vivre selon les lois blanches. C'est une erreur tragique, car les Indiens ont besoin de leurs racines et de leur culture. C'est le président Nixon qui mit fin à cette politique d'assimilation. Aujourd'hui, il existe des réserves qui sont des propriétés privées où les Indiens peuvent vivre selon leur culture. Paradoxalement, il n'est pas rare de voir scintiller les néons multicolores des casinos sur ces réserves. Les Indiens ont en effet le droit de gérer des casinos, dont l'activité est interdite sur le sol américain. La minorité indienne profite bien entendu du progrès, mais les subventions du Bureau des affaires indiennes sont maigres. Dans l'ensemble, la situation des Indiens s'est améliorée. Mais d'une réserve à l'autre elle varie beaucoup. Dans l'Oklahoma, une tribu a eu la chance d'avoir un sous-sol riche en pétrole. Les conditions de vie des Indiens habitant en ville sont encore pires que celles de leurs homologues vivant dans les réserves. En effet, les Indiens s'y trouvent presque totalement séparés de leurs traditions et l'environnement leur est hostile. Le taux de chômage est très élevé et l'alcoolisme fait des ravages. Or, le maintien de la culture indienne ne sera assuré que si les Indiens continuent à vivre dans leur communauté. ■

Points clés

Ce casino, situé à Mystic Lake, est tenu par des Indiens. En effet, ces derniers ont le droit d'ouvrir ce type d'établissement sur le territoire des réserves, ce qui représente une source de revenus non négligeable.

Points clés

Le problème des Noirs aux États-Unis

Michael Jordan, Eddy Murphy et le maire de Dallas (Texas) sont noirs. Mais ces modèles d'intégration et de réussite ne permettent pas de conclure que le rêve américain n'a pas de couleur.

Un long combat

Dans les années 1960, les minorités américaines commencèrent à revendiquer leurs droits. La communauté noire se manifesta la première. À cette époque, les Noirs cherchent à lutter contre la ségrégation dont ils sont victimes. Ce combat prend des formes violentes ou pacifiques, parfois soutenu par des Blancs. Aujourd'hui, la communauté noire représente 30 millions d'individus, soit environ 13 % de la population américaine et son taux de croissance est deux fois plus important que celui des Blancs. ∎

L'arrivée des Noirs aux États-Unis

Au XVIIe et au XVIIIe siècle les Noirs d'Afrique ont été amenés de force en Amérique pour servir d'esclaves dans les plantations de sucre, de tabac et de coton des États du Sud (Caroline du Nord et du Sud, Géorgie, Alabama…). À partir de 1808, l'importation des Noirs est devenue illégale mais les plantations de coton s'étendent en Arkansas et au Texas et le besoin en esclaves augmente. En 1860, les esclaves noirs sont au nombre de 4 millions. ∎

Les débuts de l'émancipation

Le 12e amendement à la Constitution abolit l'esclavage en 1865 et en 1870 on accorde aux Noirs le droit de vote. Mais pour la majorité d'entre eux, la situation reste inchangée. Le principe du « ghetto » noir apparait très tôt. De même, aucun Noir ne peut voyager dans les mêmes conditions qu'un Blanc. Partout on peut lire des panneaux *« White only »* (« seulement les Blancs »). Dans les années 1920 les Noirs quittent les États du Sud et se dirigent vers le Nord où ils cherchent du travail dans l'industrie automobile. Malgré quelques mesures prises en faveur des plus démunis, les conditions de vie des Noirs ne s'améliorent pas vraiment. ∎

Jusqu'à la Guerre de Sécession et l'abolition de l'esclavage, la vente aux enchères d'esclaves noirs était monnaie courante.

Points clés

Les Noirs se font entendre

Après la Seconde Guerre mondiale, les Noirs s'organisent de plus en plus en mouvements pour l'égalité entre les hommes, établie par la Constitution (ce qui n'empêche pas le Ku Klux Klan de lyncher et d'assassiner des Noirs). Après quelques mois de lutte, un jeune pasteur, Martin Luther King, obtient la fin de la ségrégation dans les transports de la ville de Montgomery en Alabama. Grâce à lui, le mouvement des droits civiques fait école dans tous les États. Sous une forme pacifiste, ce mouvement fait aboutir les revendications et, en 1961, la ségrégation dans les transports est déclarée illégale. Des Blancs progressistes participent à des marches comme celle sur Washington en 1963, lorsque Martin Luther King prononce son discours *« I had a dream »* (« J'ai fait un rêve »). Malgré la loi sur les droits civiques *(Civil rights Act)* signée en 1964 par le président Johnson, des Blancs manifestent encore violemment contre la fin de la ségrégation. ■

Le problème noir subsiste

La situation et les conditions de vie dans les ghettos des grandes villes restent très préoccupantes. Des émeutes extrêmement violentes ont eu lieu à Harlem et à Los Angeles. Des Noirs ont été tués au cours d'affrontements dans plusieurs villes des États-Unis. Après l'assassinat de Martin Luther King en 1968, les tentatives d'intégration se sont poursuivies. Ainsi, les écoles blanches ont été ouvertes aux Noirs et les entreprises se sont vues obligées de réserver des emplois aux diverses minorités. Malgré ces mesures, en 1988, un Noir sur trois vivait toujours en dessous du seuil de pauvreté. En 1992, après l'acquittement de policiers ayant brutalisé un Noir de Los Angeles, l'armée a été dépêchée afin de tenter de mettre fin à de très violentes émeutes. Le président Bill Clinton a certes fait voter des lois en faveur des minorités, mais les classes aisées contestent parfois cette assistance apportée aux plus pauvres. ■

L'acteur Eddy Murphy est l'un des symboles de réussite des Noirs.

Le rêve américain est-il pour tous ?

Les conditions de vie des Noirs se sont améliorées. Il existe bel et bien une *« middle class »* et une bourgeoisie noires mais à qualification égale le salaire d'un Noir reste inférieur, la délinquance concerne davantage les Noirs et 52 % des femmes atteintes du sida sont noires. Pourtant, les Noirs jouent un rôle de plus en plus important en politique. Les combats contre la ségrégation ont porté leurs fruits. La position dominante des *« WASP »* (*White Anglo Saxon Protestants*, la classe traditionnellement dirigeante), même si elle reste indéniable, a été ébranlée. ■

Index ➡ minorités • Noirs • système éducatif

Points clés

Les grandes villes américaines et les minorités

L'Européen qui aborde le Nouveau Monde est frappé par les grands espaces qu'il y découvre. La démesure est particulièrement saisissante si l'on visite les parcs nationaux et certains sites naturels. Mais cette impression d'immensité est également valable dans les espaces urbains, très nombreux et qui sont tous organisés selon le même schéma.

Un pays extrêmement urbanisé

C'est aux États-Unis que l'on trouve le plus fort taux d'urbanisation au monde avec 76 % de la population vivant dans les villes. Pour bien comprendre la ville américaine, faisons une comparaison. Paris compte 2 millions d'habitants sur une longueur de 4 kilomètres du nord au sud. Los Angeles compte le même nombre d'habitants mais s'étend sur 80 kilomètres. Il y a deux millions de voitures dans la capitale française et 7 millions à Los Angeles. L'économiste Alfred Sauvy a dit que la voiture détruisait la ville (la « cité » au sens grec du terme). En effet, si l'on a besoin d'une place de stationnement sur son lieu de vie, on en a également besoin là où l'on travaille. Or, une famille américaine de la *middle class* possède en moyenne une ou deux voitures par foyer et vit dans la lointaine banlieue des grandes villes. Il a donc fallu construire et agrandir des parkings destinés à ceux qui viennent travailler en ville. Aux alentours des grandes villes et à l'intérieur de ces agglomérations, 90 % des déplacements se font en voiture car, à part New York, les villes possèdent très peu, voire pas du tout, de transports en commun. Contrairement aux populations des pays européens, celle des États-Unis est principalement suburbaine (c'est-à-dire qu'elle vit loin du centre-ville). Il est intéressant de noter que la densité de population atteint 2 000 habitants au kilomètre carré à Indianapolis, 300 à Dallas et 57 000 à Paris. ■

Los Angeles, une des immenses villes américaines.

Points clés

Le phénomène des gangs pose un grave problème de sécurité aux États-Unis, notamment chez les jeunes des minorités.

La structure des villes

Aux États-Unis, 170 villes dépassent les 100 000 habitants et regroupent 9,2 % de la population du pays. Les principales villes américaines sont New York (avec 8 millions d'habitants), Los Angeles (3,7 millions), Chicago (2,8 millions), Houston (1,9 million), Philadelphie (1,2 million), San Diego (1,1 million), Phoenix et Dallas (1,1 million d'habitants chacune). Elles sont toutes construites selon le même plan. Vue d'avion, une ville est un rectangle parfait divisé en *blocks* (pâtés de maisons). Ces derniers sont délimités par des avenues (qui suivent un axe nord-sud) et des rues (dans le sens est-ouest), qui se croisent à angle droit. Bien avant d'entrer dans ces villes par les *freeways* (les autoroutes), on aperçoit la *skyline* (la ligne formée sur l'horizon par les gratte-ciel). L'urbanisation de la société américaine s'est faite progressivement et l'essor de l'automobile a donné son visage si particulier aux villes. Celles-ci se composent la plupart du temps du *downtown*, centre-ville composé de gratte-ciel en verre et en béton, vide le dimanche, mais très animé en semaine, ainsi que de banlieues très étendues où se répartissent les communautés ethniques et qui se transforment parfois en ghettos. ■

Les gangs

Comme tous les pays anglo-saxons, la société américaine est constituée d'un agrégat de communautés. Les Blancs représentent 69,1 % de la population, les Noirs 12,1 %, les Hispaniques 12,5 %, les Asiatiques 3,7 % et les Amérindiens à peine 1 %.
Le phénomène des gangs est apparu aux États-Unis il y a quelques années. Ce mot anglais définit une association de malfaiteurs. Les jeunes des minorités défavorisées (Noirs, Hispaniques,…) s'organisent en bandes. Ils vivent selon leurs règles et leurs codes dans un territoire déterminé où ils appliquent leurs lois et se livrent à des méfaits (trafics de drogue, crimes, vols). La lutte sans merci entre les gangs fait de nombreuses victimes, les armes à feu étant très faciles à se procurer aux États-Unis. La pauvreté est l'une des principales causes de ce phénomène. Ainsi aujourd'hui, 38 % des personnes vivant en dessous du seuil de pauvreté (c'est-à-dire gagnant moins de 600 dollars par mois) sont des Noirs, alors que les Blancs ne représentent que 12,5 %. ■

Index ➡ Denver • grandes villes américaines • Noirs

Points clés

Une grande ville américaine : Denver

Denver est la capitale de l'État du Colorado, à l'ouest des États-Unis. Elle est appelée Mile High City – la ville à un mile d'altitude. En effet, elle est située au pied des montagnes Rocheuses et culmine à 1 600 mètres (un mile).

Le Capitole de Denver compte parmi les plus beaux et les plus impressionnants monuments de cette ville.

Une ville moderne

Denver est un grand centre commercial, industriel et financier. La ville compte parmi les plus grands marchés de moutons du monde. Mais elle est également réputée pour ses élevages bovins et son industrie sidérurgique. On y trouve un nombre élevé d'agences gouvernementales car Denver compte parmi les relais de Washington pour l'Ouest américain. Par ailleurs, de nombreuses entreprises de Denver se sont spécialisées dans la haute technologie. Le tourisme est un autre des atouts importants de l'économie locale.
L'aéroport de Denver, ouvert en 1995, propose une architecture très futuriste. ■

Un peu d'histoire

Le Colorado était la terre des Arapahos, des Comanches et des Kiowas. On y découvrit de l'or en 1858, juste à l'endroit où se trouve Denver aujourd'hui, c'est-à-dire au sud de la rivière South Platte.
En 1864, à Sand Creek, non loin de Denver, l'armée américaine massacra 700 Cheyennes et Arapahos qui voulaient signer un traité de paix avec les autorités.
Le développement du télégraphe, de nouvelles routes et de nouveaux gisements aurifères dans les Rocheuses encouragèrent les gens à venir s'y installer en dépit d'un incendie puis d'une inondation qui faillirent tout détruire.
Denver fut choisie comme capitale de l'État en 1867.
En 2002, Denver comptait environ 554 000 habitants. Les Blancs représentent 72 % de la population de la ville. Les Hispaniques arrivent en seconde position. Les Indiens ne représentent que 1,5 % du total. ■

Quelques curiosités à ne pas manquer

Points clés

Le Capitole de Denver est un bon moyen de découvrir un panorama inédit de la ville et des Rocheuses, si vous avez le courage de gravir quelques dizaines de marches jusqu'à la Coupole *(the Rotunda)*.

• Le musée d'Art de Denver abrite la plus grande collection d'œuvres d'art – soit un ensemble d'environ 40 000 pièces – entre Kansas City et Los Angeles.

• Le musée d'Histoire Naturelle est une véritable petite merveille ! Il offre un labyrinthe d'expositions portant sur les animaux de l'Ouest américain et sur les dinosaures (de nombreux fossiles ont en effet été retrouvés dans le Colorado).

• Au cœur de la ville, un vaste parc d'attraction, *Elitch Gardens*, propose ses folles virées aériennes à bord de machines aussi futuristes que rapides.

La statue du Civic Center, qui représente un cavalier sur un cheval ruant, symbolise l'Ouest américain sauvage, rude et peuplé d'intrépides cow-boys.

• Le *Mall* piétonnier (c'est-à-dire la rue commerçante), qui traverse la ville sur près de 2 km, est bordé d'arbres, de cafés et de plusieurs centaines de boutiques. Vous pouvez même prendre une navette gratuite qui vous dépose devant le magasin de votre choix.

• On brasse énormément de bière à Denver. On peut d'ailleurs visiter la fameuse usine Coors située à l'ouest de la ville.

• Le musée du Rail vous permettra de découvrir les trains qui desservaient les centres miniers situés dans les Rocheuses pendant la période de la ruée vers l'or.

• La tombe de Buffalo Bill surplombe la ville et le plus célèbre des chasseurs de bisons a son propre musée, qui abrite fusils, costumes et autres curiosités de l'époque.

• L'amphithéâtre de la Roche Rouge *(the Red Rocks Amphitheater)* est un lieu creusé dans la roche où de nombreuses vedettes donnent des représentations en plein air. Les Beatles y ont donné des concerts.

• Denver possède plusieurs équipes sportives d'envergure nationale, comme par exemple les *Colorado Rockies* (baseball), les *Denver Nuggets* (basket-ball) et enfin les *Denver Broncos* (football américain). ∎

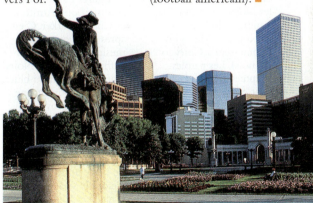

Index ➡ grandes villes américaines

Points clés — **La musique des États-Unis**

Depuis toujours, chaque communauté a apporté une part de sa personnalité à la musique américaine. Des mélanges culturels se sont opérés : blues, jazz, negro spirituals, pour les Noirs, country, rock'n'roll et musique cajun pour les Blancs. Aujourd'hui, le monde musical est une industrie à part entière.

Ella Fitzgerald (1917-1996) compte parmi les plus belles voix féminines du jazz.

La musique des Noirs

Le blues est à l'origine l'apanage des Noirs exclus que la société américaine méprisait. Le Noir opprimé avait en effet le « blues » (*I've got the blues* signifie « j'ai le cafard »), qui permettait d'extérioriser les souffrances de l'homme face à sa condition. Le blues est né dans le sud des États-Unis. Avec les Noirs, cette musique émigrera du Sud vers le Nord, de Memphis (Tennessee) à Chicago (Illinois). Les paroles adaptées à la musique sont douloureuses, parfois satiriques. On retrouve les thèmes de l'alcool, la drogue, la prison, la maladie, l'amour déçu, la prostitution. Parmi les bluesmen célèbres, retenons les noms de Big Bill Bronzy, Muddy Waters, Memphis Slim, Lightnin' Hopkins, John Lee Hooker, B.B. King et Slim Harpo.

- Le jazz est le produit de figures de légende comme Louis Amstrong et Charlie Parker. C'est après 1918 que cette musique commence à s'affirmer chez les Noirs américains. Issu du blues, le jazz est souvent une musique improvisée, fondée sur un mouvement de balancement rythmique : le swing (*to swing* : balancer). Le berceau du jazz est encore le sud des États-Unis. Vers 1900, il apparaît à La Nouvelle-Orléans. Comme le blues, le jazz quitte le Sud (la Louisiane) pour Chicago puis New York où se développera ce style qui voit le triomphe des « big bands ». Sidney Bechet, Benny Goodman, Duke Ellington, Count Basie, Art Tatum ont été des figures du jazz. Citons également des chanteuses comme Ella Fitzgerald et Billie Holiday.

- Le negro spiritual : c'est encore chez les esclaves noirs du sud des États-Unis que naît cette musique religieuse.

En effet, le seul recours des Noirs opprimés est la prière qui se manifeste par des chants : les *gospel songs* que l'on entend encore dans les églises catholiques noires.
Dans les plantations, les esclaves chantaient leurs espérances et leur soutien mutuel dans les *« chain gang songs »* (chants de groupes enchaînés) et les *« slave songs »* (chants d'esclaves). De nos jours, ces negro spirituals sont encore un témoignage d'appartenance à une communauté. Parmi les chants les plus connus, citons : *When the saints, Down by the riverside, Go down Moses* et *Rock a my soul.* ∎

En 1958, Jerry Lee Lewis, alors âgé de 22 ans, défraya la chronique en épousant en troisièmes noces sa cousine âgée de 13 ans.

La musique des Blancs

La country naît dans le sud des États-Unis chez les Blancs d'origine anglaise et irlandaise. Avec les vagues d'immigration, les Slaves et les Germains mêlèrent des polkas et des valses à cette musique folklorique. Les cow-boys du Texas y chantent leur histoire en accompagnant leurs troupeaux. La country englobe plusieurs tendances : le *western swing* avec Bob Wills et Milton Brown dans les années 1930, le *honky tonk* où apparut la guitare électrique avec Hank William dans les années 1940. Dans les années 1950, la percée du rock'n'roll transforma la country qui dut s'adapter. Citons quelques stars de la country : Willie Nelson, Johnny Cash, Dolly Parton, Kenny Rodgers.

Points clés

• Le rock'n'roll est né en 1956 avec Elvis Presley. C'est une musique qui « bouge » (*rock* : bercer, *roll* : rouler). Inspiré du jazz et du rhythm and blues, il devient une musique populaire. Son premier succès revient à Bill Haley avec *Rock around the clock.* Presley devient une vedette de Hollywood avec *King creole, Jailhouse rock* et *Love me tender.* Buddy Holly, Eddie Cochran, Gene Vincent et Jerry Lee Lewis sont les autres grands noms du rock'n'roll.

• La musique cajun tient son nom de la contraction du mot « acadian », car elle vient de l'Acadie, province canadienne. Les Français en furent chassés par les Anglais au XVIIe siècle et s'installèrent dans les marais de Louisiane. Sous Bonaparte, cet État fut vendu aux États-Unis et les Cajuns retrouvèrent un environnement hostile. Peu à peu ils produisirent une musique particulière avec comme principal instrument le violon. On y retrouve des valses et des berceuses d'origine française. C'est une musique entraînante, dont les paroles mêlent le vieux français à l'anglais. ∎

Points clés

Les fêtes traditionnelles anglo-saxonnes

D'origine religieuse ou profane, les fêtes traditionnelles sont marquées par des manifestations de tous genres et des repas particuliers. Elles représentent les dates importantes de l'histoire et de la civilisation des pays anglo-saxons.

JANVIER
New Year's Day

Le 1er janvier se fête aussi bien en Grande-Bretagne qu'aux États-Unis avec le traditionnel *Happy New Year*. Les Australiens et les Sud-Africains se souhaitent aussi une heureuse année mais sous le soleil, puisqu'ils se trouvent dans l'hémisphère Sud.

Martin Luther King Day

Depuis le 20 janvier 1986, chaque troisième lundi du mois de janvier, les Américains honorent la mémoire de Martin Luther King. À Memphis dans le Tennessee (ville où il fut assassiné en 1968), comme dans toutes les villes des États-Unis, des marches silencieuses et des manifestations à la mémoire du pasteur rappellent le combat qu'il mena contre la ségrégation dont étaient victimes les Noirs.

FÉVRIER
Lincoln's Birthday

Le 12 de ce mois, tous les États américains se souviennent d'un de leurs grands hommes. C'est l'anniversaire du président Abraham Lincoln, républicain, qui fut assassiné en 1865.

Saint Valentine's Day

Le 14 février, beaucoup d'hommes et de femmes reçoivent et envoient des cartes de déclaration d'amour. C'est notre Saint-Valentin avec les mêmes traditions d'humour et de tendresse.

Washington's Birthday

C'est le 3e lundi du mois que, les Américains honorent la mémoire de leur premier président George Washington, élu en 1789 puis en 1792. C'est lui qui signa la Constitution des États-Unis.

MARS
Saint Patrick's Day

Le 17 mars est la fête nationale irlandaise. Les Irlandais, qu'ils soient restés au pays ou non, célèbrent le saint national. Ils défilent dans les rues vêtus de vert (la couleur de l'Irlande). Les défilés sont rythmés par les chants et la musique traditionnelle irlandaise.

AVRIL
April's Fool's Day

Le 1er avril, les Anglo-Saxons plaisantent avec leur fou d'avril. C'est la journée où l'on annonce des nouvelles invraisemblables et où toutes les blagues sont permises.

JUIN
The Queen's Official Birthday

En Grande-Bretagne, chaque deuxième samedi du mois de juin, la reine apparaît en public et passe en revue,

Points clés

Le 4 juillet, aux États-Unis, on défile dans les rues de toutes les villes.

à cheval, les troupes des *Guards*, c'est la cérémonie du *Trooping the Colours*.

JUILLET
Independence Day

Le 4-Juillet est une très grande fête aux États-Unis. Les Américains célèbrent l'indépendance de leur pays, en défilant dans les rues. C'est en effet le 4 juillet 1776 que la déclaration d'indépendance a été adoptée.

SEPTEMBRE
Labour Day

Le 1er lundi du mois est un jour férié : c'est la fête du travail.

OCTOBRE
Halloween

Le 31 octobre, beaucoup d'adultes, mais surtout des enfants, se déguisent en sorcière, en squelette ou en fantôme. Aux États-Unis et en Grande-Bretagne, les enfants fabriquent des sortes de lanternes avec une citrouille (les *Jack'o lanterns*) et vont de maison en maison demander de l'argent ou des friandises *(Trick or Treat)*. Les familles organisent des *parties* où l'on mange de la tarte à la citrouille *(pumpkin pie)*.

NOVEMBRE
Guy Fawkes Day

Le 5 de ce mois, les enfants anglais confectionnent un mannequin de chiffons *(a guy)* et font du porte-à-porte pour demander une pièce de monnaie *(a penny for the guy)*. Puis tous se réunissent et enflamment le pantin. Guy Fawkes tenta, le 5 novembre 1605, de faire sauter le Parlement anglais.

Thanksgiving

Le dernier jeudi du mois, les Américains se réunissent en famille autour d'une dinde *(turkey)*. Ils célèbrent cette journée en mémoire des Pères pèlerins *(Pilgrim Fathers)* qui, en 1620, remercièrent les Indiens qui avaient partagé leur récolte avec eux.

DÉCEMBRE
Christmas

Aux États-Unis, dès le mois de novembre, les rues sont décorées. En Grande-Bretagne, c'est six mois à l'avance que l'on prépare le *Christmas pudding*. Les enfants américains attendent que *Santa Claus* vienne en traîneau du pôle Nord pour distribuer jouets et friandises. En Grande-Bretagne, c'est *Father Christmas* qui récompensera les enfants sages. Il n'est pas rare, en cette période, de croiser dans les rues de Londres ou de New York, des groupes chantant des chants de Noël *(Christmas carols)*.

Boxing Day

Le lendemain de Noël (c'est-à-dire le 26 décembre) est férié en Angleterre. Ce jour-là, les pauvres et les ouvriers recevaient une somme d'argent dans une boîte en guise de cadeau de fin d'année. ∎

Index ➡ fêtes traditionnelles anglo-saxonnes

Points clés

Le système éducatif en Grande-Bretagne et aux États-Unis

Ces deux systèmes éducatifs présentent de nombreuses similarités mais sont en revanche assez différents du système que nous connaissons en France.

Le système éducatif en Grande-Bretagne

En Grande-Bretagne, la scolarité est obligatoire jusqu'à seize ans. Il existe encore un certain nombre d'écoles privées : les *independent schools* ou *public schools*. Elles sont très sélectives. Garçons et filles y sont parfois séparés. Les écoles publiques *(state schools)* comprennent :
- Les *grammar schools* : sélectives et de plus en plus rares.
- Les *comprehensive schools* : ouvertes à tous.
- Les *grant maintained schools*, récemment créées, opèrent une sélection limitée.

Les pensionnats *(boarding schools)* sont encore nombreux. Le port de l'uniforme *(uniform)* est très courant. En revanche, le redoublement est exceptionnel. Les cours ont lieu du lundi au vendredi de 9 h à 15 h 30 environ. La journée commence généralement par l'*assembly* où tous les élèves sont rassemblés. La plupart des écoles sont anglicanes, car il n'y a pas en Grande-Bretagne de séparation de l'Église et de l'État. À seize ans, les élèves passent le *GCSE* (le *General Certificate of Secondary Education* qui comporte au moins des épreuves de maths, anglais et sciences). À dix-huit ans, ils passent les *A levels*, où ils présentent au moins trois matières choisies en première. Les universités font une sélection sur dossier ou sur examen d'entrée. Les étudiants vivent le plus souvent sur place dans des *halls of residence*. Dans ces universités, un certain formalisme règne, en particulier à Oxford et à Cambridge. Le système du tutorat (enseignement en petits groupes) subsiste dans les plus prestigieuses d'entre elles. Les frais de scolarité sont très élevés. ■

En Grande-Bretagne, les écoliers portent encore assez souvent un uniforme.

Points clés

FRANCE	AMERICA	GREAT BRITAIN
Maternelle	Kindergarten	Nursery school
École primaire (7 à 11 ans) CP, CE1, CE2, CM1, CM2	Elementary school 1st to 6th grade	Primary school year 1 and 2 Junior school (3 to 6)
Collège – sixième (12 ans) – cinquième (13 ans) – quatrième (14 ans) – troisième (15 ans) diplôme : brevet	Junior high school – 7th grade – 8th grade	Secondary school – year 7 – year 8 – year 9 – year 10
Lycée – seconde (16 ans) – première (17 ans) – terminale (18 ans) diplôme : baccalauréat	Senior high school – 9th grade – 10th grade – 11th grade – 12th grade High School Diploma	– year 11 GCSE – year 12 (ou lower sixth) – year 13 (ou upper sixth) A-levels

Le système éducatif aux États-Unis

La journée commence par le salut au drapeau *(pledge allegiance to the flag)*. Les cours ont lieu du lundi au vendredi de 8 h ou 8 h 30 à 15 h 30. Les matières obligatoires sont les maths, l'anglais et les sciences. Les langues occupent une place limitée au contraire des activités extra scolaires. L'examen de dernière année de lycée, le *High School Diploma*, est souvent critiqué car réputé trop facile. Dans l'enseignement supérieur, les frais de scolarité sont exorbitants (encore plus qu'en Grande-Bretagne). Le système scolaire est confronté à de graves problèmes surtout dans les centres-villes *(inner cities)*. À la fin des années 1960, des mairies ont organisé le *busing* : le déplacement des élèves afin de mélanger les populations, mesure actuellement remise en question. Depuis le début des années 1990, certaines écoles enseignent en *ebonics* (l'américain parlé par les Noirs).

Aux États-Unis, la remise des diplômes à la fin de l'année universitaire donne lieu à d'importantes réjouissances.

Index ➡ système éducatif

Points clés — # Les grands noms de la littérature anglo-saxonne

La littérature anglo-saxonne est un ensemble trop vaste pour une présentation rapide, nous essaierons donc seulement de citer quelques grands noms et grandes périodes de la littérature britannique et américaine.

La littérature britannique

La littérature britannique est très ancienne. Elle remonte à des œuvres en ancien anglais comme *Beowulf* (au VIIIe siècle). Mais la littérature était alors principalement orale et fondée sur des légendes. Du XIe au XVIe siècle, la langue anglaise a beaucoup évolué, notamment sous l'influence du français. De cette époque datent les légendes du roi Arthur ou les contes de Chaucer. La littérature anglaise, dominée par des idées humanistes, vit un âge d'or à la Renaissance. Le poète John Milton écrit le célèbre *Paradise Lost (Le Paradis perdu)*, un long poème décrivant la chute d'Adam et Ève du Paradis terrestre. Sous le règne d'Élisabeth Ire vécut le plus célèbre des dramaturges anglais, William Shakespeare. Ses comédies et ses tragédies, comme *Hamlet* ou *Roméo et Juliette*, sont connues et jouées dans le monde entier. C'est également à la Renaissance que fut publiée une traduction de référence de la Bible. Cet ouvrage fut essentiel car toute la littérature anglo-saxonne est imprégnée de culture biblique.
Le XVIIIe siècle anglais voit l'apparition d'une nouvelle forme littéraire, le roman, avec des auteurs comme Defoe (l'auteur de *Robinson Crusoé*), ou Richardson. C'est un siècle dominé par la raison, introduite par des découvertes scientifiques et philosophiques. Un autre mouvement s'opposera à celui-ci : le romantisme, qui apparaît à la charnière du XVIIIe et du XIXe siècle. Pour les poètes Wordsworth et Coleridge, par exemple, l'intuition et la passion sont plus importantes que la raison.
Le roman s'épanouit et se transforme pendant l'ère victorienne avec des auteurs comme Charles Dickens. Il évolue vers plus de réalisme et le côté social devient dominant. Au XXe siècle, les valeurs occidentales sont remises en cause. Le roman évolue vers une forme expérimentale avec l'Irlandais James Joyce et son roman *Ulysse* ; la poésie, elle aussi, se complexifie avec l'œuvre de T. S. Eliot. Au théâtre, on retiendra les noms de Harold Pinter et de Samuel Beckett, qui écrivait en français. ■

John Milton (1608-1674), très puritain fut l'auteur de poèmes bibliques.

La littérature américaine

La littérature américaine s'est constituée progressivement depuis les premiers récits de découverte et d'exploration du Nouveau Monde. Dès la révolution de 1776, les Américains veulent se libérer de leurs origines européennes. La littérature nationale atteint sa maturité au XIXe siècle avec Mark Twain. Au départ, la création littéraire se concentre en Nouvelle-Angleterre, au nord-est du pays, puis de nouveaux foyers apparaissent, dans le sud et l'ouest du pays.
La notion d'un espace nouveau, immense et neuf va former l'une des caractéristiques de cette littérature nationale. Au début du XIXe siècle, les récits de James Fenimore Cooper *(Le Dernier des Mohicans)*, décrivent la conquête de cette nature sauvage. Le même élan apparaît dans la poésie de Walt Whitman, sous une forme plus intériorisée. Après la guerre de Sécession et les deux conflits mondiaux du XXe siècle, la littérature américaine prend un tournant décisif. Le mouvement réaliste influence les écrivains de tous pays avec des romanciers comme Ernest Hemingway. Différents genres s'affirment, comme la littérature du Sud (Faulkner, Flannery O'Connor) ou la littérature noire (Richard Wright, le mouvement Harlem Renaissance dans les années 1920 et 1930). De grands poètes marquent également le début du XXe siècle comme Ezra Pound ou Wallace Stevens. Aujourd'hui, la littérature américaine est l'une des plus créatives au monde. Les noms les plus connus sont ceux des romanciers Paul Auster ou Toni Morrison, prix Nobel de littérature. ■

Paul Auster (né en 1947) est romancier, mais aussi poète et traducteur.

L'œuvre de Toni Morrison (née en 1931) est axée sur la mémoire des Noirs américains (comme dans Beloved *ou* Jazz*).*

Charles Dickens

Charles Dickens (1812-1870) est l'un des romanciers anglais les plus célèbres. Ses œuvres ont souvent été adaptées au cinéma, au théâtre et à la télévision et restent appréciées par un public varié, des plus jeunes aux critiques littéraires.

À l'époque de la révolution industrielle

Les romans de Dickens sont très influencés par la société dans laquelle il vivait : les différences entre les classes sociales étaient plus marquées et le poids de la religion était très important. Le règne de la reine Victoria (1837-1901) est souvent considéré comme une période de prospérité et de stabilité mais c'est aussi une époque très perturbée à cause des changements profonds qui accompagnent la transformation de la Grande-Bretagne en un pays moderne. Avec le développement de l'industrie, la population augmente fortement et se concentre dans les villes. C'est la fin d'un style de vie, surtout après la généralisation du chemin de fer en 1850. De nombreux problèmes sociaux apparaissent : les logements insalubres, la criminalité, la mauvaise qualité de l'éducation, les maladies et bien sûr la pauvreté. La vie au quotidien est souvent très dure pour la majorité de la population. De nombreux enfants doivent travailler en usine, souvent douze heures par jour. Dickens a évoqué ces problèmes dans tous ses romans. Il a aussi décrit l'incroyable développement des villes à cette époque, en particulier Londres.

Cette illustration de 1843 a été publiée dans A Christmas Carol.

Sa vie

Né à Portsmouth en 1812, il passa l'essentiel de sa vie à Londres et dans le Kent, au sud-est de la capitale. Son père étant emprisonné pour dettes en 1824, il dut travailler dans une usine. Il en conçut une humiliation et un sentiment d'abandon qui ne le quitteront jamais et qu'il décrira dans *David Copperfield*. Adulte, il travailla comme clerc de notaire. Il publia son premier roman en 1837, *The Pickwick Papers*, qui eut un très grand succès. Il continua sa carrière littéraire tout en luttant en faveur de réformes sociales. Il mourut le 9 juin 1870.

Points clés

Le romancier de l'enfance exploitée

L'œuvre de Dickens est imposante. Au cours de sa carrière, il a abordé plusieurs genres. Ses premiers livres sont des contes comiques centrés sur les aventures d'un personnage, comme *The Pickwick Papers* et *Nicholas Nickelby*. Dans les romans ultérieurs, l'aspect social devient dominant, ainsi que la psychologie des personnages et la complexité de l'histoire. Parmi ses œuvres essentielles on peut citer *David Copperfield*, *Bleak House*, *Little Dorritt*, *Great Expectations*. Ses autres titres célèbres sont *Oliver Twist*, *Hard Times* et *A Tale of Two Cities*. Les romans de Dickens sont un mélange d'humour et de mélodrame, d'ironie et de critique sociale. Les thèmes qui reviennent le plus sont l'enfance exploitée, l'emprisonnement, la vie dans les bas quartiers de Londres, la lourdeur de la bureaucratie. Dans ses œuvres les plus célèbres, la description qu'il fait de quelques personnages annexes est tellement saisissante que ses véritables héros semblent assez ternes, comme s'ils restaient en retrait. Tout en dénonçant les problèmes sociaux de son temps, Dickens n'était pas un révolutionnaire, et ses personnages aspirent avant tout à l'intégration sociale par la bonté et l'humanité. ∎

Charles Dickens a su retranscrire dans son œuvre les épreuves qu'il a subies durant sa vie.

Extrait

« And now I fell into a state of neglect, which I cannot look back upon without compassion. I fell at once into a solitary condition,-apart from all friendly notice, apart from the society of all other boys of my own age, apart from all companionship but my own spiritless thoughts,-which seem to cast its gloom upon this paper as I write. »

David Copperfield (écrit en 1849-1850).

– neglect : abandon.
– friendly : amical.
– thought : pensée.
– to cast its gloom upon sth : jeter une ombre sur quelque chose.

Points clés

Mark Twain

Mark Twain, de son vrai nom Samuel Langhorne Clemens, a marqué la littérature américaine du XIXe siècle par son humour et son art de la satire sociale. Son langage, très réaliste, nous fait pénétrer dans la vie de personnages inoubliables et partager leurs aventures. Il sait nous transmettre son aversion irréductible de l'hypocrisie et de l'oppression.

Les livres les plus connus de Mark Twain ont pour cadre la région du Mississippi. Mais cet auteur, qui a exercé des professions fort diverses, a su retranscrire dans son œuvre la richesse de ses expériences et des milieux qu'il a successivement connus.

Journaliste et romancier

Clemens naît en 1835 dans une petite ville du Missouri. Quand il a quatre ans, sa famille s'installe au bord du Mississippi. Il s'oriente vers le journalisme, puis il pilote pendant un temps des bateaux à vapeur sur le grand fleuve jusqu'à ce que la guerre de Sécession interrompe le trafic. En 1861, il part pour l'ouest des États-Unis où il devient reporter et commence à signer ses articles sous le pseudonyme de Mark Twain. Il écrit son premier récit, une histoire de chercheurs d'or californiens, *The Celebrated Jumping Frog of Calaveras County*, qui obtient un succès immédiat. En 1870, Mark Twain épouse Olivia Langdon, avec laquelle il s'installe dans le Connecticut. Il écrit ses meilleures œuvres dans les années 1870-1880 : *Roughing It*, *Les Aventures de Tom Sawyer*, *Life on the Mississippi*, et enfin *Les Aventures de Huckleberry Finn*, qui est considéré comme son chef-d'œuvre. Les œuvres publiées dans les années 1890-1900 sont marquées par le pessimisme et l'amertume dus à plusieurs échecs financiers et à la mort de sa femme et de ses deux filles. Il écrit alors *Pudd'nhead Wilson*, *Personal Recollections of Joan of Arc*, et *The War Prayer*. Il meurt à New York le 21 avril 1910. ■

La première œuvre typiquement américaine

L'œuvre de Twain reflète les multiples cultures de son auteur : celle du Middle West de son enfance, puis de l'Ouest où il vécut et enfin de l'Est où il écrivit. On retrouve la vie au bord du Mississippi dans *Tom Sawyer*, *Huckleberry Finn* et *Life on the Mississippi*, ainsi que la vie de mineur et de journaliste dans l'Ouest américain dans *Roughing It*. Il nous montre souvent des personnages innocents qui découvrent les attitudes et les coutumes de personnes rencontrées au cours de leur voyage le long du Mississippi ou dans l'Ouest. Twain révèle ainsi certains aspects de l'Amérique d'avant la guerre de Sécession. Certains thèmes reviennent souvent comme la pauvreté, la survie, la mort.

Avant lui, la littérature américaine était dominée par des auteurs de la Nouvelle-Angleterre. Sa popularité marque le début d'une littérature différente, pour certains il serait le premier auteur véritablement américain. Sa réputation littéraire repose sur son humour, souvent nourri de récits oraux et influencé par le folklore noir. Il est également célèbre pour son utilisation des dialectes, surtout celui de la vallée du Mississippi, ainsi que pour sa peinture réaliste de la vie américaine du milieu du XIXe siècle.

« Huckleberry Finn »

Selon Ernest Hemingway : « Toute la littérature américaine moderne vient d'un livre de Mark Twain appelé *Huckleberry Finn*. » Ce roman, essentiel dans l'œuvre de Twain et dans la littérature américaine, décrit le voyage de Huck, un jeune garçon avide de liberté, et de Jim, un esclave noir en fuite, le long du Mississippi. Confrontés à de nombreuses situations périlleuses, ils s'en sortent grâce à l'imagination fertile de Huck. C'est bien sûr un roman d'aventures plein d'humour, mais c'est surtout une profonde réflexion sur la société en général, et celle du Sud en particulier. Huck doit choisir entre ses intuitions et ce que lui dicte la société. Ses intuitions, humanistes et généreuses, lui apparaissent comme amorales lorsqu'il les compare à ce que la morale telle qu'on la lui a présentée lui ordonnerait de faire. Ainsi, aider un esclave à s'échapper et à gagner sa liberté lui pose de graves crises de conscience, à la fin desquelles il se résigne à aider Jim et aller en enfer, plutôt que de le livrer aux esclavagistes.

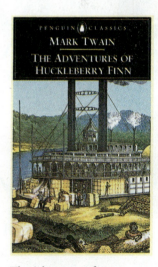

The Adventures of Huckleberry Finn a marqué la littérature américaine, mais aussi mondiale.

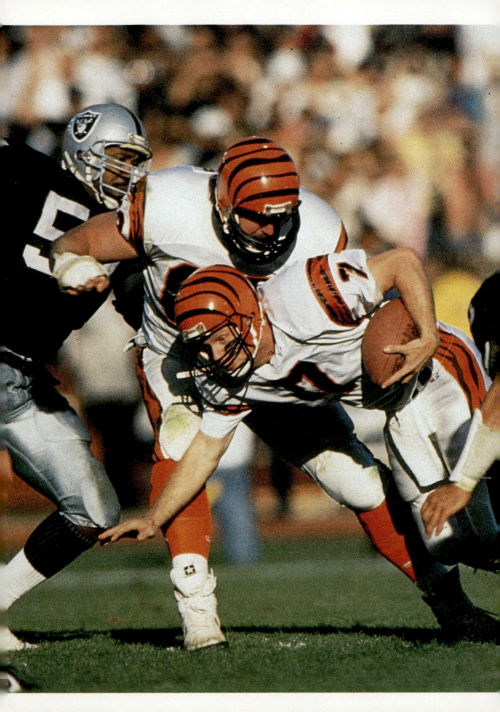

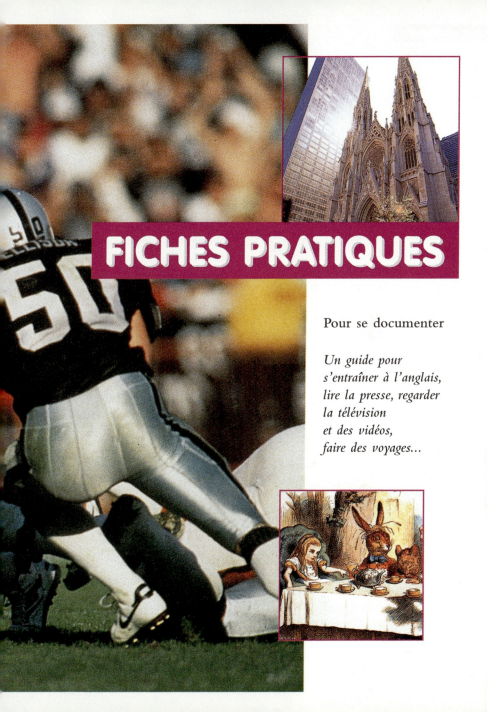

FICHES PRATIQUES

Pour se documenter

Un guide pour s'entraîner à l'anglais, lire la presse, regarder la télévision et des vidéos, faire des voyages...

Fiches pratiques

Utiliser un dictionnaire	317
Comprendre le vocabulaire des consignes	319
Écrire une lettre en anglais	321
Jouer avec les mots en anglais	323
La presse anglaise	325
La presse américaine	327
La presse scolaire en anglais	329
Comment accéder à la littérature anglo-saxonne ?	331
La littérature anglo-saxonne à l'écran	333
Les librairies spécialisées en anglais	335
L'anglais par Internet	337
L'anglais par la télévision	339
L'anglais par le cinéma et la vidéo	341
Les classes européennes	343
L'anglais en lycée professionnel	345
Quel type de séjour linguistique choisir ?	347
Comment préparer un séjour linguistique ?	349
Téléphoner au Royaume-Uni et aux États-Unis	351
Comprendre les sports anglo-saxons	353
Les repas en Grande-Bretagne	355
Les *must* d'une visite à Londres	357
Les *must* d'une visite à New York	359

Utiliser un dictionnaire

Fiches pratiques

Le dictionnaire contient une multitude d'informations. Pour ne pas s'y perdre, il convient d'être méthodique dans sa recherche. L'utilisation trop rapide du dictionnaire entraîne parfois à faire une traduction mot à mot ; c'est un piège dans lequel il ne faut pas tomber.

Comment réagir face à un texte en anglais

Avant de se jeter sur un dictionnaire pour trouver la signification d'un mot ou d'une phrase, il faut :

- Réfléchir au sens du mot. On peut en effet trouver certains mots grâce au contexte. Il faut également observer, décomposer les mots, rechercher leurs racines ainsi que connaître les suffixes et préfixes les plus courants. C'est ainsi le cas pour :
- la formation des adjectifs grâce au suffixe *-ful* et à son contraire *-less*. Ainsi, *useful* signifie utile et *useless* inutile. Le suffixe *-able* traduit l'idée de capacité. *Understandable* veut donc dire que l'on peut comprendre, c'est-à-dire compréhensible ;
- la formation des substantifs à partir d'un adjectif. *Happy* signifie « heureux », *happiness* « bonheur » ; *child* « enfant », *childhood* « enfance » ; *free* « libre », *freedom* ;
- le sens de certains préfixes. *Dis-*, *un-* et *mis-* signifient « contraire ».

Par conséquent, *to disagree* se traduit par « ne pas être d'accord », *to misunderstand* par « ne pas comprendre », *unhappy* par « pas heureux » ou « malheureux ».

- Analyser la phrase afin de savoir quelle est la nature du mot que l'on recherche. Attention, en anglais le verbe et le nom ont parfois la même orthographe :

to protest (protester), *protest* (protestation) ; *to start* (commencer), *start* (début). Dans les dictionnaires, les différentes natures d'un mot sont notées séparément.

- Il faut faire attention aux prépositions et aux particules qui peuvent modifier le sens du verbe. Ainsi, *to go at* signifie attaquer, *to go on* continuer et *to go out* sortir.

Comprendre un article de dictionnaire

prononciation — 1. Le nom (n) — a) Le premier sens du mot.

1. game [geɪm] n ※ (gen) jeu [m] ◊ ~ **of cards** partie de cartes; **card** ~ jeu de cartes *(bridge* etc); a ~ **of football** un match de football; a ~ **of tennis** une partie de tennis; **to have a** ~ **of** faire une partie de, jouer un match de; (Scol) ~s sport [m]; ~**s teacher** professeur [m] d'éducation physique; **to be good at** ~s être sportif, ▥ -ive; **to put sb off his** ~ troubler qn; **this isn't a** ~! c'est sérieux!; (fig) **the** ~ **is up** tout est fichu [famil]; **what's the** ~? [famil] qu'est-ce qui se passe?; **to beat sb at his own** ~ battre qn sur son propre terrain ※ (birds, animals) gibier [m] ◊ **big** ~ gros gibier; ~ **birds** gibier [m] à plume ◆ **gamekeeper** n garde-chasse [m].

2. game [geɪm] adj ◊ **to be** ~ **to do sth** se sentir de taille à faire qch; ~ **for anything** prêt à tout.

b) Le deuxième sens du mot.

Indication : figuré

Indication : familier

2. L'adjectif (adj)

prononciation

317

Fiches pratiques — # Utiliser un dictionnaire

Chercher un équivalent en anglais

Vous ne trouverez pas tout ce que vous cherchez dans un dictionnaire, en particulier les connaissances grammaticales. Comparons les traductions de ces deux phrases :
You should work harder. Tu devrais travailler plus.
She keeps sneezing, she must be cold. Elle éternue tout le temps, elle doit avoir froid.
Un seul verbe français (devoir) est la traduction de deux verbes anglais (*should* et *must*).

- Attention à la polysémie (le sens multiple) des mots. En anglais comme en français, un mot peut avoir plusieurs sens. Si l'on prend le mot cafard en français, on a un mot à deux sens :
1) l'insecte,
2) une sorte de mélancolie.
En anglais, ces deux sens (abstrait et concret) sont traduits par deux mots :
1) *cockroach*,
2) *fit of depression* ou *blues*.
Un mot français correspond donc à deux mots anglais, ce qui est source d'erreur. Parfois, des mots que l'on croit familiers ont plusieurs sens, dont un moins usuel. Ainsi, le mot *game* signifie « jeu », mais également « plan », « manège » (petit jeu) et « gibier ». Dans les dictionnaires, ces différents sens sont notés séparément et souvent numérotés.

- Parfois, une langue est plus riche que l'autre, ce qui engendre des difficultés de traduction. Il existe ainsi de très nombreuses traductions anglaises du verbe « briller ». Parfois, la difficulté à traduire vient d'un problème de civilisation. La culture et le mode de vie étant différents, il est parfois difficile de trouver l'équivalent d'un mot dans une langue où il ne correspond à aucune réalité.

- Une fois le mot trouvé, il faut savoir construire une phrase.
- Verbes intransitifs et transitifs : certains verbes sont transitifs dans une langue et intransitifs dans l'autre. Ainsi, *to obey* est transitif en anglais et intransitif en français. *Obey my orders* se traduit donc par « obéissez à mes ordres ».
- Emploi d'un auxiliaire différent : « avoir faim » se traduit par *to be hungry* et non par *to have hungry*. De même, « avoir soif » se dit *to be thirsty*.
- On n'emploie pas toujours le même type de mots dans les deux langues. Ainsi l'expression verbe + adverbe « être d'accord » se traduit par un simple verbe *to agree*.
- Construction différente : *to want* est suivi d'une proposition infinitive, alors que « vouloir » est suivi d'une complétive. C'est pourquoi *I want you to come with me* (infinitive) se traduit par « je veux que tu viennes avec moi » (complétive).
- Pour les noms, il faut savoir s'ils sont dénombrables ou indénombrables, singulier ou pluriel. Pour un même mot, on pourra avoir des différences d'une langue à l'autre.
Tous ces renseignements sur la construction des phrases et des mots peuvent se trouver dans les dictionnaires.

Quel dictionnaire choisir ?

- *Harrap's shorter.* Dictionnaire bilingue.
- *Robert and Collins.* Dictionnaire bilingue.
- *Larousse.* Dictionnaire général bilingue.

Comprendre le vocabulaire des consignes

Fiches pratiques

En anglais, comme dans toute autre matière, une lecture attentive des consignes est indispensable. Au fur et à mesure de votre scolarité, les consignes de vos exercices vont être en anglais. Vous retrouverez également ce vocabulaire dans tous les formulaires que vous aurez à remplir. Voici quelques éléments pour en simplifier la lecture et en faciliter la compréhension.

Les règles générales

Tout comme en français, l'impératif domine en anglais dans la rédaction des consignes, puique l'on vous donne des ordres. Les prépositions sont également fréquemment utilisées. Mais attention elles n'ont pas toujours le même sens. La préposition *out* en particulier a deux sens assez différents. Elle correspond soit :
– à la notion de choix (*out of* signifie d'ailleurs « parmi »). Ainsi *to pick out* veut dire « sélectionner » ;
– à l'idée d'élimination. *Out* est en effet le contraire de *in*. *To cross out* signifie éliminer en faisant une croix sur un mot.

• Répertoire des consignes les plus courantes. On peut vous demander de :
• faire ressortir un certain nombre d'éléments. On utilise alors les expressions suivantes :
– *To circle.* Entourer.
– *To underline.* Mot à mot faire une ligne en dessous, c'est-à-dire souligner ;
• remplir une grille ou un tableau *(to fill in a grid)*, de cocher une case *(to tick a box)*. En anglais, on emploie souvent le signe √ synonyme de oui pour remplir des cases vides *(to fill in the blanks)* ;
• sélectionner des informations. On utilise alors les expressions suivantes :
– *To pick up.* Relever.
– *To pick out.* Isoler l'information demandée.

– *To list.* Répertorier.
– *To write down.* Prendre en note (à l'oral). Parfois, on vous proposera une liste de mots présélectionnés *(a tool-box)* pour vous aider ;
• réécrire *(to rephrase)* des phrases *(sentences)* qui pourront être entre parenthèses *(in brackets)* ou en italiques *(in italics)*.

Il est assez courant d'avoir à remplir un formulaire, ici un constat lors d'un accident.

319

Fiches pratiques

Comprendre le vocabulaire des consignes

Les questionnaires

Le questionnaire en question peut porter sur des sujets très divers :

- Le nom. Il y a souvent confusion entre *surname* qui est le « nom patronymique », le « nom de famille » et *nickname* qui signifie « surnom ». Le prénom se dit *first name* ou *christian name*.

- Le statut, l'état civil :
  – *Single.* Célibataire.
  – *Married.* Marié.
  – *Divorced.* Divorcé.
  – *Separated.* Séparé.
  – *Widow/widower.* Veuve/veuf.

- La naissance. Ne confondez pas *date of birth* ou *birthdate* qui signifient « date de naissance » et *birthday* qui est l'« anniversaire ». *Birth place* est le « lieu de naissance ».

- L'adresse. Attention en anglais le mot *address* prend deux d. Le code postal (*post code* en anglais) comporte des lettres.

- La profession des parents. On emploie le terme de *father's occupation* ou *mother's occupation*.

- Les animaux domestiques ou familiers se traduisent par *pets*.

Que vous demandera-t-on ?

Si vous décidez de participer à un programme d'échange avec un correspondant ou une correspondante anglophone, les organisateurs vous demanderont probablement de remplir ce type de questionnaire afin de mieux connaître votre personnalité et vos goûts et par conséquent de choisir une personne qui vous correspond le mieux possible. Ce questionnaire est donc important puisque la réussite de cet échange en dépend. Mieux vaut donc bien en saisir le sens.

- *Personal details.* Renseignements personnels.

- *Do you have any special dietary or medical requirements?* Est-ce que vous suivez un régime alimentaire particulier ou un traitement médical ?

- *Do you have any allergies? Yes/no (please delete).* Est-ce que vous avez des allergies ? Oui/non (rayer la mention inutile).

- *Interests.* Centres d'intérêt.

- *What do you do during your free time?* Que faites-vous durant vos loisirs ?

- *Do you play any sport? (Specify which.)* Est-ce que vous pratiquez un sport ? (Spécifiez lequel.)

- *Other outdoor activities. (Specify.)* Autres activités de plein air. (Spécifiez lesquelles.)

- *Do you watch television?* Est-ce que vous regardez la télévision ?

- *Do you read?* Est-ce que vous lisez ?

- *Do you go to the cinema?* Est-ce que vous allez au cinéma ?

- *Do you go shopping?* Est-ce que vous faites les magasins ?

- *Do you listen to music? (Specify which type.)* Est-ce que vous écoutez de la musique ? (Spécifiez quel style.)

Écrire une lettre en anglais

Fiches pratiques

Une facture, on s'en débarrasse le plus vite possible.
Une lettre, on la déplie délicatement, on la relit,
on la range précieusement. Mais que ce soit pour
le fond ou pour la forme, une lettre doit être soignée.

L'enveloppe, « the envelope »

① L'adresse
(the address).
② Le code postal
(the postal ou *zip code).*
③ Le timbre
(the stamp).

① *Miss MacDermott*
North Road
Wolverhampton WV1 1RN ②

La lettre, « the letter »

① L'en-tête
(the heading).
② La date
(the date).
③ Le début de la lettre
(the salutation).
④ Le contenu
de la lettre
(the body of the letter).
⑤ La formule
de politesse
(the letter ending).
⑥ La signature
(the signature).

Sherry Mac Kenzie   July 26th 1998
1 455, Capitol Drive ②
Austin Texas 35 708 ①

        Dear Linda, ③
It's been a long time, since I have written. It's always a pleasure to get news from you. I was very pleased to get your letter a few days ago. Good news because you said that you have planned to come and visit us! Everybody here is looking forward to meeting you.
We all hope the weather will be fine and so, we'll be able to walk around and visit the area. You will discover great places! ④

Please, let me know where and when we can meet you either at the airport or at the station
      Take care. Love from all of us. ⑤
      Sherry ⑥

Le début de la lettre

L'en-tête *(the heading)* où figurent le nom et l'adresse de l'expéditeur et éventuellement sa raison sociale.

• La formule d'introduction *(the salutation)* : on nomme celui à qui on s'adresse. La formulation alors employée dépend des relations que vous entretenez avec le destinataire.

• Bien qu'en français il soit incorrect de dire ou d'écrire cher Monsieur Dupont (on doit simplement utiliser cher Monsieur), en anglais, vous pouvez commencer votre lettre par :
Dear Mr Wilson,
dear Miss Lewis,
dear Mrs. Withington.

• Vous utiliserez
My dear (ou *my dearest*)

321

Écrire une lettre en anglais

Fiches pratiques

Helen si vous connaissez bien la personne à qui vous écrivez.

• Dans le cas d'une lettre d'affaires, plus officielle, vous emploierez les termes *Dear Sir*, *Dear Miss*, ou *Dear Madam*, (sans oublier la virgule).

Sur ces timbres australiens figurent deux des principaux symboles de ce pays : les kangourous et l'opéra de Sydney.

Le contenu de la lettre, « the body of the letter »

En réponse à un précédent courrier, on peut utiliser les formulations suivantes :
➥ *Thank you very much for the letter (the card), I received a few days ago.*
Merci beaucoup pour la lettre (la carte) que j'ai reçue il y a quelques jours.
➥ *It was so nice to hear from you.*
Cela m'a été si agréable d'avoir de vos nouvelles.
➥ *In reply to your letter.*
En réponse à votre lettre.
➥ *I have carefully considered your letter.*
J'ai manifesté une attention particulière à votre lettre.

• Pour répondre à une demande :
➥ *I am very pleased to consider your request.*
Je suis ravi de prendre en compte votre demande.
➥ *I am very sorry not to be able to give you more information…*

Je suis vraiment désolé de ne pas pouvoir vous donner plus d'informations…
➥ *I am looking forward to meeting you.* Je suis impatient de vous rencontrer.

• Pour joindre des documents à la lettre :
➥ *Will you, please, find enclosed.*
Vous voudrez bien trouver ci-joint.
➥ *I am pleased to confirm the meeting (an extra information is enclosed).*
Je suis content de confirmer le rendez-vous (vous trouverez ci-joint des informations supplémentaires).

• Vous annoncez des nouvelles désagréables :
I am sorry to inform we won't be able to…
Je suis désolé de vous informer que nous ne pourrons pas…

La formule de politesse, « the letter ending »

La formule de politesse doit être adaptée à la nature des relations que l'on entretient avec le destinataire de la lettre :
➥ *Love, with love.*
Amitiés, avec mes amitiés (pour un destinataire que l'on connaît bien).
➥ *Fondly.*
Sincèrement, amicalement.
➥ *Sincerely yours, yours sincerely, truly yours, yours truly.*
Avec toute mon affection.
➥ *Yours faithfully.*
Avec ma considération (pour une lettre plus formelle adressée à quelqu'un que l'on ne connaît pas bien).
➥ *I'm looking forward to hearing from you soon.*
Je suis impatient d'avoir bientôt de vos nouvelles.

Jouer avec les mots en anglais

Fiches pratiques

On peut apprendre en s'amusant. Pour que l'apprentissage soit un plaisir, on peut rire à la lecture d'une bande dessinée, les images aidant à la compréhension de la langue.
On peut aussi regarder les sketches de Mr. Bean et de Benny Hill. Seul ou à plusieurs, il est intéressant de se servir de mots pour s'adonner à une activité ludique, bon moyen pour apprendre du vocabulaire. Il existe une grande variété de jeux dont voici quelques exemples.

Crossword (mots croisés)

La grille sera complétée par la traduction en français des mots anglais :

1. Camion.
2. Lion.
3. Coq.
4. Sandwich.
5. Rose.
6. Image.
7. Poule.

Solutions :
1. *Lorry.* 2. *Lion.*
3. *Rooster.* 4. *Sandwich.*
5. *Rose.* 6. *Picture.*
7. *Hen.*

Odd one out (l'intrus)

Il faut, dans une série de mots, trouver celui qui ne convient pas tout en justifiant son choix.

- 1. Golf.
  2. Football.
  3. Tennis.
  4. Body-building.
  5. Table-tennis.

- 1. Manchester.
  2. Chicago.
  3. Denver.
  4. Seattle.
  5. Dallas.

- *It's number 4., because body-building a ball is useless. Le n° 4. est à éliminer car, pour ce sport, on n'a pas besoin de balle.*
- *It's number 1. because Manchester is not a big city in the States. Le n° 1., car Manchester n'est pas une grande ville des États-Unis.*

A word search puzzle (les mots cachés)

Il faut découvrir des mots correspondant à un lexique défini, puis, une fois que toutes les lettres sont éliminées, on découvre une phrase ou un titre. Les mots peuvent se lire horizontalement et verticalement.
Mots à trouver : *bun, butter, bread, cake, carrot, egg, fries, lemon, milk, nugget, nuts, pea, pear, pie, pizza, potato, rice, salad, salt, steak, tea.*

```
B R E A D R I C E I
U L O V F P E A P G
T C A R R O T K I O
T E A O I T D E Z F
E O S P E A B O Z N
R D A I S T U T A U
H E L E M O N N I G
P E A R I L U E G G
O V D E L L T I F E
S T E A K E S A L T
```

The sentence is : (la phrase à trouver) I love good food, then I love life.

323

Fiches pratiques
Jouer avec les mots en anglais

A recipe to discover (une recette à découvrir)

Des mots ont été retirés d'une recette, il faut les retrouver :
Put 250g of … into a bowl. Add 4 … one by one. … thoroughly. Pour half a liter of …, stir vigorously till the … is smooth. Add 100 g of … and some alcohol if you like. Let the mixture … for about half an hour. Then, … a spoonful of mixture into a greasy … and fry it. … it over, … for two or three minutes. Now, you can enjoy your …

(Les mots à placer sont : flour, eggs, mix, milk, mixture, sugar, rest, pour, pan, turn, leave, pancakes).

A jumble story (une histoire embrouillée)

Ces phrases sont à remettre dans l'ordre afin de reconstituer une histoire.
1. « O.K, Julia, I'm sorry you're ugly. »
2. The teacher came and asked :
3. In the playground at school,
4. « What's the matter, here ? »–
5. Julia cried and said :
6. « Oh, that's not nice ! »
7. Betty and Julia were arguing.
8. « She told me I was ugly ! »
9. « Please, can't you apologize ? »

Solution : 3, 7, 2, 4, 5, 8, 6, 9, 1.

Matching proverbs (trouvez la suite des proverbes)

1. It's the early bird	a) the back of a bus.
2. To be as skinny	b) as a rake.
3. You can't have your cake	c) that catches the worm.
4. To be as cool	d) and eat it too.
5. Every cloud	e) as a cucumber.
6. She's got a face like	f) has a silver lining.

Solutions : 1. c), 2. b), 3. d), 4. e), 5. f), 6. a)

Make pairs (faire des pairs)

Des verbes et des noms sont mis en désordre, les remettre en ordre pour faire des phrases.
➥ *break + a vase = You've broken a vase*

break, wear, kick, read, listen to, watch, eat, drink
trousers, a record, lemonade, the paper, a vase, a movie, buns, a ball.

Il existe des milliers d'autres activités passionnantes qui permettent de mettre en pratique ses connaissances de l'anglais et d'apprendre en s'amusant.
Dans les librairies spécialisées en anglais, on trouve maintenant un grand nombre de recueils et de magazines dans lesquels des jeux sont proposés. Toutes les revues pour débutants en anglais réservent au moins une page à des activités récréatives. (comme par exemple *Mary Glasgow Publications, I love English, A Tot in English*…).
Vous pouvez demander à votre professeur d'anglais de vous donner les références de ces journaux où l'on apprend un peu d'anglais en s'amusant. Pour connaître les adresses de ces librairies, voir : « Les librairies spécialisées en anglais » et « La presse scolaire en anglais ».

La presse anglaise

Fiches pratiques

Bien qu'un peu caricaturale, l'image du gentleman avec son chapeau melon, son parapluie et le *Times* sous le bras n'est pas totalement fausse. Après la Scandinavie et la Suisse, la Grande-Bretagne est le pays d'Europe où on lit le plus de journaux : 400 exemplaires pour 1 000 habitants (en France, nous n'en lisons que 127).

Une presse ancienne et libre

Au Royaume-Uni, la presse existe depuis qu'existe le Parlement, c'est-à-dire depuis le XVIIe siècle. C'est donc une presse très ancienne. Le principe de liberté de la presse est né dans ce pays où il n'existe pas de relations ambiguës avec le pouvoir politique. En Grande-Bretagne, on lit surtout la presse quotidienne, en particulier nationale. En revanche, les hebdomadaires d'information, appelés en France, *news magazines* sont assez rares, alors qu'en France, nous sommes les premiers consommateurs d'hebdomadaires au monde.

Une information qui privilégie les faits

Les groupes de presse britanniques sont très riches et très puissants. Ce sont avant tout des groupes industriels motivés par des logiques purement économiques. L'information est donc une marchandise, elle doit trouver acheteur en démontrant son utilité. Voilà qui explique la qualité de la presse économique britannique : le *Financial Times* avec ses pages saumon fait autorité dans le monde entier. Alors que chez nous l'information est une succession d'opinions avec des commentaires, la presse anglo-saxonne privilégie toujours les faits. Le mot reporter signifie d'ailleurs celui qui rapporte des faits. Dans la presse britannique, on trouve le meilleur comme le pire. Il existe des journaux populaires

Voici quelques-uns des très nombreux titres de la presse anglaise.

appelés *tabloids* (du nom du format des machines qui les impriment), qui n'ont pas d'équivalents en France. Cette presse est basée sur l'exploitation des « 3 S » : *sport, sex, scandal*. On l'appelle également la *gutter press* (*gutter* = caniveau). Cette presse compte énormément de lecteurs. Ainsi, le *Sun* tire à 4 millions d'exemplaires et le *Daily Mirror* à 3 millions (*Ouest France*, qui est le plus fort tirage de la presse française ne tire qu'à 800 000 exemplaires !).

La presse du dimanche

La presse du dimanche atteint des tirages très importants. Ce sont les suppléments de fin de semaine des quotidiens. Si les quotidiens tirent chaque jour à 18 millions d'exemplaires, tous les suppléments du dimanche atteignent 20 millions d'exemplaires. *News of the world* (presse populaire)

325

Fiches pratiques — ## La presse anglaise

représente le plus fort tirage de la presse hebdomadaire magazine mondiale avec 5,2 millions d'exemplaires, tandis que le *Sunday Mirror* tire à 2,7 millions d'exemplaires, le *Radio Times* à 3 millions et *TV Times* à 2,9 millions.

Les tendances des quotidiens

On peut faire un classement des quotidiens anglais selon des critères politiques français, même si les journaux britanniques sont parfois plus difficiles à classer selon les catégories traditionnelles d'appartenance politique.
- Le *Sun* vacille par exemple entre droite et gauche mais reste très anti-européen.
- Le *Daily Express*, le *Daily Mail* et le *Daily Telegraph* sont conservateurs et peu européens.
- Le *Times* est conservateur et anti-européen.
- L'*Independent* est au centre-gauche.
- Le *Guardian* est au centre gauche.
- Le *Daily Mirror* est travailliste (c'est-à-dire de gauche).

À noter que *The Observer* et *The Economist* sont des hebdomadaires de très bonne qualité.

Où se procurer les journaux britanniques ?

Les journaux anglais sont régulièrement importés en France. Dans toutes les grandes villes, il existe un magasin de journaux spécialisés. On peut consulter la plupart des journaux britanniques sur le web, mais les sites sont souvent payants. Parmi les meilleurs — gratuits —, citons celui du *Guardian* : www.guardian.co.uk

À Paris, dans les gares et dans les grands hôtels, on trouve facilement les titres les plus importants de la presse anglaise. Il existe aussi des libraires spécialisés (où vous trouverez tous les titres cités ici et bien d'autres encore) comme par exemple :
– La librairie W.H. Smith, 248, rue de Rivoli 75 001 Paris.
Tél. : 01 44 77 88 99.
– la librairie américano-française Brentano's, 37, avenue de l'Opéra 75 002 Paris.
Tél. : 01 42 61 52 50.

Si le prix de ces journaux est bas en Angleterre (le *Sun* coûte 25 pence, le *Times* 30 pence), leur importation en augmente beaucoup le prix.

Ruppert Murdoch : un patron contesté mais puissant

Ruppert Murdoch est un Australien, naturalisé américain, dont 25 % de l'entreprise est située en Angleterre. Il représente un nouveau type de patron de presse qui sacrifie tout au profit de ses affaires. Il est à la fois le propriétaire du *Times* (le plus ancien journal conservateur) et du *Sun* (l'un des principaux tabloïds). Il s'est imposé en profitant de la déréglementation à l'époque du gouvernement Thatcher. Il s'est rendu célèbre en brisant le monopole des syndicats de Fleet Street (la rue de Londres où était concentrée toute la presse londonienne) en déplaçant ses imprimeries vers la banlieue. Le nombre de ses employés est ainsi passé de 5 000 à 600. Rupert Murdoch possède également des journaux et des chaînes de télévision dans le monde entier.

La presse américaine

Fiches pratiques

Lorsque Orson Welles voulut représenter dans son film *Citizen Kane* le rêve américain et la réussite sociale, il prit comme modèle un géant de la presse américaine : William Randolph Hearst. Ce film est un peu le miroir de l'Amérique et de la presse.

Le quatrième pouvoir

Depuis 1791, il est stipulé dans le premier amendement de la Constitution américaine : « Le Congrès ne fera aucune loi restreignant la liberté de presse, de réunion, de culte ou de pétition. » Les journalistes américains jouissent donc d'une grande liberté d'investigation et n'hésitent pas à mettre en cause des dysfonctionnements ou des manquements des institutions même les plus respectées du pays. Ainsi, c'est à la suite d'une enquête du *Washington Post* que le président Nixon dut démissionner en 1974.

Les faits et la proximité d'abord

En raison de l'immensité du territoire américain et de la structure fédérale de l'État, le journal était par le passé la seule source d'informations de nombreux citoyens. Le journaliste américain présente traditionnellement les faits avec minutie et avec un minimum de commentaires. Il est relativement indépendant du pouvoir politique. Aux États-Unis, les journaux accordent très peu de place à l'information internationale.
La presse écrite américaine est principalement locale. Chaque grande ville du pays dispose au moins d'une feuille d'informations. On compte environ 1 600 quotidiens de langue anglaise avec une diffusion totale de 63 millions d'exemplaires. Il faut cependant noter qu'ils étaient 2 200 en 1910. Ces journaux sont la propriété de groupes de presse. Seuls 25 % d'entre eux sont encore indépendants aujourd'hui. Les tirages sont modestes par rapport à ceux de la Grande-Bretagne, par exemple. Seuls douze titres dépassent les 500 000 exemplaires et quatre le million (*Wall Street Journal* : 1,85 million, *U.S.A Today* : 1,54 million, *New York Times* : 1,2 million et *Los Angeles Times* : 1,1 million). Les États-Unis disposent de magazines d'information bien faits et très rentables. Ils sont aussi bien hebdomadaires que mensuels. Les plus connus sont *T.V Guide* (qui tire à 15 millions d'exemplaires), *National Enquirer* (3,4 millions), *People* qui traite de la vie des stars (3,4 millions), *Ebony*, le magazine de la communauté noire (1,4 million), *Reader's digest* (16,2 millions) et le *National Geographic* (9,7 millions). Ces magazines comptent tous un grand nombre d'abonnés.

La presse américaine compte de très nombreux journaux et magazines d'informations.

Fiches pratiques

La presse américaine

L'information : une marchandise qui rapporte

L'information a toujours revêtu une importance économique considérable aux États-Unis. C'est pourquoi les journalistes américains ont toujours su tirer le plus grand parti des nouvelles techniques de communication, au fur et à mesure de leur apparition (que ce soit le télégraphe, le téléphone, le fax, les transmissions électroniques, etc.). Ils se sont également efforcés de mettre en valeur des individus ou des événements, appliquant des techniques proches de celles de la publicité ou du marketing. Ils ont découvert, il y a bien longtemps, qu'un journal se vend deux fois : une fois à ses annonceurs publicitaires et une fois à ses lecteurs. Le secteur de l'information écrite est l'un des plus rentables des États-Unis. La presse écrite dégage 19,3 % de profit alors que le disque, par exemple, se contente de 12 % de marge. Cette rentabilité a fait naître d'énormes groupes multimédia qui intègrent à la fois des structures de production et de diffusion et des agences de publicité. Dans les journaux américains, les encarts publicitaires sont très nombreux et toujours accompagnés de coupons de réduction qui attirent les clients dans les magasins d'alimentation et autres supermarchés.

La presse a également généré des petits métiers, le plus connu d'entre eux étant le *paper boy*. Il s'agit d'un adolescent qui, très tôt le matin, jette le journal sur le seuil des maisons. Ainsi, les Américains lisent les nouvelles du jour en même temps que leur petit déjeuner.

Les suppléments du dimanche

La presse américaine se caractérise également par l'importance et la qualité de ses suppléments du dimanche. Par exemple, le *Sunday New York Times* du 5 août 1987 pesait 6 kg. En général, les suppléments font plusieurs centimètres d'épaisseur et sont constitués de cahiers thématiques (les loisirs, les sports, les livres, la cuisine, la décoration, la santé, l'éducation, etc.). Le *book review* du *Sunday New York Times* fait autorité chez les amateurs de littérature.

Ce kiosque de New York reflète la variété et le nombre des journaux américains.

Le poids du papier

Un habitant des États-Unis consomme chaque année 45 kilos de papier journal. Les Français en consomment 10,3 kilos et les Ougandais… 14 grammes. Pour réguler cette consommation, les Américains ont récemment mis en place un système de recyclage. Chaque semaine, des camions viennent récupérer le papier journal. Il faut préciser que la part d'informations représente à peine un tiers du contenu des journaux américains. Les deux autres tiers sont consacrés à la publicité.

La presse scolaire en anglais

Fiches pratiques

En plus de la presse traditionnelle de langue anglaise, il existe une presse éducative susceptible de passionner les collégiens en leur ouvrant des horizons nouveaux. Le lecteur trouvera selon son âge, son niveau d'anglais et ses «hobbies», des articles captivants sur le monde d'aujourd'hui.

Une activité utile et agréable

Nous vous proposons ici une sélection non exhaustive de magazines et de journaux que nous avons classés par âge et par niveau de compétence en anglais. Les relais de presse des gares ainsi que ceux des stations de métro et de R. E. R., les librairies et les maisons de la presse proposent la plupart de ces magazines. Si vous le souhaitez, vous pourrez également vous abonner. La pratique régulière de l'anglais, y compris pendant ses loisirs, est un gage de réussite ; les jeunes amélioreront leur vocabulaire anglais, sans pour autant avoir l'impression d'être en train d'étudier. En outre, cette lecture leur permettra d'être au fait de l'actualité.

Tous les magazines de la presse scolaire en anglais permettent d'apprendre tout en s'amusant.

Dès la première année d'anglais

On peut commencer à lire en anglais dès la première année d'étude de cette langue.
• *I Love English Junior*
Dix numéros dans l'année, pour cette revue réservée à une première approche de l'actualité en anglais. Les couleurs, les dessins, les bandes dessinées amuseront les élèves désireux de faire de l'anglais après l'école. Des jeux et des exercices leur permettent d'acquérir

des notions de grammaire et d'enrichir leur vocabulaire. Une bande dessinée et une chanson sont proposées dans chaque numéro, pour apprendre l'anglais tout en s'amusant. Un CD accompagne la lecture et permet aux élèves de se familiariser avec la prononciation.
• *Easy Street* présente de courts articles illustrés de grandes photos. Vous trouverez des paroles de chansons de tout style (rap, rock…) ainsi qu'une page phonétique pour aider à la prononciation. Vous vivrez la vie de jeunes anglophones en lisant des témoignages de filles et garçons anglais, australiens ou américains. Des thèmes de civilisation comme les fêtes traditionnelles, la géographie, la cuisine, sont également abordés. Après avoir lu les articles, vous utiliserez vos nouvelles connaissances dans des activités récréatives. Une cassette d'une heure contenant interviews, dialogues, sketches et chansons accompagne la revue.

Fiches pratiques — # La presse scolaire en anglais

Dès la deuxième année d'anglais

Pour les 10-12 ans :
- *I Love English* chez Bayard Presse Jeune. Au sommaire de cette revue, des reportages sur le monde anglophone, des articles sur les spectacles, les sports, la mode, les problèmes de société, les voyages, les livres mais aussi des jeux qui peuvent faire gagner des séjours à l'étranger et des bande dessinées. La revue propose également des fiches pratiques sur des sujets très variés comme la nourriture, la géographie, la publicité, et des portraits de stars du cinéma ou de la musique. Un lexique à chaque page permet de faciliter la lecture.
- *Take it easy* chez Speakeasy Publications (éditions Nathan). Le but de cette revue est de fournir aux jeunes lecteurs des outils pour devenir autonomes dans leurs lectures. Une double page est réservée à des sujets d'actualité sous forme d'enquêtes, de reportages ou d'interviews. De nombreuses images viennent illustrer les articles. Une rubrique est consacrée à l'actualité musicale et cinématographique. Des jeux et activités portent sur les articles qui ont précédé. Avec un CD (ou cassette) audio de 60 minutes.

À partir de la troisième année d'anglais

Enfin, pour les 13-16 ans, nous recommandons les titres suivants :
- *Today in English* chez Bayard Presse Jeune. À partir de 13 ans, les jeunes peuvent aborder cette revue pour perfectionner leurs connaissances. Ils y trouveront des reportages exclusifs, une revue de presse, des documentaires, des articles sur des sujets de société et sur l'actualité culturelle, et aussi des extraits d'œuvres de la littérature anglo-saxonne sous la forme d'un grand dossier littéraire bilingue. La revue propose également des fiches de grammaire et de vocabulaire, des exercices et des jeux, ainsi que des conseils pour les examens d'anglais, et pour les voyages en pays anglo-saxons.
- *Easy going* chez Speakeasy publications (éditions Nathan). Cette revue propose des sujets de société, des reportages, des rappels historiques, des articles sur l'actualité des jeux, du cinéma, de la télévision ou de la musique, ainsi que des historiettes, des jeux et des bande dessinées. Une rubrique est consacrée à l'expression écrite et propose des exercices d'entraînement, ainsi qu'un lexique. Un CD d'accompagnement de 60 minutes permet, grâce à des chansons, poèmes ou interviews, de travailler la prononciation et la compréhension orale.
- *Speakeasy* chez Speakeasy publications (éditions Nathan). La revue s'adresse aux élèves d'un niveau assez avancé et propose des extraits d'œuvres littéraires, des reportages, des témoignages de jeunes anglophones, des débats, des articles sur le cinéma, le sport, la musique ainsi que de nombreux jeux. Un CD de 75 minutes propose des interviews, des extraits d'archives, des témoignages ou des fictions.
- *Vocable* est un journal pour vivre le monde en version originale. La revue permet à tout lecteur de lire l'actualité internationale avec sur la même page la traduction en français des mots difficiles. Elle existe aussi en édition « all english », dans laquelle les mots du lexique sont expliqués en anglais. Des CD ou cassettes sont disponibles et retranscrivent l'intégralité des articles du magazine. Un supplément grammatical, *Vocable plus*, présente des règles de grammaire sous forme de jeux et d'exercices.

Comment accéder à la littérature anglo-saxonne ?

Fiches pratiques

De Shakespeare et James Joyce à Mary Higgins Clark et Patricia Cornwell, on trouve tous les styles dans la littérature anglo-saxonne. Les héros ne manquent pas : le lapin de Lewis Carroll, Gulliver de Jonathan Swift, Robinson Crusoé et son île de Daniel Defoe, Huckleberry Finn et le Mississippi de Mark Twain, la baleine Moby Dick de Herman Melville et bien d'autres !

Quelle approche choisir ?

Afin d'aborder la littérature anglo-saxonne, on se limitera, dans un premier temps, à lire des extraits d'œuvre traduits en français. Même si pour un certain nombre de personnes, le traducteur a une fâcheuse tendance à trahir l'auteur, on retrouvera dans le texte en version française l'atmosphère, la situation sociale et historique, l'esprit d'une époque et la psychologie des personnages ainsi que la personnalité de l'auteur. Lorsqu'on choisit de s'intéresser à une langue vivante comme l'anglais, qui est parlé dans des pays aussi différents que l'Afrique du Sud, l'Irlande, les États-Unis, l'Australie ou encore l'Angleterre, on a l'immense chance de pouvoir apprécier des cultures fort diverses selon le pays d'origine de l'écrivain.

Les œuvres traduites en français

La plupart des auteurs anglo-saxons disparus ou contemporains ont été traduits en français. On trouve ces traductions chez la majorité des éditeurs et dans toutes les librairies. La lecture de ces ouvrages donnera un aperçu de la variété des genres de la littérature anglo-saxonne. On peut penser au genre fantastique de Ray Bradbury, d'accès facile, avec *Les Chroniques martiennes* ou aux « thrillers » de Raymond Chandler et son détective privé Philip Marlowe. Il existe aussi de très bons romans d'aventures mettant en scène des enfants (comme *Sa majesté des mouches* de William Golding), ou des animaux (comme *Le Vieil Homme et la mer* de Ernest Hemingway, *Croc-Blanc* de Jack London, ou *Le Livre de la jungle* de Rudyard Kipling). On s'initiera à Shakespeare par *Roméo et Juliette*, *Le Roi Lear* ou *Les Joyeuses Commères de Windsor*.

Cette illustration de Tenniel représente Alice prenant le thé avec deux personnages du pays des merveilles : le lièvre de Mars et le chapelier fou.

331

Fiches pratiques

Comment accéder à la littérature anglo-saxonne ?

Les œuvres en anglais dans le texte

Dans les librairies de langue anglaise, ainsi que dans les rayons spécialisés des librairies traditionnelles, on trouve des livres d'auteurs irlandais, écossais, anglais ou américains. Les best-sellers américains connaissent un succès considérable avec Stephen King, Patricia Cornwell et Mary Higgins Clark. Ceux-ci seront classés dans le domaine grand public et populaire. Après seulement trois ou quatre années d'étude de l'anglais, il est conseillé de commencer par des textes simplifiés. Des éditeurs proposent des ouvrages d'accès aisé aux anglophones débutants. Chez Oxford University Press, la collection *Oxford Bookworms* propose des lectures en version originale classées par niveau de difficulté. Chaque livre a été choisi pour ses valeurs pédagogiques et ses qualités d'écriture. Les « Niveau 1 » avec 400 mots de vocabulaire proposent entre autres *The Elephant Man*, *The Phantom of the Opera* ou *One Way Ticket*. Les « Niveau 2 » avec 700 mots de vocabulaire intéresseront davantage les élèves de 5e et de 4e. Citons *Sherlock Holmes Short Stories* et *Dead Man's Island*. À partir de la 3e, les « Niveaux 3 et 4 » (1 000 et 1 400 mots de vocabulaire) amèneront les lecteurs à une plus grande autonomie de lecture (*Love Story*, *The Hound of the Baskerville* et *Three Men in a Boat*). Quelques-uns des titres proposés sont accompagnés d'une cassette. Ainsi, le lecteur pourra lire et écouter le livre en même temps. C'est le principe des *Books on Tapes* que l'on trouve de plus en plus dans les librairies. Chez *Penguin Books*, les *Penguin Readers* proposent des titres à difficulté croissante pour lecteurs débutants ou avancés. On y trouve des auteurs comme Roald Dahl, Michael Crichton, Robert Louis Stevenson, Conan Doyle, John Grisham, Charlotte Brontë, etc. Des acteurs anglais et américains ont enregistré les textes de certains de ces titres sur des cassettes. Dans la collection *Heinemann Readers*, les lecteurs âgés de 11 à 16 ans, trouveront, selon leur niveau d'anglais, des titres classés selon leur difficulté. Ceux-ci sont accompagnés d'une cassette.

Les collections bilingues

Ces collections existent chez « Langues pour tous » pocket et « Folio bilingue » et « Le livre de poche ». Le livre est divisé en deux parties. Sur la page de gauche apparaît le texte original, à droite se trouve la traduction française. Des auteurs aussi différents que Dickens, Tolkien, Twain, Faulkner ou Conrad satisferont chaque lecteur. Nous signalons également les collections « Premières lectures en anglais » et « Lire en anglais » dans la collection « Livre de poche » qui proposent le texte original et en regard de celui-ci, des explications en anglais. Les listes de livres proposés dans l'optique d'une première approche de la littérature étrangère sont de plus en plus complets. Les choix de lecture s'élargissent et sont désormais extrêmement variés. La lecture en version originale est en effet un moyen idéal de vivre la langue que l'on étudie.

La littérature anglo-saxonne à l'écran

Fiches pratiques

Depuis son invention, le cinéma n'a cessé de puiser des idées de scénario dans la littérature, en particulier dans les romans et les pièces de théâtre. Il est donc logique que les littératures britannique et américaine aient été abondamment adaptées, puisque l'art et l'industrie cinématographiques se sont développés très tôt aux États-Unis et que la Grande-Bretagne a donné le jour à l'un des plus grands dramaturges de tous les temps ainsi qu'à certains des plus grands romanciers.

Shakespeare sur grand écran

Shakespeare est certainement l'homme de lettres britannique dont les œuvres ont été le plus souvent adaptées au cinéma. Bien que ses écrits datent de quatre siècles, ils continuent à inspirer des réalisateurs de tous les pays. Ainsi le metteur en scène britannique Kenneth Brannagh a porté à l'écran de nombreuses pièces (*Much Ado about Nothing*, *Othello*, *Hamlet*). On trouve cependant des adaptations plus ou moins libres des chefs-d'œuvre de Shakespeare. L'action ne se situe pas forcément à la même époque (tel le *Richard III* de Richard Loncraine, transposé vers 1930). De même, le texte ou l'histoire ne sont pas toujours respectés à la lettre. Ces films sont plutôt inspirés de Shakespeare que fidèlement adaptées. Ainsi, la comédie musicale *West Side Story*, qui raconte l'histoire d'amour de deux jeunes gens appartenant à des gangs ennemis dans les bas quartiers de New York, fait penser à *Roméo et Juliette*. Shakespeare a aussi inspiré des réalisateurs étrangers, comme le Japonais Akira Kurosawa qui a préservé l'esprit des pièces tout en créant une atmosphère asiatique, comme dans *Ran* (d'après *Le Roi Lear*) ou *Le Château de l'Araignée* (d'après *Macbeth*).

Une notoriété basée sur les films

Certains titres que nous connaissons en tant que films sont au départ des œuvres littéraires :

Alice au pays des merveilles est un conte de Lewis Carroll, écrit en 1865.

Le Livre de la jungle, avant d'être un dessin animé de Walt Disney, est un récit de Rudyard Kipling (1894).

Ivanhoe est un héros du romancier Walter Scott (1819).

Frankenstein n'a pas toujours eu les traits de l'acteur Boris Karloff, il est né en 1818 sous la plume de Mary Wollstonecraft-Shelley.

Le Dernier des Mohicans est un roman de James Fenimore Cooper, paru en 1826.

Autant en emporte le vent (1936) est un roman de Margaret Mitchell, mais le film de Victor Fleming est désormais encore plus célèbre que le livre.

Fiches pratiques

La littérature anglo-saxonne à l'écran

Le roman anglais

Parmi les auteurs classiques, Charles Dickens est l'un des plus fréquemment adaptés à l'écran. Pourtant, la longueur et la complexité de ses romans posent certains problèmes à l'adaptation. Le scénariste doit alors faire des choix, garder seulement les éléments nécessaires à la cohérence du film et créer ainsi une œuvre artistique distincte de l'œuvre de départ. Les œuvres de la littérature classique n'ont pas été les seules à avoir été portées à l'écran. Il arrive parfois que l'on retienne davantage les films que les romans dont ils sont inspirés. C'est ainsi le cas de la série des James Bond, que l'on associe beaucoup plus facilement au nom de Sean Connery ou à celui de Pierce Brosnan qu'à celui du romancier Ian Fleming, pourtant le véritable créateur du personnage.

La littérature américaine

La littérature américaine constitue une source d'inspiration inépuisable pour les metteurs en scène de ce pays, où le cinéma est devenu rapidement une industrie à part entière.
Au XXe siècle, de nombreux auteurs ont également employé leur talent au service du cinéma. Ainsi, le dramaturge Tennessee Williams a lui-même adapté plusieurs de ses pièces à l'écran. Il a également écrit le scénario du film *Baby Doll*. Plus récemment, le poète et romancier Paul Auster a participé à l'écriture et au tournage de deux films réalisés par Wayne Wang, *Smoke* et *Brooklyn Boogie*. On pourrait également citer Raymond Chandler qui a collaboré à l'écriture du *Grand Sommeil* de Howard Hawkes. Parmi les romanciers américains les plus fréquemment adaptés au cinéma, on trouve notamment William Faulkner avec *The Sound and the Fury (Le Bruit et la Fureur)*, Francis Scott Fitzgerald avec *The Great Gatsby (Gatsby le Magnifique)*, Mark Twain avec *Huckleberry Finn* et Hermann Melville avec *Moby Dick*.

Harvey Keitel (au centre) est l'un des principaux acteurs de Smoke, *dont le scénario a été écrit par Paul Auster.*

Les librairies spécialisées en anglais

Fiches pratiques

Si vous demandez à un Anglais : « *Where is the library ?* », vous avez toutes les chances de vous retrouver dans une bibliothèque. Pour découvrir le charme des « *bookshops* » – terme anglais signifiant librairies –, voici quelques adresses à Paris. Vous y serez conseillé par des vendeurs anglophones. L'atmosphère de calme qui y règne est propice à une plongée dans le monde des livres anglo-saxons.

Attica

Cette librairie est surnommée « la librairie des langues ». Dans une petite rue située entre Bastille, Nation et République, se trouve un local pittoresque, sorte d'ancien atelier ressemblant à un loft, où vous serez chaleureusement accueilli et conseillé. Toutes les langues vivantes y sont représentées. Un grand nombre d'enseignants et d'étudiants s'y retrouvent pour enrichir leurs connaissances et trouver des livres en version originale. En plus des méthodes d'anglais, des CD-ROM, des dictionnaires, vous y trouverez un rayon très fourni de livres pour enfants (livres en tissu, en plastique, livres musicaux, jeux, …). Pour les cinéphiles, il existe une sélection de cassettes vidéo et DVD en anglais ainsi que des films pour enfants. Il est possible de commander et de recevoir chez soi livres, méthodes de langues, cassettes, vidéos et DVD.
Attica,
64, rue de la Folie-Méricourt,
75011 Paris.
Tél. : 01 49 29 27 27.
www.attica.fr

Nouveau Quartier Latin

Situé dans le quartier Latin, entre le jardin du Luxembourg et la fontaine de l'Observatoire, cette librairie attire également beaucoup d'enseignants et d'étudiants. Le personnel anglophone conseille aussi bien sur une vidéo récemment sortie que sur un best-seller américain ou anglais ainsi que sur toute méthode d'apprentissage de l'anglais.

L'intérieur de la librairie Shakespeare and Company.

Après avoir consulté sur un ordinateur à la disposition de la clientèle un Doc, on peut tranquillement, au fond du magasin, feuilleter des dictionnaires généraux ou spécialisés ou des livres pour enfants et des guides de voyages. Pour la Saint-Patrick, Noël ou Halloween, on pourra y trouver cartes, affiches ou masques afin de célébrer l'occasion.
Nouveau Quartier Latin,
78, boulevard Saint-Michel,
75280 Paris Cedex 06.
Tél. : 01 43 26 42 70.
Fax : 01 40 51 74 09.

Fiches pratiques

Les librairies spécialisées en anglais

W. H. Smith

Cette librairie, que l'on appelle également *The English Bookshop* (c'est-à-dire la librairie anglaise) se trouve sous les arcades de la rue de Rivoli, en face du jardin des Tuileries et tout près de la place de la Concorde. Même le dimanche, vous pourrez flâner de longs moments au milieu de ses allées bordées de charmants rayonnages en bois blond. Vous aurez ainsi le loisir de feuilleter des magazines américains et anglais, des guides de voyages, des romans, en un mot toutes sortes de publications. Quant au rayon vidéo, il a été installé au premier étage. Vous trouverez également toute une série de cartes, d'affiches, de livres et de cassettes pour enfants, ainsi que des bandes dessinées et des CD-ROM, le tout en anglais bien évidemment. Certains jours de l'année, vous serez même invité à venir écouter un auteur qui parlera de son dernier roman.
W. H. Smith,
248, rue de Rivoli,
75001 Paris.
Tél. : 01 44 77 88 99.
www.whsmith.fr

Galignani

Cette libairie anglaise et américaine est située sous les arcades de la rue de Rivoli, non loin de chez Smith. Ce lieu élégant et reposant présente des livres de littératures française, anglaise et américaine. On y trouve des livres d'art, des romans, des nouvelles mais aussi des magazines et des bandes dessinées.
Galignani,
224, rue de Rivoli,
75001 Paris.
Tél. : 01 42 60 76 07.

Brentano's

À deux pas de l'Opéra, cette librairie américaine déborde de romans, de nouvelles et d'essais sur la littérature anglo-saxonne. Beaucoup d'Américains viennent ici chercher leurs magazines ou quotidiens préférés. Le rayon réservé au tourisme est très riche et l'on peut y trouver tous les guides concernant les États-Unis et tous les pays anglo-saxons. Au fond du magasin, on pourra feuilleter toutes les revues spécialisées ou magazines français et de langue anglaise.
Brentano's,
37, avenue de l'Opéra,
75002 Paris.
Tél. : 01 42 61 52 50.

D'autres lieux à découvrir

Il existe d'autres librairies, plus petites, mais tout aussi pittoresques comme :

- Shakespeare and Company,
37, rue de le Bûcherie
75005 Paris.
Tél. : 01 43 26 96 50.
Vous y trouverez des livres anciens et nouveaux dans un très vieux magasin avec poutres apparentes et peintures un peu défraîchies.

- Tea and Tattered Pages,
4, rue Mayet
75006 Paris.
Tél. : 01 40 65 94 35.
C'est une petite librairie ouverte tous les jours même le dimanche où vous trouverez des livres d'occasion que vous pourrez consulter en prenant un thé ou un « lunch » dans le salon de thé.

- Village Voice Bookshop,
6, rue Princesse
75006 Paris.
Tél. : 01 46 33 36 47.
Encore une petite librairie située dans une petite rue près du boulevard Saint-Germain.

L'anglais par Internet

Fiches pratiques

Internet est un réseau *(network)* auquel sont reliés des ordinateurs du monde entier. Ces ordinateurs sont interconnectés, d'où le nom inter-net. On emploie aussi parfois au sujet d'internet le terme d'autoroutes de l'information *(the Information Superhighways)*. Sur ce réseau, qui a pris naissance aux États-Unis, l'anglais domine.

Pourquoi se connecter ?

Internet peut vous servir à une multitude de choses, notamment :
– envoyer et recevoir du courrier électronique (*e-mail*, *e* pour electronic, *mail* pour courrier). Ce mode de communication présente de nombreux avantages entre autres le fait que la transmission soit presque immédiate et son coût réduit puisque l'on peut transmettre un message à l'autre bout du monde pour le prix d'une communication téléphonique locale ou régionale. Le courrier électronique est donc particulièrement intéressant et avantageux lorsque vous souhaitez correspondre avec un interlocuteur qui habite à l'autre bout du monde ;
– recueillir des informations sur des sites dont vous connaissez l'adresse (voir répertoire) ou « surfer sur le net » (c'est-à-dire rechercher des informations sans adresse de départ et donc passer d'une adresse à l'autre au fil des découvertes) ;
– acheter toutes sortes de choses, par exemple des livres, des disques, etc.

Comment accéder à Internet

Pour se connecter à Internet, il suffit de posséder un ordinateur, une ligne téléphonique et un modem (ce petit appareil électronique qui permet le traitement des informations par les lignes de téléphone). Ensuite il faut s'adresser à une société qui fournit l'accès à l'Internet moyennant le paiement d'un abonnement. Ces entreprises s'appellent des *providers* (c'est-à-dire des fournisseurs).

Si vous souhaitez vous connecter à Internet et « surfer sur le web », vous pouvez bien évidemment le faire chez vous si vous possédez un ordinateur et un modem. Mais vous pouvez également vous rendre dans un « cyber-café » où ce matériel est mis à votre disposition contre une certaine somme.

337

Fiches pratiques — **L'anglais par Internet**

Le répertoire Internet

Voici quelques adresses de sites très intéressants pour faire de l'anglais.

- La presse.
Beaucoup de journaux et de magazines anglais et américains possèdent un site internet. On peut y lire des extraits d'articles ou consulter les titres du jour ou de la semaine. Vous n'aurez plus besoin d'acheter ces titres ou de vous y abonner pour avoir accès à la presse anglophone.
- Les magazines et quotidiens américains :
– *Newsweek* : http://www.newsweek-int.com
– *Time* : http://www.time.com
– *The New York Times* : http://www.nytimes.com
- Les magazines et quotidiens anglais :
– *The Guardian* : http://www.guardian.co.uk
– *The Independent* : http://www.independent.co.uk
– *The Times* : http://www.the-times.co.uk
- Si vous souhaitez lire en anglais en recevant une aide, branchez-vous sur le site de *Vocable* : http://www.vocable.fr
- Pour lire des bandes dessinées : http://www.uexpress.com/ups/comics

- L'audiovisuel.
- La B.B.C. : http://www.bbc.co.uk
Vous y trouverez un résumé des dernières actualités avec une aide au niveau du vocabulaire.
- Les chaînes de télévision américaines :
– ABC News : http://www.abcnews.com
– CNN : http://www.cnn.com
- Le cinéma et la musique. Sur le site de la Warner, vous trouverez des informations sur les derniers films et disques sortis : http://www.warnerbros.com
- Si vous êtes passionnés par le monde de Walt Disney, connectez-vous à : http://www.disney.com

- L'étude des langues.
Voici un site où vous pourrez échanger des idées ou trouver de l'aide pour des problèmes de langues : http://www.anglaisfacile.com

- Le dépaysement.
Internet offre de magnifiques opportunités de voyage, sans pour autant sortir de chez soi. Vous y trouverez tout ce qu'il faut pour goûter un peu d'exotisme : service météo international, cours des devises, accès gratuit à des dictionnaires, offres de voyages et réservations (que ce soit pour les trains, les avions ou les hôtels), etc.
- Si votre choix n'est pas encore fixé sur un pays, connectez-vous au répertoire d'adresses internet en rapport avec le voyage : http://www.travlang.com
- Pour découvrir l'Australie, le site de l'Australian Tourist Commission : http://www.aussie.net.au
- Pour découvrir le Canada : le site de la Canadian Tourist Commission : http://www.canadatourism.com
- Sur les États-Unis, le site de la Maison Blanche : http://www.whitehouse.gov
- Le site de l'office du tourisme de Londres : http://www.tourist.co.uk
- Le site de la reine d'Angleterre, des informations sur la monarchie britannique, les résidences royales et les œuvres d'art qu'elles abritent : http://www.royal.gov.uk
- Les collections de la National Gallery de Washington : http://www.nga.gov
- Pour surfer sur le net britannique : http://www.yahoo.co.uk

L'anglais par la télévision

Fiches pratiques

La langue anglaise a effectué une percée formidable dans la société française. Cette évolution a notamment été favorisée par le développement de la télévision par câble et par satellite. Vivre à l'heure des pays anglo-saxons devient de plus en plus accessible à tous. Ainsi, la culture anglo-saxonne a aujourd'hui une place de choix dans notre vie quotidienne. On assiste à une floraison de chaînes anglo-saxonnes en France. Certaines sont d'origine américaine, d'autres sont d'origine britannique.

Des chaînes pour se détendre

Grâce à la variété et à la richesse des programmes qu'elles diffusent, ces chaînes répondent aux besoins et aux désirs de tous les téléspectateurs, quel que soit leur âge, leur centre d'intérêt ou encore leur catégorie socio-professionnelle.

- *Cartoon Network* est une chaîne d'origine américaine. Elle permet aux enfants, et ce, dès leur plus jeune âge, de se familiariser avec la langue anglaise grâce à la qualité des dessins animés qu'elle diffuse et à l'intérêt que représentent ses films pour enfants.

- Les jeunes et les moins jeunes ont la possibilité de se tenir informés des événements musicaux les plus récents ainsi que des scoops les plus «in» du moment grâce à l'autre chaîne américaine *MTV*. On y trouve des variétés et des clips, mais aussi l'*US Top 10* (le classement des meilleures ventes de disques aux États-Unis) et la retransmission des *MTV European Awards* (l'équivalent des Victoires de la musique mais à l'échelle européenne).

- Enfin, les amateurs et les spécialistes de sport apprécieront très certainement les nombreuses émissions sportives que diffuse la chaîne *Eurosport*. Celles-ci sont toutes en version anglaise. Tous les types de sports y sont largement représentés.

De nos jours, il est possible de capter une multitude de chaînes étrangères grâce au câble et au satellite.

Fiches pratiques — # L'anglais par la télévision

Des chaînes plus sérieuses

D'autres chaînes sont spécialisées dans l'information, et offrent ainsi la possibilité de se familiariser avec un anglais plus soutenu.

• *CNN International*, d'origine américaine, est très appréciée pour la variété et la richesse des informations qu'elle diffuse, mais aussi pour la qualité de ses émissions scientifiques, économiques et culturelles.

• Moins ciblées que la chaîne précédente, l'américaine *NBC* et la britannique *BBC Prime* visent un public plus large et diffusent des programmes très variés. Cependant, *NBC* est légèrement plus axée sur l'actualité culturelle européenne et ses émissions ont l'avantage d'être sous-titrées en français. À travers ces chaînes de langue anglaise captées en France par câble ou par satellite, nous constatons que la télévision est devenue un outil précieux à la disposition du téléspectateur qui désire avoir une approche à la fois concrète, réaliste et authentique de l'anglais par ses divers aspects.

Chaînes étrangères par câble ou satellite

• *BBC Prime*
Genre : généraliste.
Horaires : en continu.
Origine : anglaise.
Public : tout public.
Mode de transmission :
- Analogique cryptée sur Intelsat.
- Numérique sur TPS.

• *BBC World*
Genre : informations.
Horaires : en continu.
Origine : anglaise.
Public : jeunes et adultes.
Mode de transmission :
- Analogique clair sur Eutelsat.
- Numérique sur TPS.

• *Euronews*
Genre : informations.
Horaires : en continu.
Origine : internationale.
Public : jeunes et adultes.
Mode de transmission :
- Analogique clair sur Eutelsat.
- Numérique sur canal satellite.

• *Eurosport*
Genre : sports.
Horaires : 8 h 30-1 h 30.
Public : amateurs de sport.
Mode de transmission :
- Disponible sur canal satellite.
- Numérique sur TPS.

• *MTV*
Genre : musique.
Horaires : semaine 6 h-2 h 30 ; week-end en continu.
Public : jeunes et amateurs de musique.
Mode de transmission :
- Analogique sur Astra.
- Numérique sur canal satellite.

• *Cartoon Network*
Genre : dessins animés.
Horaires : en continu.
Public : enfants.
Mode de transmission :
– Numérique sur canal satellite.
– Analogique et numérique clair sur Astra.

• *CNN International*
Genre : informations.
Horaires : en continu.
Public : jeunes et adultes.
Mode de transmission :
- Analogique et numérique clair sur Astra.
- Numérique sur TPS.

• *NBC*
Genre : généraliste.
Horaires : 6 h-3 h 30.
Public : tout public.
Mode de transmission :
- Analogique et numérique clair sur Eutelsat.
- Numérique sur canal satellite.

L'anglais par le cinéma et la vidéo

Fiches pratiques

On peut apprendre l'anglais pour voyager, pour réussir ses études, pour communiquer ou simplement pour le plaisir. Mais comment ? Par quel moyen ? À l'école ? En se rendant sur place, en Grande-Bretagne, en Australie, aux États-Unis ? En allant au cinéma ? Ou peut-être encore en restant chez soi ?

Le cinéma

Savez-vous que Sherlock Holmes fait partie des personnages les plus souvent portés à l'écran, c'est-à-dire 197 fois ? Quant à Shakespeare, c'est l'auteur le plus fréquemment adapté au cinéma. Ses pièces ont donné lieu à 274 versions différentes ! En outre, le cinéma américain est l'un des plus exportés au monde et connaît un succès croissant auprès des jeunes cinéphiles. Quoi de plus banal alors que de se plonger dans le cinéma anglo-saxon ? De plus en plus, les salles de cinéma proposent des films en version originale. Il est tellement plus agréable d'entendre les véritables voix de Marlon Brando, Elizabeth Taylor, Vivien Leigh, Robert de Niro ou Kristin Scott-Thomas. Un long métrage en version anglaise est un document riche en informations précieuses tant au niveau de la langue, de la tournure des phrases et de l'accent que de son aspect culturel. Voir *Secrets and Lies* ou *The Full Monty* en anglais nous plonge dans le véritable univers des personnages. John Wayne et son accent si particulier apportent un charme supplémentaire à *L'Homme tranquille*, *Rio Bravo* ou *Alamo*. Il est bien sûr impossible de mentionner ici tous les films intéressants à voir en VO. Citons cependant *Citizen Kane* d'Orson Welles, *Apocalypse now* de Francis Ford Coppola, *Les Sentiers de la gloire* de Stanley Kubrick, *Autant en emporte le vent* de Victor Fleming, *Excalibur* de John Boorman, *Raining Stones* de Ken Loach…

Même s'il est difficile de comprendre l'accent écossais des acteurs de Trainspotting, *il est intéressant de l'entendre.*

Fiches pratiques

L'anglais par le cinéma et la vidéo

La vidéo

Chez soi aussi, il est possible de goûter aux joies de la VO. En location ou à la vente, il est aisé de trouver des films en version originale. La plupart du temps, ils sont sous-titrés en français. Mais il existe aussi des versions sous-titrées en anglais ou sans sous-titres. Cette option est notamment disponible sur la plupart des DVD.

En complément du cours d'anglais, signalons les séries de vidéos scolaires et pédagogiques. C'est une façon d'apprendre plus ludique, puisque l'élève est entraîné par l'histoire ou les sketches proposés. Ces vidéos pédagogiques, quelquefois utilisées par les professeurs, sont classées par niveau de difficulté du débutant à l'averti. En voici quelques-unes :

- Pour les tout-petits :
- *Children's VO*. Ces cassettes font découvrir l'anglais dès le plus jeune âge avec *English is fun with postman Pat*, *Let's speak English together* et *Spot* (R.M. Editions).
- *Muzzy in Gondoland* et *Muzzy comes back* (BBC English). Les enfants, même s'ils ne savent pas lire, suivront les dialogues très simples des personnages de Gondoland.
- *Karaoké English* (BBC English). Pour apprendre du vocabulaire et des structures grammaticales en s'amusant et en chantant.
- Pour consolider et améliorer les connaissances acquises en classe :
- *Interchange* (Cambridge University Press). Des structures sont présentées dans une situation vivante, le vocabulaire utilisé est celui de la conversation de tous les jours.
- *New Headway Video* (Oxford University Press). C'est à la fois un entraînement à la conversation et la découverte d'une ville ou d'un pays.
- *Only in America* (Oxford University Press). Cette cassette aborde en même temps des notions culturelles et linguistiques.
- *Video File* (Oxford University Press). Scène après scène, on apprend à se présenter ou à demander son chemin.
- *Right Now* (Oxford University Press). Cette cassette permet aux adolescents de découvrir la culture britannique contemporaine.
- *The Jericho Conspiracy* (Oxford University Press). C'est un travail sur la langue à travers une histoire mystérieuse découpée en huit épisodes.
- *People and Places* (BBC English). Documentaire sur la vie quotidienne en Grande-Bretagne.
- *Two Days in Summer*, *Family Affair* et *Look Ahead* (Longman). Ces vidéos sont accompagnées d'un cahier d'activités grâce auquel les élèves utilisent leurs connaissances dans des jeux, des questions, des tests, etc.

Une bonne méthode

L'essentiel de l'apprentissage de l'anglais par le cinéma et la vidéo est résumé par l'auteur d'une méthode pédagogique audiovisuelle en ces termes : « *Don't worry if you don't catch every word. Try to understand the main points of what people are saying.* » (Ne vous inquiétez pas si vous ne comprenez pas tous les mots. Essayez de comprendre l'essentiel de ce que disent les personnages.)

Les classes européennes

Fiches pratiques

Le nombre d'heures de cours attribuées à l'anglais au collège est généralement de trois heures et demie par semaine en 6e, puis de 3 heures en 5e, 4e, et 3e. Pourtant, en 4e, puis en 3e, dans de nombreux collèges, vous pouvez choisir de faire davantage d'anglais. Vous serez alors admis en 4e et en 3e européenne.

Le principe

La dénomination actuellement en vigueur est un peu impropre puisqu'il ne s'agit en fait que d'ajouter deux heures d'anglais par semaine au quota horaire normal. Avant de voir comment on peut être admis dans cette classe et ce que l'on y fait, il faut préciser que cette option alourdit le programme global de 4e et de 3e. En effet, vous savez qu'en 4e s'ajoutent à votre programme de 5e une deuxième langue vivante à raison de trois heures par semaine, plus des sciences physiques à raison de deux heures par semaine. Il faut donc être prêt à travailler. Mais cela ne doit pas constituer un problème pour vous, car si vous choisissez la 4e européenne, c'est que vous aimez l'anglais et que vous désirez consacrer du temps à l'étude de cette matière.

Des heures de cours en plus, cela permet aussi de regarder des films.

Comment être admis ?

Avant d'être admis en 4e européenne, il faut passer trois étapes :

- Si en 5e vous avez obtenu des résultats satisfaisants et montré un intérêt particulier pour cette matière, votre professeur d'anglais vous incitera à poursuivre dans cette voie et vous expliquera comment procéder.

- Votre professeur d'anglais et l'administration de votre collège vous demanderont d'expliquer dans une lettre pourquoi vous voulez bénéficier de cinq heures d'anglais par semaine.

- Lors d'une réunion entre les professeurs d'anglais du collège et le principal, les lettres de tous les élèves candidats seront examinées et la classe constituée.

Même si vous n'avez pas 18 de moyenne mais que vous faites preuve d'application, les professeurs n'hésiteront pas à satisfaire votre vœu.

Fiches pratiques

Les classes européennes

Le programme

Le programme général des classes de 4e européenne est un peu différent des autres.

• Comme dans toutes les classes de 4e, votre professeur vous enseignera le programme de cette année-là. Mais comme il disposera de plus d'heures, il pourra consacrer davantage de temps à vous faire faire de l'anglais autrement.

• Par exemple, les pages de civilisation britannique ou américaine de votre manuel pourront enfin être traitées en cours.

• Votre professeur peut choisir d'abonner votre classe à un magazine de presse scolaire en anglais et vous aurez à lire des articles en anglais sur des sujets d'actualité qui sont susceptibles de vous intéresser.

• Si la classe marche très bien, votre professeur peut également vous initier à la littérature anglo-saxonne à travers des ouvrages destinés à des élèves de votre âge.

• Si le collège dispose d'un laboratoire de langue, votre professeur pourra vous faire travailler votre prononciation ainsi que vous entraîner à la compréhension orale, qui est bien difficile à évaluer dans une classe comprenant trente élèves avec des installations acoustiques qui ne sont pas toujours adéquates.

• Enfin, assez souvent, si le collège a la chance de se voir attribuer un assistant de langue, votre professeur scindera la classe en deux et vous pourrez discourir en anglais seulement, avec cette personne, spécialement formée dans ce but.

• En bref, ces deux heures d'anglais supplémentaires vous permettront de satisfaire votre goût pour la langue, à travers des supports variés que malheureusement, on ne peut (faute de temps) offrir aux classes qui ne disposent que de trois heures de cours par semaine.

• Et bien évidemment, il est vraiment rare, qu'en l'espace de deux ans (c'est-à-dire sur la 4e et la 3e) les professeurs n'organisent pas un voyage en Angleterre ou aux États-Unis.

Comment continuer au lycée

Dans de nombreux lycées, vous pouvez entrer en seconde européenne où vous ferez plus d'anglais et où vous aurez également une matière (l'histoire par exemple) enseignée en anglais. Vous continuerez en première, puis en terminale et au baccalauréat, vous pourrez obtenir la mention bac européen si vous avez au moins 14/20. Ce «petit plus» vous ouvrira les portes de certains établissements universitaires en Grande-Bretagne si vous désirez continuer vos études en anglais.

Renseignements

Voici quelques collèges où vous pourrez suivre des classes européennes :

• Collège Dulcie September à Arcueil.
• Collège Jean Lurçat à Villejuif.
• Lycée Darius Milhaud Kremlin Bicêtre.

Pour plus de renseignements, procurez-vous les bulletins officiels (B.O.) traitant des classes européennes.

L'anglais en lycée professionnel

Fiches pratiques

En LEP, vous étudierez l'anglais de façon différente par rapport à ce que vous avez connu au collège. Le rythme d'apprentissage est plus doux et l'accent est mis sur le développement d'une plus grande autonomie.

Une manière différente d'étudier

L'anglais que vous ferez en lycée professionnel (2 ou 3 heures par semaine selon les BEP) vous permettra de reprendre les points grammaticaux essentiels étudiés au collège. Il vous aidera à maîtriser les outils qui vous donnent la possibilité de comprendre rapidement un texte, un article de journal, une publicité, etc., tout en vous offrant de vous perfectionner afin que l'anglais soit un atout dans votre recherche d'emploi et dans votre carrière.

• Des supports variés (journaux, posters, extraits de nouvelles, chansons, critiques de films, vidéos, etc.) et de multiples méthodes d'apprentissage sont utilisés pour vous donner envie de réussir en anglais !

• Si vous choisissez de faire un BEP, vous aurez deux ans pour être capable d'affronter l'épreuve de l'examen. Votre professeur vous guidera vers ce but et vous aidera à construire un réseau de mots indispensables, de repères grammaticaux et de mille et une petites astuces pour réussir !

• Après le BEP, vous pouvez poursuivre vos études par un baccalauréat professionnel en deux ans ou rejoindre une première d'adaptation qui vous conduira à un baccalauréat technologique.

• L'apprentissage de l'anglais en BEP passe par la reprise des éléments incontournables de la langue et par le développement d'un travail autonome qui vise à vous donner confiance : des millions de personnes connaissent l'anglais, pourquoi pas vous ? « Connaître » veut dire beaucoup de choses ! Chacun ne connaît pas forcément le même anglais ni ne s'exprime de la même manière ! Ce qu'il faut, c'est arriver à comprendre et à se faire comprendre. En BEP, le but est que chaque élève qui en a la volonté puisse réussir. À tout moment, on vous expliquera une règle de grammaire dont vous ne vous souvenez plus ! Vous pourrez travailler à votre rythme et évaluer vos capacités linguistiques personnelles : des grilles d'évaluation (compréhension et production à l'écrit et à l'oral) sont disponibles. L'anglais d'aujourd'hui, vivant, changeant, moderne, même s'il n'est pas toujours académique (reconnu par tous) est étudié.
En bac professionnel, des stages vous permettront de visiter l'Angleterre pendant quelques semaines, si vous êtes assez motivé.

Les deux années du BEP doivent vous préparer à affronter avec succès l'examen final.

L'anglais en lycée professionnel

Fiches pratiques

Un exemple d'examen

Voici un texte qui a été proposé lors d'une session à l'examen du BEP.

FURIOUS ABOUT JOE.
Joe the camel is causing a lot of controversy in the USA. Joe is the smiling camel used to advertise Camel cigarettes ; and Joe is advertising Camel in a big way ! In fact, Joe has managed to make Camels one of the most popular brands of cigarettes in the USA. The trouble is that Joe appeals particularly to kids. According to a recent survey, Joe is as well-known by six-year-olds in the USA as Mickey Mouse, and anti-smoking campaigners are complaining that Joe is encouraging children to smoke. It is estimated that a third of all cigarettes bought by under-age smokers in America are Camels R.J. Reynolds, the makers of Camel cigarettes, spend 75 million dollars per year on advertising. They say their advertising campaigns are aimed at adults ; but in packets of Camel cigarettes, they put « Camel cash ». Kids like collecting this money, with a picture of Joe in the middle, because they can exchange it for T-shirts, baseball caps, and other things. Anti-smoking lobbies in the US are furious with R.J. Reynolds, and they are trying to change the law, to stop tobacco firms from making things that appeal to children.

Voici les mots de vocabulaire qui étaient donnés pour vous aider :
– To advertise = to publicize
– A brand = a variety
– To appeal to = to attract
– A survey = a study
– A lobby = a pressure group.

On vous demandait d'abord de répondre à des questions simples sur le texte puis de dire si les phrases qu'on vous proposait étaient « vraies » ou « fausses » par rapport aux informations du texte. On vous demandait également de justifier vos choix ! Finalement, vous deviez rédiger, en anglais, un paragraphe d'environ 80 mots sur le sujet suivant :
No-smoking areas have been created in public places. Express your opinion about it.
Sachez que le coefficient est de 1 ou 2 pour l'anglais à l'examen du BEP et qu'il est possible de choisir l'épreuve orale facultative qui est une interrogation d'environ 15 minutes sur un des textes que vous aurez étudiés pendant l'année.

Keep Going est l'un des manuels d'anglais de BEP.

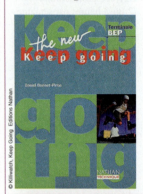

Manuels scolaires à consulter

• *Way to the top* chez Bertrand-Lacoste (seconde professionnelle et terminale BEP).

• *Get accross* chez Nathan (Anglais bac pro).

• *The New Keep going* chez Nathan (seconde professionnelle et terminale BEP).

• *On the move* chez Bertrand-Lacoste (Anglais bac pro).

Quel type de séjour linguistique choisir ?

Fiches pratiques

Dans l'apprentissage d'une langue, rien ne vaut un séjour dans le pays pour faire des progrès linguistiques, découvrir une culture ou simplement passer de bonnes vacances. Le séjour linguistique confère assurance, indépendance et ouverture sur le monde. Encore convient-il de le choisir en accord avec l'âge et la personnalité.

Les séjours avec cours d'initiation ou de perfectionnement

Ces séjours permettent de faire des progrès en langues d'une manière agréable.

• Le séjour « One to One » ou « Homestay English »

Le jeune séjourne chez le professeur qui lui donne des cours et participe ainsi à la vie de tous les jours d'une famille anglophone. Ce type de séjour s'adresse à des écoliers âgés d'au moins 13 ans, déjà autonomes et très motivés par l'apprentissage de l'anglais.

• Le séjour en famille avec cours à l'extérieur

Le matin, le jeune assiste à des cours dans un centre situé en général dans la ville où il réside. Ceux-ci sont dispensés par des professeurs anglophones. L'après-midi est réservé à des activités sportives ou culturelles. Le jeune séjourne dans une famille d'accueil avec qui il partage son temps libre.

Découvrir un pays étranger avec des jeunes de son âge est très enrichissant.

Ce type de séjour permet aux jeunes de 12 à 18 ans de se retrouver en groupe pour les cours et seuls pour pratiquer la langue.

• Le séjour intensif

Le jeune, hébergé dans une famille, suit chaque jour 5 ou 6 heures de cours dédiés à des révisions grammaticales et à l'entraînement à l'oral. Des activités de loisirs sont également organisées.
Ce type de séjour s'adresse à des jeunes à partir de 13 ans qui acceptent les ambiances très studieuses ou qui en ont besoin pour progresser.

• Le séjour dans un établissement scolaire

Le jeune est hébergé dans un établissement scolaire où il assiste à des cours d'anglais avec des élèves de différentes nationalités. Il participe à de nombreuses activités sportives et culturelles organisées sur place et vit comme un pensionnaire d'un établissement scolaire. Ce type de séjour est conseillé aux jeunes à partir de 12 ans dont c'est la première expérience à l'étranger. Les accompagnateurs français sont en effet à leur disposition sur place.

Fiches pratiques

Quel type de séjour linguistique choisir ?

Les séjours sans cours

Même si ce type de séjour linguistique ne comporte pas de cours de langues à proprement parler, il permet, grâce à l'immersion dans un pays anglophone, de réaliser d'indéniables progrès et de s'ouvrir à une culture étrangère.

• Le séjour en immersion totale

Le jeune est placé dans une famille d'accueil. Le voyage aller-retour est supervisé par un adulte qui demeure sur place tout au long du séjour. Le jeune peut ainsi s'adresser à lui en cas de problème. Ce dernier vit comme un membre de la famille d'accueil et en accepte par conséquent toutes les obligations. Ce type de séjour est destiné à des jeunes très autonomes et extrêmement motivés, âgés au minimum de 14 ans. Ceux-ci doivent être tout à fait capables de s'adapter à un environnement différent du leur.

• Le séjour à thème

Le jeune est accueilli en famille ou en centre de vacances. C'est un peu une colonie de vacances à l'étranger. Le jeune participe à des activités sportives ou culturelles qu'il a choisies au moment de son inscription (voile, équitation, tennis, canoë-kayak, musique, découverte d'une région, etc.). Ce type de séjour intéressera plus particulièrement les jeunes d'au moins 13 ans qui désirent poursuivre une activité tout en pratiquant l'anglais.

• Le séjour « Summer camps »

Le jeune est intégré au sein d'un groupe de garçons et de filles originaires du pays d'accueil. Il participe en leur compagnie à des activités sportives et culturelles. Le groupe est hébergé dans un camp de vacances sous la responsabilité de moniteurs. Ce type de séjour convient plus particulièrement à des jeunes à partir de 12 ans qui sont déjà habitués à la vie en groupe. Il faut en effet être prêt à s'intégrer dans un environnement différent, avec des gens que l'on ne connaît pas.

• Le séjour échange

Le jeune séjourne seul dans une famille. L'objectif de ce séjour consiste à s'imprégner de la culture anglophone en vivant au sein d'une famille qui comprend dans la plupart des cas au moins un jeune du même âge que l'hôte. Ce type de séjour s'adresse à des jeunes âgés au minimum de 10 ans qui sont prêts à vivre dans un environnement familial différent du leur.

Adresses utiles

Il existe une multitude d'organismes spécialisés dans les séjours linguistiques. Voici les coordonnées de quelques-uns :

- Office national de garantie des séjours et stages linguistiques.
11, rue César Franck
75015 Paris.
Tél : 01 42 73 36 70.

- UNOSEL (Union nationale des organismes de séjours linguistiques)
19 bis, rue de Seine,
92100 Boulogne-Billancourt.
Tél : 01 44 64 80 30.

- SELIA (Séjours linguistiques associés)
7, rue de l'Éperon
75006 Paris.
Tél : 01 44 32 16 86.

Comment préparer un séjour linguistique ?

Ça y est, la décision est prise de partir à l'étranger pendant trois ou quatre semaines. Voici quelques conseils pour bien préparer ce voyage et donc tirer le maximum de profit de cette opportunité.

Effectuer un séjour linguistique dans un pays étranger représente sans conteste une opportunité unique pour un adolescent. Encore convient-il de préparer ce voyage avec soin afin d'augmenter ses chances de réussite.

Les conditions préalables à un séjour linguistique

Une fois que l'envie de partir s'est déclarée, il s'agit de faire coïncider une demande, une personnalité et un pays. Avant tout, le jeune qui veut partir doit établir sa ou ses priorités. Veut-il perfectionner son anglais, découvrir un nouvel environnement ou prouver son autonomie ? La réussite d'un séjour linguistique doit prendre en compte ces différents paramètres. Afin que le séjour soit un succès, il faut absolument que ce soit un acte volontaire de la part du jeune. Il faudra donc prendre en compte ses souhaits et ses dispositions psychologiques.

Qu'il parte en Grande-Bretagne, aux États-Unis ou en Australie, il doit être enthousiaste et ouvert. Le niveau de langue doit être suffisant pour pouvoir communiquer un minimum. Le jeune doit se sentir prêt à donner de lui-même. Il part en espérant se faire de nouveaux amis et en sachant qu'il doit s'adapter. Les familles qui reçoivent des jeunes étrangers sont volontaires et souvent choisies par des personnes compétentes. En Grande-Bretagne et en Australie, les familles sont rémunérées, contrairement à celles des États-Unis.

Le choix de l'organisme

Afin de vous assurer que l'organisme auquel vous souhaitez vous adresser est sérieux, n'hésitez pas à contacter une fédération. Celle-ci impose aux organismes qui dépendent d'elle une charte de qualité. Les organismes affiliés s'engagent sur le sérieux des familles d'accueil et des cours dispensés ainsi que sur le déroulement du voyage, la présence d'un responsable sur place et les prix. Pour les adresses des organismes, reportez-vous à « Quel type de séjour linguistique choisir ? »

Fiches pratiques

Comment préparer un séjour linguistique ?

Prévoir le budget et l'argent de poche

Les tarifs d'un séjour linguistique varient bien évidemment en fonction de la durée du voyage, mais également des diverses prestations offertes et de la destination qui a été choisie. Il faut donc étudier scrupuleusement ce que propose l'organisme et se poser certaines questions essentielles, comme par exemple : Le voyage est-il accompagné ? Les assurances sont-elles comprises dans le prix ? Quelles sont les visites et les activités sportives ou culturelles qui sont proposées ? La pension est-elle complète ?
Sachez enfin que certains comités d'entreprise ainsi que les caisses d'allocations familiales peuvent prendre en charge une partie du prix du séjour.
Selon la destination que vous avez choisie, prévoyez également l'équivalent de 45 à 80 € d'argent de poche par semaine, afin que le jeune dispose d'une certaine autonomie et puisse s'insérer sans problème dans la vie sociale du pays en compagnie de ses nouveaux camarades.

À l'approche du départ

Les mineurs doivent posséder un passeport valide s'ils se rendent aux États-Unis ou en Australie, une carte d'identité et une autorisation de sortie du territoire s'ils partent pour la Grande-Bretagne. Avant le départ, vous devez connaître le nom et l'adresse de la famille où votre enfant va séjourner. Il est toujours rassurant d'avoir le plus de détails possible sur les conditions dans lesquelles il va évoluer. N'hésitez pas à écrire ou à téléphoner à la personne qui aura la responsabilité de votre enfant.

Vous avez le droit de savoir s'il va passer ses vacances à la campagne, à la mer ou en ville, s'il sera avec d'autres enfants, etc. Avec votre enfant, jetez un coup d'œil dans un atlas pour situer son lieu de séjour. Vous qui allez partir, pensez à lire des journaux ou des magazines anglais ou américains, à écouter des radios et à regarder des émissions en langue anglaise ou à voir les films en version originale, afin de commencer à vous immerger dans le nouvel environnement que vous allez connaître.

Bien penser les bagages

Il est impératif de ne pas s'encombrer avec des bagages superflus ou trop lourds. On part avant tout en vacances, moment de l'année qui se doit d'être agréable. Prévoyez simplement une valise et un sac à dos que vous n'oublierez pas d'étiqueter à votre nom et à votre adresse. Mettez dans les bagages des vêtements confortables et pratiques. Joignez-y les équipements sportifs dont on pourrait avoir besoin, en particulier si le séjour que vous avez choisi prévoit de telles activités. Profitez de cette occasion pour faire découvrir votre pays à la famille d'accueil. Vos hôtes seront en effet certainement curieux de connaître vos goûts, votre manière de vivre et vos habitudes. L'enrichissement dont vous allez bénéficier par l'intermédiaire de votre enfant doit être réciproque. N'hésitez donc pas à glisser dans les bagages que vous préparez des cassettes de musique, des produits gastronomiques ou encore des pièces d'artisanat. À vous donc de choisir et de laisser aller votre imagination.

Téléphoner au Royaume-Uni et aux États-Unis

Fiches pratiques

Avant de vous donner quelques éléments essentiels à la communication téléphonique, voici quelques conseils pour entrer en contact avec votre correspondant anglais ou américain.

La composition du numéro

Deux possibilités s'offrent à vous pour obtenir votre correspondant à l'étranger.

- Par l'automatique.
- Pour le Royaume-Uni, faire le 00 suivi du 44 puis de l'indicatif de zone (pour Londres il s'agit, en général, de l'indicatif 2. Ainsi, si vous voulez appeler Mr. Lewis à Londres, vous composerez le 00 44 20 suivi des 8 chiffres de son numéro. Il vous en coûtera 0,22 € la minute si vous téléphonez au tarif normal et 0,12 € la minute en tarif réduit.
- Pour les États-Unis, faire le 00 suivi du 1 puis de l'indicatif de zone et enfin du numéro de votre correspondant. Ainsi, pour appeler Mrs. Willis à San Francisco, vous composerez le 00 1 415 suivi des 7 chiffres de son numéro. Lorsque vous appelez les États-Unis, pensez au décalage horaire (entre 6 et 9 heures de moins par rapport à la France selon les États).

- Par l'intermédiaire d'un opérateur.
- Pour le Royaume-Uni, faire le 00 33 suivi du 44.
- Pour les États-Unis, faire le 00 33 suivi du 1. Vous pouvez aussi obtenir gratuitement un opérateur qui établira votre communication en PCV ou sur une carte téléphonique que vous possédez.
- Pour le Royaume-Uni, composez le 0800 99 0044.
- Pour les États-Unis, composez le 0800 0011.

Cette cabine téléphonique d'un rouge typique fait partie des symboles anglais, mais devient de plus en plus rare.

En cas de problèmes

Au cas où vous auriez des difficultés à comprendre votre correspondant anglophone, voici quelques phrases « d'urgence » :
- *I'm sorry, I can't speak English very well.* Désolé, je ne parle pas très bien anglais.
- *Can you speak a bit more slowly, please?* Pouvez-vous parler un peu plus lentement, s'il vous plaît ?
- *Excuse-me, can you repeat?* Excusez-moi, pouvez-vous répéter ?
- *Can you spell that, please?* Pouvez-vous épeler, s'il vous plaît ?
- *Sorry, I'll put you through to someone who speaks English.* Désolé, je vous passe quelqu'un qui parle anglais.
- *Sorry. I've got the wrong number.* Excusez-moi, je me suis trompé de numéro.
- *I'm trying to get 265 147.* J'essaye d'avoir le 265 147.
- *I can't get through/ I've been cut off.* Je ne peux pas l'obtenir/J'ai été coupé.
- *Could you try to connect me/to dial the number for me?* Pouvez-vous essayer de me faire le numéro ?

Fiches pratiques

Téléphoner au Royaume-Uni et aux États-Unis

Le vocabulaire du téléphone

Voici quelques phrases qu'il est nécessaire de connaître pour téléphoner dans un pays anglophone.
- *I'd like to speak to Mr. Collins, please.* Je voudrais parler à Mr. Collins, s'il vous plaît.
- *Can/May I speak to Mrs. Wall, please?* Puis-je parler à Mme Wall, s'il vous plaît ?
- *Hello, is that 875 00 32?* Bonjour, est-ce que je suis bien au 875 00 32 ? *(eight, seven, five, zero, zero, three, two.)*
- *This is Valérie Martin.* Ici, Valérie Martin.
- *Valérie Martin speaking.* Valérie Martin au téléphone.
- *I'm calling on behalf of Bill Arnold.* J'appelle de la part de Bill Arnold.
- *It's confidential.* C'est personnel.

Vous entendrez probablement :
- *Hold on, please.* Ne quittez pas, s'il vous plaît.
- *One moment, please.* Un instant, s'il vous plaît.

Si votre correspondant est absent, on vous dira :
- *I'm sorry/I'm afraid Mr. Grace is not in at the moment.* Je suis désolé, M. Grace n'est pas là en ce moment.
- *Mr Grace should be back in about an hour.* M. Grace devrait être de retour dans une heure environ.
- *Can I help you? Can I take a message?* Puis-je vous aider ? Puis-je prendre un message ?

Vous répondrez :
- *Do you know when he'll be back?* Savez-vous quand il sera de retour ?
- *Thank you. I'll call back.* Merci. Je rappellerai.
- *Please, would you tell him Valérie called?* S'il vous plaît, dites lui que Valérie a appelé.
- *This is Valérie Martin. My number is...* C'est Valérie Martin. Mon numéro est le...
- *Could you ask him to call me back. It's urgent.* Pourriez-vous lui dire de me rappeler, c'est urgent.

Enfin, voici quelques mots de vocabulaire :
- *The line is bad.* La ligne est mauvaise.
- *The line is busy.* La ligne est occupée.
- *Hold on please.* Ne quittez pas.
- *I'll put you through.* Je vous le passe.
- *A directory.* Un annuaire.
- *An operator.* Un opérateur.
- *An emergency number.* Un numéro d'urgence.
- *A reverse charge call/a collect call.* Un appel en P.C.V.
- *To dial a number.* Composer un numéro.
- *To pick up the receiver.* Décrocher.
- *To hang up.* Raccrocher.
- *Directory inquiries.* Les renseignements.

Téléphoner depuis l'étranger

- Téléphoner depuis le Royaume-Uni :
- Pour appeler la France, composez le 00 puis le 33 et le numéro.
- Pour les renseignements internationaux, composez le 153.
- Pour obtenir un opérateur, faites le 100.

- Téléphoner depuis les États-Unis :
- Pour appeler la France, composez le 011 puis le 33 et le numéro.
- Pour les renseignements internationaux, composez le 00.
- Pour obtenir un opérateur, faites le 01.

Comprendre les sports anglo-saxons

Fiches pratiques

Certains sports inventés en Grande-Bretagne ou aux États-Unis se sont imposés en France et dans le monde entier, tels que le football, le rugby ou le basket-ball. Mais d'autres nous sont inconnus. Essayons d'en savoir plus sur trois d'entre eux : le football américain, le base-ball et le cricket.

Le football américain

Le football américain se situe à mi-chemin entre le football et le rugby. C'est l'un des sports les plus populaires des États-Unis. Le terrain, de forme rectangulaire, possède à ses deux petites extrémités des lignes blanches, que l'on appelle les lignes de but *(goal lines)*. Ces dernières marquent l'entrée dans l'en-but *(end zones)*. Chaque équipe de onze joueurs doit faire entrer la balle dans l'*end zone* de son adversaire pour marquer. À l'arrière de chaque *end zone* se trouvent des poteaux de but *(goalposts)*, qui ressemblent à ceux du rugby. Un match se divise en quatre périodes de 15 minutes, les quart temps. Afin de parer aux contacts physiques violents, les joueurs portent des protections aux genoux, aux épaules, aux avant-bras et aux mains ainsi qu'un casque en plastique muni d'une grille recouvrant tout le visage.
Le match le plus célèbre de football américain est le *Superbowl*, qui désigne le champion de l'année. C'est probablement l'événement sportif le plus important de l'année aux États-Unis.

Chaque année, le match du Superbowl *passionne l'Amérique toute entière.*

Le base-ball

Considéré comme le sport national des États-Unis, le base-ball se joue avec une balle en cuir très dure, une batte en bois et un gant de cuir renforcé qui sert à rattraper la balle. Sur un terrain en forme de diamant, deux équipes de neuf joueurs s'affrontent lors d'un match divisé en neuf reprises *(innings)*. L'équipe ayant marqué le plus de points gagne le match. Le passage des deux équipes à la batte constitue une reprise. Le jeu débute lorsque l'équipe défensive est en place sur le terrain. Cette équipe se compose d'une batterie, c'est-à-dire d'un lanceur *(the pitcher)*

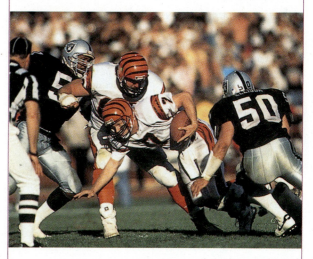

353

Fiches pratiques

Comprendre les sports anglo-saxons

qui lance une balle à un receveur *(the catcher)*. L'attaquant, c'est-à-dire le batteur *(the batter)* doit frapper les bonnes balles du lanceur puis courir afin d'atteindre une ou plusieurs bases (le terrain en compte trois). Le batteur devient alors coureur *(runner)*. Lorsqu'il a effectué le tour des trois bases, il marque un point. Il ne peut y avoir qu'un coureur par base. Quant aux défenseurs, ils essayent d'empêcher l'équipe adverse de marquer des points en éliminant trois joueurs. Lorsqu'ils y parviennent, ils passent en attaque.

Quelques termes techniques

- Football
  - ➥ *soccer* : le football tel que nous le connaissons
  - ➥ *an umpire, a referee* : un arbitre
  - ➥ *a down* : une tentative
  - ➥ *the end zone* : zone de dix yards (9,14 m) située à chaque extrémité du terrain.
  - ➥ *a time out* : un temps mort.
  - ➥ *a touch down* : un essai (c'est-à-dire lorsqu'un joueur en possession du ballon franchit la *goal-line* ou ligne de l'en-but adverse).

- Cricket
  - ➥ *the pitch* : le terrain de cricket.
  - ➥ *the wicket* : le guichet, c'est-à-dire une série de trois piquets de bois placés sur une ligne droite.

- Base-ball
  - ➥ *the homeplate* : l'endroit où le batteur frappe la balle et où il doit revenir à la fin de sa course.
  - ➥ *a homerun* : un point marqué par un joueur qui a réussi à envoyer la balle assez loin pour faire le parcours d'un seul trait.

Le cricket

Le cricket est considéré comme le sport national de l'Angleterre. C'est un sport ancien, puisque le premier match a eu lieu en 1719. Le terrain possède en son centre deux guichets *(wickets)*, distants de 20 mètres qui se composent de trois piquets de bois alignés. La partie oppose deux équipes composées de onze joueurs chacune. L'action se joue principalement entre le batteur *(the batsman)* qui est muni d'une batte plate et le lanceur *(the bowler)* qui lui envoie la balle. Les règles du cricket sont assez compliquées et difficilement compréhensibles pour les non-initiés. Deux joueurs *(the batsmen)* se placent aux guichets. L'équipe adverse place également un lanceur et un gardien de guichet *(the wicketkeeper)* à chaque guichet. Les neuf autres joueurs *(the fieldsmen)* occupent la surface du terrain. Ils doivent rattraper la balle. Le *bowler* lance la balle sans plier le bras, le *batsman* peut la frapper dans n'importe quelle direction et choisir de courir vers le guichet opposé. Dans ce cas, l'autre *batsman* doit courir en sens inverse. Si les deux partenaires atteignent le guichet opposé avant d'être stoppés *(to be put out)*, il marquent un *run*. Il existe plusieurs façons de stopper les *batsmen*. On peut par exemple rattraper la balle avant qu'elle ne touche le sol. Un match de compétition peut durer de 3 à 5 jours.

Les repas en Grande-Bretagne

Fiches pratiques

Contrairement aux idées reçues dont est très souvent victime la Grande-Bretagne, on peut fort bien manger dans ce pays. Il y existe une véritable cuisine traditionnelle qui a su combiner des influences variées originaires de divers pays.

Le petit déjeuner

De nos jours, le petit déjeuner anglais traditionnel tend à être supplanté par le petit déjeuner tel que nous le connaissons en France.
• Le petit déjeuner traditionnel ou cuisiné *(the traditional English breakfast* ou *cooked breakfast)* se compose généralement de bacon, d'œufs qui sont frits *(fried)*, durs *(hard boiled)*, à la coque *(soft boiled)*, brouillés *(scrambled)* ou pochés *(poached)*, de boudin noir *(black pudding)*, de harengs fumés *(kippers)* ou de saucisses *(sausages)*, de tomates *(tomatoes)*, ainsi que de haricots à la sauce tomate *(baked beans)*.
• Le petit déjeuner continental *(the continental breakfast)* comprend des jus de fruits, des céréales *(corn flakes, shredded wheat, rice crispies...)*, des toasts beurrés à la confiture d'orange ou de citron *(marmalade)* ou encore avec un mélange à base de levure appelé *marmite*. Il est bien évidemment accompagné du thé au lait et de plus en plus fréquemment de café.

Le déjeuner

Les jours de semaine, le déjeuner *(lunch)* est souvent composé de plats froids. On y mange des sandwichs garnis avec des œufs-mayonnaise, du jambon-moutarde, des crudités, du cheddar râpé (un fromage anglais à pâte cuite) ou des légumes marinés dans du vinaigre *(pickles)*. On l'appelle alors *ploughman's lunch*. Lorsque le déjeuner est chaud, cuisiné et un peu consistant on l'appelle parfois *dinner*. Traditionnellement, le dimanche on mange le *Sunday roast*. Ce repas se compose d'une viande rôtie (d'où son nom) accompagnée de légumes variés et d'un petit soufflé appelé *Yorkshire pudding*. On le sert notamment dans la plupart des pubs.

Ce petit déjeuner typiquement anglais comprend des œufs, du bacon frit, des toasts grillés et bien sûr du thé, que l'on peut qualifier de boisson nationale.

355

Fiches pratiques — # Les repas en Grande-Bretagne

À l'heure du thé

Le thé est l'une des principales spécialités de la Grande-Bretagne, où l'on en boit à toute heure. C'est l'une des boissons les plus répandues, même si paradoxalement on trouve peu de salons de thé dans ce pays. Le *cream tea* (que l'on prend l'après-midi) est un thé accompagné de scones (des petits gâteaux au lait ronds et épais) que l'on mange avec de la crème caillée (d'où le nom), du beurre, de la confiture, etc.

Le dîner

Le dîner *(dinner)* est souvent appelé *tea* ou *high tea*, en particulier s'il est pris tôt dans la soirée. En effet, le déjeuner étant souvent léger, les Britanniques dînent tôt (souvent vers 19 heures voire plus tôt, en particulier dans les classes populaires). Il est assez semblable à la conception que nous en avons en France. Pourtant, lorsque l'on sert du fromage, c'est après le dessert. On le mange accompagné de biscuits salés, de raisin et de porto *(port)*.

Des influences variées

Les cuisines pakistanaises, des Antilles anglaises *(the West Indies)* et chinoises ont une très grande influence sur la cuisine anglaise. En Grande-Bretagne, on trouve également un très grand nombre de restaurants indiens, du plus cher au meilleur marché. Il existe également de nombreuses spécialités régionales, par exemple écossaises comme les biscuits au beurre *(shortbreads)* et la panse de brebis farcie *(haggis)* ou irlandaises comme le navarin d'agneau *(Irish stew)* et la bière brune *(Guinness)*.
En outre, le 17 mars, lorsqu'ils fêtent leur patron, saint Patrick, les Irlandais s'habillent en vert et mangent des aliments verts, puique c'est la couleur de l'Irlande.
Il existe aussi un grand nombre de fast food où l'on sert des *vegeburgers* (des sortes de hamburgers entièrement végétariens). La Grande-Bretagne est en effet l'un des pays européens où la cuisine végétarienne est la plus développée.

Petit lexique

- *Baked potatoes* ou *jacket potatoes* : grosses pommes de terre passées au four et farcies au cheddar.
- *Beer* : la bière que l'on boit au pub surtout par pinte (soit 0,6 litre). On distingue trois sortes de bière :
  – « lager » (blonde),
  – « bitter » (rousse),
  – « stout » (brune).
  En Grande-Bretagne, seule la bière blonde se boit fraîche.
- *Coleslaw* : salade à base de chou blanc.
- *Fish and chips* : poisson pané, accompagné de frites.
- *Pastry* : viennoiseries *(scones, muffins, crumpets, hot cross buns…)*.
- *Pies* : tartes sucrées ou salées recouvertes de pâte. La plus traditionnelle est la *steak and kidney pie* (tourte au steak et aux rognons de bœuf).
- *Pudding* : terme général qui signifie gâteau.
- *Snacks* : en-cas composés de barres chocolatées et de chips *(crisps)* au vinaigre, à l'oignon ou au bacon. On en consomme d'énormes quantités en Grande-Bretagne.

Les « must » d'une visite à Londres

Fiches pratiques

L'écrivain Samuel Johnson (1709-1784) disait :
« *When a man is tired of London, he is tired of life* »
(Quand un homme est fatigué de Londres, il est fatigué de la vie). Déjà au XVIIIe siècle, Londres fascinait. Aujourd'hui, avec le *Shuttle* et l'Eurostar, il est très facile de découvrir cette ville devenue si proche et pourtant si dépaysante.

Les lieux à voir

Londres doit son côté pittoresque à l'atmosphère qui s'en dégage. À peine sorti de l'Eurostar, à *Waterloo Station*, le visiteur est plongé dans cette ambiance. À cinq minutes seulement de Waterloo, on peut se faire une bonne idée de la topographie de la ville, avec l'une des meilleures vues de Londres à bord du **London Eye**, « l'œil de Londres ».

L'abbaye de Westminster et le Parlement sont situés sur les bords de la Tamise, au sud-est de Londres. Depuis Guillaume le Conquérant, les rois britanniques y sont couronnés et enterrés. Quant au **Parlement** *(Houses of Parliament)*, c'est un exemple d'architecture néo-gothique avec le célèbre Big Ben.

Le Palais de Buckingham, le palais de la reine, se dresse au cœur de St-James' Park. Si l'étendard flotte à l'entrée, c'est que la reine se trouve dans ses appartements.

L'une des cérémonies les plus célèbres de Londres est la relève de la garde *(Changing the guard)* qui a lieu tous les jours à 11 h 30 en été et tous les deux jours en hiver.

La Tour de Londres est située sur les bords de la Tamise, à l'est de Londres. Cette ancienne forteresse a connu plusieurs épisodes tragiques de l'histoire britannique. Ne manquez pas les joyaux de la couronne *(the Crown jewels)*, qui y sont exposés.

Dans la City, **la cathédrale St-Paul** est la première église à coupole à avoir été construite à Londres. À l'intérieur sont enterrés des personnages célèbres de l'histoire britannique ainsi que des peintres.

Le British Museum est l'un des plus grands musées du monde. Il abrite, entre autres, les frises du Parthénon *(the Elgin Marbles)*, des antiquités grecques et égyptiennes, des momies et la célèbre pierre de Rosette.

La National Gallery ravira les amateurs de peinture avec ses tableaux de Poussin, Rubens, Vinci, etc. De nombreuses expositions, généralement très appréciées des enfants, sont organisées au Science Museum. On y raconte des faits marquants de l'histoire des sciences dans les domaines de l'exploration spatiale, de l'aéronautique, de la médecine, etc.

Le musée de Madame Tussaud est le cousin du musée Grévin de Paris. Des mannequins de cire représentent des personnalités de tous les milieux. Tous les musées de Londres ne sont pas répertoriés ici. Chaque domaine a le sien. Citons le **National Army Museum** (traitant des guerres napoléoniennes), le MOMI, **Museum of the Moving Image** (qui retrace l'histoire de la télévision et du cinéma), **la Tate Gallery**, etc.

357

Fiches pratiques

Les « must » d'une visite à Londres

Les choses à faire

Londres est la seule ville au monde à posséder autant de parcs et d'espaces verts. Les pelouses y sont toutes magnifiques et chacun peut s'y allonger et s'y détendre pour lire ou même pique-niquer. Dans ces parcs, vous trouverez de nombreux cafés où il est toujours très agréable de se restaurer, même si les prix sont parfois élevés. Citons **Hyde Park**, qui est le plus grand parc de la ville. Pour vous reposer de votre promenade, si elle est dominicale, arrêtez-vous quelques instants au *Speaker's Corner*, où tout un chacun peut prendre la parole en public, sur le sujet qu'il désire. **Regent's Park** s'étend au nord de Hyde Park. C'est là que se trouvent le *London Zoo*, les jardins de la reine Mary et un petit théâtre en plein air. **Green Park** et **Saint James' Park** se trouvent tous deux à l'est de Hyde Park. Les promenades y sont également très agréables. La vue de Saint James' Park sur Buckingham Palace est surprenante.

Il fut un temps où il était très intéressant de traverser le *Channel* pour faire des affaires à Londres. Ce n'est plus vraiment le cas, sauf peut-être lors des soldes d'été ou d'hiver *(the sales)*. Nous vous conseillons tout de même, lors de votre visite dans la capitale britannique, de vous arrêter chez **Harrod's**, le magasin où l'on peut, paraît-il, tout acheter, de l'épingle à cheveux à l'éléphant. D'autres grands magasins se trouvent dans Oxford Street. Les enfants (mais aussi les plus grands!) se sentiront au paradis chez Hamley's, le plus grand magasin de jouets d'Europe, qui occupe cinq étages.

Carnaby Street, qui fut à la pointe de la mode dans les années 1960 et 1970, regorge aujourd'hui de boutiques pour touristes. Autant pour le plaisir des yeux que pour rapporter un achat typiquement britannique, signalons les marchés de Petticoat Lane et de Camden, sortes de marchés aux puces. Pour les vêtements « tendance », rendez-vous à Kensington Market et à Hyper and Hyper.

Autour de Londres

S'il vous reste un peu de temps, profitez-en pour aller à **Greenwich**, où vous verrez le dernier des clippers à voiles, le *Cutty Sark*. Vous pourrez également visiter l'observatoire à partir duquel sont définis les fuseaux horaires. Si le temps est clément, rendez-vous dans les villes d'Eton (et dans sa célèbre école), de Windsor (et son château), de Kingston-upon-Thames et de Hampton Court.

Hyde Park fut créé durant la première moitié du XVIIe siècle. C'est aujourd'hui l'un des plus grands et des plus beaux espaces verts de Londres.

Les « must » d'une visite à New York

Fiches pratiques

Appelée familèrement *the Big Apple* («la Grosse Pomme»), New York impressionnne par sa superficie et par la hauteur de ses bâtiments. On peut cependant s'y déplacer à pied facilement, ce qui n'est pas le cas dans d'autres villes américaines comme Los Angeles par exemple. En dépit ou à cause de ses côtés excessifs, New York est une ville passionnante où il suffit de se promener pour apprécier l'esprit et l'atmosphère d'une des plus grandes villes du globe.

Lower Manhattan ou Downtown

Au large de cette partie de la ville située au sud de l'île de Manhattan se dresse la statue de la Liberté, symbole universel de l'Amérique ainsi que Ellis Island, qui fut la porte d'entrée des premiers immigrants arrivant aux États-Unis. La vue sur Manhattan depuis ces deux îles est magnifique. Le quartier financier, autour de Wall Street, correspond à la vision stéréotypée de New York avec ses gratte-ciel et ses hommes d'affaires pressés. Bientôt, des immeubles de verre et d'acier et une flèche haute de 541 mètres surplomberont le quartier à la place du *World Trade Center* détruit en 2001. Si vous voulez bénéficier d'un point de vue superbe sur le *skyline* (la silhouette des immeubles) de Manhattan, allez sur le *Brooklyn Bridge*, le pont suspendu au dessus de l'East River, qui relie Manhattan à Brooklyn. Sur l'île de Manhattan, vous pourrez également visiter le quartier de *Little Italy*, peuplé à l'origine d'immigrants italiens, mais qui est aujourd'hui plus touristique qu'authentique. Juste à côté se dresse *Chinatown*, le quartier chinois en pleine expansion. On y trouve de très nombreux restaurants et magasins. C'est une véritable ville dans la ville, avec ses propres jounaux, et des noms de rues écrits en chinois.

Un peu plus au nord se trouve *Greenwich Village*, autrefois le quartier des artistes. Aujourd'hui, c'est surtout un quartier touristique et très animé, avec de nombreux bars, des restaurants et des discothèques.

La cathédrale Saint-Patrick et ses deux magnifiques flèches.

359

Fiches pratiques

Les « must » d'une visite à New York

Midtown

Midtown est la partie centrale de l'île. C'est le vrai cœur de Manhattan. On y trouve notamment la partie la plus chic de la 5ᵉ Avenue, ainsi que le quartier des théâtres, qui s'étend autour de *Broadway* et de *Times Square*, célèbre pour son animation et ses très nombreuses enseignes lumineuses. C'est là que se dresse l'*Empire State Building*, qui offre probablement la plus belle vue sur Manhattan, du haut de ses 102 étages. Parmi les autres buildings célèbres on peut retenir le *Chrysler* et le *Flatiron Building*. Midtown est extrêmement saisissant par le contraste qu'offrent les tours de style néogothique de la cathédrale Saint-Patrick qui s'élèvent à côté des façades en verre des gratte-ciel ultramodernes. Enfin, ne manquez surtout pas le *Museum of Modern Art* (également appelé le MOMA), l'un des plus célèbres musées d'art moderne du monde. Fondé en 1929, ce musée abrite notamment deux des chefs-d'œuvre de Picasso : *Les Demoiselles d'Avignon* et *Les Trois Musiciens*.

Upper Manhattan

Au cœur de la partie supérieure de Manhattan se trouve *Central Park*. Cet espace vert se compose de pelouses, de bois, d'un zoo et de plusieurs lacs. Les New-Yorkais n'imaginent pas la vie sans ce réservoir d'oxygène. Le dimanche, le parc est fermé à la circulation. Situé à l'orée du parc, le *Metropolitan Museum of Art* est l'un des plus grands musées du monde. Un peu plus au nord, le quartier de *Harlem* est l'un des ghettos de New York, une ville où les bidonvilles côtoient les quartiers luxueux.

Renseignements pratiques

- New York est accessible aux Français : le vol est court (6 ou 7 heures) et bon marché (de 300 à 550 euros). La ville est desservie par trois aéroports : Kennedy Airport, La Guardia et Newark.

- Les rues sont droites, orientées d'est en ouest et numérotées, tout comme les avenues qui, elles, sont orientées du nord au sud.

- New York, qui compte 7,8 millions d'habitants, se divise en cinq *boroughs* (ou arrondissements) : Manhattan, Brooklyn, Queens, Bronx et Staten Island.

- Environ 12 000 taxis sillonnent New York. Assez bon marché, on les reconnaît à leur couleur jaune.

- Un jeton de métro ou de bus (un *token*) coûte 1,25 $.

- Dans les magasins et les restaurants, il faut ajouter aux prix affichés la taxe gouvernementale qui change selon les États. À New York, elle s'élève à environ 9 %.

- Quelques spécialités new-yorkaises :
– *a bagel* : petit pain rond souvent accompagné de crème.
– *a cheesecake* : gâteau au *cream cheese* et éventuellement aux fruits.
– *a fortune cookie* : petit biscuit creux des restaurants chinois. Il renferme une maxime, un proverbe ou une prédiction.

DICO

Pour enrichir
son vocabulaire

*Deux dictionnaires
(un anglais-français, l'autre
français-anglais), une liste
des verbes irréguliers
et des faux amis.*

Dico a, an

Anglais/Français

a [eɪ ou ə], an [ən]	un, une
(to) abandon [əbændən]	abandonner
able to [eɪbl tə, tʊ ou tuː]	capable de
(to) abolish [əbɒlɪʃ]	abolir
aborigine [æbərɪdʒəni]	aborigène
about [əbaʊt]	environ/autour/ à propos de
above [əbʌv]	au-dessus de
above all [əbʌv ɔːl]	par-dessus tout
abroad [əbrɔːd]	à l'étranger
absent [æbsənt]	absent
absent-minded [æbsənt maɪndɪd]	distrait
accent [æksent]	accent
(to) accept [əksept]	accepter
accident [æksədənt]	accident
according to [əkɔːˈdɪŋ tə, tʊ ou tuː]	selon
acrobat [ækrəbæt]	acrobate
across [əkrɒs]	de l'autre côté/ à travers
(to) act [ækt]	jouer (la comédie)
ACTIVITY [æktɪvəti]	activité, voir encadré ci-contre
actor [æktəʳ]	acteur
actually [æktʃʊəlɪ]	en fait, vraiment
acupuncture [ækjʊpʌŋktʃəʳ]	acupuncture
(drug)addict [drʌgədɪkt]	toxicomane
address [ədres]	adresse (postale)

ACTIVITIES/LES ACTIVITÉS

• **Verbes et expressions verbales**
Bodily activities/les activités corporelles
to act [ækt]: *agir*
to be lying [laɪɪŋ]: *être couché*
to be sitting [sɪtɪŋ]: *être assis*
to be standing [stændɪŋ]: *être debout*
to crawl [krɔːl], to creep [kriːp]: *ramper*
to fall [fɔːl]: *tomber*
to jump [dʒʌmp], to leap [liːp]: *sauter*
to lie [laɪ] down [daʊn]: *s'allonger*
to move [muːv]: *bouger, se déplacer*
to run [rʌn]: *courir*
to sit [sɪt] down [daʊn]: *s'asseoir*
to stand [stænd] up [ʌp]: *se lever*
to walk [wɔːk]: *marcher, se promener*

Sports/les sports
to break [breɪk] a record [rekɔːd]: *battre un record*
to climb [klaɪm] down daʊn]: *redescendre*
to climb [klaɪm] up [ʌp]: *gravir, grimper*
to dive [daɪv]: *faire de la plongée*
to lose [luːz]: *perdre*
to play [pleɪ]: *jouer*
to practice [præktɪs]: *s'entraîner*
to score [skɔːʳ] a try [traɪ]: *marquer un essai*
to skate [skeɪt]: *patiner*
to ski [skiː]: *faire du ski*
to slide [slaɪd]: *glisser*
to swim [swɪm]: *nager, faire de la natation*
to throw [θrəʊ] sthg to sb: *lancer quelque chose à quelqu'un*
to win [wɪn]: *gagner*

Entertainment and hobbies/divertissements et passe-temps

to camp [kæmp]: *camper*
to fish [fɪʃ]: *pêcher*
to go [gəʊ] to the movies [muːvɪz]: *aller au cinéma*
to hunt [hʌnt]: *chasser*
to picnic [pɪknɪk]: *pique-niquer*
to play [pleɪ] cards [kɑːdz]: *jouer aux cartes*
to play music [mjuːzɪk]: *faire de la musique*
to play an instrument [ɪnstrʊmənt]: *jouer d'un instrument*
to read [gəʊ] a novel [gəʊ]: *lire un roman*
to surf [sɜːf] the net [net]: *naviguer sur l'Internet*
to watch [wɒtʃ] TV: *regarder la télévision*

• **Noms**

Sports/les sports
athletics [æθletɪks]: *athlétisme*
boat [bəʊt]: *bateau*
canoe [kənuː]: *canoë*
coach [kəʊtʃ]: *entraîneur*
cycling [saɪklɪŋ]: *vélo*
draw [drɔː]: *match nul*
fatigue [fətiːg]: *fatigue*
field [fiːld]: *terrain*
football [fʊtbɔːl]: *football américain*
football [fʊtbɔːl], soccer [sɒkəʳ]: *football*
goal [gəʊl]: *but*
goalkeeper [gəʊlkiːpəʳ]: *gardien de but*
horse [hɔːs] riding [raɪdɪŋ]: *équitation*
ice-skates [aɪsskeɪts]: *patins à glace*
movement [muːvmənt]: *mouvement*
net [net]: *filet*
oar [ɔːʳ], scull [skʌl]: *aviron*
paddle [pædl]: *pagaie*
player [pleɪəʳ]: *joueur*
racket [rækɪt]: *raquette*
rest [rest]: *repos*
rugby [rʌgbɪ]: *rugby*
scuba-diving [skuːbədaɪvɪŋ]: *plongée avec bouteilles*
shot [ʃɒt]: *tir*
skating [skeɪtɪŋ] rink [rɪŋk]: *patinoire*
skiing [skiːŋ]: *ski*
ski-lift [skɪːlɪft]: *remonte-pente*
skill [skɪl]: *habileté, adresse*
strength [streŋθ]: *force*
swimming-pool [swɪmɪŋpuːl]: *piscine*
team [tiːm]: *équipe*
tenniscourt [tenɪskɔːt]: *court de tennis*
tournament [tɔːnəmənt]: *tournoi*
training [treɪnɪŋ]: *entraînement*
trekking [trekɪŋ]: *la randonnée*
umpire [ʌmpaɪəʳ], referee [refəriː]: *arbitre*
walking [wɔːkɪŋ]: *la marche*

Games/les jeux
billiards [bɪljəds], pool [puːl], snooker [snuːkəʳ]: *billard*
checkers [tʃekəs]: *les dames*
chess [tʃes]: *les échecs*
crosswords [krɒswɜːd] (puzzle) [pʌzl]: *mots croisés*
die [daɪ] (pl.: dice [daɪs]): *dé*
doll [dɒl]: *poupée*
hide-and-seek [haɪdəndsiːk]: *cache-cache*
jigsaw [dʒɪgsɔː] (puzzle) [pʌzl]: *puzzle*
marbles [mɑːblz]: *billes*
toy [tɔɪ]: *jouet*
video [vɪdɪəʊ] game [geɪm]: *jeu vidéo*

Dico — admire (to)

Leisure/les loisirs

angling [æŋglɪŋ]: *pêche à la ligne*
concert [kɔnsət]: *concert*
dancing [dɑːnsɪŋ]: *la danse*
disco [dɪskəʊ]: *discothèque, boîte*
hobbies [hɒbɪz]: *les passe-temps*
the radio [reɪdɪəʊ]: *la radio*
reading [riːdɪŋ]: *la lecture*
spare [speəʳ] time [taɪm]: *le temps libre*
television [telɪvɪʒn], TV [tɪviː]: *la télévision*

Advertisements, ads, commercials/la publicité

cable [keɪbl] TV [tɪviː]: *le câble*
camera [kæmərə]: *appareil photo*
channels [tʃænls]: *les chaînes*
cinema [sɪnəmə]: *le cinéma*
drawing [drɔːɪŋ]: *le dessin*
painting [peɪntɪŋ]: *la peinture*
photograph [fəʊtəgrɑːf]: *photographie*
photography [fətɒgrəfɪ]: *la photographie*
VCR [vɪsɪɑːʳ]: *magnétoscope*
video [vɪdɪəʊ] (tape) [teɪp]: *cassette vidéo*

• **Adjectifs**

boring [bɔːrɪŋ]: *ennuyeux*
exciting [ɪksaɪtɪŋ]: *excitant, enthousiasmant*
fair [feəʳ]: *juste*
fun [fʌn]: *agréable, plaisant, distrayant*
indoor [ɪndɔːʳ]: *en intérieur*
motionless [məʊʃənlɪs], still [stɪl]: *immobile*
outdoor [aʊtdɔːʳ]: *en extérieur*
out of breath [aʊtəvbreθ]: *essoufflé*
quick [kwɪk]/slow [sləʊ]: *rapide/lent*
skilful [tɔɪ]: *habile, adroit*
strong [tɔɪ]: *fort*
tired [tɔɪ], exhausted [tɔɪ]: *fatigué, épuisé*
unfair [tɔɪ]: *injuste*

(to) admire [ədmaɪəʳ] admirer
(to) admit [ədmɪt] admettre
adult [ædʌlt] adulte
advantage [ədvɑːntɪdʒ] avantage
adventure [ədventʃəʳ] aventure
(to) advertise [ædvətaɪz] afficher/ faire la publicité
advertisement [ədvɜːtɪsmənt] publicité
advice [ədvaɪs] conseil
(to) advise [ədvaɪz] conseiller
(to) afford [əfɔːd] se permettre
(to be) afraid [əfreɪd] of avoir peur de
Africa [æfrɪkə] Afrique
after [ɑːftəʳ] après
after all [ɔːl] après tout
afternoon [ɑːftənuːn] après-midi
afterwards [ɑːftəwədz] après, ensuite
again [əgen] à nouveau, encore
against [əgenst] contre
age [eɪdʒ] âge
agency [eɪdʒənsɪ] agence
agent [eɪdʒənt] agent
aggressive [əgresɪv] agressif
ago [əgəʊ] il y a
(to) agree [əgriː] être d'accord
agriculture [ægrɪkʌltʃəʳ] agriculture
aids [eɪdz] sida

appear (to) — Dico

air [eəʳ] — *air*
air conditioning [kəndɪʃnɪŋ] — *climatisation*
air hostess [eəhəʊstes] — *hôtesse de l'air*
airport [eəpɔːt] — *aéroport*
air ticket [eətɪkɪt] — *billet d'avion*
alarm clock [əlɑːmklɒk] — *réveil*
alcohol [ælkəhɒl] — *alcool*
Algeria [ældʒɪərɪə] — *Algérie*
alive [əlaɪv] — *vivant*
all [ɔːl] — *tout, tous*
all over [ɔːləʊvəʳ] — *partout*
all right [ɔːlraɪt] — *pas mal*
(to) allow [əlaʊ] — *permettre*
alone [ələʊn] — *seul*
also [ɔːlsəʊ] — *aussi*
although [ɔːlðəʊ] — *bien que*
always [ɔːlweɪz] — *toujours*
amazing [əmeɪzɪŋ] — *étonnant*
American [əmerɪkŋ] — *Américain*
ancestor [ænsestəʳ] — *ancêtre*
and [ænd, ənd ou ən] — *et*
ANIMAL [ænɪml] — *animal, voir encadré ci-contre*
another [ənʌðəʳ] — *un(e) autre*
(to) answer [ɑːnsəʳ] — *répondre*
any [enɪ] — *du, de la, des*
anyway [enɪweɪ] — *de toute façon*
anywhere [enɪweəʳ] — *n'importe où*
apart [əpɑːt] from [frəm ou frɒm] — *à part*
apartheid [əpɑːtheɪt] — *apartheid*
apology [əpɒlədʒɪ] — *excuse*
(to) appear [əpɪəʳ] — *apparaître*

ANIMALS/LES ANIMAUX

• **Verbes et expressions verbales**

Animal sounds/cris d'animaux
to bark [bɑːk]: *aboyer*
to bleat [bliːt]: *bêler*
to bray [breɪ]: *braire*
to cackle [kækl]: *caqueter*
to crow [krəʊ]: *faire cocorico*
to grunt [grʌnt]: *grogner*
to hum [hʌm], to buzz [bʌz]: *bourdonner*
to mew [mjuː]: *miauler*
to moo [muː], to low [ləʊ]: *meugler*
to neigh [neɪ]: *hennir*
to purr [pɜːʳ]: *ronronner*
to roar [rɔːʳ]: *rugir*
to twitter [twɪtəʳ]: *gazouiller*

Animal activities/activités animales
to attack [ətæk]: *attaquer*
to bite [baɪt]: *mordre*
to brood [bruːd], to sit [sɪt] on [ɒn]: *couver*
to creep [kriːp], to crawl [krɔːl]: *ramper*
to fly [flaɪ], to flutter [flʌtəʳ]: *voler, voltiger*
to graze [greɪz]: *brouter*
to hop [hɒp]: *sautiller*
to hunt [hʌnt]: *chasser*
to lay [leɪ] an egg [eg]: *pondre un œuf*
to leap [liːp], to bound [baʊnd]: *bondir, sauter*
to suckle [sʌkl]: *allaiter*

Men and animals/les hommes et les animaux
to breed [briːd]: *élever*
to feed [fiːd]: *donner à manger*

Dico: animals/animaux (thème)

to milk [mɪlk] a cow [kaʊ]: *traire une vache*
to stroke [strəʊk]: *caresser*
to tame [teɪm]: *apprivoiser*

• **Noms**

Insects/les insectes
ant [ænt]: *fourmi*
bee [biː]: *abeille*
beehive [biːhaɪv]: *ruche*
bug [bʌg]: *petit insecte*
butterfly [bʌtəflaɪ]: *papillon*
caterpillar [kætəpɪləʳ]: *chenille*
cobweb [kɒbweb]: *toile d'araignée*
fly [flaɪ]: *mouche*
mosquito [məskiːtəʊ]: *moustique*
spider [spaɪdəʳ]: *araignée*
wasp [wɒsp]: *guêpe*
worm [wɜːm]: *ver*

Birds/les oiseaux
bill [bɪl], beak [biːk]: *bec*
blackbird [blækbɜːd]: *merle*
duck [dʌk]: *canard*
feather [feðəʳ]: *plume*
nest [nest]: *nid*
nightingale [naɪtɪŋgeɪl]: *rossignol*
pigeon [pɪdʒɪn]: *pigeon*
raven [reɪvn]: *corbeau*
robin [rɒbɪn]: *rouge-gorge*
scarecrow [skeəkrəʊ]: *épouvantail*
sparrow [spærəʊ]: *moineau*
tail [teɪl]: *queue*
wing [wɪŋ]: *aile*

In the farm/ à la ferme
ass [æs], donkey [dɒŋkɪ]: *âne*
bull [bʊl]: *taureau*
calf [kaːf] (pl. : calves [kaːvz]) : *veau*
cattle [kætl]: *bétail*
chicken [tʃɪkɪn]: *poulet*
cow [kaʊ]: *vache*
cowshed [kaʊʃed]: *étable*
ewe [juː]: *brebis*
flock [flɒk]: *troupeau*
goat [gəʊt]: *chèvre*
goose [guːs] (pl. : geese [giːs]) : *oie*
hen [hen]: *poule*
horse [hɔːs]: *cheval*
lamb [læm]: *agneau*
mare [meəʳ]: *jument*
milk [mɪlk]: *lait*
ox [ɒks] (pl. : oxen [ɒksn]) : *bœuf*
pig [pɪg], hog [hɒg]: *cochon, porc*
pigsty [pɪgstaɪ]: *porcherie*
poultry [pəʊltrɪ]: *volaille*
rooster [ruːstəʳ], cock [kɒk]: *coq*
sheep [ʃiːp] (pl. : sheep) : *mouton*
shepherd [ʃepəd]: *berger*
sow [saʊ]: *truie*
stable [steɪbl]: *écurie*
turkey [tɜːkɪ]: *dinde*

Near a pond/près d'un étang
frog [frɒg]: *grenouille*
slug [slʌg]: *limace*
snail [sneɪl]: *escargot*
toad [təʊd]: *crapaud*

In the house/dans la maison
dog [dɒg]: *chien*
goldfish [gəʊldfɪʃ]: *poisson rouge*
kennel [kenl]: *niche*

as... as — Dico

kitten [kɪtn]: *chaton*
mouse [maʊs]: *souris*
pet [pet]: *animal familier, domestique*
puppy [pʌpɪ]: *chiot*
rabies [reɪbiːz]: *la rage*
rat [ræt]: *rat*

In the fields/dans les champs
hedgehog [hedʒhɒg]: *hérisson*
lizard [lɪzəd]: *lézard*
mole [məʊl]: *taupe*
molehill [məʊlhɪl]: *taupinière*
snake [sneɪk]: *serpent*

Wild animals/les animaux sauvages
bat [bæt]: *chauve-souris*
bear [beəʳ]: *ours*
crocodile [krɒkədaɪl]: *crocodile*
eagle [iːgl]: *aigle*
elephant [elɪfənt]: *éléphant*
game [geɪm]: *gibier*
giraffe [dʒɪrɑːf]: *girafe*
hawk [hɔːk]: *faucon*
hippopotamus [hɪpəpɒtəməs]: *hippopotame*
instinct [ɪnstɪŋkt]: *instinct*
kangaroo [kæŋgəruː]: *kangourou*
leopard [lepəd]: *léopard*

lion [laɪən]: *lion*
mammal [mæml]: *mammifère*
monkey [mʌŋkɪ]: *singe*
ostrich [ɒstrɪtʃ]: *autruche*
panther [pænθəʳ]: *panthère*
parrot [pærət]: *perroquet*
penguin [peŋgwɪn]: *pingouin*
rhinoceros [raɪnɒsərəs]: *rhinocéros*
seal [siːl]: *phoque*
shark [ʃɑːk]: *requin*
tiger [taɪgəʳ]: *tigre*
trunk [trʌŋk]: *trompe*
vulture [vʌltʃəʳ]: *vautour*
whale [weɪl]: *baleine*
zebra [zebrə]: *zèbre*

• Adjectifs
carnivorous [kɑːnɪvərəs]: *carnivore*
gentle [dʒentl], meek [miːk]: *doux, paisible*
harmful [hɑːmfʊl]: *nuisible*
herbivorous [hɜːbɪvərəs]: *herbivore*
nimble [nɪmbl]: *agile*
poisonous [pɔɪznəs]: *venimeux*
rapacious [rəpeɪʃəs]: *rapace*
stray [streɪ]: *égaré*
tame [teɪm]: *apprivoisé*
wild [waɪld]: *sauvage, féroce*

apple [æpl]		*pomme*
(to) approve [əpruːv]		*approuver*
April [eɪprəl]		*avril*
archeology [ɑːkɪɒlədʒɪ]		*archéologie*
Arctic [ɑːktɪk]		*arctique*
area [eərɪə]		*zone, région*
(to) argue [ɑːgjuː]		*discuter, se disputer*
argument [ɑːgjʊmənt]		*sujet de dispute*
arm [ɑːm]		*bras*
armchair [ɑːmtʃeəʳ]		*fauteuil*
army [ɑːmɪ]		*armée*
(to) arrest [ərest]		*arrêter*
(to) arrive [əraɪv]		*arriver*
article [ɑːtɪkl]		*article*
artist [ɑːtɪst]		*artiste*
as [əz ou æz]		*de même que/alors que/ en qualité de/puisque*
as... as		*aussi (autant)...que*

Dico — as soon as

as soon [suːn] **as**	dès que		**bag** [bæg]	sac
as usual [juːʒəl]	comme d'habitude		**baker** [beɪkəʳ]	boulanger
(to) ask [ɑːsk]	demander		**ball** [bɔːl]	bal
asleep [əsliːp]	endormi		**ballerina** [bæləriːnə]	ballerine
aspirin [æsprɪn]	aspirine		**banana** [bənɑːnə]	banane
assimilated [əsɪmɪleɪtɪd]	assimilé		**band** [bænd]	groupe
astronaut [æstrənɔːt]	astronaute		**bandit** [bændɪt]	bandit
at [ət ou æt]	à/vers/en/à propos		**bank** [bæŋk]	banque
at all [ɔːl]	du tout		**barbecue** [bɑːbɪkjuː]	barbecue
at last [lɑːst]	enfin		**basket** [bɑːskɪt]	panier
at least [liːst]	au moins		**— ball** [bɑːskɪtbɔːl]	basket
at once [wʌns]	tout de suite		**bath** [bɑːθ]	bain/baignoire
(to) attack [ətæk]	attaquer		**bathroom** [bɑːθrʊm]	salle de bains
(to) attend [ətend]	assister à		**battle** [bætl]	bataille
attitude [ætɪtjuːd]	attitude		**(to) be** [biː], **was** [wəz ou wɒz], **been** [biːn]	être
attraction [ətrækʃn]	attraction		**(to) be about** [əbaʊt] **to**	être sur le point de
August [ɔːgəst]	août		**(to) be born** [bɔːn]	naître
aunt [ɑːnt]	tante		**(to) be part** [pɑːt] **of**	faire partie de
Australia [ɒstreɪljə]	Australie		**beach** [biːtʃ]	plage
authorities [ɔːθɒrətɪz]	les autorités		**bear** [beəʳ]	ours
autograph [ɔːtəgrɑːf]	autographe		**(to) bear** [beəʳ], **bore** [bɔːʳ], **borne** [bɔːn]	supporter
autumn [ɔːtəm]	automne		**beard** [bɪəd]	barbe
avalanche [ævəlɑːnʃ]	avalanche		**beat** [biːt]	battement
average [ævərɪdʒ]	moyenne		**(to) beat** [biːt], **beat** [biːt], **beaten** [biːtn]	battre
(to) avoid [əvɔɪd]	éviter		**beautiful** [bjuːtɪfʊl]	joli
awake [əweɪk]	(r)éveillé		**beauty shop** [bjuːtɪʃɒp]	parfumerie
award [əwɔːd]	récompense, distinction		**because** [bɪkɒz]	parce que
away [əweɪ]	au loin		**because of**	à cause de
awful [ɔːfʊl]	horrible		**(to) become** [bɪkʌm], **became** [bɪkeɪm], **become** [bɪkʌm]	devenir
baby [beɪbɪ]	bébé		**bed** [bed]	lit
back [bæk]	dos/à l'arrière de			
background [bækgraʊnd]	arrière-plan			
backpack [bækpæk]	sac à dos			
bacon [beɪkən]	bacon			
bad [bæd]	mauvais			

break down (to) — Dico

bedroom [bedrʊm] chambre à coucher
beef [biːf] bœuf
beer [bɪəʳ] bière
before [bɪfɔːʳ] avant, avant que
(to) begin [bɪgɪn], **began** [bɪgæn], **begun** [bɪgʌn] commencer
beginning [bɪgɪnɪŋ] début
behind [bɪhaɪnd] derrière
Belgium [beldʒəm] Belgique
(to) believe [bɪliːv] croire
bell [bel] cloche
(to) belong [bəlɒŋ] appartenir
bench [bentʃ] banc
(to) bend [bend], **bent** [bent], **bent** [bent] plier, courber
beside [bɪsaɪd] à côté de
best [best] (le/au) mieux
(to) bet [bet], **bet** [bet], **bet** [bet] parier
better [betəʳ] meilleur
between [bɪtwiːn] entre
bicycle [baɪsɪkl] bicyclette
big [bɪg] gros
bike [baɪk] vélo
bill [bɪl] facture, addition
billion [bɪljən] million
biology [baɪɒlədʒɪ] biologie
bird [bɜːd] oiseau
birthday [bɜːθdeɪ] anniversaire
biscuit [bɪskɪt] biscuit
(to) bite [baɪt], **bit** [bɪt], **bitten** [bɪtn] mordre
bitter [bɪtəʳ] amer
black [blæk] noir
blackbird [blækbɜːd] merle
bleeding [bliːdɪŋ] saignement
blind [blaɪnd] aveugle

blond [blɒnd] blond
blouse [blaʊz] chemisier
(to) blow [bləʊ], **blew** [bluː], **blown** [bləʊn] souffler
blue [bluː] bleu
board [bɔːd] planche
(on) board à bord
boarding [bɔːdɪŋ] **school** [skuːl] pensionnat
boat [bəʊt] bateau
(to) boil [bɔɪl] bouillir
bonnet [bɒnɪt] capot
book [bʊk] livre
(to) book [bʊk] réserver
bookcase [bʊkkeɪs] bibliothèque (meuble)
booking [bʊkɪŋ] **office** [ɒfɪs] bureau de location
bookshop [bʊkʃɒp] librairie
boot [buːt] botte
bored [bɔːd] qui s'ennuie
boring [bɔːrɪŋ] ennuyeux
(to) borrow [bɒrəʊ] emprunter
boss [bɒs] patron, chef
both [bəʊθ] (tous) les deux
(to) bother [bɒðəʳ] déranger
bottle [bɒtl] bouteille
bottom [bɒtəm] fond
box [bɒks] boîte
boy [bɔɪ] garçon
boycott [bɔɪkɒt] boycott
brakes [breɪks] les freins
bread [bred] pain
break [breɪk] pause
(to) break [breɪk], **broke** [brəʊk], **broken** [brəʊkn] casser
(to) break down [daʊn] tomber en panne

369

Dico — break out (to)

(to) **break out** [aʊt] *éclater*
breakfast [brekfəst] *petit déjeuner*
(to) **breathe** [briːð] *respirer*
brick [brɪk] *brique*
bridge [brɪdʒ] *pont*
briefcase [briːfkeɪs] *porte-documents*
bright [braɪt] *de couleur vive*
brilliant [brɪljənt] *remarquable*
(to) **bring** [brɪŋ], **brought** [brɔːt], **brought** [brɔːt] *apporter*
(to) **bring up** [ʌp] *élever*
Britain [brɪtn] *Angleterre*
British [brɪtɪʃ] *Anglais (nom et adj.)*
brother [brʌðəʳ] *frère*
brown [braʊn] *marron*
bruise [bruːz] *contusion, marque*
brush [brʌʃ] *brosse/pinceau/balai*
(to) **brush** [brʌʃ] *brosser/balayer*
(to) **build** [bɪld], **built** [bɪlt], **built** [bɪlt] *construire*
building [bɪldɪŋ] *bâtiment*
(to) **bump** [bʌmp] *percuter, heurter*
burglar [bɜːgləʳ] *cambrioleur*
burn [bɜːn] *brûlure*
(to) **burn** [bɜːn], **burnt** [bɜːnt], **burnt** [bɜːnt] *brûler*
(to) **burst** [bɜːst], **burst** [bɜːst], **burst** [bɜːst] *éclater*
(to) **bury** [berɪ] *enterrer*
bus [bʌs] *bus*
business [bɪznɪs] *affaires (commerce)*
busy [bɪzɪ] *occupé*
but [bʌt] *mais*
butcher [bʊtʃəʳ] *boucher*
butter [bʌtəʳ] *beurre*
(to) **buy** [baɪ], **bought** [bɔːt], **bought** [bɔːt] *acheter*

by [baɪ] *par, en*
cabin [kæbɪn] *cabine*
cage [keɪdʒ] *cage*
cake [keɪk] *gâteau*
calculator [kælkjʊleɪtəʳ] *calculatrice*
calendar [kælɪndəʳ] *calendrier*
call [kɔːl] *appel*
(to) **call** [kɔːl] *appeler*
Cambodia [kæmbəʊdjə] *Cambodge*
camel [kæml] *chameau*
camera [kæmərə] *appareil photo/caméra*
can [kæn] *bidon/poubelle*
can [kən ou kæn], **could** [kʊd], **could** [kʊd] *pouvoir*
Canada [kænədə] *Canada*
Canadian [kəneɪdjən] *canadien*
candle [kændl] *bougie*
— **stick** [kændlstɪk] *chandelier*
canoe [kənuː] *canoë*
cap [kæp] *casquette/capsule*
capital [kæpɪtl] *capitale*
captain [kæptɪn] *capitaine*
car [kɑːʳ] *voiture*
car park [paːk] *parking*
card [kaːd] *carte*
cardigan [kaːdɪgən] *gilet*
care [keəʳ] *soin*
(to) **care about** [əbaʊt] *se soucier de*
career [kərɪəʳ] *carrière*
careful [keəfʊl] *consciencieux*
careless [keəlɪs] *négligent*
carnival [kaːnɪvl] *carnaval*
carpet [kaːpɪt] *tapis, moquette*
carrot [kærət] *carotte*

cloudy — Dico

(to) **carry** [kærɪ] *porter*
cartoon [kɑ:tu:n] *dessin animé*
case [keɪs] *valise/cas*
cat [kæt] *chat*
(to) **catch** [kætʃ], **caught** [kɔ:t], **caught** [kɔ:t] *attraper*
ceiling [si:lɪŋ] *plafond*
(to) **celebrate** [selɪbreɪt] *fêter, célébrer*
century [sentʃʊrɪ] *siècle*
cereal [sɪərɪəl] *céréale*
certainly [sɜ:tnlɪ] *certainement*
chair [tʃeəʳ] *chaise*
chalk [tʃɔ:k] *craie*
championship [tʃæmpjənʃɪp] *championnat*
chance [tʃɑ:ns] *chance*
change [tʃeɪndʒ] *changement*
(to) **change** [tʃeɪndʒ] *changer, échanger*
(to) **change one's mind** [maɪnd] *changer d'idée*
the Channel [tʃænl] *La Manche*
character [kærəktəʳ] *personnage*
charge [tʃɑ:dʒ] *prix*
(to) **charge** [tʃɑ:dʒ] *accuser*
charity [tʃærətɪ] *œuvre caritative*
(to) **chase** [tʃeɪs] *poursuivre*
cheap [tʃi:p] *bon marché*
(to) **check** [tʃek] *vérifier*
(to) **cheer** [tʃɪəʳ] **up** [ʌp] *réconforter*
cheese [tʃi:z] *fromage*
cheetah [tʃi:tə] *guépard*
chemical [kemɪkl] *produit chimique*
chemist [kemɪst] *pharmacien*
cheque [tʃek] *chèque*
chess [tʃes] *échecs*
chest [tʃest] *coffre/poitrine*
chicken [tʃɪkɪn] *poulet*
chief [tʃi:f] *principal*
child [tʃaɪld] **(children)** [tʃɪldrən] *enfant(s)*
chimpanzee [tʃɪmpənzi:] *chimpanzé*
China [tʃaɪnə] *Chine*
Chinese [tʃaɪni:z] *chinois*
chocolate [tʃɒkələt] *chocolat*
(to) **choose** [tʃu:z], **chose** [tʃəʊz], **chosen** [tʃəʊzn] *choisir*
Christmas [krɪsməs] *Noël*
church [tʃɜ:tʃ] *église*
cinema [sɪnəmə] *cinéma*
circus [sɜ:kəs] *cirque*
CITY [sɪtɪ] *ville*, voir encadré p. 386
(to) **claim** [kleɪm] *réclamer*
class [klɑ:s] *classe*
classical [klæsɪkl] *classique*
classroom [klɑ:srʊm] *(salle de) classe*
clean [kli:n] *propre*
(to) **clean** [kli:n] *nettoyer*
clear [klɪəʳ] *clair*
clerk [klɑ:k] *employé*
clever [klevəʳ] *malin*
client [klaɪənt] *client*
cliff [klɪf] *falaise*
(to) **climb** [klaɪm] *grimper*
clock [klɒk] *horloge*
(to) **close** [kləʊs] *fermer*
close to [tə, tʊ ou tu:] *près de*
CLOTHES [kləʊðz] *vêtements*, voir encadré p. 388
cloud [klaʊd] *nuage*
cloudy [klaʊdɪ] *nuageux*

371

Dico — city/la ville (thème)

CITY/LA VILLE

• **Verbes et expressions verbales**

Urban activities/activités urbaines

to ask [æsk] one's way [weɪ]: *demander son chemin*
to commute [kəmjuːt]: *faire la navette*
to get lost [lɒst], to lose [luːz] one's way: *se perdre*
to honk [hɒŋk], to hoot [huːt]: *klaxonner*
to hurry [hʌrɪ]: *se dépêcher*
to knock [nɒk] sb down, to hit [hɪt] sb: *renverser quelqu'un*
to line [laɪn] up (US), to queue [kjuː] up (GB): *faire la queue*
to live [lɪv], to dwell [dwel] in: *habiter*
to pull [pʊl] down [daʊn]: *démolir*
to put [pʊt] out [aʊt] a fire: *éteindre un incendie*
to put [pʊt] up [ʌp] at a hotel: *descendre dans un hôtel*
to rush [rʌʃ]: *se précipiter*
to settle [setl]: *s'installer*
to start [stɑːt]: *démarrer*
to stop [stɒp]: *s'arrêter*

Going out/les sorties

to boo [buː]: *huer*
to book [bʊk], to reserve [rɪzɜːv]: *réserver*
to clap [klæp], to applaud [əplɔːd]: *applaudir*
to have a drink [drɪŋk]: *prendre un verre*
to go shopping [ʃɒpɪŋ]: *faire des courses*
to go to the theater [θɪətəʳ], to the cinema [sɪnəmə]/to the movies [muːviz] (US): *aller au théâtre, au cinéma*
to have fun [fʌn], to enjoy [ɪnjɔɪ] oneself: *s'amuser*
to hiss [hɪs]: *siffler*
to tip [tɪp]: *laisser un pourboire*

• **Noms**

Town life/la vie urbaine

building [bɪldɪŋ]: *immeuble*
bus [bʌs]: *bus*
capital [kæpɪtl]: *capitale*
car [kɑːr], automobile [ɔːtəməbiːl]: *voiture, automobile*
city [sɪtɪ]: *grande ville*
citizen [sɪtɪzn]: *habitant*
cobble-stones [kɒblstəʊnz]: *pavés*
crossroads [krɒsrəʊdz]: *carrefour*
crowd [kraʊd]: *foule*
driver [draɪvəʳ]: *conducteur*
the environment [ɪnvaɪərənmənt]: *l'environnement*
fare [feəʳ]: *prix de la place, du ticket*
flat [flæt], apartment [əpɑːtmənt] (US): *appartement*
floor [flɔːʳ] (GB), storey [stɔːrɪ] (US): *étage*
foreigner [fɒrənəʳ]: *étranger (au pays)*
garbage [gɑːbɪdʒ] (US), rubbish [rʌbɪʃ] (GB): *les ordures*
garbage [gɑːbɪdʒ] can [kæn] (US), rubbish [rʌbɪʃ] bin [bɪn] (GB): *poubelle*
green [griːn] area [eərɪə]: *espace vert*
housing [haʊzɪŋ] estate [ɪsteɪt]: *lotissement*
litter [lɪtəʳ]: *détritus*
park [pɑːk]: *parc*

city/la ville (thème) — Dico

pedestrian [pɪdestrɪən]: *piéton*
pedestrian crossing [krɒsɪŋ]: *passage piétons*
rehabilitation [riːəbɪlɪteɪʃn]: *rénovation*
roundabout [raʊndəbaʊt]: *rond-point*
rush-hour [rʌʃhaʊəʳ]: *heure de pointe*
sewer [sʊəʳ], drain [dreɪn]: *égout*
sidewalk [saɪdwɔːk] (US), pavement [peɪvmənt] (GB): *trottoir*
slums [slʌms]: *taudis, bas quartiers*
square [skweəʳ]: *place*
stranger [streɪndʒəʳ]: *étranger (à la ville)*
street [striːt]: *rue*
street lamp [læmp]: *lampadaire*
suburb [sʌbɜːb]: *banlieue, faubourg*
taxi [tæksɪ], cab [kæb]: *taxi*
town [taʊn]: *ville (petite ou moyenne)*
traffic [træfɪk] jam [dʒæm]: *embouteillage*
traffic [træfɪk] light [laɪt]: *feu de circulation*
underground [ʌndəgraʊnd] (US), subway [sʌbweɪ] (GB): *métro*
van [væn]: *camionnette*
vehicle [viːəkl]: *véhicule*

Services/les services

emergency [ɪmɜːdʒənsɪ] exit [eksɪt]: *sortie de secours*
fire [faɪəʳ] alarm [əlɑːm]: *alarme incendie*
the fire [faɪəʳ] brigade [brɪgeɪd]: *les pompiers*
fireman [faɪəmən]: *pompier*
information [ɪnfəmeɪʃn]: *des informations*
ladder [lædəʳ]: *échelle*
mailbox [meɪlbɒks] (US), letterbox [letəbɒks] (GB): *boîte aux lettres*
phone [fəʊn]: *téléphone*
the police [pəliːs]: *la police*
policeman [pəliːsmən]: *policier*
police station [steɪʃn]: *commissariat*
postman [pəʊstmən]: *facteur*
stamp [stæmp]: *timbre*

Entertainment/les divertissements

café [kæfeɪ]: *café (lieu)*
check [tʃek] (US), bill [bɪl] (GB): *l'addition*
film [fɪlm], movie [muːvɪ]: *film*
menu [menjuː]: *menu*
movie [muːvɪ] theater [θɪətəʳ]: *cinéma*
restaurant [restərɒnt]: *restaurant*
theater [θɪətəʳ] (US), theatre [θɪətəʳ] (GB): *théâtre*
tip [tɪp]: *pourboire*
waiter [weɪtəʳ]: *garçon*
waitress [weɪtrɪs]: *serveuse*

• **Adjectifs**

busy [bɪzɪ]: *animé*
clean [kliːn]: *propre*
congested [kəndʒestɪd]: *embouteillé, encombré*
crowded [kraʊdɪd]: *très chargé, plein de monde*
dilapidated [dɪlæpɪdeɪtɪd], rundown [rʌndaʊn]: *délabré*
dirty [dɜːtɪ], filthy [fɪlθɪ]: *sale*
empty [emptɪ]: *vide*
full [fʊl]: *plein, rempli*
healthy [helθɪ]: *sain, salubre*
noisy [nɔɪzɪ]: *bruyant*
overcrowded [əʊvəkraʊdɪd]: *surpeuplé*
populous [pɒpjʊləs]: *populeux*
quiet [kwaɪət]: *calme*
safe [seɪf]: *sûr*
squalid [skwɒlɪd]: *sordide*
unhealthy [ʌnhelθɪ]: *insalubre*
unsafe [ʌnseɪf]: *peu sûr*

Dico **club**

club [klʌb] — club
coach [kəʊtʃ] — entraîneur
coal [kəʊl] — charbon
coast [kəʊst] — côte
coat [kəʊt] — manteau
coffee [kɒfɪ] — café (boisson)
coin [kɔɪn] — pièce (de monnaie)
coincidence [kəʊɪnsɪdəns] — coïncidence
cold [kəʊld] — froid
collar [kɒləʳ] — collier
(to) collect [kəlekt] — collectionner, récupérer
college [kɒlɪdʒ] — université, faculté
colony [kɒlənɪ] — colonie
colour [kʌləʳ] — couleur
combination [kɒmbɪneɪʃn] — combinaison
(to) come [kʌm], came [keɪm], come [kʌm] — venir
(to) come back [bæk] — revenir
(to) come out [aʊt] — sortir
comfort [kʌmfət] — confort
comfortable [kʌmftəbl] — confortable
(to) commit [kəmɪt] suicide [sʊɪsaɪd] — se suicider
common [kɒmən] — commun, ordinaire
(to) communicate [kəmjuːnɪkeɪt] — communiquer
community [kəmjuːnətɪ] — communauté
(to) compare [kəmpeəʳ] — comparer
comparison [kəmpærɪsn] — comparaison

CLOTHES/LES VÊTEMENTS

• Verbes et expressions verbales

to dress [dres], to get [get] dressed [dresed] : s'habiller
to dress up [ʌp] : s'habiller pour une occasion/ se déguiser
to dye [daɪ] : teindre
to fit [fɪt] sb : aller à quelqu'un,
to fold [fəʊld] sthg : plier quelque chose
to iron [aɪən] : repasser
to knit [nɪt] : tricoter
to make [meɪk] up [ʌp] one's face : se maquiller
to mend [mend] : raccommoder
to put [pʊt] away [əweɪ] : ranger
to put on [ɒn] : mettre (un vêtement)
to sew [səʊ] : coudre
to shrink [ʃrɪŋk] : rétrécir
to stretch [stretʃ] : s'élargir, se détendre
to suit [suːt] sb : aller bien à quelqu'un
to take [teɪk] off [ɒf] : enlever (un vêtement)
to tie [taɪ] sthg : nouer quelque chose
to try [traɪ] on [ɒn] : essayer
to undress [ʌndres] : se déshabiller
to wear [weəʳ] : porter

• Noms

an article [ɑːtɪkl] of clothing [kləʊðɪŋ] : un vêtement
bra [brɑː] : soutien-gorge
cotton [kɒtn] : coton
material [mətɪərɪəl], fabric [fæbrɪk] : tissu
nylon [naɪlɒn] : nylon
panties [pæntɪz] : une culotte

clothes/les vêtements (thème) — Dico

silk [sɪlk]: *soie*
trunks [trʌnks], briefs [briːfs]: *slip*
underpants [ʌndəpænts]: *caleçon*
underwear [ʌndəweəʳ]: *les sous-vêtements*
wool [wʊl]: *laine*

In the day time/le jour
belt [belt]: *ceinture*
bow [bəʊ] tie [taɪ]: *nœud papillon*
button [bʌtn]: *bouton*
cap [kæp]: *casquette*
coat [kəʊt]: *manteau*
dress [dres]: *robe*
glove [glʌv]: *gant*
gown [gaʊn]: *robe de soirée*
handkerchief [hæŋkətʃɪf], tissue [tɪʃuː]: *mouchoir*
hat [hæt]: *chapeau*
jacket [dʒækɪt]: *veste*
jeans [dʒiːns]: *un jean*
pants [pænts], trousers [traʊzəz]: *pantalon*
pocket [pɒkɪt]: *poche*
pullover [pʊləʊvəʳ]: *pull-over*
raincoat [reɪnkəʊt]: *imperméable*
scarf [skɑːrf]: *écharpe*
shirt [ʃɜːt]: *chemise*
shorts [ʃɔːts]: *un short*
skirt [skɜːt]: *jupe*
sleeve [sliːv]: *manche*
tights [taɪts]: *des collants*
suspenders [səspendəz]: *les bretelles*
sweater [swetəʳ]: *sweat-shirt, pull*
tee-shirt [tiːʃɜːt]: *t-shirt*
tie [taɪ]: *cravate*
tuxedo [tʌksiːdəʊ]: *smoking*
umbrella [ʌmbrelə]: *parapluie*

In the night time/la nuit
coat-hanger [kəʊthæŋəʳ]: *ceintre*
nightgown [naɪtgaʊn]: *chemise de nuit*
robe [rəʊb]: *robe de chambre*
wardrobe [wɔːdrəʊb]: *armoire*
pyjamas [pədʒɑːməz]: *un pyjama*

Footwear/la chaussure
boot [buːt]: *botte*
heel [hiːl]: *talon*
lace [leɪs]: *lacet*
leather [leðəʳ]: *cuir*
shoe [ʃuː]: *chaussure*
size [saɪz]: *pointure*
slipper [slɪpəʳ]: *pantoufle*
sneaker [sniːkəʳ], trainer [treɪnəʳ]: *chaussure de sport*
sock [sɒk]: *chaussette*
sole [səʊl]: *semelle*

Sportswear/les vêtements de sport
skiing [skiːɪŋ] outfit [aʊtfɪt]: *combinaison de ski*
swimsuit [swɪmsuːt]: *maillot de bain*
tracksuit [træksuːt]: *survêtement*

Dressmaking/la couture
fashion [fæʃn]: *la mode*
fashion designer [dɪzaɪnəʳ]: *créateur de mode*
hairdresser [heədresəʳ]: *coiffeur*
handbag [hændbæg]: *sac à main*
lipstick [lɪpstɪk]: *rouge à lèvres*
model [mɒdl]: *mannequin*
nail [neɪl] polish [pɒlɪʃ]: *vernis à ongles*
needle [niːdl]: *aiguille*
scissors [sɪzəz]: *des ciseaux*

Dico competition

sewing-machine [səʊɪŋməʃiːn]: *machine à coudre*
tailor [teɪləʳ]: *tailleur*
thread [θred]: *fil*

Jewels/les bijoux
bracelet [breɪslɪt]: *bracelet*
diamond [daɪəmənd]: *diamant*
earring [ɪərɪŋ]: *boucle d'oreilles*
emerald [emərəld]: *émeraude*
gem [dʒem]: *pierre précieuse*
gold [gəʊld]: *l'or*
golden [gəʊldən]: *en or*
necklace [neklɪs]: *collier*
ring [rɪŋ]: *bague*
ruby [ruːbɪ]: *rubis*

• Adjectifs
dirty [dɜːtɪ], soiled [sɔɪld]: *sale*
dressed [dresd] in [ɪn]: *vêtu de*
elegant [elɪgənt], smart [smɑːrt]: *chic, élégant*
fashionable [fæʃnəbl]: *à la mode*
light [laɪt]: *léger*
loose [luːs]: *large, ample*
low-necked [ləʊnekd]: *décolleté*
old-fashioned [əʊldfæʃnd]: *démodé*
ready-to-wear [redɪtəweəʳ]: *prêt-à-porter*
sensitive [sensɪtɪv] to the cold [kəʊld]: *frileux*
slovenly [slʌvnlɪ]: *négligé*
tasteful [teɪstfʊl]: *de bon goût*
tasteless [teɪstlɪs]: *de mauvais goût*
tight [taɪt]: *serré, étroit*
warm [wɔːm]: *chaud*

competition [kɒmpɪtɪʃn] *compétition*
(to) complain [kəmpleɪn] *se plaindre*
complete [kəmpliːt] *complet*
(to) complete [kəmpliːt] *compléter*
(to) compose [kəmpəʊz] *composer*
computer [kəmpjuːtəʳ] *ordinateur*
(to) concentrate [kɒnsəntreɪt] *se concentrer*
concrete [kɒŋkriːt] *béton*
confidence [kɒnfɪdəns] *confiance*
confusing [kənfjuːzɪŋ] *déroutant*
(to) congratulate [kəngrætʃʊleɪt] *féliciter*
congratulations [kəngrætʃʊleɪtʃənz] *félicitations*
(to) consent [kənsent] *consentir*
convenient [kənviːnjənt] *pratique*
(to) cook [kʊk] *cuisiner*
cool [kuːl] *bien dans sa peau/frais*
copy [kɒpɪ] *copie*
corn [kɔːn] *maïs*
corner [kɔːnəʳ] *coin*
correct [kərekt] *correct, juste*
(to) correct [kərekt] *corriger*
cosmetic [kɒzmetɪk] *produit de beauté*
cost [kɒst] *prix*
(to) cost [kɒst], cost [kɒst], cost [kɒst] *coûter*
cottage [kɒtɪdʒ] *maison de campagne*

department

(to) count [kaʊnt]	compter	cutting [kʌtɪŋ]	coupure (de journaux)
counter [kaʊntəʳ]	guichet	(to) cycle [saɪkl]	faire du vélo
country [kʌntrɪ]	pays/campagne	dad(dy) [dæd(ɪ)]	papa
(of) course [kɔːs]	bien sûr	damage [dæmɪdʒ]	dégât
court [kɔːt]	tribunal	(to) dance [dɑːns]	danser
cousin [kʌzn]	cousin	dangerous [deɪndʒərəs]	dangereux
cow [kaʊ]	vache	dark [dɑːk]	sombre
crane [kreɪn]	grue	darling [dɑːlɪŋ]	chéri (nom)
(to) crash [kræʃ]	s'écraser	date [deɪt]	date
crazy [kreɪzɪ]	fou	daughter [dɔːtəʳ]	fille
cream [kriːm]	crème	day [deɪ]	jour
(to) create [kiːeɪt]	créer	dead [ded]	mort (adj.)
credit [kredɪt] card [kɑːd]	carte de crédit	deaf [def]	sourd
cricket [krɪkɪt]	cricket	(to) deal [diːl], dealt [delt], dealt [delt] with [wɪð]	traiter de
crime [kraɪm]	délit, délinquance	dealer [diːləʳ]	revendeur
(to) criticize [krɪtɪsaɪz]	critiquer	dear [dɪəʳ]	cher, aimé
(to) cross [krɒs]	traverser	death [deθ]	mort (nom)
crossing [krɒsɪŋ]	traversée/carrefour	December [dɪsembəʳ]	décembre
crossroads [krɒsrəʊdz]	carrefour	decent [diːsnt]	correct, décent
crowd [kraʊd]	foule	(to) decide [dɪsaɪd]	décider
crowded [kraʊdɪd]	plein de monde	(to) decorate [dekəreɪt]	décorer
crown [kraʊn]	couronne	deep [diːp]	profond
cruel [krʊəl]	cruel	deer [dɪəʳ]	cerf, biche
(to) cry [kraɪ]	pleurer	definitely [defɪnɪtlɪ]	résolument
culture [kʌltʃəʳ]	culture	(to) delay [dɪleɪ]	retarder
cup [kʌp]	tasse	delicious [dɪlɪʃəs]	délicieux
cupboard [kʌbəd]	placard	delighted [dɪlaɪtɪd]	ravi
(to) cure [kjʊəʳ]	soigner	delightful [dɪlaɪtfʊl]	ravissant
curly [kɜːlɪ]	frisé, bouclé	(to) deliver [dɪlɪvəʳ]	livrer
curtain [kɜːtn]	rideau	demonstration [demənstreɪʃn]	manifestation
customer [kʌstəməʳ]	client	dentist [dentɪst]	dentiste
customs [kʌstəms]	douanes	department [dɪpɑːtmənt]	ministère/service
(to) cut [kʌt], cut [kʌt], cut [kʌt]	couper		

Dico — depend (to)

(to) depend [dɪpend] **on** [ɒn] *dépendre de*
descendant [dɪsendənt] *descendant*
(to) describe [dɪskraɪb] *décrire*
desert [dezət] *désert*
desk [desk] *bureau (meuble)*
dessert [dɪzɜːt] *dessert*
(to) destroy [dɪstrɔɪ] *détruire*
detail [diːteɪl] *détail*
diary [daɪərɪ] *agenda*
dictation [dɪkteɪʃn] *dictée*
dictionary [dɪkʃənrɪ] *dictionnaire*
(to) die [daɪ] *mourir*
difference [dɪfrəns] *différence*
different [dɪfrənt] *différent*
difficult [dɪfɪkəlt] *difficile*
(to) dig [dɪg], **dug** [dʌg], **dug** [dʌg] *creuser*
dining [daɪnɪŋ] **room** [rʊm] *salle à manger*
dinner [dɪnəʳ] *dîner*
dinosaur [daɪnəsɔːʳ] *dinosaure*
director [dɪrektəʳ] *metteur en scène*
dirty [dɜːtɪ] *sale*
disadvantage [dɪsədvɑːntɪdʒ] *inconvénient*
(to) disappear [dɪsəpɪəʳ] *disparaître*
disappointed [dɪsəpɔɪntɪd] *déçu*
disaster [dɪzɑːstəʳ] *désastre*
(to) discover [dɪskʌvəʳ] *découvrir*
(to) discuss [dɪskʌs] *discuter*
disgusting [dɪsgʌstɪŋ] *dégoûtant*

dish [dɪʃ] *plat*
dishwasher [dɪʃwɒʃəʳ] *lave-vaisselle*
district [dɪstrɪkt] *quartier*
(to) disturb [dɪstɜːb] *déranger*
(to) divide [dɪvaɪd] *diviser*
divorced [dɪvɔːst] *divorcé*
(to) do [duː], **did** [dɪd], **done** [dʌn] *faire*
doctor [dɒktəʳ] *docteur*
documentary [dɒkjʊmentərɪ] *documentaire*
dog [dɒg] *chien*
door [dɔːʳ] *porte*
doorbell [dɔːbel] *sonnette*
doorstep [dɔːstep] *seuil*
doubt [daʊt] *doute*
(to) doubt [daʊt] *douter de*
down [daʊn] *en bas*
downstairs [daʊnsteəz] *au rez-de-chaussée, en bas*
(to) draw [drɔː], **drew** [druː], **drawn** [drɔːn] *tirer/dessiner*
drawer [drɔːʳ] *tiroir*
dreadful [dredfʊl] *affreux*
(to) dream [driːm], **dreamt** [dremt], **dreamt** [dremt] *rêver*
dress [dres] *robe*
(to get) dressed [drest] *s'habiller*
(to) dribble [drɪbl] *dribbler*
(to) drink [drɪŋk], **drank** [dræŋk], **drunk** [drʌŋk] *boire*
(to have a) drink *prendre un verre*
(to) drive [draɪv], **drove** [drəʊv], **driven** [drɪvn] *conduire (voiture)*
driver [draɪvəʳ] *conducteur*

driving [draɪvɪŋ] **licence** [laɪsəns]
  permis de conduire
drop [drɒp] *goutte*
(to) drop [drɒp] *laisser tomber*
(to) drown [draʊn] *se noyer*
drug [drʌg] *drogue*
dry [draɪ] *sec*
dull [dʌl] *ennuyeux*
during [djʊərɪŋ] *durant, pendant*
dust [dʌst] *poussière*
dustbin [dʌstbɪn] *poubelle*
duty [djuːtɪ] *garde, droit*
each [iːtʃ] *chaque, chacun*
eager [iːgəʳ] **for** *avide de*
ear [ɪəʳ] *oreille*
early [ɜːlɪ] *tôt*
(to) earn [ɜːn] *gagner (de l'argent)*
Earth [ɜːθ] *Terre*
East [iːst] *Est*
Easter [iːstəʳ] *Pâques*
easy [iːzɪ] *facile*
(to) eat [iːt], **ate** [eɪt], **eaten** [iːtn]
  manger
editor [edɪtəʳ] *rédacteur en chef*
(to) educate [edʒʊkeɪt]
  éduquer
egg [eg] *œuf*
eight [eɪt] *huit*
eighteen [eɪtiːn] *dix-huit*
eighty [eɪtɪ] *quatre-vingts*
either [aɪðəʳ ou iðəʳ] *non plus*
either... or [ɔːʳ] *ou... ou*
elder [eldəʳ] *plus âgé, aîné*
electronic [ɪlektrɒnɪk]*électronique*
elegant [elɪgənt] *élégant*
elephant [elɪfənt] *éléphant*
eleven [ɪlevn] *onze*

élite [ɪliːt] *élite*
else [els] *autre*
emergency [ɪmɜːdʒənsɪ]
  urgence
emigration [emɪgreɪʃən]
  émigration
empire [empaɪəʳ] *empire*
empty [emptɪ] *vide*
(to) encourage [ɪnkʌrɪdʒ]
  encourager
end [end] *fin*
(to) end [end] *finir*
enemy [enɪmɪ] *ennemi*
engine [endʒɪn] *moteur*
engineer [endʒɪnɪəʳ] *ingénieur*
England [ɪŋglənd] *Angleterre*
English [ɪŋglɪʃ] *anglais (adj.)*
Englishman [ɪŋglɪʃmən]
  Anglais (nom)
(to) enjoy [ɪndʒɔɪ] *apprécier, s'amuser*
enough [ɪnʌf] *assez, suffisamment*
(to) enquire [ɪnkwaɪəʳ]
  se renseigner
entrance [entrəns] *entrée*
environment [ɪnvaɪərənmənt]
  environnement
episode [epɪsəʊd] *épisode*
equal [iːkwəl] *égal*
(to) escape [ɪskeɪp] *(s')échapper*
especially [ɪspeʃəlɪ] *spécialement*
essay [eseɪ] *rédaction*
ethnic [eθnɪk] *ethnique*
Europe [jʊərəp] *Europe*
even [iːvn] *même*
evening [iːvnɪŋ] *soir, soirée*
event [ɪvent] *événement*
ever [evəʳ] *toujours*

Dico — every

every [evrɪ]	chaque		fallen [fɔːln]	tomber
everybody [evrɪbɒdɪ]	tous, tout le monde		family [fæmlɪ]	famille
everything [evrɪθɪŋ]	tout		famous [feɪməs]	célèbre
everywhere [evrɪweəʳ]	partout		fan [fæn]	admirateur
			fantastic [fæntæstɪk]	fantastique
exactly [ɪgzæktlɪ]	exactement		far [fɑːr] (away) [əweɪ]	loin, lointain
examination [ɪgzæmɪneɪʃn]	examen		farm [fɑːm]	ferme
example [ɪgzɑːmpl]	exemple		farmer [fɑːməʳ]	fermier
except [ɪksept]	sauf, à l'exception de		farther [fɑːðəʳ]	plus loin
exciting [ɪksaɪtɪŋ]	passionnant		farthest [fɑːðəst]	le plus loin
exercise [eksəsaɪz]	exercice		fascinating [fæsɪneɪtɪŋ]	fascinant
exercise-book [eksəsaɪzbʊk]	manuel d'exercices		fashion [fæʃn]	mode
exhausted [ɪgzɔːstɪd]	épuisé		fast [fɑːst]	rapide, rapidement
(to) expect [ɪkspekt]	s'attendre à		fat [fæt]	gras, gros
expensive [ɪkspensɪv]	cher, onéreux		father [fɑːðəʳ]	père
experience [ɪkspɪərɪəns]	expérience (vécue)		favourite [feɪvrɪt]	favori
experiment [ɪksperɪmənt]	expérience (essai)		February [februərɪ]	février
(to) explain [ɪkspleɪn]	expliquer		(to) feed [fiːd], fed [fed], fed [fed]	nourrir
(to) explode [ɪkspləʊd]	exploser		(to) feel [fiːl], felt [felt], felt [felt]	sentir, ressentir
(to) explore [ɪksplɔːʳ]	explorer		(to) feel like [laɪk]	avoir envie de
extra [ekstrə]	supplémentaire		feeling [fiːlɪŋ]	sentiment
extraordinary [ɪkstrɔːdnrɪ]	extraordinaire		fellow [feləʊ]	camarade
eye [aɪ]	œil		fence [fens]	barrière, clôture
fabulous [fæbjʊləs]	fabuleux		(to) fetch [fetʃ]	aller chercher
face [feɪs]	visage		few [fjuː]	peu de
factory [fæktərɪ]	usine		(a) few	quelques
fair [feəʳ]	juste, équitable/foire		fiddle [fɪdl]	violon
(to) fall [fɔːl], fell [fel],			field [fiːld]	champ
			fifteen [fɪftiːn]	quinze
			fifty [fɪftɪ]	cinquante
			(to) fight [faɪt], fought [fɔːt], fought [fɔːt]	combattre
			figure [fɪgəʳ]	nombre

Frenchman — Dico

file [faɪl] — *classeur*
(to) fill [fɪl] — *remplir*
film [fɪlm] — *film*
final [faɪnl] — *finale*
finally [faɪnəlɪ] — *finalement*
(to) find [faɪnd], **found** [faʊnd], **found** [faʊnd] — *trouver*
(to) find out [aʊt] — *découvrir*
fine [faɪn] — *fin/beau/bien*
finger [fɪŋgəʳ] — *doigt*
(to) finish [fɪnɪʃ] — *finir, terminer*
fire [faɪəʳ] — *feu*
(to) fire [faɪəʳ] — *renvoyer, licencier*
fireman [faɪəmən] — *pompier*
fireplace [faɪəpleɪs] — *âtre*
first [fɜːst] — *premier*
fish [fɪʃ] — *poisson*
(to) fish [fɪʃ] — *pêcher*
(to) fit [fɪt] — *adapter, convenir*
five [faɪv] — *cinq*
(to) fix [fɪks] — *fixer*
flag [flæg] — *drapeau*
flash [flæʃ] — *éclat*
flat [flæt] — *appartement/plat (adj)*
flight [flaɪt] — *vol (dans les airs)*
floor [flɔːʳ] — *sol (à l'intérieur)*
florist [flɒrɪst] — *fleuriste*
flour [flaʊəʳ] — *farine*
flower [flaʊəʳ] — *fleur*
flu [fluː] — *grippe*
fluently [fluːəntlɪ] — *couramment*
(to) fly [flaɪ], **flew** [fluː], **flown** [fləʊn] — *voler (dans les airs)*
fog [fɒg] — *brouillard*
(to) fold [fəʊld] — *plier*
foldable [fəʊldeɪbl] — *pliant*
(to) follow [fɒləʊ] — *suivre*

(to be) fond [fɒnd] **(of)** — *adorer*
FOOD [fuːd] — *nourriture*, voir encadré p. 396
foot [fʊt] **(pl. feet** [fiːt]**)** — *pied*
football [fʊtbɔːl] — *football*
footballground [fʊtbɔːlgraʊnd] — *terrain de football*
footstep [fʊtstep] — *(trace de) pas*
for [fɔːʳ] — *pour (que)/pendant*
for instance [ɪnstəns] — *par exemple*
(to) forbid [fəbɪd], **forbad** [fəbæd], **forbidden** [fəbɪdn] — *interdire*
foreground [fɔːgraʊnd] — *premier plan*
foreign [fɒrən] — *étranger (adj.)*
foreigner [fɒrənəʳ] — *étranger (nom)*
(to) forget [fəget], **forgot** [fəgɒt], **forgot** [fəgɒtn] — *oublier*
(to) forgive [fəgɪv], **forgave** [fəgeɪv], **forgiven** [fəgɪvən] — *pardonner*
fork [fɔːk] — *fourchette*
formerly [fɔːməlɪ] — *auparavant*
fortunately [fɔːtʃnətlɪ] — *heureusement*
fortune [fɔːtʃuːn] — *fortune*
forty [fɔːtɪ] — *quarante*
four [fɔːʳ] — *quatre*
France [frɑːns] — *France*
free [friː] — *libre*
freedom [friːdəm] — *liberté*
(to) freeze [friːz], **froze** [frəʊz], **frozen** [frəʊzn] — *geler*
French [frentʃ] — *français (adj.)*
Frenchman [frentʃmən] — *Français (nom)*

381

Dico **food/la nourriture (thème)**

FOOD/LA NOURRITURE

• Verbes et expressions verbales

Eating/le manger
to be hungry [hʌŋgrɪ] : *avoir faim*
to be sick [sɪk] : *être malade*
to be starving [stɑːvɪŋ] : *mourir de faim*
to chew [tʃuː] : *mâcher*
to eat [iːt] : *manger*
to have an appetite [æpɪtaɪt] : *avoir de l'appétit*
to have a taste [teɪst] for : *aimer, avoir du goût pour*
to make one's mouth [maʊθ] water [wɔːtəʳ] : *donner l'eau à la bouche*
to overeat [əʊvəriːt] : *trop manger*
to swallow [swɒləʊ] : *avaler*

Drinking/le boire
to be thirsty [θɜːstɪ] : *avoir soif*
to drink [drɪŋk] : *boire*
to empty [emptɪ] : *vider*
to fill [fɪl] : *remplir*
to get drunk [drʌŋk] : *s'enivrer*
to quench [kwentʃ] one's thirst [θɜːst] : *apaiser sa soif*

Cooking/faire la cuisine
to cook [kʊk] : *faire cuire, cuisiner*
to dress [dres] a salad [sæləd] : *assaisonner une salade*
to lay [laɪ] the table : *mettre la table*
to pour [pɔːʳ] : *verser*
to sit [sɪt] down [daʊn] to table [teɪbl] : *se mettre à table*

• Noms

famine [fæmɪn], starvation [stɑːveɪʃn] : *famine*
hunger [hʌŋgəʳ] : *faim*
thirst [θɜːst] : *soif*

At table/à table
bottle [bɒtl] : *bouteille*
bottle-opener [bɒtləʊpnəʳ] : *ouvre-bouteille*
bowl [bəʊl] : *bol*
can-opener [kænəʊpnəʳ] (US), tin-opener [tɪnəʊpnəʳ] (GB) : *ouvre-boîte*
china [tʃaɪnə] : *la porcelaine*
coffee-pot [kɒfɪpɒt] : *cafetière*
corkscrew [kɔːkskruː] : *tire-bouchon*
cup [kʌp], mug [mʌg] : *tasse*
dish [dɪʃ] : *plat*
fork [fɔːk] : *fourchette*
glass [glɑːs] : *verre*
knife [naɪf] (pl : knives [naɪvz]) : *couteau*
napkin [næpkɪn] : *serviette*
plate [pleɪt] : *assiette*
spoon [spuːn] : *cuiller*
table [teɪbl] : *table*
tablecloth [teɪblklɒθ] : *nappe*
teapot [tiːpɒt] : *théière*

Foodstuffs and meals/aliments et repas
alcoholic [ælkəhɒlɪk] drink [drɪŋk] : *boisson alcoolisée*
beer [bɪəʳ] : *bière*
beverage [bevərɪdʒ] : *boisson*
black [blæk] coffee [kɒfɪ] : *café noir*
bread [bred] : *pain*
champagne [ʃæmpeɪn] : *champagne*

food/la nourriture (thème) Dico

crumb [krʌmb] : *miette*
fruit-juice [fruːtdʒuːs] : *jus de fruit*
hot [hɒt] chocolate [tʃɒkələt] : *chocolat chaud*
lemonade [lemoneɪd] : *jus de citron*
lump [lʌmp] of sugar [ʃʊgəʳ] : *morceau de sucre*
milk [mɪlk] : *lait*
slice [slaɪs] : *tranche*
snack [snæk] : *casse-croûte*
soda [səʊdə] : *boisson gazeuse*
soft [sɒft] drink [drɪŋk] : *boisson non alcoolisée*
soup [suːp] : *soupe*
toast [təʊst] : *des toasts*
white [waɪt] coffee [kɒfɪ] : *café au lait*
wine [waɪn] : *vin*

Breakfast /le petit déjeuner
butter [bʌtəʳ] : *beurre*
honey [hʌnɪ] : *miel*
jam [dʒæm] : *confiture*

Lunch /le déjeuner
chips [tʃɪps] (US), crisps [krɪsps] (GB) : *chips*
chop [tʃɒp], cutlet [kʌtlɪt] : *côtelette*
course [kɔːs] : *plat*
dinner [dɪnəʳ] : *dîner*
egg [eg] : *œuf*
fish [fɪʃ] : *poisson*
French [frentʃ] fries [fraɪz] (US), chips [tʃɪps] (GB) : *frites*
green [griːn] beans [biːns] : *haricots verts*
greens [griːns] : *légumes verts*
ham [hæm] : *jambon*
meat [miːt] : *viande*
mustard [mʌstəd] : *moutarde*

oil [ɔɪl] : *huile*
omelet [ɒmlɪt] : *omelette*
pasta [pæstə] : *les pâtes*
peas [piːz] : *les petits pois*
pepper [pepəʳ] : *poivre*
potato [pəteɪtəʊ] (pl: potatoes [pəteɪtəʊz]) : *pomme de terre*
rice [raɪs] : *riz*
salt [sɒlt] : *sel*
steak [stek] : *steak, tranche de viande*
tomato [təmɑːtəʊ] : *tomate*
vegetables [vedʒtəbls] : *les légumes*
vinegar [vɪnɪgəʳ] : *vinaigre*

Dessert /le dessert
apple [æpl] : *pomme*
banana [bənɑːnə] : *banane*
biscuit [bɪskɪt] : *biscuit*
blueberry [bluːberɪ] : *myrtille*
cake [keɪk] : *gâteau*
candy [kændɪ] (US)/sweets [swiːts] : *bonbons*
cheese [tʃiːz] : *fromage*
cherry [tʃerɪ] : *cerise*
fruit [fruːt] : *fruits*
grapes [greɪps] : *du raisin*
ice-cream [aɪskriːm] : *glace*
orange [ɒrɪndʒ] : *orange*
pear [peəʳ] : *poire*
raisin [reɪzn] : *raisin sec*
raspberry [rɑːzberɪ] : *framboise*
redcurrant [redkʌrənt] : *groseille*
strawberry [strɔːberɪ] : *fraise*

• **Adjectifs**
bitter [bɪtəʳ]/sweet [swiːt] : *amer/doux, sucré*
edible [edɪbl], eatable [iːteɪbl] : *comestible*

Dico fresh

fat [fæt]: *gras*
greedy [griːdɪ]: *gourmand*
lean [liːn]: *maigre*
raw [rɔː]: *cru*
savory (US), savoury [seɪvərɪ] (GB) : *relevé*
substantial [səbstænʃl]: *copieux*
tasteless [teɪstlɪs]: *fade, insipide*
tasty [teɪstɪ]: *bon, qui a du goût*
tender [tendəʳ]: *tendre*
tough [tʌf]: *dur*

fresh [freʃ]	*frais*
Friday [fraɪdɪ]	*vendredi*
fridge [frɪdʒ]	*réfrigérateur*
friend [frend]	*ami*
friendly [frendlɪ]	*amical*
friendship [frendʃɪp]	*amitié*
(to) frighten [fraɪtn]	*effrayer*
from [frəm ou frɒm]	*de (provenance)*
front [frʌnt]	*devant, avant (nom)*
(in) front (of)	*devant (prép.)*
fruit [fruːt]	*fruit*
fruit [fruːt] juice [dʒuːs]	*jus de fruit*
full [fʊl]	*plein*
fun [fʌn]	*joie, amusement*
funny [fʌnɪ]	*amusant*
furious [fjʊərɪəs]	*furieux*
furniture [fɜːnɪʃəʳ]	*meubles*
further [fɜːðəʳ]	*plus loin/davantage*
gadget [gædʒɪt]	*gadget*
game [geɪm]	*jeu*
garage [gæraːʒ]	*garage*
garden [gɑːdn]	*jardin*
gardening [gɑːdnɪŋ]	*jardinage*
gate [geɪt]	*portail*
(to) gather [gæðəʳ]	*cueillir*
generally [dʒenərəlɪ]	*généralement*
gentleman [dʒentlmən]	*gentilhomme*
geography [dʒɪɒgrəfɪ]	*géographie*
Germany [dʒɜːmənɪ]	*Allemagne*
(to) get [get], got [gɒt], got [gɒt]	*avoir, obtenir*
(to) get back [bæk]	*retourner*
(to) get into [ɪntʊ]	*pénétrer*
(to) get out [aʊt]	*sortir*
(to) get up [ʌp]	*se lever*
(to) get used [juːst] to	*s'habituer à*
giant [dʒaɪənt]	*géant*
(to) giggle [gɪgl]	*pouffer de rire*
girl [gɜːl]	*fille*
girlfriend [gɜːlfrend]	*petite amie*
(to) give [gɪv], gave [geɪv], given [gɪvn]	*donner*
(to) give up [ʌp]	*abandonner*
glacier [glæsjəʳ]	*glacier*
glad [glæd]	*content*
glass [glɑːs]	*verre*
glasses [glɑːsɪz]	*lunettes*
glove [glʌv]	*gant*
(to) go [gəʊ], went [went], gone [gɒn]	*aller*
(to) go on a diet [daɪət]	*faire un régime*
(to) go out [aʊt]	*sortir*
goal [gəʊl]	*but, objectif*
gold [gəʊld]	*or*
good [gʊd]	*bon, bien*
goodbye [gʊdbaɪ]	*au revoir*
gorilla [gərɪlə]	*gorille*
grandchildren [græntʃɪldrən]	*petits-enfants*

herself Dico

grandfather [grændfɑːðəʳ]		(to) **happen** [hæpən]	arriver, survenir
	grand-père	**happy** [hæpɪ]	heureux, content
grandmother [grænmʌðəʳ]		**harbour** [hɑːbəʳ]	port
	grand-mère	**hard** [hɑːd]	dur
grandparents [grænpeərənts]		**harm** [hɑːm]	mal, dommage
	grands-parents	**harness** [hɑːnɪs]	harnais
grapefruit [greɪpfruːt]	pamplemousse	**hat** [æt]	chapeau
grass [grɑːs]	herbe	(to) **hate** [heɪt]	haïr
great [greɪt]	grand, célèbre	**hatred** [heɪtrɪd]	haine
Great [greɪt] **Britain** [brɪteɪn]		(to) **have** [hæv], **had** [hæd], **had** [hæd]	
	Grande-Bretagne		avoir
green [griːn]	vert	(to) **have to**	devoir
grey [greɪ]	gris	**he** [hiː]	il
grocer [grəʊsəʳ]	épicier	**head** [hed]	tête
ground [graʊnd]	sol, terrain (extérieur)	**headache** [hedeɪk]	migraine
group [gruːp]	groupe	**headmaster** [hedmɑːstəʳ]	
(to) **grow** [grəʊ], **grew** [gruː], **grown**			principal (école)
[grəʊn]	grandir	**health** [helθ]	santé
guard [gɑːd]	garde	**heap** [hiːp]	tas
(to) **guess** [ges]	deviner	(to) **hear** [hɪəʳ], **heard** [hɜːd], **heard**	
guest [gest]	invité	[hɜːd]	entendre
guilty [gɪltɪ]	coupable	(to) **hear of**	entendre parler de
guitar [gɪtɑːʳ]	guitare	**heart** [hɑːt]	cœur
gun [gʌn]	pistolet	**heart attack** [ətæk]	crise cardiaque
gymnasium [dʒɪmneɪzjəm]		**heat** [hiːt]	chaleur
	gymnase	**heating** [hiːtɪŋ]	chauffage
habit [hæbɪt]	habitude	**heavy** [hevɪ]	lourd
hair [heəʳ]	cheveux, poils	**helicopter** [helɪkɒptəʳ]	
hairdresser [heədresəʳ]	coiffeur		hélicoptère
half [hɑːf]	moitié	**hello** [hələʊ]	salut
hall [hɔːl]	corridor/salle/entrée	**helmet** [helmɪt]	casque
ham [hæm]	jambon	(to) **help** [help]	aider
hand [hænd]	main	**her** [hɜːʳ]	elle/la, l', lui/sa, son, ses
handkerchief [hæŋkətʃɪf]		**here** [hɪəʳ]	ici
	mouchoir, foulard	**hers** [hɜːz]	le(s) sien(s), la(es)
(to) **hang** [hæŋ], **hung** [hʌŋ], **hung** [hʌŋ]			sienne(s)
	pendre, accrocher	**herself** [hɜːself]	elle-même

385

Dico — hesitate (to)

(to) hesitate [hezɪteɪt]	hésiter	how far [fɑːʳ]	à quelle distance
(to) hide [haɪd], hid [hɪd], hidden [hɪdn]	(se) cacher	how long [lɒŋ]	combien de temps
high [haɪ]	haut	how many [menɪ]	combien (dénombrable)
hiker [haɪkəʳ]	randonneur	how much [mʌtʃ]	combien (indénombrable)
hill [hɪl]	colline	how old [əʊld]	quel âge
him [hɪm]	lui, le, l'	however [haʊevəʳ]	cependant
himself [hɪmself]	lui-même	huge [hjuːdʒ]	immense
(to) hire [haɪəʳ]	louer	hundred [hʌndrəd]	cent
his [hɪz]	son, sa, ses/le(s) sien(s), la(les) sienne(s)	(to be) hungry [hʌŋgrɪ]	avoir faim
history [hɪstərɪ]	histoire	(to) hunt [hʌnt]	chasser
(to) hit [hɪt], hit [hɪt], hit [hɪt]	frapper, atteindre	(to) hurry [hʌrɪ] up	se hâter
(to) hitch-hike [hɪtʃhaɪk]	faire du stop	(to) hurt [hɜːt], hurt [hɜːt], hurt [hɜːt]	blesser, faire mal
hobby [hɒbɪ]	passe-temps favori	(to) get hurt	se blesser
(to) hold [həʊld], held [held], held [held]	tenir	husband [hʌzbənd]	mari
hole [həʊl]	trou	I [aɪ]	je
holiday [hɒlɪdeɪ]	vacances	ice [aɪs]	glace
home [həʊm]	(à la) maison	ice-cream [aɪskriːm]	glace (crème glacée)
homeless [həʊmlɪs]	sans abri	idea [aɪdɪə]	idée
homework [həʊmwɜːk]	devoirs (à la maison)	if [ɪf]	si
honest [ɒnɪst]	honnête	ill [ɪl]	malade
(to) hoover [huːvəʳ]	passer l'aspirateur	illness [ɪlnɪs]	maladie
(to) hope [həʊp]	espérer	(to) imagine [ɪmædʒɪn]	imaginer
hopeful [həʊpfʊl]	optimiste	immediately [ɪmiːdjətlɪ]	immédiatement
horse [hɔːs]	cheval	immigrant [ɪmɪgrənt]	immigrant
hospital [hɒspɪtl]	hôpital	immigration [ɪmɪgreɪʃn]	immigration
hot [hɒt]	brûlant	impatient [ɪmpeɪʃnt]	impatient
hotel [həʊtel]	hôtel	important [ɪmpɔːtnt]	important
hour [aʊəʳ]	heure	impossible [ɪmpɒsəbl]	impossible
HOUSE [haʊs]	maison, voir encadré ci-contre	impressive [ɪmpresɪv]	impressionnant
how [haʊ]	comment		

house/la maison (thème) — Dico

HOUSE/LA MAISON

• Verbes et expressions verbales

to be cramped [kræmpt]: *être à l'étroit*
to belong [bɪlɒŋ] to: *appartenir à*
to buy [baɪ] a house [haʊs]: *acheter une maison*
to dig [dɪg]: *creuser*
to have a house built [bɪlt]: *faire construire une maison*
landlord [lændlɔːd], landlady [lændleɪdɪ]: *le, la propriétaire*
to live [lɪv] in a house: *habiter une maison*
to mend [mend]: *réparer*
to move [muːv] into [ɪntʊ] a house: *emménager*
to move out [aʊt] of [əv] a house: *déménager*
to open [əʊpn] on to: *donner sur (fenêtre)*
to own [əʊn]: *posséder*
to rent [rent]/to let [let] a flat [flæt] to sb: *louer un appartement à quelqu'un (donner en location)*
to rent [rent] from sb: *louer à quelqu'un*
to saw [sɔː] a plank [plæŋk]: *scier une planche*
to stay [steɪ]: *demeurer, rester*

• Noms

apartment [əpɑːtmənt] (US)/flat [flæt] (GB): *appartement*
bathroom [bɑːθrʊm]: *salle de bain*
bathtub [bɑːθtʌb]: *baignoire*
bedroom [bedrʊm]: *chambre à coucher*
building [bɪldɪŋ]: *bâtiment*
castle [kɑːsl], mansion [mænʃn]: *château, manoir*
ceiling [siːlɪŋ]: *plafond*
cellar [selə']: *cave*
chimney-pot [tʃɪmnɪpɒt]: *cheminée (extérieure)*
cottage [kɒtɪdʒ]: *petite maison, chaumière*
dining-room [daɪnɪŋrʊm]: *salle à manger*
door [dɔː']: *porte*
fence [fens]: *clôture*
fireplace [faɪəpleɪs]: *cheminée (intérieure), âtre*
floor [flɔː']: *plancher*
garage [gærɑːʒ]: *garage*
garden [gɑːdn]: *jardin*
house [haʊs]: *maison*
kitchen [kɪtʃɪn]: *cuisine*
living-room [lɪvɪŋrʊm]: *salle de séjour*
loft [lɒft], attic [ætɪk]: *grenier*
office [ɒfɪs]: *bureau (pièce)*
roof [ruːf]: *toit*
room [rʊm ou ruːm]: *pièce*
shower [ʃaʊə']: *douche*
shutter [ʃʌtə']: *volet*
skyscraper [skaɪskreɪpə']: *gratte-ciel*
window [wɪndəʊ]: *fenêtre*
window pane [peɪn]: *vitre*
wall [wɔːl]: *mur*
washbasin [wɒʃbeɪsn]: *lavabo*

Furniture /les meubles

bed [bed]: *lit*
bedside [bedsaɪd] table [teɪbl]: *table de nuit*
chair [tʃeə']: *chaise*
chest [tʃest] of drawers [drɔːz]: *commode*

Dico house/la maison (thème)

couch [kaʊtʃ]: *canapé*
cupboard [kʌbəd]: *armoire*
desk [desk]: *bureau (meuble)*
lamp [læmp]: *lampe*
a piece [piːs] of furniture [fɜːnitʃəʳ]: *un meuble*
table [teɪbl]: *table*

Real estate / l'immobilier
to enter [entəʳ] a house : *entrer dans une maison*
house for sale [seɪl]: *maison à vendre*
to lock [lɒk] the door : *fermer à clef*
lodger [lɒdʒəʳ] (GB), roomer [ruməʳ] (US) : *locataire*
removal [rɪmuːvl]: *déménagement*
estate [ɪsteɪt] agent [eɪdʒənt]: *agent immobilier*
owner [əʊnəʳ]: *possesseur*
rent [rent]: *loyer*
to shut [ʃʌt] the door : *fermer la porte*
tenant [tenənt]: *locataire*
to unlock [ʌnlɒk]: *déverrouiller*

Building the house / la construction de la maison
architect [ɑːkɪtekt]: *architecte*
beam [biːm]: *poutre*
brick [brɪk]: *brique*
brush [brʌʃ]: *pinceau*
bucket [bʌkɪt], pail [peɪl]: *seau*
carpenter [kɑːpəntəʳ]: *charpentier*
cement [sɪment]: *ciment*
concrete [kɒŋkriːt]: *béton*
crane [kreɪn]: *grue*
to drive [draɪv] in a nail [neɪl]: *enfoncer un clou*

electrician [ɪlektrɪʃn]: *électricien*
framework [freɪmwɜːk]: *charpente*
hammer [hæməʳ]: *marteau*
joiner [dʒɔɪnəʳ]: *menuisier*
ladder [lædəʳ]: *échelle*
lock [lɒk]: *serrure*
locksmith [lɒksmɪθ]: *serrurier*
paint [peɪnt]: *de la peinture*
to paint [peɪnt]: *peindre*
painter [peɪntəʳ]: *peintre*
to paper [peɪpəʳ]: *tapisser*
pipe [paɪp]: *tuyau*
plumber [plʌməʳ]: *plombier*
pneumatic [njuːmætɪk] drill [drɪl]: *marteau-piqueur*
screw [skruː]: *vis*
screwdriver [skruːdraɪvəʳ]: *tournevis*
shovel [ʃʌvl]: *pelle*
slate [sleɪt]: *ardoise*
socket [sɒkɪt]/plug [plʌg]: *prise*
stone [stəʊn]: *pierre*
tile [taɪl]: *tuile*
yard [jɑːd]: *chantier*
wood [wʊd]: *le bois*

• Adjectifs
comfortable [kʌmftəbl]: *confortable*
convenient [kənviːnjənt]: *commode*
cosy [kəʊzi]: *douillet*
dark [dɑːk]: *sombre*
gloomy [gluːmi]: *sombre, lugubre*
high [haɪ]: *haut*
large [lɑːdʒ]: *vaste, spacieux*
light [laɪt]: *clair*
low [ləʊ]: *bas*
small [smɔːl]: *petit*

kitchen — Dico

(to) **improve** [ɪmpruːv] *améliorer*
in [ɪn] *en, dans*
in case [keɪs] *au cas où*
in fact [fækt] *en fait*
in front [frʌnt] **of** *en face de, devant*
in spite [spaɪt] **of** *en dépit de*
including [ɪnkluːdɪŋ] *y compris*
(to) **increase** [ɪnkriːs] *augmenter*
incredible [ɪnkredəbl] *incroyable*
indeed [ɪndiːd] *en effet*
independence [ɪndɪpendəns] *indépendance*
Indian [ɪndjən] *Indien*
industry [ɪndəstrɪ] *industrie*
information [ɪnfəmeɪʃn] *information*
inhabitant [ɪnhæbɪtənt] *habitant*
(to) **injure** [ɪndʒəʳ] **oneself** *se blesser*
injured [ɪndʒəd] *blessé*
inn [ɪn] *auberge*
(to) **inquire** [ɪnkwaɪəʳ] *se renseigner*
inside [ɪnsaɪd] *à l'intérieur de, dedans*
instead [ɪnsted] **of** *au lieu de*
instructor [ɪnstrʌktəʳ] *moniteur*
instrument [ɪnstrʊmənt] *instrument*
intelligent [ɪntelɪdʒənt] *intelligent*
interested [ɪntrəstɪd] *intéressé*
interesting [ɪntrəstɪŋ] *intéressant*
into [ɪntʊ] *à l'intérieur de, dedans*
(to) **invite** [ɪnvaɪt] *inviter*
Ireland [aɪələnd] *Irlande*

iron [aɪən] *fer*
island [aɪlənd] *île*
it [ɪt] *il, ce, le, la, l', lui, ça, cela*
Italian [ɪtæljən] *italien*
Italy [ɪtəlɪ] *Italie*
its [ɪts] *son, sa, ses*
itself [ɪtself] *lui-même, elle-même*
jacket [dʒækɪt] *veste*
jam [dʒæm] *confiture*
January [dʒænjʊərɪ] *janvier*
jealous [dʒeləs] *jaloux*
jewel [dʒuːəl] *joyau, bijou*
JOB [dʒɒb] *travail, voir encadré ci-contre*
(to) **join** [dʒɔɪn] *se joindre à, adhérer à*
(to) **joke** [dʒəʊk] *plaisanter*
journalist [dʒɜːnəlɪst] *journaliste*
journey [dʒɜːnɪ] *voyage*
judge [dʒʌdʒ] *juge*
July [dʒuːlaɪ] *juillet*
(to) **jump** [dʒʌmp] *sauter*
June [dʒuːn] *juin*
just [dʒʌst] *juste, seulement*
justice [dʒʌstɪs] *justice*
kangaroo [kæŋgəruː] *kangourou*
keen [kiːn] **on** *passionné par*
(to) **keep** [kiːp], **kept** [kept], **kept** [kept] *garder*
kettle [ketl] *bouilloire*
key [kiː] *clé*
(to) **kick** [kɪk] *donner un coup de pied*
(to) **kill** [kɪl] *tuer*
kind [kaɪnd] *gentil / genre*
king [kɪŋ] *roi*
kingdom [kɪŋdəm] *royaume*
(to) **kiss** [kɪs] *embrasser*
kitchen [kɪtʃɪn] *cuisine*

389

Dico knife

knife [naɪf]   couteau
(to) knock [nɒk]   frapper à la porte
(to) know [nəʊ], knew [njuː], known [nəʊn]   savoir, connaître
lack [læk]   manque
ladder [lædəʳ]   échelle
lady [leɪdɪ]   dame
lake [leɪk]   lac
lamp [læmp]   lampe
— post [læmppəʊst]   lampadaire
land [lænd]   terre
(to) land [lænd]   atterrir
language [læŋgwɪdʒ]   langue
large [lɑːdʒ]   grand
last [lɑːst]   dernier, passé
(to) last [lɑːst]   durer
late [leɪt]   tard, tardif
(to) laugh [lɑːf]   rire
launching [lɔːntʃɪŋ]   lancement
law [lɔː]   loi, droit
lawn [lɔːn]   gazon
lawyer [lɔːjəʳ]   avocat
lazy [leɪzɪ]   paresseux
(to) lead [liːd], led [led], led [led]   mener
leaf [liːf]   feuille
leaflet [liːflɪt]   prospectus
(to) learn [lɜːn], learnt [lɜːnt], learnt [lɜːnt]   apprendre
leather [leðəʳ]   cuir
(to) leave [liːv], left [left], left [left]   quitter, partir, laisser
left [left]   gauche, à gauche
leg [leg]   jambe
lemon [lemən]   citron
(to) lend [lend], lent [lent],

JOBS/LES MÉTIERS

• **Verbes et expressions verbales**

to advise [ədvaɪz] sb : *conseiller quelqu'un*
to carry [kærɪ] on a trade [treɪd]: *exercer une profession, faire du commerce*
to earn [ɜːn] a living [lɪvɪŋ]: *gagner sa vie*
to fail [feɪl]: *échouer*
to guide [gaɪd]: sb: *guider quelqu'un*
to have a taste [teɪst] for: *avoir du goût pour*
to make a fortune [fɔːtʃuːn]: *faire fortune*
to set up in business [bɪznɪs]: *monter une affaire*
to succeed [səksiːd]: *réussir*
to supply [səplaɪ]/to provide [prəvaɪd] sb with: *fournir quelque chose à quelqu'un*
to work [wɜːk]: *travailler*

Specific trades/métiers spécifiques

to buy [baɪ], to purchase [pɜːtʃəs]: *acheter*
to enter [entəʳ] into partnership [pɑːtnəʃɪp]: *s'associer*
to export [ɪkspɔːt]/to import [ɪmpɔːt]: *exporter/importer*
to go [gəʊ] on the stage [steɪdʒ]: *faire du théâtre*
to print [prɪnt] a book [bʊk]: *imprimer un livre*
to publish [pʌblɪʃ] a book: *publier un livre*
to read [riːd] for the bar [bɑː]: *faire son droit*
to repair [rɪpeəʳ]: *réparer*
to run [rʌn] a business [bɪznɪs]: *diriger une entreprise*

jobs/les métiers (thème) — Dico

to sell [sel]: *vendre*

The social side/l'aspect social

to ask for a raise [reɪz]: *demander une augmentation*
to be laid [leɪd] off: *être licencié*
to demonstrate [demənstreɪt]: *manifester*
to employ [ɪmplɔɪ] (GB)/to hire [haɪəʳ]: (US): *engager, employer*
to go on strike [straɪk]: *se mettre en grève*
to leave [liːv]/to quit [kwɪt]: a job: *démissionner de son travail*
to look [lʊk] for a job: *chercher un emploi*
to resign [rɪzaɪn]: *démissionner*
to retire [rɪtaɪəʳ]: *prendre sa retraite*
to be unemployed [ʌnɪmplɔɪd], to be on the dole [dəʊl]: *être au chômage*
unemployed people, the jobless [dʒɒbles]: *les chômeurs*
unemployment [ʌnɪmplɔɪmənt]: *chômage*

• **Noms**

ability [əbɪləti]: *capacité, talent*
advertising [ædvətaɪzɪŋ]: *la publicité*
advice [ədvaɪs]/a piece [piːs] of advice: *des conseils/un conseil*
appointment [əpɔɪntmənt]: *rendez-vous*
career [kərɪəʳ]: *carrière*
consumer [kənsjuːməʳ]: *consommateur*
job [dʒɒb]: *métier*
opportunity [ɒpətjuːnəti]: *chance, opportunité*
producer [prədjuːsəʳ]: *producteur*
purchase [pɜːtʃəs]: *achat*
sale [seɪl]: *vente*
scheme [skiːm]: *projet*
skill [skɪl]: *habileté*

Jobs and trades/emplois et métiers

accountant [əkaʊntənt]: *comptable*
baker [beɪkəʳ]: *boulanger*
banker [bæŋkəʳ]: *banquier*
barrister [bærɪstəʳ], lawyer [lɔːjəʳ], attorney [ətɜːni]: (US): *avocat*
business [bɪznɪs]: *société/les affaires*
butcher [bʊtʃəʳ]: *boucher*
clerk [klɑːk]: *employé*
craftsman [krɑːftsmən]: *artisan*
doctor [dɒktəʳ]: *docteur*
dressmaker [dresmeɪkəʳ]: *couturière*
farmer [fɑːməʳ]: *agriculteur*
the fees [fiːz]: *les honoraires*
fishmonger [fɪʃmʌŋgəʳ]: *poissonnier*
grocer [grəʊsəʳ]: *épicier*
headmaster [hedmɑːstəʳ]: *directeur d'école*
journalism [dʒɜːnəlɪzm]: *le journalisme*
journalist [dʒɜːnəlɪst], newspaperman [njuːzpeɪpəmən]: *journaliste*
the law [lɔː]: *le droit, la justice*
lawyer [lɔːjəʳ]: *homme de loi*
medicine [medsɪn]: *la médecine*
nurse [nɜːs]: *infirmière*
physician [fɪzɪʃn]: *médecin*
policeman [pəliːsmən]: *policier*
politician [pɒlɪtɪʃn]: *homme politique*
politics [pɒlətɪks]: *la politique*
postman [pəʊstmən]: *postier*
priest [priːst]: *prêtre, ecclésiastique*
reporter [rɪpɔːtəʳ]: *reporter*
scientist [saɪəntɪst]: *scientifique*
shoemaker [ʃuːmeɪkəʳ]: *cordonnier*
soldier [səʊldʒəʳ]: *militaire*
solicitor [səlɪsɪtəʳ]: *avocat, notaire*
teacher [tiːtʃəʳ]: *professeur*

Dico — jobs/les métiers (thème)

tradesman [treɪdzmən]: *commerçant*
vet [vet]: *vétérinaire*
waitress [weɪtrɪs]: *serveuse*

Industry/l'industrie

the aerospace [ərəʊspeɪs] industry [ɪndəstrɪ]: *l'industrie aérospatiale*
chief [tʃiːf] executive [ɪgzekjʊtɪv] officer [ɒfɪsəʳ] (CEO): *président-directeur général (PDG)*
computer [kəmpjuːtəʳ] engineer [endʒɪnɪəʳ]: *ingénieur informaticien*
electronics [ɪlektrɒnɪks]: *l'électronique*
employee [ɪmplɔɪiː]: *employé*
employer [ɪmplɔɪəʳ], boss [bɒs]: *patron*
engineer [endʒɪnɪəʳ]: *ingénieur*
factory [fæktərɪ], plant [plɑːnt]: *usine*
firm [fɜːm]: *entreprise*
hi-tech [haɪtek]: *la technologie de pointe*
industrialist [ɪndʌstrɪəlɪst]: *industriel*
machine [məʃiːn]: *machine*
manager [mænɪdʒəʳ]: *directeur*
mechanic [mɪkænɪk]: *mécanicien*
nuclear [njuːklɪəʳ] power [paʊəʳ] plant [plɑːnt]: *centrale nucléaire*
partner [pɑːtnəʳ]: *associé*
salesman [seɪlsmən]: *commercial*
silicon [sɪlɪkən] chip [tʃɪp]: *puce électronique*
technician [teknɪʃn]: *technicien*
union [juːnjən]: *syndicat*
wage [weɪdʒ]: *salaire*
workman [wɜːkmən]: *ouvrier*

The environment/l'environnement

environmentalism [ɪnvaɪərənmentlɪzm]: *la protection de l'environment*
environmentalists [ɪnvaɪərənmentlɪsts]: *les écologistes*
greenhouse [griːnhaʊs] effect [ɪfekt]: *effet de serre*
ozone [əʊzəʊn] layer [leɪəʳ]: *couche d'ozone*
pollution [pəluːʃn]: *la pollution*
unleaded [ʌnledɪd]: *sans plomb*

• **Adjectifs**

able [eɪbl]: *capable*
amateur [æmətəʳ]: *amateur*
ambitious [æmbɪʃəs]: *ambitieux*
clever [klevəʳ]: *intelligent*
competent [kɒmpɪtənt]: *compétent*
dishonest [dɪsɒnɪst]: *malhonnête*
enterprising [entəpraɪzɪŋ]: *entreprenant*
famous [feɪməs]: *connu*
full-time [fʊltaɪm]/part-time [pɑːttaɪm]: *à plein temps/à mi-temps*
gifted [gɪftɪd]: *doué*
hard-working [hɑːdwɜːkɪŋ]: *travailleur*
honest [ɒnɪst]: *honnête*
lazy [leɪzɪ]: *paresseux*
permanent [pɜːmənənt]: *permanent*
temporary [tempərərɪ]: *temporaire*
renowned [rɪnaʊnd]: *renommé*
skilful [skɪlfʊl]: *habile*
steady [stedɪ]: *stable*

manage (to) — Dico

lent [lent] — *prêter*
less [les] — *moins*
lesson [lesn] — *leçon*
(to) let [let], **let** [let], **let** [let] — *laisser, permettre*
letter [letə'] — *lettre*
library [laɪbrərɪ] — *bibliothèque (pièce)*
lid [lɪd] — *couvercle*
(to) lie [laɪ], **lay** [leɪ], **lain** [leɪn] — *être étendu ou couché*
life [laɪf] — *vie*
lift [lɪft] — *ascenseur*
(to) lift [lɪft] — *lever, soulever*
light [laɪt] — *lumière/clair/léger*
(to) light [laɪt], **lit** [lɪt], **lit** [lɪt] — *éclairer*
like [laɪk] — *comme*
(to) like [laɪk] — *aimer bien, apprécier*
(to be) like [laɪk] — *ressembler à*
likely [laɪklɪ] — *susceptible de*
limiting [lɪmɪtɪŋ] — *contraignant*
line [laɪn] — *ligne*
lion [laɪən] — *lion*
(to) listen [lɪsn] **to** — *écouter*
little [lɪtl] — *petit*
(a) little [lɪtl] — *un peu*
(to) live [lɪv] — *vivre*
living [lɪvɪŋ] **room** [rʊm] — *salon*
loaf [ləʊf] — *(miche de) pain*
(to) lock [lɒk] — *fermer à clé*
London [lʌndən] — *Londres*
lonely [ləʊnlɪ] — *(qui se sent) seul*
long [lɒŋ] — *long*
(not any) longer [lɒŋə'] — *ne plus*
look [lʊk] — *regard*

(to) look [lʊk] — *regarder*
(to) look+adj. — *avoir l'air*
(to) look after [ɑːftə'] — *s'occuper de*
(to) look for [fɔː'] — *chercher, rechercher*
loose [luːs] — *relâché, distendu*
lorry [lɒrɪ] — *camion*
(to) lose [luːz], **lost** [lɒst], **lost** [lɒst] — *perdre*
(a) lot [lɒt] **(of)** — *beaucoup de*
lots [lɒts] **of** — *beaucoup de*
loud [laʊd] — *fort (pour le son)*
lounge [laʊndʒ] — *salon*
love [lʌv] — *amour*
(to) love [lʌv] — *aimer*
lovely [lʌvlɪ] — *adorable*
low [ləʊ] — *bas*
luck [lʌk] — *chance*
lucky [lʌkɪ] — *chanceux*
luggage [lʌgɪdʒ] — *bagages*
lunch [lʌntʃ] — *déjeuner*
Luxembourg [lʌksəmbɜːg] — *Luxembourg*
luxury [lʌkʃərɪ] — *de luxe*
mad [mæd] — *fou*
madam [mædəm] — *madame*
main [meɪn] — *principal*
majority [mədʒɒrətɪ] — *majorité*
(to) make [meɪk], **made** [meɪd], **made** [meɪd] — *faire, fabriquer*
(to) make sense [sens] — *avoir un sens*
make-up [meɪkʌp] — *maquillage*
man [mæn] **(pl. men** [men]) — *homme*
(to) manage [mænɪdʒ] — *se débrouiller*

Dico — manager

manager [mænɪdʒəʳ]	*directeur*	
many [menɪ]	*de nombreux, beaucoup de*	
map [mæp]	*carte*	
March [mɑːtʃ]	*mars*	
march [mɑːtʃ]	*manifestation*	
mark [mɑːk]	*marque, signe*	
market [mɑːkɪt]	*marché*	
marmalade [mɑːməleɪd]	*marmelade*	
(to) marry [mærɪ]	*épouser*	
marvellous [mɑːvələs]	*merveilleux*	
master [mɑːstəʳ]	*maître*	
match [mætʃ]	*match/allumette*	
(to) match [mætʃ]	*être bien assorti*	
material [mətɪərɪəl]	*matériau*	
maths [mæθs]	*maths*	
(to) matter [mætəʳ]	*avoir de l'importance*	
matter [mætəʳ]	*matière*	
May [meɪ]	*mai*	
maybe [meɪbiː]	*peut-être*	
mayor [meəʳ]	*maire*	
me [miː]	*moi, me, m'*	
meal [miːl]	*repas*	
(to) mean [miːn], **meant** [ment], **meant** [ment]	*signifier*	
meat [miːt]	*viande*	
medal [medl]	*médaille*	
medecine [medsɪn]	*médicament*	
(to) meet [miːt], **met** [met], **met** [met]	*rencontrer*	
(to) melt [melt]	*fondre*	
member [membəʳ]	*membre*	
memory [memərɪ]	*mémoire*	
(to) mend [mend]	*réparer*	
mess [mes]	*désordre*	
metal [metl]	*métal*	
middle [mɪdl]	*milieu*	
midnight [mɪdnaɪt]	*minuit*	
mile [maɪl]	*mile*	
milk [mɪlk]	*lait*	
milkman [mɪlkmən]	*laitier*	
million [mɪljən]	*million*	
mind [maɪnd]	*esprit*	
(to) mind [maɪnd]	*se soucier de*	
mine [maɪn]	*le(s) mien(s), la(les) mienne(s)*	
mink [mɪŋk]	*vison*	
minute [mɪnɪt]	*minute*	
miserable [mɪzrəbl]	*malheureux*	
Miss [mɪs]	*mademoiselle*	
(to) miss [mɪs]	*manquer, rater*	
mistake [mɪsteɪk]	*erreur, faute*	
mixed [mɪksd]	*mélangé*	
model [mɒdl]	*mannequin*	
modern [mɒdən]	*moderne*	
moment [məʊmənt]	*moment*	
Monday [mʌndɪ]	*lundi*	
money [mʌnɪ]	*argent*	
monkey [mʌŋkɪ]	*singe*	
month [mʌnθ]	*mois*	
moon [muːn]	*lune*	
moped [məʊped]	*vélomoteur*	
more [mɔːʳ]	*plus, davantage*	
morning [mɔːnɪŋ]	*matin*	
Moroccan [mərɒkən]	*marocain*	
Morocco [mərɒkəʊ]	*Maroc*	
most [məʊst]	*le plus*	
most of	*la plupart de*	
mother [mʌðəʳ]	*mère*	
motorbike [məʊtəbaɪk]	*moto*	
motorist [məʊtərɪst]	*automobiliste*	
motorway [məʊtəweɪ]	*autoroute*	

mountain [maʊntɪn]	montagne	never [nevəʳ]	jamais
mouth [maʊθ]	bouche	new [njuː]	nouveau
(to) move [muːv]	bouger, déménager	news [njuːz]	informations
(to) mow [məʊ], mew [mjuː], mown [məʊn]	faucher, tondre	newsagent [njuːzeɪdʒənt]	marchand de journaux
much [mʌtʃ]	beaucoup	newspaper [njuːzpeɪpəʳ]	journal
mum(my) [mʌm(ɪ)]	maman	New Zealand [njuːziːlənd]	Nouvelle-Zélande
murder [mɜːdəʳ]	meurtre	next [nekst]	prochain
museum [mjuːziːəm]	musée	next door [dɔːʳ]	juste à côté
music [mjuːzɪk]	musique	next to	près de
musical [mjuːzɪkl]	comédie musicale	nice [naɪs]	joli, gentil, bien
mutton [mʌtn]	mouton (mort)	night [naɪt]	nuit
my [maɪ]	mon, ma, mes	nine [naɪn]	neuf
myself [maɪself]	moi-même	nineteen [naɪntiːn]	dix-neuf
mysterious [mɪstɪərɪəs]	mystérieux	ninety [naɪntɪ]	quatre-vingt-dix
mystery [mɪstərɪ]	mystère	no [nəʊ]	non/aucun/pas de
name [neɪm]	nom	nobody [nəʊbədɪ]	personne
(to) name [neɪm]	nommer	noise [nɔɪz]	bruit
narrow [nærəʊ]	étroit	none [nʌn]	aucun
native [neɪtɪv]	autochtone	nonsense [nɒnsəns]	charabia, idioties
natural [nætʃrəl]	naturel	North [nɔːθ]	Nord, au nord
navy [næv ɪ]	la marine	nose [nəʊz]	nez
near [nɪəʳ]	proche, près	not [nɒt]	ne... pas
nearly [nɪəlɪ]	proche	not at all [ɔːl]	pas du tout
necessary [nesəsrɪ]	nécessaire	not yet [jet]	pas encore
neck [nek]	cou	nothing [nʌθɪŋ]	rien
need [nːd]	besoin	(to) notice [nəʊtɪs]	remarquer
(to) need [niːd]	avoir besoin de	novel [nɒvl]	roman
needle [niːdl]	aiguille	November [nəvembəʳ]	novembre
neighbour [neɪbəʳ]	voisin	now [naʊ]	maintenant
neither [naɪðəʳ ou niːðəʳ]	ni	nowadays [naʊədeɪz]	de nos jours
neither... nor [nɔːʳ]	ni...ni	nuclear [njuːklɪəʳ]	nucléaire
nervous [nɜːvəs]	nerveux	number [nʌmbəʳ]	nombre
Netherlands [neðələndz]	Pays-Bas	nurse [nɜːs]	infirmière

Dico obvious

obvious	[ɒbvɪəs]	évident
(to) occur	[əkɜːʳ]	arriver, survenir
ocean	[əʊʃn]	océan
October	[ɒktəʊbəʳ]	octobre
of	[əv ou ɒv]	de
of course	[kɔːs]	bien sûr
off	[ɒf]	de (distance, départ...)
(to) offer	[ɒfəʳ]	proposer, offrir
office	[ɒfɪs]	bureau
officer	[ɒfɪsəʳ]	officier
often	[ɒfn ou ɒftn]	souvent
oil	[ɔɪl]	huile/pétrole
old	[əʊld]	vieux, âgé, ancien
old-fashioned	[fæʃnd]	vieux jeu
olympics	[əlɪmpɪks]	jeux Olympiques
on	[ɒn]	sur, dessus
on foot	[fʊt]	à pied
on purpose	[pɜːpəs]	exprès
on the one hand	[hænd]	d'un côté
on the other	[ʌðəʳ] hand	d'un autre côté
on time	[taɪm]	à l'heure
once	[wʌns]	une fois, autrefois
one	[wʌn]	un
only	[əʊnlɪ]	seulement
open	[əʊpn]	ouvert
(to) open	[əʊpn]	ouvrir
opinion	[əpɪnjən]	opinion
opportunity	[ɒpətjuːnətɪ]	occasion
opposite	[ɒpəzɪt]	opposé/en face de
or	[ɔːʳ]	ou
orange	[ɒrɪndʒ]	orange
order	[ɔːdəʳ]	ordre
(to) order	[ɔːdəʳ]	commander (restaurant)
ordinary	[ɔːdənrɪ]	ordinaire
(to) organize	[ɔːgənaɪz]	organiser
origin	[ɒrɪdʒɪn]	origine
other	[ʌðəʳ]	autre
our	[aʊəʳ]	notre, nos
ours	[aʊəz]	le(s) nôtre(s)
ourselves	[aʊəselvz]	nous-mêmes
out (of)	[aʊt]	hors de
out of order	[ɔːdəʳ]	en panne
outside	[aʊtsaɪd]	à l'extérieur de
oven	[ʌvn]	four
over	[əʊvəʳ]	au-dessus de
own	[əʊn]	propre, particulier
(to) own	[əʊn]	posséder
(to) pack	[pæk]	emballer
packet	[pækɪt]	paquet
page	[peɪdʒ]	page
pain	[peɪn]	souffrance, douleur
painful	[peɪnfʊl]	douloureux
(to) paint	[peɪnt]	peindre
painter	[peɪntəʳ]	peintre
painting	[peɪntɪŋ]	peinture, tableau
pan	[pæn]	casserole
panicked	[pænɪkt]	affolé
paper	[peɪpəʳ]	journal
paragraph	[pærəgrɑːf]	paragraphe
parcel	[pɑːsl]	colis
parent	[peərənt]	parent
park	[pɑːk]	parc
(to) park	[pɑːk]	garer
parrot	[pærət]	perroquet
part	[pɑːt]	partie
party	[pɑːtɪ]	soirée, fête
(to) pass	[pɑːs]	passer/réussir
passenger	[pæsɪndʒəʳ]	passager
past	[pɑːst]	passé

patient [peɪʃnt]	patient, malade	
pavement [peɪvmənt]	trottoir	
(to) pay [peɪ], paid [peɪd], paid [peɪd]		payer
pea [piː]	pois	
peace [piːs]	paix	
peacefully [piːsfʊlɪ]	dans le calme	
pear [peəʳ]	poire	
pen [pen]	stylo	
pence [pens]	pence	
pencil [pensl]	crayon	
pencil case [keɪs]	trousse	
penny [penɪ]	penny	
people [piːpl]	gens/peuple	
perfectly [pɜːfɪktlɪ]	parfaitement	
perhaps [pəhæps]	peut-être	
period [pɪərɪəd]	période	
(to) persecute [pɜːsɪkjuːt]		persécuter
person [pɜːsn]	personne	
pet [pet]	animal familier	
petrol [petrəl]	essence	
phone [fəʊn]	téléphone	
(to) phone [fəʊn]	téléphoner	
phone box [bɒks]	cabine téléphonique	
phone call [kɔːl]	appel téléphonique	
phone number [nʌmbəʳ]		numéro de téléphone
physicist [fɪzɪsɪst]	physicien	
physics [fɪzɪks]	la physique	
(to) pick [pɪk] up	prendre, saisir	
picnic [pɪknɪk]	pique-nique	
picture [pɪktʃəʳ]	photo, image	
pie [paɪ]	tourte	
piece [piːs]	morceau	
pig [pɪg]	cochon	
pillar-box [pɪləʳbɒks]	boîte à lettres	

pillow [pɪləʊ]	oreiller
pilot [paɪlət]	pilote
pink [pɪŋk]	rose
pint [paɪnt]	mesure de 0,568 litre
pipe [paɪp]	tuyau
pity [pɪtɪ]	dommage
place [pleɪs]	endroit
plan [plæn]	projet
(to) plan [plæn]	programmer
plane [pleɪn]	avion
(to) plant [plɑːnt]	planter
plate [pleɪt]	assiette
platform [plætfɔːm]	quai
platinum [plætɪnəm]	platine
play [pleɪ]	pièce (de théâtre)
(to) play [pleɪ]	jouer
player [pleɪəʳ]	joueur
playground [pleɪgraʊnd]	terrain de jeu
playing [pleɪɪŋ] field [fiːld]	terrain de sport
pleasant [pleznt]	plaisant
please [pliːz]	s'il vous plaît
pleased [pliːzd]	ravi
pleasure [pleʒəʳ]	plaisir
plenty [plentɪ] of	plein de
pocket [pɒkɪt]	poche
point [pɔɪnt]	point
(to) point [pɔɪnt]	indiquer
police [pəliːs]	la police
— man [pəliːsmən]	policier
— station [steɪʃn]	poste de police
polite [pəlaɪt]	poli
politician [pɒlɪtɪʃn]	homme politique
politics [pɒlətɪks]	politique
poll [pəʊl]	sondage
poor [pɔːʳ]	pauvre

Dico — popular

popular [pɒpjʊləʳ] *populaire, prisé*
pork [pɔːk] *porc*
port [pɔːt] *port*
porter [pɔːtəʳ] *portier*
Portugal [pɔːtʃʊgl] *Portugal*
Portuguese [pɔːtʃʊgiːz] *portugais*
possible [pɒsəbl] *possible*
(to) post [pəʊst] *poster*
postcard [pəʊstkɑːd] *carte postale*
poster [pəʊstəʳ] *affiche*
postman [pəʊstmən] *postier*
post-office [pəʊstɒfɪs] *bureau de poste*
potato [pəteɪtəʊ] *pomme de terre*
pound [paʊnd] *livre (monnaie ou poids)*
(to) pour [pɔːʳ] *verser*
poverty [pɒvətɪ] *pauvreté*
powder [paʊdəʳ] *poudre*
power [paʊəʳ] *pouvoir*
power station [steɪʃn] *centrale électrique*
(to) practise [præktɪs] *s'entraîner*
(to) prefer [prɪfɜːʳ] *préférer*
(to) prepare [prɪpeəʳ] *préparer*
present [preznt] *cadeau*
(to) pretend [prɪtend] *faire semblant*
pretty [prɪtɪ] *joli*
(to) prevent [prɪvent] *empêcher*
price [praɪs] *prix*
Prime [praɪm] **Minister** [mɪnɪstəʳ] *Premier ministre*
prince [prɪns] *prince*
princess [prɪnses] *princesse*

principal [prɪnsəpl] *principal (de collège)*
prize [praɪz] *prix, lot*
probably [prɒbəblɪ] *probablement*
problem [prɒbləm] *problème*
product [prɒdʌkt] *produit*
programme [prəʊgræm] *émission (télé ou radio)*
progress [prəʊgres] *progrès*
(to) promise [prɒmɪs] *promettre*
(to) protect [prətekt] *protéger*
protester [prətestəʳ] *manifestant*
proud [praʊd] *fier*
(to) prove [pruːv] *prouver*
prudent [pruːdnt] *prudent*
pub [pʌb] *pub*
(to) publish [pʌblɪʃ] *publier*
(to) pull [pʊl] *tirer*
pullover [pʊləʊvəʳ] *pullover*
(to) punish [pʌnɪʃ] *punir*
pupil [pjuːpl] *élève*
purple [pɜːpl] *violet*
purse [pɜːs] *porte-monnaie*
(to) push [pʊʃ] *pousser*
(to) put [pʊt], **put** [pʊt], **put** [pʊt] *poser, placer, mettre*
(to) put on [ɒn] *mettre (un vêtement)*
(to) put on weight [weɪt] *grossir*
puzzled [pʌzld] *perplexe*
pyjamas [pədʒɑːməz] *pyjama*
(to) quarrel [kwɒrəl] *se disputer*
quarter [kwɔːtəʳ] *quartier*
queen [kwiːn] *reine*
question [kwestʃn] *question*
questionnaire [kwestʃəneəʳ] *sondage*

398

queue [kjuː]	file d'attente	recently [riːsntlɪ]	récemment
(to) queue [kjuː]	faire la queue	reception [rɪsepʃn]	réception
quick [kwɪk]	vite, rapide	recipe [resɪpɪ]	recette
quickly [kwɪklɪ]	rapidement	(to) recognize [rekəgnaɪz]	reconnaître
quiet [kwaɪət]	calme, tranquille		
quite [kwaɪt]	assez, plutôt	record [rekɔːd]	disque
race [reɪs]	course/race	(to) record [rɪkɔːd]	enregistrer
racial [reɪʃl]	racial	record-player [rɪkɔːdpleɪəʳ]	
racing [reɪsɪŋ] car [kɑːʳ]			tourne-disque
	voiture de course	(to) recruit [rɪkruːt]	embaucher
racist [reɪsɪst]	raciste	(to) recycle [riːsaɪkl]	recycler
racket [rækɪt]	raquette	red [red]	rouge
radio [reɪdɪəʊ]	radio	(to) refuse [rɪfjuːz]	refuser
rag [ræg]	chiffon	regularly [regjʊləlɪ]	régulièrement
railing [reɪlɪŋ]	grille	(to) rehearse [rɪhɜːs]	répéter
railway [reɪlweɪ]	chemin de fer	(to) relax [rɪlæks]	se détendre
rain [reɪn]	pluie	(to) release [rɪliːs]	libérer
(to) rain [reɪn]	pleuvoir	religious [rɪlɪdʒəs]	religieux
raincoat [reɪnkəʊt]	imperméable	(to) remain [rɪmeɪn]	rester, demeurer
rainy [reɪnɪ]	pluvieux	(to) remember [rɪmembəʳ]	
ranger [reɪndʒəʳ]	garde forestier		se souvenir
rarely [reəlɪ]	rarement	(to) remind [rɪmaɪnd]	
rate [reɪt]	taux		rappeler
rather [rɑːðəʳ]	plutôt	(to) rent [rent]	louer
(to) reach [riːtʃ]	atteindre	(to) repair [rɪpeəʳ]	réparer
reaction [rɪækʃn]	réaction	repairman [rɪpeəˈmən]	
(to) read [riːd], read [red], read [red]			réparateur
	lire	(to) repeat [rɪpiːt]	répéter
reading [riːdɪŋ]	lecture	(to) require [rɪkwaɪəʳ]	
ready [redɪ]	prêt		demander
real [rɪəl]	vrai	(to) rescue [reskjuː]	sauver
(to) realize [rɪəlaɪz]	se rendre compte	research [rɪsɜːtʃ]	recherche
really [rɪəlɪ]	vraiment	reservation [rezəveɪʃn]	
reason [riːzn]	raison		réservation
(to) recapitulate [riːkəpɪtjʊleɪt]		responsible [rɪspɒnsəbl]	
	récapituler		responsable
(to) receive [rɪsiːv]	recevoir	rest [rest]	repos/reste

399

Dico — rest (to)

(to) rest [rest]	se reposer	
restaurant [restərɒnt]	restaurant	
result [rɪzʌlt]	résultat	
(to) retire [rɪtaɪəʳ]	prendre sa retraite	
revenge [rɪvendʒ]	vengeance	
rhino [raɪnəʊ]	rhinocéros	
rich [rɪtʃ]	riche	
ride [raɪd]	promenade	
(to) ride [raɪd], **rode** [rəʊd], **ridden** [rɪdn]	aller (à cheval ou à vélo)	
ridiculous [rɪdɪkjʊləs]	ridicule	
right [raɪt]	droit/exact/raison	
(to) ring [rɪŋ], **rang** [ræŋ], **rung** [rʌŋ]	sonner	
(to) rise [raɪz], **rose** [rəʊz], **risen** [rɪzn]	s'élever, se lever	
risk [rɪsk]	risque	
river [rɪvəʳ]	rivière	
road [rəʊd]	route	
road map [mæp]	carte routière	
roof [ruːf]	toit	
room [ruːm ou rʊm]	pièce, chambre	
rope [rəʊp]	corde	
rough [rʌf]	rugueux	
round [raʊnd]	rond/autour de	
row [rəʊ]	rangée	
rubber [rʌbəʳ]	caoutchouc	
rubbish [rʌbɪʃ]	détritus, ordures	
rugby [rʌgbɪ]	rugby	
rule [ruːl]	domination	
(to) run [rʌn], **ran** [ræn], **run** [rʌn]	courir	
runner [rʌnəʳ]	coureur	
(to) rush [rʌʃ]	se précipiter	
sad [sæd]	triste	
safe [seɪf]	sûr, protégé	
safety [seɪftɪ]	sécurité	
(to) sail [seɪl]	naviguer	
sailor [seɪləʳ]	marin	
salad [sæləd]	salade	
salary [sælərɪ]	salaire	
sale [seɪl]	vente	
salesgirl [seɪlzgɜːl]	vendeuse	
salesman [seɪlzmən]	vendeur	
saliva [səlaɪvə]	salive	
salt [sɔːlt ou sɒlt]	sel	
same [seɪm]	pareil/le même	
sand [sænd]	sable	
sandwich [sænwɪdʒ]	sandwich	
Saturday [sætədɪ]	samedi	
(to) save [seɪv]	sauver/économiser	
(to) say [seɪ], **said** [sed], **said** [sed]	dire	
scarf [skɑːf]	écharpe	
SCHOOL [skuːl]	école, voir encadré p. 416	
schoolbag [skuːlbæg]	cartable	
schoolchild [skuːltʃaɪld]	écolier	
schoolfriend [skuːlfrend]	camarade de classe	
science [saɪəns]	science	
scientist [saɪəntɪst]	scientifique (nom)	
scissors [sɪzəz]	ciseaux	
score [skɔːʳ]	score	
(to) score [skɔːʳ]	égaliser, marquer	
Scotland [skɒtlənd]	Écosse	
(to) scream [skriːm]	hurler	
script [skrɪpt]	scénario	
sea [siː]	mer	
seabed [siːbed]	fond sous-marin	
(to) search [sɜːtʃ]	fouiller	
seasick [siːsɪk]	mal de mer	

silver Dico

seaside [siːsaɪd]	bord de mer	shape [ʃeɪp]	forme
season [siːzn]	saison	(to) share [ʃeəʳ]	partager
seat [siːt]	siège, place	sharp [ʃɑːp]	pointu, acéré
second [sekənd]	second, deuxième	(to) shave [ʃeɪv]	se raser
second hand [hænd]	d'occasion	she [ʃiː]	elle
secret [siːkrɪt]	secret	sheep [ʃiːp]	mouton (vivant)
secretary [sekrətrɪ]	secrétaire	(to) shine [ʃaɪn], shone [ʃɒn], shone [ʃɒn]	briller
section [sekʃn]	rayon		
(to) see [siː], saw [sɔː], seen [siːn]	voir	ship [ʃɪp]	bateau
		shirt [ʃɜːt]	chemise
(to) seem [siːm]	sembler	shocking [ʃɒkɪŋ]	terrible, scandaleux
(to) sell [sel], sold [səʊld], sold [səʊld]	vendre	shoe [ʃuː]	chaussure
		shoe lace [leɪs]	lacet
(to) send [send], sent [sent], sent [sent]	envoyer	(to) shoot [ʃuːt], shot [ʃɒt], shot [ʃɒt]	tirer (arme à feu)
sentence [sentəns]	phrase	shop [ʃɒp]	magasin
(to) separate [sepəreɪt]	séparer	shop keeper [kiːpəʳ]	commerçant
separately [seprətlɪ]	séparément	shopper [ʃɒpəʳ]	client
		shopping [ʃɒpɪŋ]	courses
September [septembəʳ]	septembre	shop window [wɪndəʊ]	vitrine
series [sɪərɪːz]	série	short [ʃɔːt]	court
serious [sɪərɪəs]	grave, sérieux	(to) shout [ʃaʊt]	crier
servant [sɜːvənt]	domestique	show [ʃəʊ]	spectacle
(to) serve [sɜːv]	servir	(to) show [ʃəʊ], showed [ʃəʊd], shown [ʃəʊn]	montrer
set [set]	série, collection		
(to) set [set], set [set], set [set]	fixer, mettre	shower [ʃəʊəʳ]	douche
		(to) shut [ʃʌt], shut [ʃʌt], shut [ʃʌt]	fermer
(to) settle [setl]	placer, poser	sick [sɪk]	malade, nauséeux
seven [sevn]	sept	side [saɪd]	côté
seventeen [sevntiːn]	dix-sept	sight [saɪt]	site, vue
seventy [sevntɪ]	soixante-dix	sign [saɪn]	signe, panneau
several [sevrəl]	plusieurs	silence [saɪləns]	silence
sexist [seksɪst]	sexiste	silly [sɪlɪ]	stupide
(to) shake [ʃeɪk], shook [ʃʊk], shaken [ʃeɪkn]	secouer	silver [sɪlvəʳ]	argent (métal)

Dico: school/l'école (thème)

SCHOOL/L'ÉCOLE

• Verbes et expressions verbales

Les élèves/the students

to answer [ɑːnsəʳ] sthg, to reply [rɪplaɪ] to sthg : *répondre quelque chose*
to be late [leɪt] : *être en retard*
to be punctual [pʌŋktʃʊəl] : *être à l'heure, ponctuel*
to copy [kɒpɪ] : *copier*
to count [kaʊnt] : *compter*
to drop [drɒp] out [aʊt] of school : *abandonner ses études*
to fail [feɪl] : *échouer*
to forget [fəget] : *oublier*
to go [gɒ] to school : *aller à l'école*
to learn [lɜːn] : *apprendre*
to learn by heart [hɑːt] : *apprendre par cœur*
to look [lʊk] up [ʌp] a word in a dictionary [dɪkʃənrɪ] : *chercher un mot dans le dictionnaire*
to pass [pɑs] an exam [ɪgzæm] : *réussir un examen*
to play [pleɪ] truant [truːənt] : *faire l'école buissonnière*
to read [riːd] : *lire*
to remember [rɪmembəʳ] : *se souvenir*
to repeat [rɪpiːt] : *répéter*
to spell [spel] a word : *épeler un mot*
to study [stʌdɪ] : *étudier, travailler*
to succeed [səksiːd] in doing sthg : *réussir à faire quelque chose*
to take [teɪk] an exam : *passer un examen*
to understand [ʌndəstænd] : *comprendre*
to write [raɪt] : *écrire*

Les enseignants/the teachers

to ask [ɑːsk] sb a question [kwestʃn] : *poser une question à quelqu'un*
to expel [ɪkspel] a student [stjuːdnt] : *renvoyer un élève*
to mean [miːn] *signifier, vouloir dire*
to question [kwestʃn] sb : *interroger quelqu'un*
to teach [tiːtʃ] : *enseigner*

• Noms

La vie scolaire/school life

break [breɪk] : *récréation*
class [klɑːs] : *cours*
headmaster [hedmɑːstəʳ], headmistress [hedmɪstrɪs] : *directeur, directrice*
the holiday [hɒlɪdeɪ] (GB)/the vacation [vəkeɪʃn] (US) : *les vacances*
homework [həʊmwɜːk] : *les devoirs*
pupil [pjuːpl] (GB)/student [stjuːdnt] (US) : *élève*
schoolboy [skuːlbɔɪ], schoolgirl [skuːlgɜːl] : *écolier, écolière*
teacher [tiːtʃəʳ] : *professeur*
timetable [taɪmteɪbl] : *emploi du temps*

Les systèmes éducatifs/school systems

1st [fɜːst] form [fɔːm] (GB)/6th [sɪksθ] grade [greɪd] (US) : *la sixième*
6th [sɪksθ] form [fɔːm] (GB)/12th [twelfθ] grade [greɪd] (US) : *la terminale*
college [kɒlɪdʒ], university [juːnɪvɜːsətɪ] : *l'université*
high [haɪ] school [skuːl] (US) : *le lycée*

school/l'école (thème) — Dico

junior [dʒuːnjəʳ] high school (US): *le collège*
nursery [nɜːsərɪ] school, kindergarten [kɪndəgɑːtn]: *l'école maternelle*
primary [praɪmərɪ] school (GB)/ grade [greɪd] school (US): *l'école primaire*
secondary [sekəndrɪ] school (GB): *le collège/le lycée*

Locaux et fournitures/buildings and tools
blackboard [blækbɔːd]: *tableau*
book [bʊk]: *livre*
classroom [klɑːsrʊm]: *salle de classe*
desk [desk]: *bureau*
eraser [ɪreɪzəʳ] (US)/rubber [rʌbəʳ] (GB): *gomme*
ink [ɪŋk]: *de l'encre*
notebook [nəʊtbʊk]: *cahier*
paper [peɪpəʳ]: *du papier*
pen [pen]: *stylo*
pencil [pensɪl]: *crayon*
playground [pleɪgraʊnd]: *cour*
ruler [ruːləʳ]: *règle*
satchel [sætʃəl], schoolbag [skuːlbæg]: *cartable, sac*
schoolhouse [skuːlhaʊs]: *école (bâtiment)*
textbook [tekstbʊk]: *manuel*

L'enseignement/teaching
Art [ɑːt]: *les arts*
average [ævərɪdʒ]: *moyenne*
classical [klæsɪkl] languages [læŋgwɪdʒɪs]: *les langues mortes*
figure [fɪgəʳ]: *chiffre*
French [frentʃ]: *le français*
German [dʒɜːmən]: *l'allemand*
geography [dʒɪɒgrəfɪ]: *la géographie*
grammar [græməʳ]: *la grammaire*
Greek [griːk]: *le grec*
history [hɪstərɪ]: *l'histoire*
Latin [lætɪn]: *le latin*
mark [mɑːk] (GB)/grade [greɪd] (US): *note*
mathematics [mæθəmætɪks]: *les mathématiques*
mistake [mɪsteɪk]: *faute*
modern [mɒdən] languages [læŋgwɪdʒɪs]: *les langues vivantes*
number [nʌmbəʳ]: *nombre*
quiz [kwɪz]: *interrogation écrite*
reading [riːdɪŋ]: *la lecture*
report [rɪpɔːt]: *bulletin*
Science [saɪəns]: *les sciences*
Spanish [spɑnɪʃ]: *l'espagnol*
spelling [spelɪŋ]: *l'orthographe*
test [test]: *devoir, contrôle*
writing [raɪtɪŋ]: *l'écriture*

• **Adjectifs**
bad [bæd]/good [gʊd]: *mauvais/bon*
careless [keəlɪs]: *négligent*
clever [klevəʳ], intelligent [ɪntelɪdʒənt]: *intelligent*
difficult [dɪfɪkʌlt]: *difficile,*
easy [iːzɪ]: *facile*
gifted [gɪftɪd]: *doué*
good [gʊd] at: *bon en*
hard [hɑːd]: *dur*
idle [aɪdl], lazy [leɪzɪ]: *fainéant, paresseux*
noisy [nɔɪzɪ]: *bruyant*
quiet [kwaɪət]: *calme*
right [raɪt]/wrong [rɒŋ]: *juste/faux*
silent [saɪlənt]: *silencieux*

Dico similar

similar [sɪmɪləʳ]	semblable	small [smɔːl]	petit
simply [sɪmplɪ]	tout simplement	smell [smel]	odeur
since [sɪns]	depuis / puisque	(to) smell [smel], smelt [smelt], smelt [smelt]	sentir (odeur)
(to) sing [sɪŋ], sang [sæŋ], sung [sʌŋ]	chanter	(to) smile [smaɪl]	sourire
singer [sɪŋəʳ]	chanteur	smoke [sməʊk]	fumée
single [sɪŋgl]	célibataire	(to) smoke [sməʊk]	fumer
sink [sɪŋk]	évier	snack [snæk]	casse-croûte
(to) sink [sɪŋk], sank [sæŋk], sunk [sʌŋk]	couler	snail [sneɪl]	escargot
Sir [sɜːʳ]	Sir	snow [snəʊ]	neige
sister [sɪstəʳ]	sœur	(to) snow [snəʊ]	neiger
(to) sit [sɪt], sat [sæt], sat [sæt]	être assis	snowball [snəʊbɔːl]	boule de neige
(to) sit down [daʊn]	s'asseoir	snowman [snəʊmæn]	bonhomme de neige
sitting [sɪtɪŋ] room [ruːm]	salon	so [səʊ]	autant / de même / c'est pourquoi
six [sɪks]	six	soap [səʊp]	savon
sixteen [sɪkstiːn]	seize	social [səʊʃl]	social
sixty [sɪkstɪ]	soixante	society [səsaɪətɪ]	société
size [saɪz]	taille	sock [sɒk]	chaussette
(to) skate [skeɪt]	patiner	soft [sɒft]	doux
(to) ski [skiː]	skier	soldier [səʊldʒəʳ]	militaire, soldat
skiing [skiːɪŋ] resort [rɪzɔːt]	station de ski	some [sʌm]	de, du, certains
skill [skɪl]	aptitude, compétence	— body [sʌmbədɪ]	quelqu'un
skirt [skɜːt]	jupe	— one [sʌmwʌn]	quelqu'un
sky [skaɪ]	ciel	— thing [sʌmθɪŋ]	quelque chose
(to) sleep [sliːp], slept [slept], slept [slept]	dormir	— times [sʌmtaɪmz]	parfois
sleeve [sliːv]	manche	— where [sʌmweəʳ]	quelque part
slice [slaɪs]	tranche	son [sʌn]	fils
(to) slide [slaɪd], slid [slɪd], slid [slɪd]	glisser	song [sɒŋ]	chanson
slim [slɪm]	mince	soon [suːn]	bientôt
(to) slip [slɪp]	glisser	(as) soon (as)	dès que
slow [sləʊ]	lent	sorry [sɒrɪ]	désolé
		sort [sɔːt]	sorte
		sound [saʊnd]	son
		(to) sound [saʊnd]	avoir l'air
		soup [suːp]	soupe
		South [saʊθ]	Sud

strike (to) Dico

space [speɪs]	espace		stadium [steɪdjəm]	stade
space ship [ʃɪp]	vaisseau spatial		stage [steɪdʒ]	scène (de théâtre)
space suit [suːt]	combinaison spatiale		stairs [steəz]	escalier
Spain [speɪn]	Espagne		stamp [stæmp]	timbre
Spanish [spænɪʃ]	espagnol		(to) stand [stænd], stood [stʊd], stood [stʊd]	être debout
(to) spare [spəʳ]	économiser		star [stɑːʳ]	étoile, vedette
(to) speak [spiːk], spoke [spəʊk], spoken [spəʊkn]	parler		(to) stare [steəʳ]	regarder fixement
special [speʃl]	spécial		(to) start [stɑːt]	commencer
spectator [spekteɪtəʳ]	spectateur		state [steɪt]	État
speech [spiːtʃ]	discours		station [steɪʃn]	gare
speed [spiːd]	vitesse		statue [stætʃuː]	statue
(to) spell [spel], spelt [spelt], spelt [spelt]	épeler		(to) stay [steɪ]	rester
			(to) stay up [ʌp]	veiller
(to) spend [spend], spent [spent], spent [spent]	passer, dépenser		steak [steɪk]	steak
			(to) steal [stiːl], stole [stəʊl], stolen [stəʊln]	voler, dérober
(to) spoil [spɔɪl], spoilt [spɔɪlt], spoilt [spɔɪlt] (ou régulier)	gâter, gâcher		steel [stiːl]	acier
			step [step]	pas
spokesman [spəʊksmən]	porte-parole		(to) stick [stɪk], stuck [stʌk], stuck [stʌk]	coller
sponge [spʌndʒ]	éponge		still [stɪl]	encore, toujours
spoon [spuːn]	cuillère		stocking [stɒkɪŋ]	bas (collant)
sport [spɔːt]	sport		stone [stəʊn]	pierre
sports ground [graʊnd]	terrain de sport		stop [stɒp]	arrêt, fin
			(to) stop [stɒp]	arrêter
sportsman [spɔːtsmən]	sportif (nom)		store [stɔːʳ]	entrepôt
sporty [spɔːtɪ]	sportif (adj.)		storm [stɔːm]	tempête
(to) spread [spred], spread [spred], spread [spred]	étendre, répandre		story [stɔːrɪ]	histoire
			straight [streɪt]	droit
			strange [streɪndʒ]	étrange
spring [sprɪŋ]	printemps		street [striːt]	rue
spy [spaɪ]	espion		streetcar [striːtkɑːʳ]	tramway
squad [skwɒd]	brigade		strict [strɪkt]	sévère
square [skweəʳ]	carré/place		strike [straɪk]	grève
			(to) strike [straɪk], struck [strʌk], struck [strʌk]	frapper

405

Dico strong

strong [strɒŋ] *fort, solide*
student [stjuːdnt] *étudiant*
(to) study [stʌdɪ] *étudier*
subject [sʌbdʒekt] *sujet*
subtitle [sʌbtaɪtl] *sous-titre*
suburb [sʌbɜːb] *banlieue*
(to) succeed [səksiːd] **in + -ing**
  réussir à
success [səkses] *succès*
successful [səksesfʊl] *qui a du succès, qui réussit*
such [sʌtʃ] *tel*
suddenly [sʌdnlɪ] *soudain(ement)*
(to) suffer [sʌfəʳ] *souffrir*
sugar [ʃʊgəʳ] *sucre*
(to) suggest [sədʒest]
  suggérer
suit [suːt] *costume*
(to) suit [suːt] *s'adapter*
suitcase [suːtkeɪs] *valise*
summer [sʌməʳ] *été*
sun [sʌn] *soleil*
sun bathing [beɪðɪŋ] *bain de soleil*
sun cream [kriːm] *crème solaire*
Sunday [sʌndɪ] *dimanche*
sunglasses [sʌnglɑːsɪz]
  lunettes de soleil
sunny [sʌnɪ] *ensoleillé*
superior [suːpɪərɪəʳ] *supérieur*
supermarket [suːpəmɑːkɪt]
  supermarché
supervisor [suːpəvaɪzəʳ]
  surveillant
(to) suppose [səpəʊz]
  supposer
(to be) supposed [səpəʊzd] **to**
  être censé

sure [ʃʊəʳ] *sûr*
surprise [səpraɪz] *surprise*
(to) surprise [səpraɪz]
  surprendre
survey [sɜːveɪ] *enquête, sondage*
(to) survive [səvaɪv] *survivre*
suspect [sʌspekt] *suspect*
swamp [swɒmp] *marécage*
(to) swear [sweəʳ], **swore** [swɔːʳ], **sworn** [swɔːn] *jurer (promettre)*
sweater [swetəʳ] *pullover*
Sweden [swiːdn] *Suède*
Swedish [swiːdɪʃ] *suédois*
(to) sweep [swiːp], **swept** [swept], **swept** [swept] *balayer*
sweet [swiːt] *doux, gentil*
sweet [swiːt] *bonbon*
(to) swim [swɪm], **swam** [swæm], **swum** [swʌm] *nager*
swimming-pool [swɪmɪŋpuːl]
  piscine
swimsuit [swɪmsuːt] *maillot de bain*
(to) switch [swɪtʃ] **off** [ɒf]
  éteindre
(to) switch [swɪtʃ] **on** [ɒn]
  allumer
Switzerland [swɪtsələnd]
  Suisse
tab [tæb] *étiquette*
table [teɪbl] *table*
(to) take [teɪk], **took** [tʊk], **taken** [teɪkn]
  prendre
take-away [teɪkəweɪ] *à emporter*
(to) take off [ɒf] *décoller*
(to) take place [pleɪs] *avoir lieu*
(to) take to [tə, tʊ ou tuː]
  apporter

throw (to)

(to) take up [ʌp]	se mettre à	(to) thank [θæŋk]	remercier
talent [tælənt]	talent	thank you [juː]	merci
(to) talk [tɔːk]	discuter	thanks [θæŋks]	merci
tall [tɔːl]	grand (par la taille)	thanks to [tə, tʊ ou tuː]	grâce à
tape [teɪp]	cassette	that [ðət ou ðæt]	que
(to) taste [teɪst]	goûter	the [ðə, ði ou ðiː]	le, la, les
taxi [tæksɪ]	taxi	theatre [θɪətəʳ]	théâtre
tea [tiː]	thé	their [ðeəʳ]	leur, leurs
(to) teach [tiːtʃ], taught [tɔːt], taught [tɔːt]	enseigner	theirs [ðeəz]	le(s) leur(s), la leur
teacher [tiːtʃəʳ]	professeur	them [ðəm ou ðem]	eux, les
teacup [tiːkʌp]	tasse à thé	theme [θiːm] park [pɑːk]	parc à thème
team [tiːm]	équipe	themselves [ðemselvz]	eux-mêmes, elles-mêmes
teapot [tiːpɒt]	théière	then [ðen]	puis/alors
(to) tear [teəʳ], tore [tɔːʳ], torn [tɔːn]	déchirer	there [ðeəʳ]	là-bas
teaspoon [tiːspuːn]	cuillère à café	these [ðiːz]	ces
technology [teknɒlədʒɪ]	technologie	they [ðeɪ]	ils, elles
teenager [tiːneɪdʒəʳ]	adolescent	thick [θɪk]	épais
television [telɪvɪʒn]	télévision	thief [θiːf]	voleur
(to) tell [tel], told [təʊld], told [təʊld]	raconter	thin [θɪn]	fin
		thing [θɪŋ]	chose
(to) tell off [ɒf]	gronder	(to) think [θɪŋk], thought [θɔːt], thought [θɔːt]	penser
temper [tempəʳ]	tempérament	third [θɜːd]	troisième
temperature [temprətʃəʳ]	température	(to be) thirsty [θɜːstɪ]	avoir soif
ten [ten]	dix	thirty [θɜːtɪ]	trente
tent [tent]	tente	this [ðɪs]	ce
tenth [tenθ]	dixième	those [ðəʊz]	ces
term [tɜːm]	terme, trimestre, période	thousand [θaʊznd]	mille
terrible [terəbl]	affreux	(to) threaten [θretn]	menacer
terrifying [terɪfaɪɪŋ]	terrifiant	three [θriː]	trois
test [test]	essai	thriller [θrɪləʳ]	roman ou film à suspense
(to) test [test]	tester	through [θruː]	par, à travers
Thames [temz]	Tamise	(to) throw [θrəʊ], threw [θruː], thrown [θrəʊn]	jeter, lancer
than [ðən ou ðæn]	que		

407

Dico Thursday

Thursday [θɜːsdɪ]	jeudi		**toy** [tɔɪ]	jouet
ticket [tɪkɪt]	billet		**track** [træk]	piste
tidy [taɪdɪ]	(bien) rangé		**tracksuit** [træksuːt]	survêtement
(to) tidy up [ʌp]	ranger		**trade** [treɪd]	commerce
tie [taɪ]	cravate		**trade union** [juːnjən]	syndicat
(to) tie [taɪ]	lier		**tradition** [trədɪʃn]	tradition
till [tɪl]	jusqu'à		**traffic** [træfɪk]	circulation (voitures)
time [taɪm]	heure/fois/temps		**traffic jam** [dʒæm]	bouchon (voitures)
time-table [taɪmteɪbl]	emploi du temps		**traffic light** [laɪt]	feu (de circulation)
tiny [taɪnɪ]	minuscule		**train** [treɪn]	train
tip [tɪp]	tuyau, renseignement		**(to) train** [treɪn]	former, entraîner
tired [taɪəd]	fatigué		**trainers** [treɪnəs]	baskets (chaussures)
tiring [taɪərɪŋ]	fatigant		**training** [treɪnɪŋ] **course** [kɔːs]	stage
title [taɪtl]	titre destination, heure, but		**transportation** [trænspɔːteɪʃn]	transport
toast [təʊst]	toast, pain grillé		**trapper** [træpəʳ]	trappeur
today [tədeɪ]	aujourd'hui		**TRAVEL** [trævl]	voyage, voir encadré p. 424
together [təgeðəʳ]	ensemble		**(to) travel** [trævl]	voyager
toilet [tɔɪlɪt]	les toilettes		**tray** [treɪ]	corbeille
tolerant [tɒlərənt]	indulgent		**tree** [triː]	arbre
tomato [təmɑːtəʊ]	tomate		**tribe** [traɪb]	tribu
tomorrow [təmɒrəʊ]	demain		**trip** [trɪp]	voyage
tonight [tənaɪt]	ce soir		**trolley** [trɒlɪ]	caddie
too [tuː]	trop		**trophy** [trəʊfɪ]	trophée
tool [tuːl]	outil		**trouble** [trʌbl]	problème
tooth [tuːθ] **(pl. teeth** [tiːθ]**)**	dent		**trousers** [traʊzəz]	pantalons
toothbrush [tuːθbrʌʃ]	brosse à dents		**truck** [trʌk]	camion
top [tɒp]	sommet		**true** [truː]	vrai
tourist [tʊərɪst]	touriste		**(to) trust** [trʌst]	avoir confiance
tournament [tɔːnəmənt]	tournoi		**truth** [truːθ]	vérité
towel [taʊəl]	serviette		**(to) try** [traɪ]	essayer
tower [taʊəʳ]	tour		**tube** [tjuːb]	métro
town [taʊn]	ville		**Tuesday** [tjuːzdɪ]	mardi
			(to) turn [tɜːrn]	tourner

(to) turn down [daʊn]	baisser (le son)
twelve [twelv]	douze
twenty [twentɪ]	vingt
twice [twaɪs]	deux fois
twin [twɪn]	jumeau
two [tuː]	deux
type [taɪp]	type, genre
(to) type [taɪp]	taper à la machine
type writer [raɪtəʳ]	machine à écrire
typical [tɪpɪkl]	typique
tyre [taɪəʳ]	pneu
ugly [ʌglɪ]	laid
umbrella [ʌmbrelə]	parapluie
uncle [ʌŋkl]	oncle
under [ʌndəʳ]	sous
underground [ʌndəgraʊnd]	souterrain
underground [ʌndegraʊnd] (GB)	métro
(to) understand [ʌndəstænd], **understood** [ʌndəstʊd], **understood** [ʌndəstʊd]	comprendre
unfortunately [ʌnfɔːtʃnətlɪ]	hélas
unhappy [ʌnhæpɪ]	malheureux
uniform [juːnɪfɔːm]	uniforme
United [juːnaɪtɪd] **States** [steɪts]	États-Unis
university [juːnɪvɜːsətɪ]	université
unknown [ʌnnəʊn]	inconnu
unless [ənles]	à moins que
unpleasant [ʌnpleznt]	déplaisant
until [əntɪl]	jusqu'à
unusual [ʌnjuːʒl]	inhabituel
(to) unwrap [ʌnræp]	déballer
up [ʌp]	en haut de
up to [tə, tʊ ou tuː]	jusqu'à
upset [ʌpset]	vexé
upside [ʌpsaɪd] **down** [daʊn]	à l'envers
upstairs [ʌpsteəz]	en haut (des escaliers)
us [ʌs]	nous
use [juːs]	utilité
(to) use [juːz]	utiliser
used to [juːst]	habitué à
useful [juːsfʊl]	utile
useless [juːslɪs]	inutile
usual [juːʒəl]	habituel
usually [juːʒəlɪ]	d'habitude
vaccine [væksiːn]	vaccin
valley [vælɪ]	vallée
van [væn]	camionnette
various [veərɪəs]	varié
veal [viːl]	veau
vegetable [vedʒtəbl]	légume
very [verɪ]	très
very much [mʌtʃ]	très, beaucoup
victory [vɪktərɪ]	victoire
video [vɪdɪəʊ] **game** [geɪm]	jeu vidéo
video [vɪdɪəʊ] **recorder** [rɪkɔːdəʳ]	magnétoscope
village [vɪlɪdʒ]	village
violent [vaɪələnt]	violent
violinist [vaɪəlɪnɪst]	violoniste
(to) visit [vɪzɪt]	rendre visite à
vitamin [vɪtəmɪn]	vitamine
voice [vɔɪs]	voix
volcano [vɒlkeɪnəʊ]	volcan
volunteer [vɒləntɪəʳ]	volontaire

Dico — travels/les voyages (thème)

TRAVELS/LES VOYAGES

• **Verbes et expressions verbales**

to go on a trip [trɪp], on a journey [dʒɜːnɪ] : *partir en voyage, faire un voyage*
to leave [liːv] : *partir*
to start [stɑːt], to set out [setaʊt] : *se mettre en route*
to pack [pæk] : *faire ses bagages*
to travel [trævl] : *voyager*
to unpack [ʌnpæk] : *défaire ses bagages*

Walking/la marche
to give sb a lift [lɪft] : *prendre quelqu'un en stop*
to go for a walk [wɔːk], to take a walk : *faire une promenade*
to go on foot [fʊt] : *aller à pied*
to hitch-hike [hɪtʃhaɪk] : *faire de l'auto-stop*

Cycling/le vélo
to brake [breɪk] : *freiner*
to ride [raɪd] a bicycle [baɪsɪkl] : *aller à vélo*
to steer [stɪərʳ] : *diriger*

Driving/la voiture
to drive [draɪv] : *conduire*
to shift [ʃɪft] into reverse-gear [rɪvɜːsgɪərʳ] : *passer la marche arrière*

Railways/les chemins de fer
to be late [leɪt] : *être en retard*
to book [bʊk], to reserve [rɪzɜːv] : *réserver*
to get [get] in [ɪn], off [ɒf] the train [treɪn], the car [kɑːʳ] : *monter, descendre du train, de la voiture*
to leave [liːv] the track [træk] : *dérailler*
to miss [mɪs] the train [treɪn] : *rater le train*
to slow [sləʊ] down [daʊn] : *ralentir*

Sailing/le bateau
to be seasick [siːsɪk] : *avoir le mal de mer*
to go on board [bɔːd] : *monter à bord*
to sail [seɪl] : *partir, prendre la mer*

Flying/l'avion
to fasten [fɑːsn] one's seatbelt [siːtbelt] : *attacher sa ceinture*
to hijack [haɪdʒæk] : *détourner*
to land [lænd] : *atterrir*
to take [teɪk] off [ɒf] : *décoller*

• **Noms**

conducted [kəndʌktɪd] tour [tʊəʳ], package [pækɪdʒ] tour : *voyage organisé*
guidebook [gaɪdbʊk] : *guide*
hiking [haɪkɪŋ] : *la randonnée*
luggage [lʌgɪdʒ] (GB), baggage [bægɪdʒ] (US) : *les bagages*
route [ruːt] : *itinéraire*
suitcase [suːtkeɪs] : *valise*
travel [trævl] : *les voyages*
trip [trɪp] : *voyage, excursion*
trunk [trʌŋk] : *malle*

Cycling/le cyclisme, le vélo
back [bæk] wheel [wiːl] : *roue arrière*
the brakes [breɪks] : *les freins*
chain [tʃeɪn] : *chaîne*

410

travels/les voyages (thème) Dico

cycle [saɪkl] ride [raɪd]: *promenade à bicyclette*
frame [freɪm]: *cadre*
front [frʌnt] wheel [wiːl]: *roue avant*
handlebar [hændlbɑː]: *guidon*
motorcycle [məʊtəsaɪkl], motorbike [məʊtəbaɪk]: *motocyclette*
patch [pætʃ]: *rustine*
pedal [pedl]: *pédale*
puncture [pʌnktʃəʳ], flat [flæt] tire [taɪəʳ]: *crevaison*
saddle [sædl]: *selle*
safety [seɪftɪ] helmet [helmɪt]: *casque*
spoke [spəʊk]: *rayon*
tire [taɪəʳ]: *pneu*
youth [juːθ] hostel [hɒstl], YMCA [waɪemsiːeɪ]: *auberge de jeunesse*

Public transportation/les transports en commun
bus [bʌs]: *bus*
coach [kəʊtʃ]: *car*
the subway [sʌbweɪ] (US),
  the underground [ʌndəgraʊnd] (GB): *le métro*

The car/la voiture
breakdown [breɪkdaʊn]: *panne*
driver's [draɪvəʳs] license [laɪsəns]: *permis de conduire*
engine [endʒɪn]: *moteur*
gas [gæs] station [steɪʃn]: *station-service*
the headlights [hedlaɪts]: *les phares*
indicator [ɪndɪkeɪtəʳ], winker [wɪŋkəʳ]: *clignotant*
motorist [məʊtərɪst]: *automobiliste*
oil [ɔɪl]: *l'huile*

parking [pɑːkɪŋ] lot [lɒt]: *parking*
petrol [petrəl] (GB), gas [gæs] (US): *l'essence*
road [rəʊd] casualties [kædʒjʊəltɪz]: *les victimes de la route*
safety [seɪftɪ] belt [belt]: *ceinture de sécurité*
spare-wheel [speɪrwiːl]: *roue de secours*
speed [spiːd]: *vitesse*
steering [stɪərɪŋ] wheel [wiːl]: *volant*
tank [tæŋk]: *réservoir*
trunk [trʌnk] (US), boot [buːt] (GB): *coffre*
windshield [wɪndʃiːld] (US), windscreen [wɪnskriːn] (GB): *pare-brise*
windshield-wiper [wɪndʃiːldwaɪpəʳ]: *essuie-glaces*

Railways/les chemins de fer
bridge [brɪdʒ]: *pont*
coach [kəʊtʃ], car [kɑːʳ]: *voiture, wagon*
one-way [wʌnweɪ] ticket [tɪket]: *aller simple*
platform [plætfɔːm]: *quai*
round-trip [raʊndtrɪp] ticket [tɪket]: *aller-retour*
station [steɪʃn]: *gare*
ticket-office [tɪketɒfɪs]: *guichet*
track [træk]: *voie*
train [treɪn]: *train*
tunnel [tʌnl]: *tunnel*

Voyages/les voyages en mer
captain [kæptɪn]: *commandant*
the Chunnel [tʃʌnl]: *le tunnel sous la Manche*
cruise [kruːz]: *croisière*

411

Dico — vote (to)

the customs [kʌstəms]: *la douane*
deck [dek]: *pont*
harbor [hɑːbəʳ]: *port*
passport [pɑːspɔːt]: *passeport*
ship [ʃɪp]: *bateau*

Planes, airplanes/les avions
aircraft [eəkrɑːft]: *appareil*
airport [eəpɔːt]: *aéroport*
the crew [kruː]: *l'équipage*
flight [flaɪt]: *vol*
the flight [flaɪt] attendants [ətendənts]:
　　　　les hôtesses et stewarts
pilot [paɪlət]: *pilote*
wing [wɪŋ]: *aile*

● **Adjectifs**
brand [brænd] new [njuː]: *flambant neuf*
crowded [kraʊdɪd]: *plein, bondé*
dull [dʌl]: *ennuyeux*
eventful [ɪventfʊl]: *mouvementé*
fast [fɑːst]: *rapide*
hazardous [hæzədəs], dangerous
　　　　[deɪndʒərəs]: *dangereux*
heavy [hevɪ]: *lourd*
light [laɪt]: *léger*
restful [restfʊl]: *reposant*
slippery [slɪpərɪ]: *glissant*
slow [sləʊ]: *lent*
thrilling [θrɪlɪŋ]: *passionnant*
tiring [taɪrɪŋ]: *fatigant*
used [juːzd], second-hand [sekəndhænd]:
　　　　d'occasion

(to) vote [vəʊt]　　*voter*
wage [weɪdʒ]　　*salaire*
(to) wait [weɪt]　　*attendre*
waiter [weɪtəʳ]　　*serveur*
waitress [weɪtrɪs]　　*serveuse*
(to) wake [weɪk] up [ʌp]
　　　　se réveiller
Wales [weɪlz]　　*pays de Galles*
walk [wɔːk]　　*promenade*
(to) walk [wɔːk]　　*se promener*
walking [wɔːkɪŋ] stick [stɪk]
　　　　canne
walkman [wɔːkmən] *baladeur*
wall [wɔːl]　　*mur*
wallpaper [wɔːlpeɪpəʳ]
　　　　papier peint
(to) want [wɒnt]　　*vouloir*
war [wɔːʳ]　　*guerre*
wardrobe [wɔːdrəʊb] *armoire*
warm [wɔːm]　　*chaud*
(to) warn [wɔːn]　　*avertir*
warrior [wɒrɪəʳ]　　*guerrier*
(to) wash [wɒʃ]　　*laver*
washing-machine [wɒʃɪŋməʃɪn]
　　　　lave-linge
(to) wash up [ʌp]　*faire la vaisselle*
waste [weɪst]　　*déchets*
(to) waste [weɪst]　*perdre (temps, argent)*
watch [wɒtʃ]　　*montre*
(to) watch [wɒtʃ]　　*regarder*
water [wɔːtəʳ]　　*eau*
(to) water [wɔːtəʳ]　　*arroser*
wave [weɪv]　　*vague*
way [weɪ]　　*chemin/manière*
we [wiː]　　*nous*
weak [wiːk]　　*faible*
weapon [wepən]　　*arme*

worse — Dico

(to) wear [weəʳ], wore [wɔːʳ], worn [wɔːn] *porter (vêtement)*
weather [weðəʳ] *temps (climat)*
wedding [wedɪŋ] *mariage*
Wednesday [wenzdɪ] *mercredi*
week [wiːk] *semaine*
weekend [wiːkend] *week-end*
(to) weigh [weɪ] *peser*
weight [weɪt] *poids*
welcome [welkəm] *bienvenue*
(to) welcome [welkəm] *accueillir*
well [wel] *bien, bon*
well known [nəʊn] *célèbre*
West [west] *ouest*
western [westən] *occidental*
wet [wet] *humide*
whale [weɪl] *baleine*
what [wɒt] *quoi, que (interrogatif) quel(les) exclamatif*
what a shame [ʃeɪm] *quel dommage*
what colour [kʌləʳ] *de quelle couleur*
what time [taɪm] *quelle heure*
what's on [ɒn] *qu'y a-t-il*
whatever [wɒtevəʳ] *quel que soit*
wheel [wiːl] *volant / roue*
when [wen] *quand*
whenever [wenevəʳ] *si jamais*
where [weəʳ] *où*
wherever [weərevəʳ] *où que ce soit*
whether [weðəʳ] *si*
which [wɪtʃ] *qui, que*
while [waɪl] *pendant, tandis que*
(to) whisper [wɪspəʳ] *murmurer*
white [waɪt] *blanc*
who [huː] *qui*
whose [huːz] *dont, de qui*

why [waɪ] *pourquoi*
wicked [wɪkɪd] *méchant, mauvais*
wide [waɪd] *large*
wife [waɪf] *épouse*
wild [waɪld] *sauvage*
willing [wɪlɪŋ] *désireux*
(to) win [wɪn], won [wʌn], won [wʌn] *gagner*
wind [wɪnd] *vent*
window [wɪndəʊ] *fenêtre*
windscreen [wɪndskriːn] *pare-brise*
windsurfing [wɪndsɜːfɪŋ] *planche à voile*
wine [waɪn] *vin*
wing [wɪŋ] *aile*
winner [wɪnəʳ] *vainqueur*
winter [wɪntəʳ] *hiver*
wish [wɪʃ] *souhait*
(to) wish [wɪʃ] *souhaiter*
with [wɪð] *avec*
without [wɪðaʊt] *sans*
wolf [wʊlf] *loup*
woman [wʊmən] (pl. women [wɪmɪn]) *femme*
(to) wonder [wʌndəʳ] *se demander, s'étonner*
wonderful [wʌndəfʊl] *magnifique*
wood [wʊd] *bois*
wool [wʊl] *laine*
word [wɜːd] *mot*
work [wɜːk] *travail*
(to) work [wɜːk] *travailler / fonctionner*
worker [wɜːkəʳ] *travailleur*
world [wɜːld] *monde*
(to) worry [wʌrɪ] *(s')inquiéter*
worse [wɜːs] *pire (comparatif)*

413

Dico — worst

worst [wɜːst]	le pire (superlatif)	**yet** [jet]	pourtant
(to be) worth [wɜːθ]	valoir	**you** [juː]	tu/vous
(to) wrap [ræp]	envelopper, emballer	**young** [jʌŋ]	jeune
(to) write [raɪt], **wrote** [rəʊt], **writen** [rɪtn]	écrire	**your** [jɔːʳ]	ton, ta, tes, vos, votre
writer [raɪtəʳ]	écrivain	**yours** [jɔːz]	le tien, la tienne, le vôtre, la vôtre
wrong [rɒŋ]	faux	**yourself** [jɔːself]	toi-même, vous-même
year [jɪəʳ]	année	**yourselves** [jɔːselvz]	vous-mêmes
yellow [jeləʊ]	jaune	**zebra** [zɪːbrə]	zèbre
yes [jes]	oui	**zero** [zɪərəʊ]	zéro
yesterday [jestədɪ]	hier	**zoo** [zuː]	zoo

DICTIONNAIRE
Français/Anglais*

* Pour la prononciation des noms anglais, se reporter aux entrées des noms anglais dans le dictionnaire précédent.

Dico à bord

à bord	on board	acteur	actor
à cause de	because of	acupuncture	acupuncture
à côté de	beside	adapter, aller	(to) fit
à emporter	take-away	addition (restaurant)	
à l'arrière de	back		bill
à l'envers	upside down	adhérer à	(to) join
à l'étranger	abroad	admettre	(to) admit
à l'exception de	except	admirateur	fan
à l'extérieur de	outside	admirer	(to) admire
à l'heure	on time	adolescent	teenager
à l'intérieur de	inside/into	adorable	lovely
à la maison	at home	adorer	(to be) fond (of)
à moins que	unless	adresse	address
à mon époque	in my time	adulte	adult
à part	apart from	aéroport	airport
à pied	on foot	affaires (commerce)	
à propos de	about		business
à quelle distance	how far	affiche	poster
à travers	across	affolé	panicked
à/à propos de	at	affreux	dreadful/terrible
abandonner	(to) give up/	Africain	African
	(to) abandon	Afrique	Africa
abolir	(to) abolish	âge	age
aborigène	aborigine	âgé	old
absent	absent	agence	agency
accent	accent	agenda	diary
accepter	(to) accept	agent	agent
accident	accident	agressif	aggressive
accrocher	(to) hang, hung,	agriculture	agriculture
	hung	aider	(to) help
accueillir	(to) welcome	aiguille	needle
accuser	(to) charge	aile	wing
acéré	sharp	aimer	(to) love
acheter	(to) buy, bought,	aimer bien	(to) like
	bought	aîné, plus âgé	elder
acier	steel	air	air
acrobate	acrobat	alcool	alcohol

Algérie	Algeria	appartenir à	(to) belong to
Algérien	Algerian	appel	call
Allemagne	Germany	appel téléphonique	
Allemand	German		phone call
aller	(to) go, went, gone	appeler	(to) call
aller à cheval ou à vélo		apporter	(to) bring, brought, brought
	(to) ride, rode, ridden		
aller chercher	(to) fetch	apprécier, s'amuser	
aller, convenir	(to) fit		(to) enjoy
allumer	(to) switch on	apprendre	(to) learn, learnt, learnt
allumette	match		
alors	then	approuver	(to) approve
alors que	since	après	after
améliorer	(to) improve	après tout	after all
amer	bitter	après, ensuite	afterwards
Américain	American	après-midi	afternoon
Amérique	America	compétence	skill
ami	friend	arbre	tree
amical	friendly	archéologue	archeologist
amitié	friendship	arctique	Arctic
amour	love	argent	money/silver (métal)
amusant	funny	arme	weapon
amusement	fun	armée	army
ancêtre	ancestor	armoire	wardrobe
ancien	old	arrêt de bus	bus stop
anglais	English/British	arrêt, fin	stop
Anglais	Englishman	arrêter, emprisonner	
Angleterre	Britain/England		(to) arrest
animal	animal	arrêter, finir	(to) stop
animal familier	pet	arrière-plan	background
année	year	arriver	(to) arrive
anniversaire	birthday	arriver, survenir	(to) happen/
août	August		(to) occur
apartheid	apartheid	arroser	(to) water
apparaître	(to) appear	article	article
appareil photo	camera	artiste	artist
appartement	flat	ascenseur	lift

Dico — aspirine

aspirine	aspirin
assez, plutôt	quite
assez, suffisamment	enough
assiette	plate
assimilé	assimilated
assister à	(to) attend
astronaute	astronaut
âtre	fireplace
attaquer	(to) attack
atteindre	(to) reach
attendre	(to) wait
atterrir	(to) land
attitude	attitude
attraction	attraction
attraper	(to) catch, caught, caught
au cas où	in case
au-dessus de	over/above
au fait	by the way
au lieu de	instead of
au loin	away
au moins	at least
au revoir	goodbye
auberge	inn
aucun	no/none
augmenter	(to) increase
aujourd'hui	today
auparavant	formerly
aussi	also
aussi... que	as...as
Australie	Australia
autant, de même	so
autochtone	native
autographe	autograph
automne	autumn
automobiliste	motorist
autorités	authorities
autoroute	motorway
autour de	round
autre	else/other
avalanche	avalanche
avant (que)	before
avantage	advantage
avec	with
aventure	adventure
avertir	(to) warn
aveugle	blind
avide de	eager for
avion	plane
avocat	lawyer
avoir	(to) have, had, had
avoir besoin de	(to) need
avoir confiance	(to) trust
avoir de l'importance	(to) matter
avoir du sens	(to) make sense
avoir envie de	(to) feel like
avoir faim	(to be) hungry
avoir l'air	(to) sound/(to) look
avoir lieu	(to) take place
avoir peur	(to be) afraid
avoir soif	(to be) thirsty
avoir, obtenir	(to) get, got, got
avril	April
bacon	bacon
badminton	badminton
bagages	luggage
bain de soleil	sun bathing
bain/baignoire	bath/bathtub
baisser (le son)	(to) turn down
bal	ball
baladeur	walkman
balai	broom

balayer	(to) sweep, swept, swept/(to) brush	bibliothèque	(meuble) bookcase (pièce) library
baleine	whale	biche	deer
ballerine	ballerina	bicyclette	bicycle
banane	banana	bidon	can
banc	bench	bien que	although
bandit	bandit	bien sûr	of course
banlieue	suburb	bien, bon	well/good
banque	bank	bientôt	soon
barbe	beard	bienvenue	welcome
barbecue	barbecue	bière	beer
barrière	fence	bijou	jewel
bas (adj.)	low	billet	ticket
bas (collant)	stocking	billet d'avion	air ticket
basket (jeu)	basketball	biologie	biology
baskets (chaussures)	trainers	biscuit	biscuit
bataille	battle	blanc	white
bateau	boat/ship	blazer	blazer
bâtiment	building	blessé	injured
battement	beat	blesser, faire mal	(to) hurt, hurt, hurt
battre	(to) beat, beat, beaten	bleu	blue
beau/bien	fine	blond	blond
beaucoup (indénombrable)	much/very much	bœuf	beef
beaucoup (dénombrable)	many	boire	(to) drink, drank, drunk
		bois	wood
beaucoup de	(a...of) lot /lots of	boîte	box
bébé	baby	boîte à lettres	pillar-box
Belge	Belgian	bon marché	cheap
		bonbon	sweet
Belgique	Belgium	bonhomme de neige	snowman
belle-mère	stepmother	bord de mer	seaside
besoin	need	botte	boot
béton	concrete	bouche	mouth
beurre	butter	boucher	butcher

419

Dico: bouger

bouger	*(to) move*	calculette	*calculator*
bougie	*candle*	calendrier	*calendar*
bouillir	*(to) boil*	calmement	*peacefully*
bouilloire	*kettle*	calme, tranquille	*quiet*
boulanger	*baker*	camarade	*fellow*
boule de neige	*snowball*	camarade de classe	
bouteille	*bottle*		*schoolfriend*
boycott	*boycott*	Cambodge	*Cambodia*
bras	*arm*	Cambodgien	*Cambodian*
brigade	*squad*	cambrioleur	*burglar*
brillant	*bright*	caméra	*camera*
briller	*(to) shine, shone, shone*	camion	*lorry/truck*
		camionnette	*van*
brique	*brick*	campagne	*country*
brosse	*brush*	Canada	*Canada*
brosse à dents	*toothbrush*	Canadien	*Canadian*
brosser	*(to) brush*	canne	*walking stick*
brouillard	*fog*	canoë	*canoe*
bruit	*noise*	caoutchouc	*rubber*
brûlant	*hot*	capable de	*able to*
brûler	*(to) burn, burnt, burnt*	capitaine	*captain*
		capitale	*capital*
brûlure	*burn*	capot	*bonnet*
bureau	*(meuble) desk*	carnaval	*carnival*
	(pièce) office	carnet	*notebook*
bureau de location		carotte	*carrot*
	booking office	carré	*square*
bureau de poste	*post-office*	carrefour	*crossroads/crossing*
bus	*bus*	carrière	*career*
but, objectif	*goal*	cartable	*schoolbag*
cabine	*cabin*	carte	*map/card*
cabine téléphonique		carte de crédit	*credit card*
	phone box	carte postale	*postcard*
caddie	*trolley*	carte routière	*road map*
cadeau	*present*	cas	*case*
café	*coffee*	casque	*helmet*
cage	*cage*	casquette	*cap*

circulation — Dico

casse-croûte	snack
casser	(to) break, broke, broken
casserole	pan
cassette	tape
castor	beaver
ce soir	tonight
ce, ça, cela	it
ce, cette	this
célèbre	famous/well known
célibataire	single
cent	hundred
centrale électrique	power station
cependant	however
céréale	cereal
cerf	deer
certainement	certainly
certains	some
ces	these/those
chaise	chair
chaleur	heat
chambre	room
chambre à coucher	bedroom
chameau	camel
champ	field
championnat	championship
chance	chance/luck
chanceux	lucky
chandelier	candlestick
changement	change
changer	(to) change
changer d'idée	(to) change one's mind
chanson	song
chanter	(to) sing, sang, sung
chanteur	singer
chapeau	hat
chaque, chacun	every/each
charbon	coal
chasser	(to) hunt
chat	cat
chaud	warm
chauffage	heating
chaussette	sock
chaussure	shoe
chemin	way
chemin de fer	railway
chemise	shirt
chemisier	blouse
chèque	cheque
cher, aimé	dear
cher, onéreux	expensive
chercher, rechercher	(to) look for
chéri (nom)	darling
cheval	horse
cheveux	hair
chien	dog
chiffon	rag
chimpanzé	chimpanzee
Chine	China
Chinois	Chinese
chocolat	chocolate
choisir	(to) choose, chose, chosen
chose	thing
chou	cabbage
ciel	sky
cinéma	cinema
cinq	five
cinquante	fifty
circulation (voitures)	traffic

Dico cirque

cirque	*circus*
ciseaux	*scissors*
citron	*lemon*
clair	*light/clear*
classe	*class*
classeur	*file*
classique	*classical*
clé	*key*
client	*client/customer/ shopper*
climatisation	*air conditioning*
cloche	*bell*
clôture	*fence*
club	*club*
cochon	*pig*
cœur	*heart*
coffre	*chest*
coiffeur	*hairdresser*
coin	*corner*
coïncidence	*coincidence*
colis	*parcel*
collection, série	*set*
collectionner	*(to) collect*
coller	*(to) stick, stuck, stuck*
collier (de chien)	*collar*
colline	*hill*
colonie	*colony*
combattre	*(to) fight, fought, fought*
combien (dénombrable)	*how many*
(indénombrable)	*how much*
combien de temps	*how long*
combinaison spatiale	*space suit*
combinaison, mélange	*combination*
comédie musicale	*musical*
commander (restaurant)	*(to) order*
comme	*like*
comme d'habitude	*as usual*
commencer	*(to) begin, began, begun/(to) start*
comment	*how*
commerçant	*shop keeper*
commerce	*trade*
commun, ordinaire	*common*
communauté	*community*
communiquer	*(to) communicate*
comparaison	*comparison*
comparer	*(to) compare*
compétition	*competition*
complet	*complete*
compléter	*(to) complete*
composer	*(to) compose*
comprendre	*(to) understand, understood, understood*
compter	*(to) count*
conducteur	*driver*
conduire (une voiture)	*(to) drive, drove, driven*
confiance	*confidence*
confiture	*jam*
confort	*comfort*
confortable	*comfortable*
consciencieux	*careful*

déballer — Dico

conseil	advice	couteau	knife
conseiller	(to) advise	coûter	(to) cost, cost, cost
consentir	(to) consent	couvercle	lid
construire	(to) build, built, built	craie	chalk
content	glad, happy	cravate	tie
contraignant	limiting	crayon	pencil
contre	against	créateur	designer
contusion	bruise	créer	(to) create
convenir, aller	(to) fit	crème	cream
copie	copy	crème solaire	sun cream
corbeille	tray	creuser	(to) dig, dug, dug
corde	rope	cricket	cricket
correct, décent	decent	crier	(to) shout
correct, juste	correct	crise cardiaque	heart attack
corridor	hall	critiquer	(to) criticize
corriger	(to) correct	croire	(to) believe
costume	suit	cruel	cruel
côte	coast	cueillir	(to) gather
côté	side	cuillère	spoon
(d'un) côté	on the one hand	cuillère à café	tea spoon
(d'un autre) côté		cuir	leather
	on the other hand	cuisine	kitchen
cou	neck	cuisiner	(to) cook
couler	(to) sink, sank, sunk	culture	culture
couleur	colour	dame	lady
coupable	guilty	dangereux	dangerous
couper	(to) cut, cut, cut	danser	(to) dance
coupure (de journaux)		date	date
	cutting	davantage	further/more
couramment	fluently	de	from/of/off
coureur	runner	de même que	as
courir	(to) run, run, run	de nos jours	nowadays
couronne	crown	de quelle couleur	
course	race		what colour
courses	shopping	de toute façon	anyway
court	short	de, du, de la	some
cousin	cousin	déballer	(to) unwrap

423

Dico — début

début	*beginning*	désireux	*willing*
décembre	*December*	désolé	*sorry*
déchets	*waste*	désordre	*mess*
déchirer	*(to) tear, tore, torn*	dessert	*dessert*
décider	*(to) decide*	dessin animé	*cartoon*
décoller	*(to) take off*	dessus	*on*
décorer	*(to) decorate*	détail	*detail*
découvrir	*(to) find out / (to) discover*	détruire	*(to) destroy*
		deux	*two*
décrire	*(to) describe*	deux (les)	*both*
déçu	*disappointed*	deux fois	*twice*
dedans	*inside / into*	deuxième	*second*
dégât	*damage*	devant (prép.)	*in front of*
dégoûtant	*disgusting*	devant, avant (nom)	
déjeuner	*lunch*		*front*
délicieux	*delicious*	devenir	*(to) become, became, became*
délit, délinquance	*crime*	deviner	*(to) guess*
demain	*tomorrow*	devoir	*must / (to) have to*
demander	*(to) ask / (to) require*	devoirs (à la maison)	*homework*
déménager	*(to) move*		
dent(s)	*tooth (teeth)*	dictée	*dictation*
dentiste	*dentist*	dictionnaire	*dictionary*
dépendre de	*(to) depend on*	diesel	*diesel*
déplaisant	*unpleasant*	différence	*difference*
déposer	*(to) drop*	différent	*different*
depuis	*since*	difficile	*difficult*
déranger	*(to) disturb / (to) bother*	dimanche	*Sunday*
		dîner	*dinner*
dernier, passé	*last*	dinosaure	*dinosaur*
déroutant	*confusing*	dire	*(to) say, said, said*
derrière	*behind*	directeur	*manager*
dès que	*as soon as*	discours	*speech*
désagréable	*nasty*	discuter	*(to) talk / (to) discuss*
désastre	*disaster*	disparaître	*(to) disappear*
descendant	*descendant*	disque	*record*
désert	*desert*	distendu	*loose*

distinction	award	écharpe	scarf
distrait	absent-minded	échecs	chess
diviser	(to) divide	échelle	ladder
divorcé	divorced	éclairer	(to) light, lit, lit
dix	ten	éclat	flash
docteur	doctor	éclater	(to) break out/
documentaire	documentary		(to) burst, burst,
domestique	servant		burst
domination	rule	école	school
dommage	pity	écoliers	schoolchildren
donner	(to) give, gave, given	économiser	(to) spare
donner un coup de pied		Écosse	Scotland
	(to) kick	écouter	(to) listen to
dont, de qui	whose	écrire	(to) write, wrote,
dormir	(to) sleep, slept, slept		writen
dos	back	écrivain	writer
douanes	customs	éduquer	(to) educate
douche	shower	effort	effort
douleur	pain	effrayer	(to) frighten
douloureux	painful	égal	equal
doute	doubt	égaliser, marquer	
douter de	(to) doubt		(to) score
doux	soft	église	church
douze	twelve	électronique	electronic
drapeau	flag	élégant	elegant
dribbler	(to) dribble	éléphant	elephant
drogue	drug	élève	pupil
droit	right	élever	(to) bring up
droit (adj.)	straight	élite	élite
droit (nom)	duty	elle	she/her
droit, loi (nom)	law	elle-même	herself
du tout	at all	elles	they
du, de la, des	some	elles-mêmes	themselves
dur	hard	emballer	(to) pack/(to) wrap
durant	during	embaucher	(to) recruit
durer	(to) last	embouteillage	traffic-jam
eau	water	embrasser	(to) kiss

Dico — émigration

émigration	emigration
émission (télé ou radio)	programme
empêcher	(to) prevent
empire	empire
emploi du temps	time-table
employé	clerk
empreinte digitale	fingerprint
emprunter	(to) borrow
en bas	down
en ce qui me concerne	as far as I am concerned
en dépit de	in spite of
en effet	indeed
en face de	in front of/opposite
en fait	actually/in fact
en haut (des escaliers)	upstairs
en haut de	up
en panne	out of order
en qualité de	as
en, dans	in
encore, à nouveau	again
encore, toujours	still
encourager	(to) encourage
endormi	asleep
endroit	place
enfant(s)	child (children)
enfin	at last
ennemi	enemy
ennuyé	bored
ennuyeux	boring/dull
enquête	survey
enregistrer	(to) record
enseigner	(to) teach, taught, taught
ensemble	together
ensoleillé	sunny
entendre	(to) hear, heard, heard
entendre parler de	(to) hear of
enterrer	(to) bury
entraîner, former	(to) train
entraîneur	coach
entre	between
entrée	entrance
entrepôt	store
environ	about
environnement	environment
envoyer	(to) send, sent, sent
épais	thick
épeler	(to) spell
épicier	grocer
épisode	episode
éponge	sponge
épouse	wife
épouser	(to) marry
épuisé	exhausted
équipe	team
erreur, faute	mistake
escaliers	stairs
escargot	snail
espace	space
Espagne	Spain
espagnol	Spanish
espérer	(to) hope
espion	spy
esprit	mind

essai	test	éviter	(to) avoid
essayer	(to) try	exact	right
essence	petrol	exactement	exactly
est	East	examen	examination
et	and	excuse	apology
état	state	exemple	example
États-Unis	United States	exercice	exercise
été	summer	expérience	
éteindre	(to) switch off	(essai)	experiment
ethnique	ethnic	(vécue)	experience
étiquette	tab	expliquer	(to) explain
étoile	star	explorer	(to) explore
étonnant	amazing	exploser	(to) explode
étrange	strange	exprès	on purpose
étranger (adj.)	foreign	extraordinaire	extraordinary
étranger (nom)	foreigner	fabuleux	fabulous
être	(to) be, was, been	facile	easy
être assis	(to) sit, sat, sat	facture	bill
être bien assorti	(to) match	faible	weak
être censé	(to be) supposed to	faire	(to) do, did, done
être d'accord	(to) agree	faire du stop	(to) hitch-hike
être debout	(to) stand, stood, stood	faire du vélo	(to) cycle
		faire la publicité/afficher	(to) advertise
être étendu ou couché	(to) lie, lay, laid	faire la queue	(to) queue
être sur le point de		faire la vaisselle	(to) wash up
	(to) be about to	faire partie de	(to) be part of
étroit	narrow	faire semblant	(to) pretend
étudiant	student	faire un régime	(to) be on a diet
étudier	(to) study	faire, fabriquer	(to) make, made, made
Europe	Europe		
eux, les	them	falaise	cliff
eux-mêmes	themselves	famille	family
éveillé	awake	fantastique	fantastic
événement	event	farine	flour
évident	obvious	fascinant	fascinating
évier	sink	fatigant	tiring

Dico — fatigué

fatigué	*tired*	fond	*bottom*
fauteuil	*armchair*	fond sousmarin	*sea bed*
faux	*wrong*	fondre	*(to) melt*
favori	*favourite*	football	*football*
félicitations	*congratulations*	forme	*shape*
féliciter	*(to) congratulate*	fort, (pour le son)	*loud*
femme(s)	*woman (women)*	fort, solide	*strong*
fenêtre	*window*	fortune	*fortune*
fer	*iron*	fou	*crazy/mad*
ferme	*farm*	fouiller	*(to) search*
fermer	*(to) shut, shut, shut/ (to) close*	foule	*crowd*
		four	*oven*
fermer à clé	*(to) lock*	fourchette	*fork*
fermier	*farmer*	frais	*fresh/cool*
fêter, célébrer	*(to) celebrate*	français	*French*
feu	*fire*	Français	*Frenchman*
feu (de circulation)	*traffic-light*	France	*France*
		frapper	*(to) strike, struck, struck*
feuille	*leaf*		
février	*February*	frapper à la porte	*(to) knock*
fier	*proud*		
file d'attente	*queue*	frapper, atteindre	*(to) hit, hit, hit*
fille	*daughter/girl*		
film	*film*	freins	*brakes*
fils	*son*	frère	*brother*
fin (adj.)	*thin*	frisé, bouclé	*curly*
fin (nom)	*end*	froid	*cold*
finale	*final*	fromage	*cheese*
finalement	*finally*	fruit	*fruit*
finir	*(to) finish*	fumée	*smoke*
fixer	*(to) fix*	fumer	*(to) smoke*
fixer, mettre	*(to) set, set, set*	furieux	*furious*
fleur	*flower*	gadget	*gadget*
fleuriste	*florist*	gagner	*(to) win, won, won*
foire	*fair*	gagner (de l'argent)	*(to) earn*
fois	*time*		
fonctionner	*(to) work*	gant	*glove*

hélicoptère — Dico

garage	*garage*	grand-père	*grandfather*
garçon	*boy*	Grande-Bretagne	
garde	*guard*		*Great Britain*
garde forestier	*ranger*	grandir	*(to) grow, grew,*
garder	*(to) keep, kept, kept*		*grown*
gare	*station*	grands-parents	*grandparents*
garer	*(to) park*	gras, gros	*fat*
gâteau	*cake*	grave, sérieux	*serious*
gâter, gâcher	*(to) spoil, spoilt,*	grève	*strike*
	spoilt (ou rég.)	grilles	*railings*
(à) gauche	*left*	grimper	*(to) climb*
gazon	*lawn*	grippe	*flu*
géant	*giant*	gris	*grey*
geler	*(to) freeze, froze,*	gronder	*(to) tell off*
	frozen	gros	*big*
généralement	*generally*	grossir	*(to) put on weight*
genre	*kind*	groupe	*band (musique)/*
gens	*people*		*group*
gentil	*kind/nice*	grue	*crane*
gentil, doux	*sweet*	guépard	*cheetah*
gentilhomme	*gentleman*	guerre	*war*
géographie	*geography*	guerrier	*warrior*
gilet	*cardigan*	guichet	*counter*
glace	*ice*	guide	*guide*
glace (crème glacée)		guitare	*guitar*
	ice-cream	gymnase	*gymnasium*
glacier	*glacier*	habitant	*inhabitant*
glisser	*(to) slide, slid,*	habitude	*habit*
	slid/(to) slip	habitude (d')	*usually*
gorille	*gorilla*	habitué à	*used to*
goûter	*(to) taste*	habituel	*usual*
goutte	*drop*	haine	*hatred*
grâce à	*thanks to*	haïr	*(to) hate*
grand	*large*	harnais	*harness*
grand (haut)	*tall*	haut	*high*
grand, célèbre	*great*	hélas	*unfortunately*
grand-mère	*grandmother*	hélicoptère	*helicopter*

429

Dico — herbe

herbe	grass	imperméable	raincoat
hésiter	(to) hesitate	important	important
heure	time	impossible	impossible
heure (durée)	hour	impressionnant	impressive
heureusement	fortunately	inconnu	unknown
heureux	happy	inconvénient	disadvantage
hier	yesterday	incroyable	incredible
histoire	story / history (matière)	indépendance	independence
		indépendant	independent
hiver	winter	Indien	Indian
homme(s)	man (men)	indiquer	(to) point
honnête	honest	indulgent	tolerant
hôpital	hospital	industrie	industry
horloge	clock	infirmière	nurse
horrible	awful	information	information
hors de	out (of)	informations, nouvelles	news
hôtel	hotel		
hôtesse de l'air	air hostess	ingénieur	engineer
huile	oil	inhabituel	unusual
huit	eight	inquiéter (s')	(to) worry
humide	wet	instrument	instrument
hurler	(to) scream	intelligent	intelligent
ici	here	interdire	(to) forbid, forbade, forbidden
idée	idea		
il	he	intéressant	interesting
il y a (temps)	ago	intéressé	interested
il y a, voici, il existe	there is, there are	inutile	useless
		invité	guest
île	island	inviter	(to) invite
ils	they	Irlandais	Irish
image	picture	Irlande	Ireland
imaginer	(to) imagine	Italie	Italy
immédiatement	immediately	Italien	Italian
immense	huge	jaloux	jealous
immigrant	immigrant	jamais	never
immigration	immigration	jambe	leg
impatient	impatient	jambon	ham

janvier	*January*	là-bas	*there*
jardin	*garden*	la plupart de	*most of*
jardinage	*gardening*	lac	*lake*
jaune	*yellow*	lacet	*shoe lace*
je	*I*	laid	*ugly*
jeter	*(to) throw, threw, thrown*	laine	*wool*
		laisser tomber	*(to) drop*
jeu	*game*	laisser, permettre	*(to) let, let, let*
jeu vidéo	*video game*	lait	*milk*
jeudi	*Thursday*	laitier	*milkman*
jeune	*young*	lampadaire	*lamp post*
jeux Olympiques		lampe	*lamp*
	olympics	lancement	*launching*
joli	*beautiful/pretty/nice*	lancer	*(to) throw, threw, thrown*
jouer	*(to) play*		
jouer (la comédie)		langue	*language*
	(to) act	large	*wide*
jouet	*toy*	lave-linge	*washing-machine*
joueur	*player*	lave-vaisselle	*dishwasher*
jour	*day*	laver	*(to) wash*
journal	*newspaper*	le leur, la leur, les leurs	
journaliste	*journalist*		*theirs*
joyau	*jewel*	le plus	*most*
juge	*judge*	le plus loin	*farthest*
juillet	*July*	le(s) mien(s), la(les) mienne(s)	
juin	*June*		*mine*
jumeau	*twin*	le(s) nôtre(s)	*ours*
jupe	*skirt*	le(s) sien(s), la sienne, les siennes	
jurer, promettre	*(to) swear, swore, sworn*		*hers*
		le, la, les	*the*
jus de fruit	*fruit juice*	le/a tien/ne, le/a vôtre	
jusqu'à	*until/till/up to*		*yours*
juste à côté	*next door*	leçon	*lesson*
juste, équitable	*fair*	lecture	*reading*
juste, seulement	*just*	léger	*light*
justice	*justice*	légumes	*vegetables*
kangourou	*kangaroo*	lent	*slow*

Dico — lettre

lettre	*letter*	mademoiselle	*Miss*
leur, leurs	*their*	magasin	*shop*
lever, soulever	*(to) lift*	magnétoscope	*video recorder*
libérer	*(to) release*	magnifique	*wonderful*
liberté	*freedom*	mai	*May*
librairie	*bookshop*	maillot de bain	*swimsuit*
libre	*free*	main	*hand*
licencier	*(to) fire*	maintenant	*now*
lier	*(to) tie*	maire	*mayor*
ligne	*line*	mais	*but*
lion	*lion*	maïs	*corn*
lire	*(to) read, read, read*	mais non !	*nonsense*
lit	*bed*	maison	*house*
livre	*book (ouvrage)/ pound (monnaie)*	maison de campagne	*cottage*
livrer	*(to) deliver*	maître	*master*
loi	*law*	majorité	*majority*
loin, lointain	*far (away)*	mal de mer	*sea-sick*
Londres	*London*	mal, dommage	*harm*
long	*long*	malade	*ill*
louer	*(to) hire/(to) rent*	malade, nauséeux	*sick*
loup	*wolf*		
lourd	*heavy*	maladie	*illness*
lui, le, l'	*him*	malgré	*in spite of*
lui-même	*himself/itself*	malheureux	*miserable/unhappy*
lumière	*light*	malin	*clever*
lundi	*Monday*	maman	*mum, mummy*
lune	*moon*	manche	*sleeve*
lunettes	*glasses*	Manche (la)	*(the) Channel*
lunettes de soleil	*sunglasses*	manger	*(to) eat, ate, eaten*
		manière	*way*
Luxembourg	*Luxemburg*	manifestant	*protester*
Luxembourgeois	*Luxemburger*	manifestation	*demonstration*
luxueux	*luxury*	mannequin	*model*
machine à écrire	*type writer*	manque	*lack*
		manquer	*(to) miss*
madame	*Madam*	manteau	*coat*

manuel d'exercices		mener	(to) lead, led, led
	exercise-book	mer	sea
maquillage	make-up	merci	thank you/thanks
marchand de journaux		mercredi	Wednesday
	newsagent	mère	mother
marché	market	merle	blackbird
marche, manifestation		merveilleux	marvellous
	march	métal	metal
mardi	Tuesday	métro	tube
marécage	swamp	metteur en scène	
mari	husband		director
mariage	wedding	mettre (un vêtement)	
marié	married		(to) put on
marin	sailor	meubles	furniture
marine (nom)	navy	meurtre	murder
marmelade	marmalade	miche de pain	loaf
Maroc	Morocco	mieux, le/au mieux	
marocain	Moroccan		best
marque, signe	mark	migraine	headache
marron	brown	mile	mile
mars	March	milieu	middle
match	match	militaire	soldier
matelas	mattress	mille	thousand
matériau	material	million	million
maths	maths	mince	slim
matière	matter	ministère/service	
matin	morning		department
mauvais	bad	minuit	midnight
méchant	wicked, nasty	minuscule	tiny
médaille	medal	minute	minute
médicament	medecine	mode	fashion
meilleur	better	moderne	modern
mélangé	mixed	moi, me, m'	me
membre	member	moi-même	myself
même	even	moins	less
mémoire	memory	mois	month
menacer	(to) threaten	moitié	half

Dico moment

moment	*moment*	neiger	*(to) snow*
mon, ma, mes	*my*	nerveux	*nervous*
monde	*world*	nettoyer	*(to) clean*
moniteur	*instructor*	neuf	*nine*
montagne	*mountain*	nez	*nose*
montre	*watch*	ni (... ni)	*neither (... nor)*
montrer	*(to) show, showed, shown*	nid	*nest*
		Noël	*Christmas*
moquette	*carpet*	noir	*black*
morceau	*piece*	nom	*name*
mordre	*(to) bite, bit, bitten*	nombre	*figure/number*
mort (adj.)	*dead*	nommer	*(to) name*
mort (nom)	*death*	non	*no*
mot	*word*	non... plus	*either*
moteur	*engine*	nord, au nord	*North*
moto	*motor-bike*	notre, nos	*our*
mourir	*(to) die*	nourrir	*(to) feed, fed, fed*
mouton (mort)	*mutton*	nourriture	*food*
mouton (vivant)	*sheep*	nous	*we/us*
moyenne	*average*	nous-mêmes	*ourselves*
mur	*wall*	nouveau	*new*
murmurer	*(to) whisper*	Nouvelle-Zélande	*New Zealand*
musée	*museum*		
musique	*music*	novembre	*November*
mystère	*mystery*	nuage	*cloud*
mystérieux	*mysterious*	nuageux	*cloudy*
n'importe où	*anywhere*	nucléaire	*nuclear*
nager	*(to) swim, swam, swum*	nuit	*night*
		numéro de téléphone	*phone number*
naître	*(to) be born*		
naturel	*natural*	occasion	*opportunity*
naviguer	*(to) sail*	occasion (d')	*second hand*
ne pas	*not*	occidental	*western*
ne plus	*longer (not any)*	occupé	*busy*
nécessaire	*necessary*	océan	*ocean*
négligeant	*careless*	octobre	*October*
neige	*snow*	odeur	*smell*

passe-temps — Dico

œil	eye	papa	dad, daddy
œuf	egg	papier peint	wallpaper
œuvre caritative	charity	Pâques	Easter
officier	officer	paquet	packet
oiseau	bird	par-dessus tout	above all
oncle	uncle	par exemple	for instance
onze	eleven	par, à travers	through
opinion	opinion	par, en	by
opposé	opposite	paragraphe	paragraph
optimiste	hopeful	parapluie	umbrella
or	gold	parc	park
orange	orange	parc à thème	theme park
ordinaire	ordinary	parce que	because
ordinateur	computer	pardonner	(to) forgive, forgave, forgiven
ordre	order		
ordures	rubbish	pare-brise	windscreen
oreille	ear	pareil/le même	same
oreiller	pillow	parents	parents
organiser	(to) organize	paresseux	lazy
origine	origin	parfaitement	perfectly
ou	or	parfois	sometimes
où	where	parfumerie	beauty shop
où que ce soit	wherever	parier	(to) bet, bet, bet
oublier	(to) forget, forgot, forgot	parking	car park
		parler	(to) speak, spoke, spoken
ouest, à l'ouest	West		
oui	yes	partager	(to) share
ours	bear	partie	part
outil	tool	partout	everywhere, all over
ouvert	open		
ouvrir	(to) open	pas	step/footstep
ou… ou	either…or	pas du tout	not at all
page	page	pas encore	not yet
pain	bread	pas mal	all right
paix	peace	passager	passenger
panier	basket	passé	past
pantalon	trousers	passe-temps	hobby

435

Dico: passer l'aspirateur

passer l'aspirateur	(to) hoover
passer, dépenser	(to) spend, spent, spent
passer/réussir	(to) pass
passionnant	exciting
passionné par	keen on
patient, malade	patient
patiner	(to) skate
patron, chef	boss
pause	break
pauvre	poor
pauvreté	poverty
payer	(to) pay, paid, paid
pays	country
Pays de Galles	Wales
Pays-Bas	(the) Netherlands
pêcher	(to) fish
peindre	(to) paint
peintre	painter
peinture	painting
pence	pence
pendant	during/for
pendant que	while
pendre	(to) hang, hung, hung
pénétrer	(to) get into
penny	penny
pénombre	darkness
penser	(to) think, thought, thought
pensionnat	boarding school
percuter, heurter	(to) bump
perdre	(to) lose, lost, lost
perdre (temps, argent)	(to) waste
père	father
période	period/term
permettre	(to) allow
permis de conduire	driving licence
perplexe	puzzled
perroquet	parrot
persécuter	(to) persecute
personnage	character
personne	nobody
personne	person
peser	(to) weigh
petit	little/small
petit ami	boyfriend
petit déjeuner	breakfast
petite amie	girlfriend
petits-enfants	grandchildren
pétrole	oil
peu de	few
peuple	people
peut-être	perhaps/maybe
pharmacien	chemist
photo	picture
phrase	sentence
physicien	physicist
physique	physics
pièce	room
pièce (de monnaie)	coin
pièce (de théâtre)	play
pied(s)	foot (feet)
pierre	stone
pilote	pilot
pinceau	brush
pique-nique	picnic
pire (comparatif)	worse
pire (superlatif)	worst
piscine	swimming-pool

piste	track	poire	pear
pistolet	gun	pois	pea
placard	cupboard	poisson	fish
place	square	poitrine	chest
placer, poser	(to) settle	poli	polite
plafond	ceiling	policier	policeman
plage	beach	politicien(ne)	politician
plaisant	pleasant	politique	politics
plaisanter	(to) joke	pomme	apple
plaisir	pleasure	pomme de terre	
planche	board		potato
planche à voile	windsurfing	pompier	fireman
planter	(to) plant	pont	bridge
plat (adj.)	flat	populaire, prisé	popular
plat (nom)	dish	porc	pork
platine	platinum	port	port/harbour
plein	full	portail	gate
plein de	plenty of	porte	door
plein de monde	crowded	porte-documents	
pleurer	(to) cry		briefcase
pleuvoir	(to) rain	porte-monnaie	purse
pliant	foldable	porte-parole	spokesman
plier	(to) fold	porter	(to) carry
plier, courber	(to) bend, bent, bent	porter (un vêtement)	
plonger	(to) dive		(to) wear, wore, worn
pluie	rain	portier	porter
plus	more	Portugais	Portuguese
plus loin	farther/further	Portugal	Portugal
plusieurs	several	poser, placer, mettre	
plutôt	rather		(to) put, put, put
pluvieux	rainy	posséder	(to) own
pneu	tyre	possible	possible
poche	pocket	poste de police	police station
poids	weight	poster	(to) post
poils	hairs	postier	postman
point	point	poubelle	dustbin
pointu	sharp	poudre	powder

437

Dico — pouffer de rire

pouffer de rire	*(to) giggle*
poulet	*chicken*
pour (que)	*for*
pourquoi	*why*
poursuivre	*(to) chase*
pourtant	*yet*
pousser	*(to) push*
poussière	*dust*
pouvoir (nom)	*power*
pouvoir (verbe)	*can, could, could*
pratique	*convenient*
préférer	*(to) prefer*
premier	*first*
Premier ministre	*Prime Minister*
premier plan	*foreground*
prendre	*(to) take, took, taken*
prendre sa retraite	*(to) retire*
prendre un verre	*to have a drink*
prendre, saisir	*(to) pick up*
préparer	*(to) prepare*
près de	*close to / next to*
prêt	*ready*
prêter	*(to) lend, lent, lent*
prince	*prince*
princesse	*princess*
principal (adj.)	*chief / main*
principal (de collège)	*principal / headmaster*
printemps	*spring*
prix	*price / charge / cost*
prix, lot	*prize*
probablement	*probably*
problème	*problem / trouble*
prochain	*next*
proche, près	*near*
produit	*product*
produits chimiques	*chemicals*
produits de beauté	*cosmetics*
professeur	*teacher*
profond	*deep*
programmer	*(to) plan*
progrès	*progress*
projet	*plan*
promenade	*walk / ride*
promettre	*(to) promise*
proposer, offrir	*(to) offer*
propre	*clean*
propre, particulier	*own*
prospectus	*leaflet*
protéger	*(to) protect*
prouver	*(to) prove*
prudent	*prudent*
pub, bar	*pub*
publicité	*advertisement*
publier	*(to) publish*
puis	*then*
puisque	*since*
pull-over	*pullover / sweater*
punir	*(to) punish*
pyjama	*pyjamas*
qu'y a-t-il	*what's on*
quai	*platform*
quand	*when*
quarante	*forty*
quartier	*quarter / district*
quatre	*four*
quatre-vingts	*eighty*
quatre-vingt-dix	*ninety*
que	*than (comparatif)*

réparateur Dico

que	*that*	ravissant	*delightful*
quel âge	*how old*	rayon	*section*
quel dommage	*what a shame*	réaction	*reaction*
quel que soit	*whatever*	récapituler	*(to) recapitulate*
quel(les)	*what*	récemment	*recently*
quelle heure	*what time*	réception	*reception*
quelqu'un	*somebody/someone*	recette	*recipe*
quelque chose	*something*	recevoir	*(to) receive*
quelque part	*somewhere*	recherche	*research*
quelques	*(a) few*	réclamer	*(to) claim*
question	*question*	récompense	*award*
qui	*who*	réconforter	*(to) cheer up*
qui réussit, qui a du succès		reconnaître	*(to) recognize*
	successful	recycler	*(to) recycle*
qui s'appelle	*called*	rédacteur en chef	
qui, que	*which*		*editor*
quinze	*fifteen*	rédaction	*essay*
quitter, partir	*(to) leave, left, left*	réfrigérateur	*fridge*
quoi, que (interrogatif)		refuser	*(to) refuse*
	what	regard	*look*
race	*race*	regarder	*(to) look*
racial	*racial*	regarder (attentivement)	
raciste	*racist*		*(to) watch*
raconter	*(to) tell, told, told*	regarder (fixement)	*(to) stare*
radio	*radio*	régulièrement	*regularly*
raisin	*grapes*	reine	*queen*
raison	*reason*	relâché	*loose*
randonneur	*hiker*	religieux	*religious*
rangé	*tidy*	remarquable	*brilliant*
rangée	*row*	remarquer	*(to) notice*
ranger	*(to) tidy up*	remercier	*(to) thank*
rapide(ment)	*fast/quick*	remplir	*(to) fill*
rappeler	*(to) remind*	rencontrer	*(to) meet, met, met*
raquette	*racket*	rendre visite à	*(to) visit*
rarement	*rarely*	répandre	*(to) spread, spread, spread*
rater	*(to) miss*		
ravi	*delighted/pleased*	réparateur	*repairman*

439

Dico réparer

réparer	(to) repair/(to) mend
repas	meal
répéter	(to) repeat/(to) rehearse
répondre	(to) answer
repos	rest
repoussant	shocking
réservation	reservation
réserver	(to) book
résolument	definitely
respirer	(to) breathe
responsable	responsible
ressembler à	(to be) like
restaurant	restaurant
reste	the rest
rester, demeurer	(to) remain (to) stay
résultat	result
retarder	(to) delay
retourner	(to) get back
réussir à	(to) succeed in
réveil	alarm clock
réveillé	awake
revendeur	dealer
revenir	(to) come back
rêver de	(to) dream, dreamt, dreamt of
rez-de-chaussée (au)	downstairs
rhinocéros	rhino
riche	rich
rideau	curtain
ridicule	ridiculous
rien	nothing
rire	(to) laugh
risque	risk
rivière	river
robe	dress
roi	king
roman	novel
roman, film à suspense	thriller
rond	round
rose (adj.)	pink
roue	wheel
rouge	red
route	road
royaume	kingdom
rue	street
rugby	rugby
rugueux	rough
s'adapter	(to) suit
s'asseoir	(to) sit down
s'attendre à	(to) expect
s'échapper	(to) escape
s'écraser	(to) crash
s'élever, se lever	(to) rise, rose, risen
s'entraîner	(to) practise
s'habiller	(to get) dressed
s'habituer à	(to) get used to
s'il vous plaît	please
s'occuper de	(to) look after
sable	sand
sac	bag
sac à dos	backpack
saignement	bleeding
saison	season
salade	salad
salaire	salary/wage
sale	dirty
salive	saliva
salle à manger	dining-room
salle de bains	bathroom

séparément

salle de classe	classroom	se mettre à	(to) take up
salon	sitting room/ lounge/living-room	se noyer	(to) drown
		se permettre	(to) afford
salut	hello	se plaindre	(to) complain
samedi	Saturday	se précipiter	(to) rush
sandwich	sandwich	se promener	(to) walk
sans	without	se rappeler, se souvenir	
sans-abri	homeless		(to) remember
santé	health	se raser	(to) shave
sauter	(to) jump	se rendre compte	
sauvage	wild		(to) realize
sauver	(to) save/ (to) rescue	se renseigner	(to) enquire/ (to) inquire
savoir, connaître	(to) know, knew, known	se reposer	(to) rest
		se réveiller	(to) wake up
savon	soap	se saoûler	(to) get drunk
scénario	script	se soucier de	(to) mind/ (to) care about
scène (de théâtre)	stage	se suicider	(to) commit suicide
science	science	sec	dry
scientifique (nom)		second	second
	scientist	secouer	(to) shake, shook, shaken
score	score		
se blesser	(to get) hurt/ (to) injure oneself	secret	secret
		secrétaire	secretary
se cacher	(to) hide, hid, hidden	sécurité	safety
		seize	sixteen
se concentrer	(to) concentrate	sel	salt
se débrouiller	(to) manage	selon	according to
se demander (avec étonnement)		semaine	week
	(to) wonder	semblable	similar
se détendre	(to) relax	sembler	(to) seem
se disputer	(to) argue/ (to) quarrel	sentiment	feeling
		sentir (odeur)	(to) smell, smelt, smelt
se hâter	(to) hurry up		
se joindre à	(to) join	sentir, ressentir	(to) feel, felt, felt
se lever	(to) get up	séparément	separately

441

Dico séparer

séparer	(to) separate
sept	seven
septembre	September
série	series/set
serveur	waiter
serveuse	waitress
serviette	towel
servir	(to) serve
seuil	doorstep
seul	alone
seul (qui se sent)	lonely
seulement	only
sévère	strict
sexiste	sexist
si	if/whether
si jamais	whenever
sida	aids
siècle	century
siège, place	seat
signe, panneau	sign
signifier, vouloir dire	(to) mean, meant, meant
silence	silence
singe	monkey
Sir	Sir
site, vue	sight
six	six
skier	(to) ski
social	social
société	society
sœur	sister
soigner	(to) cure
soin	care
soir, soirée	evening
soirée, fête	party
soixante	sixty
soixante-dix	seventy
sol (dedans)	floor
sol (dehors)	ground
soleil	sun
sombre	dark
sommet	top
son (nom)	sound
son, sa, ses, le(s) sien(s)	his/her/its
sondage	poll/questionnaire
sonner	(to) ring, rang, rung
sonnette	doorbell
sorte	sort
sortir	(to) come/get/go out
soudain	suddenly
souffler	(to) blow, blew, blown
souffrance	pain
souffrir	(to) suffer
souhait	wish
souhaiter	(to) wish
soupe	soup
sourd	deaf
sourire	(to) smile
sous	under
sous terre	underground
sous-titre	subtitle
souvent	often
spécial	special
spécialement	especially
spectacle	show
spectateur	spectator
sport	sport
sportif (adj.)	sporty
sportif (nom)	sportsman
stade	stadium

stage	training course	tableau	painting
station de ski	skiing resort	taille	size
statue	statue	talent	talent
steak	steak	Tamise	Thames
stupide	silly	tandis que	while
stylo	pen	tante	aunt
succès	success	taper à la machine	
sucre	sugar		(to) type
sud, au sud	South	tapis	carpet
Suède	Sweden	tard, tardif	late
Suédois	Swedish	tas	heap
suggérer	(to) suggest	tasse	cup
Suisse (nom et adj.)		tasse à thé	tea mug
	Swiss	taux	rate
Suisse (pays)	Switzerland	taxi	taxi
suivre	(to) follow	technologie	technology
sujet	subject	tel	such
sujet de dispute	argument	téléphone	phone
supérieur	superior	téléphoner	(to) phone
supermarché	supermarket	télévision	television
supplémentaire	extra	tempérament	temper
supporter	(to) bear, bore, born	température	temperature
supporter (ne pas pouvoir -)		tempête	storm
	stand (can't)	temps	time
supposer	(to) suppose	temps (climat)	weather
sur	on	tenir	(to) hold, held, held
sûr	sure	tente	tent
sûr, protégé	safe	terminer	(to) end
surprendre	(to) surprise	terrain de football	footballground
surprise	surprise	terrain de jeu	playground
surveillant	supervisor	terrain de sport	playing field / sports ground
survêtement	track-suit		
survivre	(to) survive	Terre	Earth
susceptible de	likely	terre	land
suspect	suspect	terrifiant	terrifying
syndicat	trade-union	tester	(to) test
table	table	tête	head

Dico — thé

thé	tea	tout, tous	all
théâtre	theatre	toxicomane	(drug)addict
théière	tea pot	tradition	tradition
timbre	stamp	train	train
tirer	(to) pull	traiter de	(to) deal, dealt, dealt with
tirer (arme à feu)	(to) shoot, shot, shot	tramway	streetcar
tirer/dessiner	(to) draw, drew, drawn	tranche	slice
		transport	transportation
tiroir	drawer	trappeur	trapper
titre	title	travail	work/job
toast	toast	travailler	(to) work
toi-même	yourself	travailleur	worker
toilettes	toilets	traversée	crossing
toit	roof	traverser	(to) cross
tomate	tomato	trente	thirty
tomber	(to) fall, fell, fallen	très	very/very much
tomber en panne	(to) break down	tribu	tribe
		tribunal	court
ton, ta, tes	your	trimestre	term
tondre	(to) mow, mowed, mown	triste	sad
		trois	three
torchon	dish towel/cloth	troisième	third
tôt	early	trop	too
toujours	ever/always	trophée	trophy
tour	tower	trottoir	pavement
touriste	tourist	trou	hole
tourne-disque	record-player	trousse	pencil case
tourner	(to) turn	trouver	(to) find, found, found
tournoi	tournament		
tourte	pie	tu, vous	you
tous, tout le monde	everybody	tuer	(to) kill
tout	everything	tuyau	pipe
tout de suite	at once	tuyau, renseignement	tip
tout le temps	(all the) time		
simplement	simply	type, genre	type
		typique	typical

un (nombre)	one	vérifier	(to) check
un, une (article)	a, an	vérité	truth
un peu	(a) bit/(a) little	verre	glass
un(e) autre	another	verre (de 50 cl)	pint
une fois, autrefois	once	verser	(to) pour
uniforme	uniform	vert	green
université, faculté	college/university	veste	jacket
		vêtements	clothes
urgence	emergency	vexé	upset
usine	factory	viande	meat
utile	useful	victoire	victory
utiliser	(to) use	vide	empty
utilité	use	vie	life
vacances	holiday	vieux	old
vaccin	vaccine	vieux jeu	old-fashioned
vache	cow	village	village
vague	wave	ville	town
vainqueur	winner	vin	wine
vaisseau spatial	space ship	vingt	twenty
valise	suitcace/case	violent	violent
vallée	valley	violet	purple
valoir	(to be) worth	violon	fiddle
varié	various	violoniste	violonist
veau	veal	visage	face
vedette	star	vison	mink
veiller	(to) stay up	vitamines	vitamins
vélo	bike	vite	quick
vélomoteur	moped	vitesse	speed
vendeur	salesman	vitrine	shop window
vendeuse	salesgirl	vivant	alive
vendre	(to) sell, sold, sold	vivre	(to) live
vendredi	Friday	voir	(to) see, saw, seen
vengeance	revenge	voisin	neighbour
venir	(to) come, came, come	voiture	car
		voiture de course	racing car
vent	wind	voix	voice
vente	sale	vol (dans les airs)	flight

Dico — volant

volant	*wheel*	vous-même	*yourself/yourselves*
volcan	*volcano*	voyage	*journey/travel/trip*
voler (dans les airs)		voyager	*(to) travel*
	(to) fly, flew, flown	vrai	*real/true*
voler, dérober	*(to) steal, stole,*	vraiment	*really*
	stolen	week-end	*weekend*
voleur	*thief*	y compris	*including*
volontaire	*volunteer*	zèbre	*zebra*
vos, votre	*your*	zéro	*zero*
voter	*(to) vote*	zone, région	*area*
vouloir	*(to) want*	zoo	*zoo*

Les faux amis

Les faux amis sont des mots anglais qui ressemblent beaucoup à des mots français, mais qui n'ont pas du tout le même sens. Ainsi, le mot anglais *ability* ressemble au mot français «habileté» mais n'a pas le même sens, puisqu'il signifie «capacité». Inversement, «habileté» ne se dit pas *ability* mais *skill*.

- ability [əbɪlətɪ] ≠ *habileté* → capacité
  habileté ≠ *ability* → skill [skɪl]

- actual [æktʃʊəl] ≠ *actuel* → vrai
  actuel ≠ *actual* → present [preznt], current [kʌrənt]

- actually [æktʃʊəlɪ] ≠ *actuellement* → vraiment, en fait
  actuellement ≠ *actually* → now [naʊ], at present [preznt]

- advertisement [ədvɜːtɪsmənt] ≠ *avertissement* → réclame, publicité
  avertissement ≠ *advertisement* → warning [wɔːnɪŋ]

- advice [ədvaɪs] ≠ *avis* → conseils
  avis ≠ *advice* → opinion [əpɪnjən]

- agenda [ədʒendə] ≠ *agenda* → ordre du jour
  agenda ≠ *agenda* → diary [daɪərɪ]

- ancient [eɪnʃənt] ≠ *ancien* → très vieux, très âgé
  ancien ≠ *ancient* → former [fɔːmər], old [əʊld]

- aspect [æspekt] ≠ *aspect* → côté (d'une question, d'un problème)
  aspect ≠ *aspect* → appearance [əpɪərəns]

- to assist [əsɪst] ≠ *assister à* → aider
  assister à ≠ *to assist* → to attend [ətend]

- assistance [əsɪstəns] ≠ *assistance* → aide
  assistance ≠ *assistance* → audience [ɔːdjəns]

- to attend [ətend] ≠ *attendre* → assister à
  attendre ≠ *to attend* → to wait [weɪt]

- axe [æks] ≠ *axe* → hache
  axe ≠ *axe* → axis [æksɪs]

- balance [bæləns] ≠ *balance* → équilibre
  balance ≠ *balance* → scales [skeɪlz], weighing [weɪɪŋ] machine [mətʃiːn]

- basket [bɑːskɪt] ≠ *basket* → panier, chaussure de basket
  basket ≠ *basket* → basket-ball [bɑːskɪtbɔːl]

447

Dico — benefit

- benefit [benɪfɪt] ≠ *bénéfice*
  → **avantage**
  bénéfice ≠ benefit → profit [prɒfɪt]

- blouse [blaʊz] ≠ *blouse*
  → **chemisier**
  blouse ≠ blouse → overall [əʊvərɔːl]

- capacity [kəpæsɪtɪ] ≠ *capacité*
  → **capacité, (volume)**
  capacité ≠ capacity → ability [əbɪlɛtɪ]

- car [kɑːʳ] ≠ *car* → **voiture**
  car ≠ car → coach [kəʊtʃ]

- cave [keɪv] ≠ *cave* → **grotte**
  cave ≠ cave → cellar [selər]

- chance [tʃɑːns] ≠ *chance*
  → **possibilité, hasard**
  chance ≠ chance → (piece [piːs] of) luck [lʌk]

- character [kærəktəʳ] ≠ *caractère*
  → **personnage**
  caractère ≠ character → characteristic [kærəktərɪstɪk]

- to charge [tʃɑːdʒ] ≠ *charger*
  → **accuser**
  charger ≠ to charge → to load [ləʊd]

- chimney [tʃɪmnɪ] ≠ *cheminée*
  → **cheminée (sur le toit)**
  cheminée ≠ chimney → fireplace [faɪəpleɪs] (foyer, âtre)

- chips [tʃɪps] ≠ *chips*
  → **pommes frites**
  chips ≠ chips → crisps [krɪsps]

- college [kɒlɪdʒ] ≠ *collège*
  → **faculté, université**
  collège ≠ college → school [skuːl], junior [dʒuːnjəʳ] high [haɪ] school [skuːl] (US)

- complete [kəmpliːt] ≠ *complet*
  → **entier**
  complet ≠ complete → full [fʊl]

- confident [kɒnfɪdənt] ≠ *confident*
  → **confiant**
  confident ≠ confident → confidant [kɒnfɪdænt]

- confidence [kɒnfɪdəns] ≠ *confidence* → **confiance**

- confused [kənfjuːzd] ≠ *confus* → **pas clair, embrouillé**
  confus ≠ confused → embarassed [əɪmbærəst]

- conscience [kɒnʃens] (intellectuelle et physique) ≠ *conscience* → **consciousness** [kɒnʃəsnɪs]

- control [kəntrəʊl] ≠ *contrôler*
  → **diriger, maîtriser**
  contrôler ≠ to control → to check [tʃek]

448

emergency

- corpse [kɔːps] ≠ *corps* → cadavre
  corps ≠ *corpse* → body [bɒdɪ]

- course [kɔːs] ≠ *cours* → stage, série de conférences ou champ de courses
  cours ≠ *course* → class [klɑːs], lesson [lesn]

- critic [krɪtɪk] ≠ *critique (nom)* → critique (nom)
  critique ≠ *critic (nom)* → criticism [krɪtɪsɪzm], review [rɪvjuː]

- to cross [krɒs] ≠ *croiser* → traverser
  croiser ≠ *to cross* → to pass [pɑːs], to meet [miːt]

- to cry [kraɪ] ≠ *crier* → pleurer
  crier ≠ *to cry* → to shout [ʃaʊt], to scream [skriːm]

- to deceive [dɪsiːv] ≠ *décevoir* → tromper
  décevoir ≠ *to deceive* → to disappoint [dɪsəpɔɪnt]

- deception [dɪsepʃn] ≠ *déception* → tromperie
  déception ≠ *deception* → disappointment [dɪsəpɔɪntmənt]

- to defend [dɪfend] ≠ *défendre* → défendre contre qq chose ou quelqu'un
  défendre (interdire) ≠ *to defend* → to forbid [fəbɪd], to prohibit [prəhɪbɪt]

- definite(ly) [defɪnɪtlɪ] ≠ *définitive(ment)* → certain(ement)
  définitive(ment) ≠ *definite(ly)* → for [fɔːʳ] ever [evəʳ], for good [gʊd]

- delay [dɪleɪ] ≠ *délai* → retard
  délai ≠ *delay* → time [taɪm] (limit) [lɪmɪt]

- to deliver [dɪlɪvəʳ] ≠ *délivrer* → livrer
  délivrer ≠ *to deliver* → to free [friː], to liberate [lɪbəreɪt]

- to demand [dɪmɑːnd] ≠ *demander* → exiger
  demander ≠ *to demand* → to ask [ɑːsk]

- director [dɪrektəʳ] ≠ *directeur* → metteur en scène
  directeur ≠ *director* → boss [bɒs]

- distraction [dɪstrækʃn] ≠ *distraction (amusement)* → fait d'être distrait
  distraction ≠ *distraction* → entertainment [entəteɪnmənt]

- emergency [ɪmɜːdʒənsɪ] ≠ *émergence* → urgence
  émergence ≠ *emergency* → emergence [ɪmɜːdʒəns], appearance [əpɪərəns]

Dico — envy (to)

- to envy [ɛnvɪ] ≠ *avoir envie de* → envier, convoiter
  avoir envie de ≠ *to envy* → to want [wɒnt]

- essence [esns] ≠ *essence* → essence (parfum, bois …), extrait
  essence ≠ *essence* → petrol [petrəl]

- to evade [ɪveɪd] ≠ *s'évader* → éviter
  s'évader ≠ *to evade* → to escape [ɪskeɪp]

- eventual(ly) [ɪventʃʊəlɪ] ≠ *éventuel(lement)* → final(ement)
  éventuel(lement) ≠ *eventual(ly)* → perhaps [pəhæps], possibly [pɒsəblɪ]

- evidence [evɪdəns] ≠ *évidence* → preuves, témoignages
  évidence ≠ *evidence* → something [sʌmθɪŋ] obvious [ɒbvɪəs]

- evolution [i:vəlu:ʃn] ≠ *évolution* → évolution d'une espèce
  évolution ≠ *evolution* → development [dɪveləpmənt]

- experience [ɪkspɪərɪəns] ≠ *expérience* → expérience vécue
  expérience (scientifique) ≠ *experience* → experiment [ɪksperɪmənt]

- fault [fɔ:lt] ≠ *faute* → défaut
  faute ≠ *fault* → mistake [mɪsteɪk]

- figure [fɪgəʳ] ≠ *figure* → chiffre ou silhouette
  figure ≠ *figure* → face [feɪs]

- front [frʌnt] ≠ *front* → front, devant
  front ≠ *front* → forehead [fɔ:hed]

- to furnish [fɜ:nɪʃ] ≠ *fournir* → meubler
  fournir ≠ *to furnish* → to supply [səplaɪ]

- gentle [dʒentl] ≠ *gentil* → doux
  gentil ≠ *gentle* → nice [naɪs], kind [kaɪnd]

- herb [hɜ:b] ≠ *herbe* → herbe aromatique
  herbe ≠ *herb* → grass [grɑ:s]

- humane [hju:meɪn] ≠ *humain* → humanitaire
  humain ≠ *humane* → human [hju:mən]

- to ignore [ɪgnɔ:ʳ] ≠ *ignorer* → ne pas faire attention à
  ignorer ≠ *to ignore* → not to know [nəʊ] (ne pas savoir)

- inconvenient [ɪnkənvi:njənt] ≠ *inconvénient* → gênant, pas pratique
  inconvénient ≠ *inconvenient* → disadvantage [dɪsədvɑ:ntɪdʒ]

- infancy [ɪnfənsɪ] ≠ *enfance* →

novel Dico

- petite enfance
  enfance ≠ *infancy* → childhood [tʃaɪldhʊd]

- information [ɪnfəmeɪʃn] ≠ *information* → renseignements
  information ≠ *information* → a piece [piːs] of information, a piece of news [njuːz]

- inhabited [ɪnhæbɪtɪd] ≠ *inhabité* → habité
  inhabité ≠ *inhabited* → uninhabited [ʌnhæbɪtɪd]

- to injure [ɪndʒəʳ] ≠ *injurier* → blessé
  injurier ≠ *to injure* → to insult [ɪnsʌlt], to abuse [əbjuːz]

- to introduce [ɪntrədjuːs] ≠ *introduire* → présenter
  introduire ≠ *to introduce* → to put [pʊt] in [ɪn]

- issue [ɪʃuː] ≠ *issue* → numéro (d'un magazine) ou sujet de débat
  issue ≠ *issue* → exit [eksɪt]

- journey [dʒɜːnɪ] ≠ *journée* → voyage
  journée ≠ *journey* → day [deɪ]

- large [lɑːdʒ] ≠ *large* → grand
  large ≠ *large* → wide [waɪd], broad [brɔːd]

- lecture [lektʃəʳ] ≠ *lecture* → conférence
  lecture ≠ *lecture* → reading [riːdɪŋ]

- library [laɪbrərɪ] ≠ *librairie* → bibliothèque (pièce)
  librairie ≠ *library* → bookshop [bʊkʃɒp]

- location [ləʊkeɪʃn] ≠ *location* → endroit, lieu
  location ≠ *location* → hire [haɪəʳ]

- marine [məriːn] ≠ *marine* → soldat de l'infanterie de marine
  marine ≠ *marine* → the navy [neɪvɪ]

- to march [mɑːtʃ] ≠ *marcher* → marcher au pas, défiler
  marcher ≠ *to march* → to walk [wɔːk]

- marriage [mærɪdʒ] ≠ *mariage* → mariage (vie conjugale)
  mariage ≠ *marriage* → wedding [wedɪŋ] (cérémonie)

- medicine [medsɪn] ≠ *médecin* → médicament
  médecin ≠ *medicine* → doctor [dɒktəʳ]

- nervous [nɜːvəs] ≠ *nerveux* → anxieux, nerveux
  nerveux ≠ *nervous* → irritable [ɪrɪtəbl], nervy [nevɪ]

- novel [nɒvl] ≠ *nouvelle* → roman
  nouvelle ≠ *novel* → new [njuː]

451

Dico **occasion**

- occasion [əkeɪʒn] ≠ *occasion* → jour ou moment spécial
  occasion ≠ *occasion* → bargain [bɑːgɪn], opportunity [ɒpətjuːnəti]

- to offer [ɒfə^r] ≠ *offrir* → proposer
  offrir ≠ *to offer* → to give [gɪv]

- parent [peərənt] ≠ *parent* → parent (seulement père ou mère)
  parent ≠ *parent* → relations [rɪleɪʃnz], relatives [relətɪvz] (autre que père et mère)

- to pass [pɑːs] an exam [ɪgzæm] ≠ *passer un examen* → réussir un examen
  passer un examen ≠ *to pass an exam* → to take [teɪk], sit [sɪt], do [duː] an exam

- pension [penʃn] ≠ *pension* → retraite (argent versé)
  pension ≠ *pension* → boarding [bɔːdɪŋ] house [haʊs] ou school [skuːl]

- petrol [petrəl] ≠ *pétrole* → essence
  pétrole ≠ *petrol* → oil [ɔɪl]

- photograph [fəʊtəgrɑːf] ≠ *photographe* → photographie
  photographe ≠ *photograph* → photographer [fətɒgrəfə^r]

- phrase [freɪz] ≠ *phrase* → groupe de mots, expression
  phrase ≠ *phrase* → sentence [sentəns]

- presently [prezəntlɪ] ≠ *présentement* → bientôt /maintenant (US)
  présentement ≠ *presently* → at present [preznt]

- to pretend [prɪtend] ≠ *prétendre* → faire semblant
  prétendre ≠ *to pretend* → to claim [kleɪm]

- price [praɪs] ≠ *prix* → prix (valeur d'une chose)
  prix ≠ *price* → prize [praɪz] (récompense)

- professor [prəfesə^r] ≠ *professeur* → professeur d'université
  professeur ≠ *professor* → teacher [tiːtʃə^r]

- proper(ly) [prɒpəlɪ] ≠ *propre(ment)* → correct(ement)
  propre(ment) ≠ *proper(ly)* → clean(ly) [kliːnlɪ]

- property [prɒpətɪ] ≠ *propreté* → propriété
  propreté ≠ *property* → cleanliness [klenlɪlɪs]

- purple [pɜːpl] ≠ *pourpre* → violet
  pourpre ≠ *purple* → dark [dɑːk] red [red]

- raisin [reɪzn] ≠ *raisin* → raisin sec
  raisin ≠ *raisin* → grapes [greɪps]

support (to) — Dico

- to realise [rɪəlaɪz] ≠ *réaliser*
  → se rendre compte de
  réaliser ≠ *to realise* → to carry [kærɪ] out [aʊt] (un projet …)

- refuse [rɪfjuːz] ≠ *refus*
  → ordures
  refus ≠ *refuse* → refusal [rɪfjuːzl]

- to regard [rɪgɑːd] as ≠ *regarder*
  → considérer comme
  regarder ≠ *to regard as* → to look [lʊk] at

- to remark [rɪmɑːk] ≠ *remarquer*
  → mentionner
  remarquer ≠ *to remark* → to notice [nəʊtɪs]

- to resent [rɪzent] ≠ *ressentir*
  → trouver injuste
  ressentir ≠ *to resent* → to feel [fiːl]

- to respond [rɪspɒnd] ≠ *répondre*
  → réagir
  répondre ≠ *to respond* → to answer [ɑːnsəʳ]

- to rest [rest] ≠ *rester* → se reposer
  rester ≠ *to rest* → to stay [steɪ]

- to resume [rɪzjuːm] ≠ *résumer*
  → recommencer, reprendre une activité

- to retire [rɪtaɪəʳ] ≠ *se retirer*
  → prendre sa retraite
  se retirer ≠ *to retire* → to withdraw [wɪðdrɔː]

- retreat [rɪtriːt] ≠ *retraite*
  → retraite d'une armée
  retraite ≠ *retreat* → retirement [rɪtaɪəmənt]

- reunion [riːjuːnjən] ≠ *réunion*
  → retrouvailles
  réunion ≠ *reunion* → meeting [miːtɪŋ], party [pɑːtɪ]

- saloon [səluːn] ≠ *salon* → bar
  salon ≠ *saloon* → sitting [sɪtɪŋ] room [rʊm], living [lɪvɪŋ] room [rʊm], lounge [laʊndʒ]

- savage [sævɪdʒ] ≠ *sauvage*
  → féroce
  sauvage ≠ *savage* → wild [waɪld]

- serious [sɪərɪəs] ≠ *sérieux*
  → sérieux dans le sens de grave

- stage [steɪdʒ] ≠ *stage* → étape ou scène (de théâtre)
  stage ≠ *stage* → course [kɔːs]

- station [steɪʃn] ≠ *station*
  → gare

- to support [səpɔːt] ≠ *supporter*
  → soutenir financièrement
  supporter ≠ *to support* → to stand [stænd], to bear [beəʳ]

Dico — surname

- **surname** [sɜːneɪm] ≠ *surnom*
  → **nom de famille**
  surnom ≠ *surname* → **nickname** [nɪkneɪm]

- **syndicate** [sɪndɪkət] ≠ *syndicat*
  → **groupement commercial**
  syndicat ≠ *syndicate* → **trade** [treɪd] **union** [juːnjən]

- **to trouble** [trʌbl] ≠ *troubler*
  → **déranger**

- **troubler** ≠ *to trouble* → **to disturb** [dɪstɜːb]

- **vacancy** [veɪkənsɪ] ≠ *vacances*
  → **poste vacant**
  vacances ≠ *vacancy* → **holiday** [hɒlɪdeɪ]

- **voyage** [vɔɪɪdʒ] ≠ *voyage*
  → **voyage en bateau**
  voyage ≠ *voyage* → **journey** [dʒɜːnɪ], **trip** [trɪp]

Les verbes composés

Les verbes prépositionnels s'emploient avec une préposition suivie d'un complément d'objet, contrairement à leur équivalent français qui se construisent directement, sans préposition.

- *to look at sthg* : regarder quelque chose.
- *to pay for sthg* : payer quelque chose.
- *to listen to sthg* : écouter quelque chose.
- *to look for sthg* : chercher quelque chose.
- *to ask for sthg* : demander, réclamer quelque chose.
- *to take off sthg* : retirer quelque chose (un vêtement).
- *to throw for sthg* : jeter quelque chose.

En ajoutant une particule adverbiale à un verbe, on en modifie complètement le sens.

- *to get up* : se lever.
- *to blow up* : exploser.
- *to put off* : remettre.
- *to put away* : ranger.
- *to carry on* : continuer.
- *to clear away* : se disperser.
- *to come in (intransitif) / into (transitif)* : entrer, pénétrer.
- *to give up* : abandonner, arrêter de.
- *to put away* : ranger.
- *to go down* : diminuer, baisser.
- *to get up* : se lever.
- *to go on* : continuer.
- *to look after* : s'occuper de.
- *to make up* : se maquiller.
- *to take after* : ressembler à.
- *to turn into* : transformer en.

Les verbes irréguliers

to arise [əraɪz]	s'élever	arose [ərəʊz]	arisen [ərɪzn]
to be [biː]	être	was [wəz ou wɒz] /were [wɜːʳ]	been [biːn]
to beat [biːt]	battre	beat [biːt]	beaten [biːtn]
to become [bɪkʌm]	devenir	became [bɪkeɪm]	become [bɪkʌm]
to begin [bɪgɪn]	commencer	began [bɪgæn]	begun [bɪgʌn]
to bet [bet]	parier	bet [bet]	bet [bet]
to bind [baɪnd]	lier	bound [baʊnd]	bound [baʊnd]
to bite [baɪt]	mordre	bit [bɪt]	bitten [bɪtn]
to bleed [bliːd]	saigner	bled [bled]	bled [bled]
to blow [bləʊ]	souffler	blew [bluː]	blown [bləʊn]
to break [breɪk]	casser	broke [brəʊk]	broken [brəʊkn]
to bring [brɪŋ]	amener, apporter	brought [brɔːt]	brought [brɔːt]
to build [bɪld]	construire	built [bɪlt]	built [bɪlt]
to burn [bɜːn]	brûler	burnt [bɜːnt]	burnt [bɜːnt]
to burst [bɜːst]	éclater	burst [bɜːst]	burst [bɜːst]
to buy [baɪ]	acheter	bought [bɔːt]	bought [bɔːt]
to cast [kaːst]	jeter, lancer	cast [kaːst]	cast [kaːst]
to catch [kætʃ]	attraper	caught [kɔːt]	caught [kɔːt]
to choose [tʃuːz]	choisir	chose [tʃəʊz]	chosen [tʃəʊzn]
to cling [klɪŋ]	s'accrocher	clung [klʌŋ]	clung [klʌŋ]
to come [kʌm]	venir	came [keɪm]	come [kʌm]
to cost [kɒst]	coûter	cost [kɒst]	cost [kɒst]
to creep [kriːp]	ramper, se glisser	crept [krept]	crept [krept]
to cut [kʌt]	couper	cut [kʌt]	cut [kʌt]
to deal [diːl]	s'occuper de	dealt [delt]	dealt [delt]
to dig [dɪg]	creuser	dug [dʌg]	dug [dʌg]
to do [duː]	faire	did [dɪd]	done [dʌn]
to draw [drɔː]	tirer, dessiner	drew [druː]	drawn [drɔːn]
to dream [driːm]	rêver	dreamt [dremt]	dreamt [dremt]
to drink [drɪŋk]	boire	drank [dræŋk]	drunk [drʌŋk]
to drive [draɪv]	conduire	drove [drəʊv]	driven [drɪvn]
to eat [iːt]	manger	ate [eɪt]	eaten [iːtn]

Dico — to fall

to fall [fɔːl]	tomber	fell [fel]	fallen [fɔːln]
to feed [fiːd]	nourrir	fed [fed]	fed [fed]
to feel [fiːl]	(se) sentir, ressentir	felt [felt]	felt [felt]
to fight [faɪt]	se battre	fought [fɔːt]	fought [fɔːt]
to find [faɪnd]	trouver	found [faʊnd]	found [faʊnd]
to fly [flaɪ]	voler	flew [fluː]	flown [fləʊn]
to forbid [fəbɪd]	interdire	forbade [fəbæd]	forbidden [fəbɪdn]
to forget [fəget]	oublier	forgot [fəgɒt]	forgotten [fəgɒtn]
to forgive [fəgɪv]	pardonner	forgave [fəgeɪv]	forgiven [fəgɪvən]
to freeze [friːz]	geler	froze [frəʊz]	frozen [frəʊzn]
to get [get]	obtenir, devenir	got [gɒt]	got [gɒt]
to give [gɪv]	donner	gave [geɪv]	given [gɪvn]
to go [gəʊ]	aller	went [went]	gone [gɒn]
to grow [grəʊ]	grandir	grew [gruː]	grown [grəʊn]
to hang [hæŋ]	accrocher, suspendre	hung [hʌŋ]	hung [hʌŋ]
to have [hæv]	avoir	had [hæd]	had [hæd]
to hear [hɪər]	entendre	heard [hɜːd]	heard [hɜːd]
to hide [haɪd]	(se) cacher	hid [hɪd]	hidden [hɪdn]
to hold [həʊld]	tenir	held [held]	held [held]
to hurt [hɜːt]	faire mal	hurt [hɜːt]	hurt [hɜːt]
to keep [kiːp]	garder	kept [kept]	kept [kept]
to know [nəʊ]	savoir, connaître	knew [njuː]	known [nəʊn]
to lead [liːd]	conduire, mener	led [led]	led [led]
to learn [lɜːn]	apprendre	learnt [lɜːnt]	learnt [lɜːnt]
to leave [liːv]	quitter, partir, laisser	left [left]	left [left]
to lend [lend]	prêter	lent [lent]	lent [lent]
to let [let]	laisser, permettre	let [let]	let [let]
to lie [laɪ]	être couché, étendu	lay [leɪ]	lain [leɪn]
to light [laɪt]	allumer	lit [lɪt]	lit [lɪt]
to lose [luːz]	perdre	lost [lɒst]	lost [lɒst]
to make [meɪk]	faire, fabriquer	made [meɪd]	made [meɪd]
to mean [miːn]	signifier, vouloir dire	meant [ment]	meant [ment]
to meet [miːt]	rencontrer	met [met]	met [met]
to pay [peɪ]	payer	paid [peɪd]	paid [peɪd]
to put [pʊt]	mettre, poser	put [pʊt]	put [pʊt]
to read [riːd]	lire	read [red]	read [red]
to ride [raɪd]	faire (vélo ou cheval)	rode [rəʊd]	ridden [rɪdn]

to throw

to ring [rɪŋ]	sonner	rang [ræŋ]	rung [rʌŋ]
to rise [raɪz]	sonner	rose [rəʊz]	risen [raɪzn]
to run [rʌn]	courir	ran [ræn]	run [rʌn]
to say [seɪ]	dire	said [sed]	said [sed]
to see [siː]	voir	saw [sɔː]	seen [siːn]
to sell [sel]	vendre	sold [səʊld]	sold [səʊld]
to send [send]	envoyer	sent [sent]	sent [sent]
to set [set]	poser, fixer	set [set]	set [set]
to shake [ʃeɪk]	secouer	shook [ʃʊk]	shaken [ʃeɪkn]
to shine [ʃaɪn]	briller	shone [ʃɒn]	shone [ʃɒn]
to shoot [ʃuːt]	briller	shot [ʃɒt]	shot [ʃɒt]
to show [ʃəʊ]	montrer	showed [ʃəʊd]	shown [ʃəʊn]
to shut [ʃʌt]	fermer	shut [ʃʌt]	shut [ʃʌt]
to sing [sɪŋ]	chanter	sang [sæŋ]	sung [sʌŋ]
to sink [sɪŋk]	couler, sombrer	sank [sæŋk]	sunk [sʌŋk]
to sit [sɪt]	être assis	sat [sæt]	sat [sæt]
to sleep [sliːp]	dormir	slept [slept]	slept [slept]
to slide [slaɪd]	glisser	slid [slɪd]	slid [slɪd]
to smell [smel]	sentir (odeurs)	smelt [smelt]	smelt [smelt]
to speak [spiːk]	parler	spoke [spəʊk]	spoken [spəʊkn]
to spell [spel]	épeler	spelt [spelt]	spelt [spelt]
to spend [spend]	passer, dépenser	spent [spent]	spent [spent]
to spoil [spɔɪl]	gâter, gâcher	spoilt [spɔɪlt]	spoilt [spɔɪlt]
to spread [spred]	étendre, répandre	spread [spred]	spread [spred]
to stand [stænd]	être debout	stood [stʊd]	stood [stʊd]
to steal [stiːl]	voler, dérober	stole [stəʊl]	stolen [stəʊln]
to stick [stɪk]	coller	stuck [stʌk]	stuck [stʌk]
to strike [straɪk]	frapper	struck [strʌk]	struck [strʌk]
to swear [sweəʳ]	jurer	swore [swɔːʳ]	sworn [swɔn]
to sweep [swiːp]	balayer	swept [swept]	swept [swept]
to swim [swɪm]	nager	swam [swæm]	swum [swʌm]
to take [teɪk]	prendre	took [tʊk]	taken [teɪkn]
to teach [tiːtʃ]	enseigner	taught [tɔːt]	taught [tɔːt]
to tear [teəʳ]	déchirer	tore [tɔːʳ]	torn [tɔːn]
to tell [tel]	raconter, dire	told [təʊld]	told [təʊld]
to think [θɪŋk]	penser, croire	thought [θɔːt]	thought [θɔːt]
to throw [θrəʊ]	jeter, lancer	threw [θruː]	thrown [θrəʊn]

Dico   to undergo

to undergo [ʌndəgəʊ]	subir	underwent [ʌndəwent]	undergone [ʌndəgɒn]
to understand [ʌndəstænd]	comprendre	understood [ʌndəstʊd]	understood [ʌndəstʊd]
to wake [weɪk]	(se) réveiller	woke [wəʊk]	woken [wəʊkn]
to wear [weəʳ]	porter (un vêtement)	wore [wɔːʳ]	worn [wɔːn]
to win [wɪn]	gagner	won [wʌn]	won [wʌn]
to withdraw [wɪðdrɔː]	retirer	withdrew [wɪðdruː]	withdrawn [wɪðdrɔːn]
to write [raɪt]	écrire	wrote [rəʊt]	written [rɪtn]

INDEX

Absence d'article
➜ pages : 96, 102

Absence d'obligation
need not et do not have to
➜ page : 200

Absence de permission
can et may ➜ page : 194

Adjectifs
comparatifs ➜ page : 116
composés ➜ page : 258
démonstratifs ➜ page : 104
équivalents aux auxiliaires modaux ➜ page : 190
interrogatifs ➜ page : 220
possessifs ➜ page : 124
simple et composé ➜ page : 122

Adverbes
équivalents aux auxiliaires modaux ➜ page : 190
de manière et de fréquence
➜ page : 138
mots de liaison ➜ page : 262

Again
traduire déjà ➜ page : 266
traduire encore ➜ page : 264

Ago
traduire il y a ➜ page : 270

Already
traduire déjà ➜ page : 266

Another
traduire encore ➜ page : 264

Articles ➜ page : 98
définis ➜ page : 100
indéfinis ➜ page : 102

At traduire à ➜ page : 276

Before
traduire déjà ➜ page : 266

British ou American
➜ pages : 32 à 35, 280
registres et niveaux de langue
➜ page : 282

But ➜ page : 240

Can ➜ page : 192

Capacité can ➜ page : 192

Cause ➜ page : 240

Certitude
au passé ➜ page : 208
au présent ➜ page : 206

Chronologie
➜ pages : 58, 288, 290, 292

Commonwealth
➜ pages : 286, 292

Comparatif ➜ page : 116
– d'égalité et d'infériorité
➜ page : 118
– orthographe et prononciation
➜ page : 252

Compléments
dans les phrases affirmatives et négatives ➜ page : 214

Concession ➜ page : 250

Conditionnel
– de to be ➜ page : 144
– de to do ➜ page : 148
– de to have ➜ page : 146
– dans une proposition hypothétique ➜ page : 238
– d'un verbe lexical ➜ page : 150
– et would ➜ page : 180

459

Index

Conjonction
– de cause, but et conséquence
➜ page : *240*

Conjugaison
– évaluation groupe verbal
➜ pages : *182, 184*
– orthographe et prononciation
➜ page : *252*
– dans les phrases affirmatives et négatives ➜ page : *214*
– de *to be* ➜ page : *144*

Conseil *should* ➜ page : *202*

Conséquence ➜ page : *240*

Contractions ➜ page : *216*

Contradiction ➜ page : *250*

Contrainte
shall et *will* ➜ page : *204*

Denver ➜ page : *300*
– grandes villes américaines
➜ page : *298*

Dickens ➜ pages : *308, 310*

Discours indirect
➜ pages : *246, 248*
– et plus-que-parfait ➜ page : *174*
– *say* ou *tell* ➜ page : *272*

Do ou *make* ➜ page : *274*
– conjugaison ➜ page : *148*

During
traduire pendant ➜ page : *268*

Écosse ➜ pages : *284, 290, 292*

Énoncés causatifs ➜ page : *244*

Équivalents des auxiliaires modaux
➜ page : *190*
– de *can* ➜ pages : *192, 194*
– de *may* ➜ page : *194*

États-Unis
➜ pages : *288, 294, 296, 298, 300, 302, 304, 306, 308, 312*
chronologie ➜ pages : *290, 292, 359, 360*

Even
traduire encore ➜ page : *264*

Exclamatives ➜ page : *226*

Faux amis ➜ page : *278*

Fêtes traditionnelles anglo- saxonnes
➜ pages : *88, 304*

For
➜ pages : *166, 170, 172, 176*
– traduire il y a ➜ page : *270*
– traduire pendant ➜ page : *268*

Forme
– faible ➜ page : *162*
– pleine ➜ pages : *162, 204*

Futur ➜ page : *178*
– de *to be* ➜ page : *144*
– de *to do* ➜ page : *148*
– de *to have* ➜ page : *146*
– d'un verbe lexical ➜ page : *150*

Génitif ➜ page : *126*

Gérondif ➜ page : *140*
– ou infinitif ➜ page : *142*

Grande-Bretagne *ou* **Royaume-Uni**
➜ page : *284*
chronologie ➜ pages : *290, 292*

Grandes villes américaines
➜ page : *298*
– Denver ➜ page : *300*
– New York ➜ pages : *74, 359*

Habitude *Used to* ➜ page : *176*

Have to ➜ page : *196*
do not have to ➜ page : *200*

Homonymes ➜ page : *256*

How exclamatives ➜ page : *226*

Index

If
- proposition hypothétique
→ page : *238*
- proposition à sens futur
→ page : *236*

In traduire à → page : *276*

Incapacité *can* → page : *192*

Indiens → page : *294*

Infinitif → page : *142*
proposition infinitive → page : *242*

Institutions politiques
→ pages : *76, 79, 288*

Interdiction
- impératif → page : *152*
- *must not* → page : *198*
- *ought not* → page : *198*

In the meantime
traduire pendant → page : *268*

Irlande → pages : *284, 290, 292*

Let énoncés causatifs → page : *244*

Lettres silencieuses
→ page : *254*
homonymes → page : *256*

Littérature
→ pages : *82, 308*
- Dickens → page : *310*
- Twain → page : *312*

Make
- ou *do* → page : *274*
- énoncés causatifs → page : *244*

May → page : *194*

Meanwhile
- traduire pendant → page : *268*

Minorités
→ page : *298*
- Indiens → page : *294*
- Noirs → page : *296*

Modaux
- certitude au passé → page : *208*
- certitude au présent → page : *206*
- équivalents → page : *190*
- évaluation de fin de troisième
→ page : *212*
- formes grammaticales
→ page : *188*
- introduction → page : *186*
- plus-que-parfait modal
→ page : *210*
- prétérit modal → page : *210*

More
traduire encore → page : *264*

Mots
- composés → page : *258*
- dérivés → page : *260*
- de liaison → page : *262*

Musique aux États-Unis
→ page : *302*

Must → page : *196*
must not (interdiction) → page : *198*

Need
- *need not* (absence d'obligation)
→ page : *200*

Noirs → page : *296*
- grandes villes américaines
→ page : *298*
- musique → page : *302*
- système éducatif → page : *306*

Noms → page : *108*
- composés → page : *258*
- dénombrables → page : *96*
- indénombrables → page : *98*

Obligation
- *have to* → page : *196*
- impératif → page : *152*
- *must* → page : *196*
- *ought to* → page : *196*

Only traduire encore → page : *264*

Opposition → page : *250*

461

Index

Orthographe → page : *252*

Ought to → page : *196*
- *ought not* (interdiction) → page : *198*
- et *should* → page : *202*

Parfait
- de *to be* → page : *144*
- de *to do* → page : *148*
- de *to have* → page : *146*
- ou prétérit → page : *172*
- progressif → page : *168*
- simple → page : *166*
- avec *since* et *for* → page : *170*
- d'un verbe lexical → page : *150*

Participe passé
- passif → page : *230*

Passif → pages : *230, 232*
- avec *say* ou *tell* → page : *272*

Pays de Galles → pages : *284, 290, 292*

Permission
can et *may* → page : *194*

Phrases
- affirmatives → page : *214*
- interrogatives → pages : *218, 220, 248*
- négatives → page : *214*
- passives → pages : *230, 232*

Pluriel
orthographe et prononciation → page : *252*

Plus-que-parfait → page : *174*
- de *to be* → page : *144*
- de *to do* → page : *148*
- de *to have* → page : *146*
- modal → page : *210*
- progressif → page : *174*
- d'un verbe lexical → page : *150*

Préfixes → page : *260*

Prépositions
- de lieu → page : *136*
- mots de liaison → page : *262*
- de temps → page : *134*

Présent
- de *to be* → pages : *144, 156*
- de *to do* → page : *148*
- expression du futur → page : *178*
- de *to have* → page : *146*
- progressif → pages : *156, 158*
- simple → pages : *154, 158, 274*
- d'un verbe lexical → page : *150*

Prétérit
→ pages : *166, 174, 274*
- de *to be* → page : *144*
- de *to do* → page : *148*
- de *to have* → page : *146*
- modal → pages : *210, 238*
- ou parfait → page : *172*
- progressif → pages : *162, 164*
- simple → pages : *160, 162, 164*
- d'un verbe lexical → page : *150*

Pronoms
- indéfinis composés de some, any et no → page : *132*
- interrogatifs → pages : *232, 240*
- personnels sujets et compléments → page : *128*
- possessifs → page : *124*
- réfléchis et réciproques → page : *130*
- relatifs → page : *234*

Prononciation → pages : *32, 252*

Propositions
- hypothétiques → page : *238*
- infinitives → page : *242*
- relatives → page : *234*
- à sens futur → page : *236*

Quantifieurs indéfinis
→ pages : *106, 108, 110, 112, 114*

Registres et niveaux de langue → page : *280*
British ou *American* → page : *282*

Regret
plus-que-parfait → page : *174*

Reproche *should* → page : *202*

(To) say

– discours indirect ➜ **page** : *246*
– ou *tell* ➜ **page** : *272*

Shall
– expression de la contrainte et de la volonté ➜ **page** : *204*

Should
– expression du conseil et du reproche ➜ **page** : *202*

Since ➜ **pages** : *166, 170, 172, 176*

So exclamatives ➜ **page** : *226*

Sons
– contractions ➜ **page** : *216*
– homonymes ➜ **page** : *256*
– inattendus ➜ **page** : *254*
– orthographe et prononciation ➜ **page** : *252*

Still
traduire encore ➜ **page** : *264*

Subordonnées
– de concession, contradiction, opposition ➜ **page** : *250*
– de temps ➜ **page** : *154*

Such
– exclamatives ➜ **page** : *226*

Suffixes ➜ **page** : *260*

Superlatif ➜ **pages** : *118, 120*

Système éducatif
➜ **pages** : *48 à 51, 296, 306*

Tags ➜ **pages** : *152, 216*
– et modaux ➜ **page** : *188*
– non-interrogatifs ➜ **page** : *224*
– questions tags ➜ **pages** : *204, 218, 222*

(To) tell
– discours indirect ➜ **page** : *246*
– ou *say* ➜ **page** : *272*

There is *et* there are
➜ **page** : *228*

traduire « il y a » ➜ **page** : *270*

To traduire « à » ➜ **page** : *276*

Traduire
– à ➜ **page** : *276*
– déjà ➜ **page** : *266*
– encore ➜ **page** : *264*
– il y a ➜ **page** : *270*
– pendant ➜ **page** : *268*

Twain ➜ **pages** : *308, 312*

Used to ➜ **page** : *176*

Verbes
– discours indirect ➜ **page** : *248*
– *do* ou *make* ➜ **page** : *274*
– équivalents aux auxiliaires modaux ➜ **page** : *190*

Volonté
– *shall* et *will* ➜ **page** : *204*

Want
– énoncés causatifs ➜ **page** : *244*

Wh questions ➜ **page** : *220*

What
– exclamatives ➜ **page** : *226*

When
proposition à sens futur ➜ **page** : *236*

While
– traduire pendant ➜ **page** : *268*

Will
– expression de la contrainte et de la volonté ➜ **page** : *204*
– expression du futur ➜ **page** : *178*

Would
– expression de la condition ➜ **page** : *180*

Yes/no questions
➜ **page** : *218*

Crédits photographiques

Archive Photos Tal 294 / **Artephot** Schneiders 59 / **B.S.I.P.** Barrelle 61 / **Cinéstar** 157, 334 / **Ciné + ** 26 / **Cosmos** Aurness 300 / Graziani 19 / Watts 301 / **Enguerand** Steinberger 83 / **Explorer** Anderson 49 / Autenzio 335 / Boutin 33 / Charmet 290 / Claquin 90 / Costa 55 / Courau 291 / Dasche 351 / Damase 339 / D.P.A. 47 / Mary Evans 296, 331 / F.G.P. International 308, 312 / Halaska 87 / Gager 22 / Giraudou 359 / Grandadam 84 / Le Bacquet 337 / Lenars 21 / Lissac 306 / Maulave 17 / Perret 23 / Poulet 35 / Raga 288 / Rapa 56 / Thenevin 358 / Tovy 75, 76, 289 / Villeger 25 / Villegier 355 / **Fotogram** Handelman 347 / Orel 349 / **Gamma** Berg 69 / Elderfield/Liaison 307 / Figaro Magazine 50 / Gaillarde/Andersen 309 b / Gerard 80 / Jones 78 / Liaison 29 / Monier 309 h / Ribeiro 295 / Scully/Liaison 305 / Spooner 65 / Syndic International/Voller 97 / Traver/Liaison 353 / **Hoa-Qui** Voller 89 / **Jacana** Soder 20 / **Keystone** 71, 292, 302, 303 / **Kipa** 41, 42, 67 / **Superstock** 27, 282 / **Sygma** Attal 328 / Charles 37 / Franklin 72 / Graham 286 / Langevin 293 / Les Stone 299 / Lewis 297 / Pavlovsky 81, 325 / Pitchal 345 / Simonpietri 298 / Tannenbaum 327 / Beaufre 53 / Fleurent 63.

Couverture (g) Station de métro à Piccadilly Circus, Londres, Ph. © Moment Photo / Sipa Press. **Couverture (d)** Louis Coblitz (1814-1863), *Portrait de William Shakespeare*, 1847, musée du château de Versailles, Ph. © Archives Nathan. **28** Gotlib, *Trucs en vrac* © Dargaud éditeur. **313** Mark Twain, *The Adventures of Huckleberry Finn*, Penguin Classics © Peter Coveney, 1996. **329** Hollings/Catel, *Calamity Jane* © Nathan.

Malgré tous nos efforts, nous n'avons pu joindre les auteurs ou ayants-droits de certaines œuvres reproduites dans cet ouvrage. Nous leur demandons de bien vouloir nous contacter pour que nous puissions combler ces lacunes dont nous les prions de nous excuser. Ils conservent, bien entendu, l'entier copyright des œuvres reproduites.

Imprimé en Italie par Bona
Dépôt légal : juillet 2004
N° de projet 10107634